21 世纪全国高等院校汽车类创新型应用人才培养规划教材

汽车制造工艺（第 2 版）

主编 赵桂范 杨 娜

内 容 简 介

本书是根据车辆(汽车)工程专业的培养目标而编写的高等学校教材。全书共分12章，内容包括绪论、铸造、锻造工艺、冲压工艺、焊接工艺、塑料加工工艺、机械加工、热处理、电镀工艺、涂漆、装配工艺和汽车先进制造工艺展望。本书以汽车生产制造过程为主线，对各工艺的介绍较为系统完整，具有独特风格，并介绍了当前汽车制造企业中应用的新技术和新工艺，每章后列有习题。

本书可作为车辆(汽车)工程专业教材，也可作为运载工具运用工程、热能与动力(内燃机)工程、农业机械化工程、机械设计制造及其自动化等专业的教材和教学参考书，并可供从事汽车运用与维修、汽车生产管理方面的工程技术人员参考使用。

图书在版编目(CIP)数据

汽车制造工艺/赵桂范，杨娜主编．—2版．—北京：北京大学出版社，2013.4
(21世纪全国高等院校汽车类创新型应用人才培养规划教材)
ISBN 978-7-301-22348-2

Ⅰ．①汽⋯ Ⅱ．①赵⋯②杨⋯ Ⅲ．①汽车—生产工艺—高等学校—教材 Ⅳ．①U466

中国版本图书馆 CIP 数据核字(2013)第 065787 号

书　　　　名：	汽车制造工艺(第2版)
著作责任者：	赵桂范　杨　娜　主编
策 划 编 辑：	童君鑫　黄红珍
责 任 编 辑：	黄红珍
标 准 书 号：	ISBN 978-7-301-22348-2/TH·0343
出 版 发 行：	北京大学出版社
地　　　　址：	北京市海淀区成府路205号　100871
网　　　　址：	http://www.pup.cn　新浪官方微博：@北京大学出版社
电 子 信 箱：	pup_6@163.com
电　　　　话：	邮购部 62752015　发行部 62750672　编辑部 62750667　出版部 62754962
印　刷　者：	北京虎彩文化传播有限公司
经　销　者：	新华书店

　　　　　　787毫米×1092毫米　16开本　20印张　461千字
　　　　　　2008年6月第1版
　　　　　　2013年4月第2版　2020年1月第4次印刷

定　　价：49.00元

未经许可，不得以任何方式复制或抄袭本书之部分或全部内容。
版权所有，侵权必究
举报电话：010-62752024　　电子信箱：fd@pup.pku.edu.cn

第 2 版前言

汽车制造工艺学是以汽车制造中的工艺问题为研究对象的一门应用性技术学科,也是一门包含多种工艺的综合性学科。本书全面、系统地阐述了汽车制造工艺的基本理论,内容涉及汽车制造的各种工艺过程,包括铸造、锻造、冲压、焊接、塑料加工、机械加工、热处理、电镀、涂漆及装配工艺等。为了适应新时代与新形势,满足现代汽车工业发展的需要,在保持传统基本内容的基础上,本书增加了第 12 章——汽车先进制造工艺展望,使学生通过阅读、学习本书,在掌握汽车制造工艺基本内容的同时,能对当前的先进制造工艺有大致的了解。本书在讲述各种加工工艺的同时,力求突出"汽车制造"的特点,即详细介绍了各种工艺在汽车制造中的应用。

本书可作为车辆(汽车)工程专业教材,也可作为运载工具运用工程、热能与动力(内燃机)工程、农业机械化工程、机械设计制造及其自动化等专业的教材和教学参考书,并可供从事汽车运用与维修、汽车生产管理方面的工程技术人员参考使用。

本书建议授课学时为 40 学时。但考虑各个学校的课程设置不完全相同,所以采用本书进行教学时,可以根据具体教学的需要灵活处理。

各章的参考授课学时数见下表:

章次	建议学时	章次	建议学时
第 1 章 绪论	1	第 7 章 机械加工	6
第 2 章 铸造	6	第 8 章 热处理	3
第 3 章 锻造工艺	3	第 9 章 电镀工艺	3
第 4 章 冲压工艺	4	第 10 章 涂漆	3
第 5 章 焊接工艺	2	第 11 章 装配工艺	2
第 6 章 塑料加工工艺	4	第 12 章 汽车先进制造工艺展望	3

本书由哈尔滨工业大学赵桂范和杨娜主编。在编写过程中,得到了哈尔滨工业大学汽车工程学院各位领导、同事及硕士研究生朱明、张亮等的大力支持和帮助,在此表示衷心的感谢!

由于编者水平有限,书中难免有疏漏和不妥之处,恳请读者批评指正。

编 者
2013 年 1 月

目　录

第1章　绪论 …………………………… 1
　1.1　制造工艺概要 ……………………… 1
　1.2　生产方式与设备 …………………… 2
　1.3　生产工艺与设备 …………………… 3
　习题 ……………………………………… 5
第2章　铸造 …………………………… 6
　2.1　概述 ………………………………… 6
　　2.1.1　铸造工艺概要 ………………… 6
　　2.1.2　铸件 …………………………… 7
　　2.1.3　铸造方式 ……………………… 8
　　2.1.4　铸造车间平面布置 …………… 9
　2.2　铸造材料 …………………………… 9
　　2.2.1　铸造原料 ……………………… 9
　　2.2.2　型砂 …………………………… 11
　　2.2.3　芯砂 …………………………… 12
　2.3　铸造工艺与设备 …………………… 12
　　2.3.1　造型与制芯 …………………… 12
　　2.3.2　熔化 …………………………… 15
　　2.3.3　铸造类型 ……………………… 16
　　2.3.4　热处理 ………………………… 20
　　2.3.5　落砂清理 ……………………… 21
　2.4　模样 ………………………………… 21
　　2.4.1　模样设计 ……………………… 21
　　2.4.2　模样制造 ……………………… 22
　2.5　铸件质量 …………………………… 23
　　2.5.1　铸造条件与质量 ……………… 23
　　2.5.2　检查方法 ……………………… 24
　2.6　曲轴、凸轮轴的铸造工艺 ………… 26
　　2.6.1　球墨铸铁曲轴和合金铸铁
　　　　　凸轮轴的湿砂型铸造 ………… 26
　　2.6.2　壳型铸造曲轴、凸轮轴
　　　　　工艺及装备的湿砂型铸造 …… 43
　　2.6.3　金属型盆砂铸造曲轴、
　　　　　凸轮轴工艺及工艺设备 ……… 46
　　2.6.4　曲轴的先进制造工艺 ………… 48
　习题 ……………………………………… 52
第3章　锻造工艺 ……………………… 53
　3.1　概述 ………………………………… 53
　3.2　锻造工艺与设备 …………………… 54
　　3.2.1　切断 …………………………… 54
　　3.2.2　热锻 …………………………… 55
　　3.2.3　冷锻 …………………………… 58
　　3.2.4　温锻 …………………………… 60
　　3.2.5　特种锻造 ……………………… 61
　3.3　锻模 ………………………………… 62
　　3.3.1　锻模设计 ……………………… 63
　　3.3.2　锻模材料 ……………………… 64
　　3.3.3　模具制造 ……………………… 65
　3.4　锻件质量控制 ……………………… 65
　　3.4.1　锻件几何形状与尺寸的
　　　　　检验 …………………………… 66
　　3.4.2　锻件表面质量的检验 ………… 67
　3.5　应用实例 …………………………… 68
　　3.5.1　连杆的结构特点及结构
　　　　　工艺性分析 …………………… 68
　　3.5.2　连杆的材料和毛坯 …………… 69
　　3.5.3　连杆主要表面的加工
　　　　　方法 …………………………… 70
　　3.5.4　整体精密锻造连杆盖、
　　　　　连杆体的撑断新工艺 ………… 70
　　3.5.5　大批量生产时连杆机械
　　　　　加工的工艺过程 ……………… 71
　习题 ……………………………………… 72
第4章　冲压工艺 ……………………… 73
　4.1　概述 ………………………………… 73

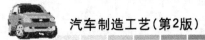

| 4.1.1 冲压工艺概要 …………… 74
| 4.1.2 冲压件 ………………… 74
| 4.1.3 冲压生产线的控制 ……… 75
| 4.2 冲压材料 …………………… 75
| 4.2.1 冲压材料的特性要求 …… 75
| 4.2.2 材料选定 ………………… 77
| 4.2.3 冷轧钢板 ………………… 77
| 4.2.4 热轧钢板 ………………… 78
| 4.2.5 表面处理钢板 …………… 79
| 4.2.6 其他材料 ………………… 79
| 4.3 冲模 ………………………… 80
| 4.3.1 冲模设计 ………………… 80
| 4.3.2 模具制造 ………………… 81
| 4.4 冲压工艺 …………………… 83
| 4.4.1 冲压车间平面布置 ……… 83
| 4.4.2 车身零件的冲压工艺 …… 83
| 4.4.3 车架、底盘母件的冲压
| 工艺 ………………………… 84
| 4.4.4 冲压设备 ………………… 85
| 4.4.5 冲压自动化 ……………… 88
| 4.4.6 附属设备 ………………… 91
| 4.5 冲压件质量控制 …………… 92
| 4.5.1 精度检验 ………………… 92
| 4.5.2 外观检验 ………………… 92
| 4.6 现代冲压成形发展和研究的重大
| 课题 …………………………… 93
| 4.7 汽车车身覆盖件冲压工艺 … 96
| 4.7.1 汽车车身覆盖件冲压成形
| 特点 ………………………… 96
| 4.7.2 覆盖件冲压基本工序及
| 冲压工艺方案的确定 …… 98
| 4.7.3 车身覆盖件拉深件设计 … 99
| 4.7.4 覆盖件的冲压工序 …… 107
| 习题 ………………………………… 107

第5章 焊接工艺 ……………… 109

5.1 概述 ………………………… 109
  5.1.1 焊接方法分类 …………… 109
  5.1.2 焊接工艺概要 …………… 111
  5.1.3 焊接零件设计 …………… 112
5.2 焊接方法 …………………… 112
  5.2.1 二氧化碳气体保护焊 …… 112
  5.2.2 电阻焊 …………………… 114
  5.2.3 气焊及其他 ……………… 115
  5.2.4 自动化方向 ……………… 115
5.3 焊接夹具 …………………… 116
  5.3.1 夹具设计 ………………… 116
  5.3.2 夹具制造 ………………… 117
5.4 焊接设备与平面布置 ……… 118
  5.4.1 自动焊接生产线 ………… 118
  5.4.2 车身装焊 ………………… 119
  5.4.3 压力机焊接生产线 ……… 124
5.5 焊接质量 …………………… 125
  5.5.1 质量检验 ………………… 125
  5.5.2 尺寸与表面精度 ………… 127
5.6 汽车焊接新技术或新用途 … 127
习题 ………………………………… 130

第6章 塑料加工工艺 ………… 131

6.1 概述 ………………………… 132
  6.1.1 塑料的特性 ……………… 133
  6.1.2 塑料加工方法概要 ……… 134
  6.1.3 塑料分类与制作 ………… 135
  6.1.4 汽车工业用工程塑料的
        种类和应用 ……………… 136
6.2 塑料加工工艺与设备 ……… 138
  6.2.1 塑料成型法 ……………… 138
  6.2.2 加工生产线 ……………… 141
  6.2.3 加工设备 ………………… 142
6.3 零件精度 …………………… 144
  6.3.1 起因于成型的变形 ……… 144
  6.3.2 起因于时效的变形 ……… 144
6.4 塑料成型用模型 …………… 145
  6.4.1 模型设计 ………………… 145
  6.4.2 模型制造 ………………… 146
6.5 在汽车中的应用及汽车用塑料的
    发展趋势 …………………… 147
  6.5.1 保险杠 …………………… 147

6.5.2　其余应用简介 …………… 161
　　　6.5.3　汽车用塑料的发展
　　　　　　趋势 ………………………… 163
　6.6　汽车塑料件的成型新技术 ……… 163
　　　6.6.1　异型中空管的3D挤吹
　　　　　　成型 ………………………… 163
　　　6.6.2　特种管材的可熔型芯注射
　　　　　　中空成型 …………………… 164
　　　6.6.3　高性能制件的低应力注射
　　　　　　成型 ………………………… 164
　　　6.6.4　特种功能件的MuCell
　　　　　　微发泡注射成型 …………… 165
　　　6.6.5　表面高质量件的高光
　　　　　　无痕注射成型 ……………… 165
　习题 ………………………………………… 166

第7章　机械加工 …………………… 167

　7.1　概述 ……………………………… 167
　　　7.1.1　大量生产加工法概要 …… 167
　　　7.1.2　切削工具与切削液 ……… 168
　　　7.1.3　被加工材料 ……………… 170
　　　7.1.4　质量保证 ………………… 170
　7.2　机械加工设备 …………………… 171
　　　7.2.1　加工生产线设计 ………… 171
　　　7.2.2　专用机床 ………………… 172
　　　7.2.3　自动机（线） …………… 173
　　　7.2.4　自动化装置 ……………… 174
　　　7.2.5　检验设备 ………………… 176
　　　7.2.6　辅助设备 ………………… 177
　7.3　汽车零件加工举例 ……………… 177
　　　7.3.1　气缸体 …………………… 177
　　　7.3.2　曲轴 ……………………… 178
　　　7.3.3　连杆 ……………………… 197
　　　7.3.4　变速器壳 ………………… 197
　　　7.3.5　齿轮 ……………………… 197
　　　7.3.6　后桥壳 …………………… 199
　习题 ………………………………………… 199

第8章　热处理 ……………………… 200

　8.1　概述 ……………………………… 200

　　　8.1.1　热处理概要 ……………… 201
　　　8.1.2　汽车制造与热处理 ……… 201
　8.2　毛坯件的热处理 ………………… 202
　　　8.2.1　正火 ……………………… 202
　　　8.2.2　淬火 ……………………… 203
　　　8.2.3　回火 ……………………… 204
　　　8.2.4　退火 ……………………… 205
　8.3　渗碳淬火 ………………………… 207
　　　8.3.1　渗碳气氛与渗碳机理 …… 208
　　　8.3.2　渗碳热处理条件 ………… 209
　8.4　高频淬火 ………………………… 209
　　　8.4.1　高频淬火原理 …………… 209
　　　8.4.2　高频淬火的组织 ………… 210
　8.5　热处理新技术简介 ……………… 210
　　　8.5.1　可控气氛热处理与
　　　　　　真空热处理 ………………… 210
　　　8.5.2　强韧化热处理 …………… 211
　　　8.5.3　表面镀覆超硬层工艺 …… 211
　　　8.5.4　激光热处理 ……………… 212
　　　8.5.5　感应热处理 ……………… 212
　　　8.5.6　精密热处理 ……………… 213
　8.6　热处理设备 ……………………… 213
　　　8.6.1　毛坯件热处理设备 ……… 213
　　　8.6.2　机械加工件的热处理
　　　　　　设备 ………………………… 214
　8.7　热处理质量检验 ………………… 215
　8.8　汽车典型零件的热处理
　　　加工工艺 ………………………… 216
　　　8.8.1　后半轴 …………………… 216
　　　8.8.2　齿轮 ……………………… 217
　8.9　汽车零部件热处理加工的
　　　发展趋势 ………………………… 218
　习题 ………………………………………… 218

第9章　电镀工艺 …………………… 219

　9.1　概述 ……………………………… 219
　　　9.1.1　电镀零件与质量要求 …… 220
　　　9.1.2　电镀工艺概要 …………… 220
　9.2　电镀的种类 ……………………… 221

9.2.1	装饰镀铬	……………	224
9.2.2	防锈电镀	……………	224
9.2.3	铝的氧化处理	…………	225
9.2.4	塑料电镀	……………	225

9.3 电镀工艺与设备 …………… 226
    9.3.1 电镀车间平面布置 …… 226
    9.3.2 磨抛 …………………… 227
    9.3.3 前处理 ………………… 227
    9.3.4 电镀 …………………… 235
    9.3.5 后处理 ………………… 237
    9.3.6 废液处理 ……………… 237
    9.3.7 电镀管理 ……………… 237

9.4 电镀质量检验 ……………… 238
    9.4.1 外观检验 ……………… 238
    9.4.2 耐蚀性试验 …………… 238
    9.4.3 硬度试验 ……………… 239

习题 ……………………………… 239

第10章 涂漆 …………………… 240

10.1 概述 ………………………… 241
    10.1.1 涂漆质量与要求 ……… 241
    10.1.2 涂漆工艺概要 ………… 242
    10.1.3 涂料 …………………… 242

10.2 涂漆工艺与设备 …………… 249
    10.2.1 涂漆工艺设计 ………… 249
    10.2.2 涂漆车间平面布置 …… 251
    10.2.3 前处理装置 …………… 252
    10.2.4 喷漆室 ………………… 253
    10.2.5 烘干炉 ………………… 254
    10.2.6 研磨工序 ……………… 256
    10.2.7 涂料供应 ……………… 256
    10.2.8 涂漆车身储存线 ……… 256
    10.2.9 辅助设备 ……………… 257

10.3 涂漆方法 …………………… 259

10.4 涂漆质量保证 ……………… 261
    10.4.1 外貌不佳 ……………… 261
    10.4.2 质量管理 ……………… 263

10.5 汽车车身涂装的典型工艺 …… 265

习题 ……………………………… 265

第11章 装配工艺 ……………… 266

11.1 装配生产方式 ……………… 266

11.2 装配工艺与设备 …………… 267
    11.2.1 装配工序与车间平面
           布置 …………………… 267
    11.2.2 装配工作法 …………… 269
    11.2.3 内饰装配线 …………… 270
    11.2.4 车辆检查、调整线 …… 270
    11.2.5 车辆修整、出厂线 …… 271
    11.2.6 部件搬运机械 ………… 271

11.3 车身安装工艺 ……………… 272
    11.3.1 车身安装的特征 ……… 272
    11.3.2 车身安装的生产方式 … 272
    11.3.3 车身安装的生产规模 … 273

11.4 车身安装质量保证 ………… 274
    11.4.1 质量保证体制 ………… 274
    11.4.2 车身安装质量保证
           要点 …………………… 274

11.5 汽车装配技术及装配工艺装备的
     发展趋势 …………………… 275

习题 ……………………………… 276

第12章 汽车先进制造工艺展望 …… 277

12.1 精益生产 …………………… 277
    12.1.1 精益生产基本概念 …… 277
    12.1.2 精益生产的内涵 ……… 278
    12.1.3 精益生产模式 ………… 279
    12.1.4 精益生产的主要内容 … 280

12.2 敏捷制造 …………………… 283
    12.2.1 敏捷制造的提出 ……… 283
    12.2.2 敏捷制造的内涵 ……… 283
    12.2.3 敏捷制造的一般实施
           方法 …………………… 285
    12.2.4 敏捷制造对制造业的
           影响 …………………… 286

12.3 并行工程 …………………… 286
    12.3.1 并行工程的提出 ……… 286

    12.3.2 并行工程的内涵 ………… 287
    12.3.3 并行工程在汽车工业中的
          运用 …………………… 290
12.4 快速成形技术 ………………… 292
    12.4.1 快速成形概述 …………… 292
    12.4.2 快速成形工艺方法 ……… 293
    12.4.3 快速成形技术的特点及
          应用领域 ……………… 294
    12.4.4 快速成形技术的
          发展趋势 ……………… 295

12.5 虚拟制造技术 ………………… 297
    12.5.1 虚拟制造概述 …………… 297
    12.5.2 虚拟制造的研究内容 …… 299
    12.5.3 虚拟制造的技术体系 …… 300
    12.5.4 虚拟制造系统的
          体系结构 ……………… 302
    12.5.5 虚拟制造环境与平台 …… 303
习题 ………………………………… 305

参考文献 ……………………………… 307

第 1 章 绪 论

教学提示

汽车工业是一个综合性企业，学习汽车制造工艺首先要了解汽车的基本生产过程，汽车生产方式由生产规模与工艺特性两方面决定，通过考虑各种因素可以确定自制与外协的分工生产方案与设备布置方案。

教学目标

了解汽车制造工艺，了解三种汽车生产方式以及与之相适应的生产设备，了解自制与外协的分工生产方案与设备布置方案。

1.1 制造工艺概要

汽车工业是在许多相关联的工业和有关技术的基础上发展起来的综合性企业。汽车上使用着许多部门的产品，而且从毛坯加工到整车装配，需要采用各类加工技术。

汽车零件包括大至地板，小至螺钉等数千个不同的部件。实际的汽车生产过程是由若干不同的专业生产厂(车间)合作完成的。为了经济、高效率地制造汽车，这些专业生产厂(车间)按产品的协作原则组织生产、分工合作。一般来说，发动机、变速器、车轴、车身等主要总成由本企业自己制造，而轮胎、玻璃、电器、车身内饰件与其他小型零部件等多靠协作，由外面专业厂生产。图 1.1 所示为汽车的生产过程框图。

汽车的基本生产过程包括下料、铸造、锻造、机械加工、热处理、冲压、冷挤压、粉末冶金、焊接、涂漆、电镀与装配等。而外协件的制造工艺通常又包括许多极其特殊的制造技术。汽车制造工艺的编制常以装配工艺为核心，为了提高生产的效率，其趋向是尽量采用流水线生产方式。要点在于同时进行各种零部件的制造加工，而以最终装出整车为目

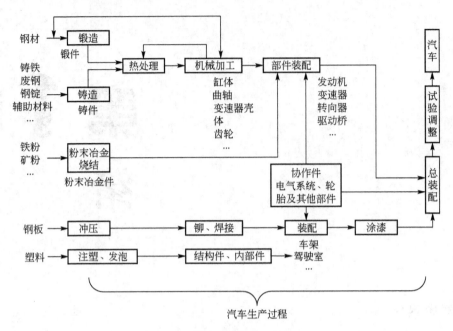

图 1.1 汽车生产过程框图

标，彼此之间相互协调。

1.2 生产方式与设备

通常，生产方式由生产规模（产量）与工艺特性两方面决定，大致可分为以下三种。

(1) 单件生产方式：采用通用机床，进行单件或极小批量的多品种生产。

(2) 批量生产方式：采用通用机床或通用生产线，通过定期改变生产程序进行多品种中批量或小批量生产。

(3) 流水生产方式：采用专用机床或专用生产线，进行单一品种或少品种的大量流水线生产。

由于汽车生产本身的特性及其较大生产规模，其生产方式就整体而言属于流水作业，但不同的工艺可能具有一定程度上的差异。例如：

(1) 由于铸造、锻造、冲压等工艺的生产周期短，采用容易变换程序进行批量生产的通用生产线比采用专用生产线更为有利。

(2) 就生产技术而言，机械加工与焊接工艺宜采用专用生产线进行流水生产。

(3) 涂漆与装配工艺可进行混合生产。其产量虽小，一般仍可采用流水生产。

汽车生产所用的设备应该和生产方式相适应。由于汽车以大量生产为原则，所选设备必须符合流水生产工艺的要求。装配生产线使用输送机进行流水作业，机械加工则多采用连续自动机床。为了适应生产规模的扩大合理化与节省人力的要求，生产设备的高性能化与自动化程度正在不断提高。此外，还采用电子计算机来保证零部件的及时供应，并控制生产线的运行。生产设备的最近发展趋向见表 1-1。

表 1-1　生产设备的最近发展趋向

工艺	原用设备	最近设备
铸造	油砂型芯手工夯实 挤压造型 铝合金金属型铸造	壳芯机 高压造型机 铝合金压铸机
锻造	锻锤 重油加热炉	压力机 感应加热装置
机械加工	单能机	连续自动机床、自动线自动测量、修正、选择机
冲压	通用压床	自动冲压线 连续自动压力机
焊接	移动式电焊机	多工位焊接压力机 自动焊机
涂漆	手工喷涂、手工研磨	自动静电喷涂 电泳涂漆、自动喷涂 自动水研磨机
装配	链式输送机	推式悬架输送机 自动装配机

1.3　生产工艺与设备

根据汽车生产准备阶段编制的长期生产计划，考虑现有的生产体制与内外加工顺序，应事先对汽车生产工序与设备计划进行周密分析，确定下述自制与外协的分工生产方案与设备布置方案。

1. 自制、外协分工计划与作业计划

在制定零部件或某些工序的自制、外协分工方案时，不仅应考虑产品成本，还应考虑产品质量的稳定性，对协作企业的扶植方针，以及保密、投资计划等许多因素。表 1-2 为日本汽车企业自制、外协分工的一般情况，外协率占购入量的 90%，占购入金额的 70%。

表 1-2　自制、外协分工一般情况举例

	特征	主要零部件
自制	生产的连续性 缩短生产周期	总成装配与主要零部件加工 （铸造、锻造、机械加工）
自制、外协混合	减轻设备负荷	坐垫、燃油箱、盘式车轮、制动盘等 飞轮制动鼓等简单的机械加工零件 护板件装配（中型） 大的电镀件

(续)

	特征	主要零部件
外协	充分运用专业工厂	轮胎、玻璃、电器、仪表等 弹簧、轴承等 活塞、离合器、散热器等 橡胶、塑料、装饰品等软质材料 铸铁、铝合金等原材料与坯料

汽车工厂的生产时间一般为两班制，每天一共生产14～16h，以降低设备的折旧费。在集体劳动程度高的装配部门内，也有采用一班制的。至于热处理等预热损失大的部门，则实行24h连续作业制度。

2. 加工方法与设备

大量生产时，一般根据生产计划确定生产节拍，然后选定各种加工方法与设备，应考虑以下基本问题。

(1) 通过对各工序的分解与合并，或对加工条件的改进，尽量使各工序的生产周期与所需要的生产节拍相吻合，以形成一条同步生产的专用线。此外，当工序之间达到同步，并将生产管理(零部件供应方式与库存安排方式)和质量管理(质量控制方式与设备、检测点等)的内容充分纳入后，就可形成一条具有综合机能的生产线。

(2) 应该注意减少总装配量(适当分组装配)，减少调整作业量，减少工序数目，并保持工艺过程的连续性，以提高大量生产线运行的平稳性与生产速度。

(3) 参照最佳节拍时间，确定生产线数量与流动方式。一般对于大量生产线而言，机械加工生产线的最佳节拍时间为0.7～2.0min，装配生产线为1.0～2.0min。但若单一品种加工数量不能达到经济数量时，一条生产线上可流动生产两种产品，它们的产量应相互配合从而达到经济产量。例如，可形成装配与涂漆的混合生产线，机械加工与焊接也可通过工序变换，形成批量生产线。在这种场合下，应该尽量做到车辆与总成的系列化、零部件的通用化与标准化。

(4) 选定加工方法时，应该根据产量进行经济核算，选择经济性最好的加工方法。为此，在大量生产线上，应该尽量采用符合节拍要求的大量生产方法，如无切屑加工法，加工装配的高速化、同步化、多方位同时进行等方法。

(5) 在可能范围内应该尽量做到省力化与自动化。然而，为了适应今后难于避免的生产变动，应选用适应性高的设备。例如，可采用通用性大的专用生产线，这种生产线的程序变换简便，且当车辆改型时，通过更换加工装备，也容易进行相应变动与改造。

(6) 虽然要求设备的可靠性高，但是希望在带刚性的机械与单能机的刀具配置和加工条件方面，保持适当的变动余地。设备的标牌与型号应保存齐全，以利于设备维护，方便操作人员掌握操作要点。

(7) 工夹具对产品质量和生产情况有很大影响，必须周密研究。设计时必须注意，为了保持检验量规的精度、省力化与时间平衡，宜采用同时加工零件的单手柄固定和自动夹紧等措施。

3. 操作定额

根据工艺、设备与工艺装备，确定各工序、各类操作的加工定级并制定工时定额，进而确定工人数量。尤其是装配生产线，应在平衡每个工人操作时间的条件下，提高劳动生产率。

4. 设备布置

设备布置要保证工件流程的通畅。各种设备应组成一个有机体，以提高设备的利用率。这种情况应表示在设备平面布置图上。布置设备时，为了便于搬运、维护与管理，一般要求单一化、直线化。在工序间与生产线间，应配备调节储存装置，以适应工具更换、设备停顿、作业时间波动、换班贻误等情况，这种补充设施与输送机相结合，以达到自动化生产。在装配线上，对多品种大量零部件的供应采用输送机、线侧装置与流动台车，以保证适时供应。

根据上述计划（自制与外协、工艺、设备、工艺装备、工时定额、设备布置等）制定工艺流程表、操作程序表、工具表、工时定额表等技术标准文件，并应随时使之具有最新内容。在生产准备阶段，应该把它作为正式的新计划部署文件发给有关部门，据此进行各项生产准备工作。

1. 用框图描述汽车的生产过程。
2. 汽车产品的生产有几种方式？试进行比较。
3. 大量生产时要考虑的基本问题有哪些？

第 2 章 铸 造

铸造生产在机器制造工业和其他工业部门应用十分广泛，汽车铸件生产包括多种具有特色的铸造方法，铸造材料的选取又显得十分的重要，铸造工艺主要包括造型与制芯、熔化、铸造、热处理、落砂处理等技术与工序，从用途出发，又必须密切注意汽车铸件的质量。

了解汽车铸造所需的原料，了解各种铸造工艺及其铸造方法，了解模型的设计及其制造方法，掌握铸件质量检查方法，同时学习曲轴、凸轮轴的铸造工艺。

2.1 概　　述

2.1.1　铸造工艺概要

将熔化的金属或合金浇入已制好的铸型中，经冷却凝固后获得所需形状和尺寸的铸件，这种方法称为铸造。

铸造生产有如下特点。

（1）不但可以生产与机械零件形状接近的毛坯，而且可以生产半成品甚至成品，这样可以大大减少机械加工及金属的消耗。

（2）一般来说，可以制造任何尺寸、质量和复杂形状的铸件。

（3）可以用其他方法不能加工或不易加工的材料生产铸件，如铸铁、南锰钢等。

（4）生产成本低。这是因为铸造所用原材料来源广泛，价格低廉，废品回收容易，一般不需要很多的复杂设备，生产准备工作也比较容易。

铸造生产在机器制造工业和其他工业部门应用十分广泛，如各种机器设备的机座和机体、坦克的炮塔、汽车和飞机的发动机壳体、耕田用的犁铧及日常生活中用的铁锅等均是用铸造方法制造的。在化工机器生产中也不例外，如压缩机中的铸件质量占机器全部质量的 60%~80%。

铸造生产可以根据金属材料和生产方法来分类。根据金属材料的不同，可分为铸铁、铸钢和有色金属铸造等；根据生产方法的不同，可分为砂型铸造和特种铸造。

将熔融金属浇入铸型而得到铸件，从方法上说可算十分简单，但因铸造条件相当复杂，如何定量地掌握住各主要因素之间的关系，就相当困难了。在基础理论研究成果不断充实的情况下，逐渐明确了各主要因素之间的量的关系，对于稳定产品质量起着重大的作用。

汽车上的铸件，不仅在形状和强度方面应符合设计要求，对于材质稳定性和铸件的经济性也有严格规定。近年来，随着新的铸造技术的不断涌现，铸件的可靠性日益增高。对于汽车铸件特性的主要要求是：①铸件形状复杂，常需使用砂芯；②尺寸精度高；③采用薄壁铸件以减轻质量；④材质稳定；⑤具有足够的耐压性和抗压性。针对上述要求，所采用新的铸造技术有：①自动化的高速高压造型法；②大型低频感应电炉熔炼法，或冲天炉——低频电炉的双联熔炼法；③强韧铸铁的薄壁轻型铸件；④精密铸造法等。此外，从汽车废气处理方面考虑，要求生产耐热、耐蚀性能优良的铸件，预计这类铸件所占的比例将日益增加。

今后铸造方面的课题是以改善铸造车间作业环境和防止公害的措施为核心，进一步提高机械化和自动化程度。

图 2.1 所示为一般铸铁件的铸造工艺过程。球墨铸铁件与可锻铸铁件的铸造工艺过程与此基本相同。球墨铸铁铁水从化铁炉中流出后，应加入镁合金(Fe-Si-Mg)及其他合金，进行石墨的球化处理。球墨铸铁件既可在铸态下使用，也可经热处理后使用，而可锻铸铁件则需经热处理以提高其强韧性。压铸件于压铸型中成形，其铸造工艺过程也与图 2.1 的情况基本相同。

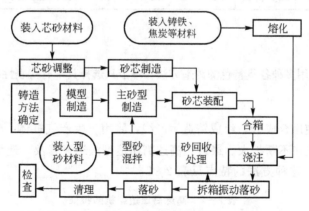

图 2.1 铸造工艺过程

2.1.2 铸件

由于铸件的成本低并具有强韧性和耐磨性，可用于制造发动机、变速器、车轴与车轮等动力、传动系统的大型复杂零件。最近，为了适应轻量化、散热性与工艺性的要求，气缸盖、气缸体与变速器壳等零件多采用铝合金制造。表2-1列出了汽车的典型铸件成分。

表2-1 汽车的典型铸件成分举例

部件	零件名称	材料	化学成分（%）
发动机	气缸盖	普通铸铁	C：3.20~3.40, Si：1.60~2.00, Mn：0.6~0.8, P<0.25, S<0.1
		合金铸铁	C：3.30~3.50, Si：1.90~2.10, Mn：0.6~0.8, Cr：0.2~0.4
	气缸体	普通铸铁	C：3.20~3.40, Si：1.60~2.00, Mn：0.6~0.8, P<0.25, S<0.1
		合金铸铁	C：3.35~3.55, Si：1.90~2.10, Mn：0.6~0.8, Cr：0.1~0.3, Cu：0.6~0.8
	曲轴	球墨铸铁	C：3.55~3.70, Si：2.30~2.45, Mn：0.25~0.35, Cu：0.75~0.85, Mg：0.04~0.05
	凸轮轴	合金铸铁	C：3.45~3.65, Si：1.75~1.95, Mn：0.6~0.8, Cr：0.1~0.2
	活塞	铝合金	Si：11.5~12.5, Ni：1.8~2.2, Cu：0.8~1.2, Mg：0.6~1.0, Fe<0.4
变速器	拨叉	球墨铸铁	C：3.65~3.80, Si：2.40~2.60, Mn：0.2~0.3, Mg：0.04~0.05
	变速器壳	铝合金	Si：9.0~10.0, Cu：3.0~4.0, Fe<0.8
离合器	离合器盘	合金铸铁	C：3.30~3.50, Si：1.80~2.00, Mn：0.6~0.8, Cr：0.2~0.4
制动器	制动鼓	普通铸铁	C：3.30~3.60, Si：1.40~1.90, Mn：0.6~0.9, P<0.2, S<0.2
	制动盘	合金铸铁	C：3.30~3.50, Si：1.80~2.00, Mn：0.6~0.8, Cr：0.1~0.3
	制动钳（钳体）	球墨铸铁	C：3.65~3.80, Si：2.40~2.60, Mn：0.2~0.3, Mg：0.04~0.05

2.1.3 铸造方式

汽车铸件生产采用多种各具特色的铸造方法，本节只选择其中有代表性的几种，简要说明。

1. 砂型铸造

砂型铸造主要使用合成砂，组成铸造生产线，除用于生产气缸体、气缸盖、制动鼓等零件外，其适用范围还在不断扩大。最近，高速高压造型法迅速普及，造型速度可达240~300箱/h，生产率极高。这种方法的特点见表2-2。

表2-2 高速高压造型机的特征

优点	缺点
尺寸精度高，铸件尺寸偏差小	设备价格高
生产率高，造型工时少	易形成气孔冲砂等疵病
减少机械加工工时	对型砂需进行严格管理
铸件致密，质量稳定	需注意设备的维护保养

2. 壳型铸造

壳型铸造以热固性树脂使型砂结成硬壳，具有生产率高、铸件尺寸精度高、砂型透气性好和含水量低等优点，正被多方采用。由于壳型的强度高，可使用严格的工艺方案，以提高铸件材料的利用率，防止铸造缺陷。然而，所用树脂的成本高是这种方法的缺点。为此可采用金属型覆砂铸造法，在金属型腔表面覆上一层3～6mm厚的型砂壳层。这种方法可减少昂贵的树脂用量，不仅在经济上有利，并可使材质稳定。其应用实例有曲轴、气缸体等零件。

3. 压力铸造

压力铸造是向金属型内压入熔融的金属，得到尺寸精度高、表面光洁的铸件。此外，由于金属型的冷却速度大，铸件致密而强度高。这类铸件的尺寸精度也高，可以减少机械加工工时。汽车上具有代表性的铝合金压铸件有气缸体、气缸盖、变速器壳、传动链壳体、转向器壳体等多种。

2.1.4 铸造车间平面布置

确定铸造车间平面布置时，必须考虑铸件种类、尺寸和产量。在铸造车间内，为使铸件能高效率流动，对于工序间和车间内部各种设备的配置必须进行充分的分析。应注意的事项有：①缩短搬运距离，并使产品流通顺畅；②设备立体布置，充分利用空间；③提高车间的机械化、自动化程度，充分进行检测管理；④改善劳动环境。熔化工序与造型工序是工艺管理的重点，要根据熔化炉的类型和操作条件，进行严格的管理。与此同时，为了型砂的再生利用，对于砂的透气性、压缩强度等性能也必须认真管理，以缩小它们的变动范围。

为了减少造型机与脱箱机的噪声与粉尘，改善劳动环境，已有设置隔音室和采取全车间通风除尘措施之实例。为了防止公害，已开始采用囊式滤尘器清除冲天炉排气中的灰尘。对于壳型烧结时发出的恶臭气体，则采用燃烧或吸收的办法来消除。

2.2 铸造材料

2.2.1 铸造原料

铸造的主要原料包括生铁、废钢、回炉料等熔化用料，以及铸造用砂等造型材料。铸造生铁的质量稳定十分重要，最好对成批购进的生铁做化学分析并制表记录，以供参考。本企业内的废钢，已知其成分，可以放心使用；对于从外面购进的废钢，则应预先确定其成分后，才可使用；材料分析除采用湿式的化学分析法外，最近多采用光谱分析法。

粒度分布对造型用砂十分重要，影响造型时的成型性、铸件的表面质量和铸型的透气性。此外，还希望保持适当的耐热性，以承受高温铁水的作用。目前，铸造用砂除最常使用的硅砂外，还有锆砂、橄榄石矿砂、铬矿砂等。由于铸造原材料对铸件质量和铸造缺陷有很大影响，必须严格管理。

1. 对型砂和芯砂性能的要求

型(芯)砂质量对铸件的质量有很大的影响,如砂眼、夹砂、气孔、裂纹等缺陷的产生常是由于型(芯)砂质量不合格所引起的。同时,新的造型材料的出现也常能促使造型或制芯工艺的变革。此外,每生产1t合格铸件需4~5t型砂。因此,合理选用型(芯)砂,可提高铸件质量,降低成本。

型(芯)砂应具备如下的性能。

(1) 可塑性。型砂在外力作用下容易获得清晰的模型轮廓,去除外力后仍能保持其形状的性能称为可塑性。砂子几乎是不可塑的,而含有一定水分的黏土则有很好的可塑性。所以在型砂中含黏土量越多,黏土的分布越均匀,可塑性越好。

(2) 强度。型砂在外力作用下而不破坏的能力叫做强度。为了在搬运、合箱和浇注时不致损坏,型砂应具有足够的强度。型砂的强度随黏土含量和型砂的捣实程度的增加而增加,细小砂粒和大小不均匀的砂粒也能提高型砂的强度。

型砂的强度随黏土含量和紧实度的增加而增加,砂的粒度越细,强度越高。型砂的含水量对强度也有很大影响,过多或过少均使强度变低。型砂的强度可用标准试样在专门仪器上测定。

(3) 耐火性。在高温液体金属作用下,型砂不软化、不粘结金属的性能称为耐火性。若耐火性差,型砂将粘结在铸件表面上,使机械加工非常困难,严重时,因不能机械加工而报废。耐火性主要与化学成分、砂粒形状及大小等有关。纯石英砂的耐火性最好。圆形、粗大砂粒的耐火性比多角形、细小砂粒的耐火性好。

为弥补型砂耐火性的不足,还需采用防粘砂材料。如在型砂中混入少量煤粉或在型腔表面刷覆一层石墨涂料,这些碳质物质所产生的还原性气体可有效地防止粘砂。

(4) 透气性。型砂允许气体透过的能力称为透气性。型腔中本来就有空气型砂和芯砂,在液体金属高温作用下,将产生气体;液体金属本身在冷却时也会析出气体。如果型砂的透气性不好,这些气体不能及时排除,将会使铸件产生气孔缺陷。砂粒大而均匀,黏土含量少,水分适当,混合均匀,捣实程度越小,则透气性越好。型砂含水量过少时,砂粒表面黏土膜不光滑,透气性不高;含水量过多时,空隙被堵塞,也使透气性降低。

(5) 退让性。铸件在凝固和冷却过程中产生收缩时,型砂能被压缩、退让的性能称为退让性。金属浇注后,型砂的高温强度越低,其退让性越好,铸件收缩受到的机械阻力越小,铸件内应力越小。反之,铸件收缩受阻,内应力加大,甚至产生裂纹等缺陷。

用黏土作为粘结剂时,由于黏土在高温时发生烧结,强度进一步增加,所以退让性差。为提高型砂的退让性,除改用其他粘结剂(如油、树脂等)外,还可在干型型砂中混入少量木屑等附加物,使砂粒的间隙增加。

由于砂芯是形成铸件的内腔,被高温液体金属所包围,因此,除对上述性能要求较高外,还须考虑型(芯)砂的回用性、发气性和出砂性等。回用性良好的型砂,便于重复使用,型砂耗费量低;发气性低的型砂,浇注时自身产生的气体少,铸件不易产生气孔;出砂性好的型砂,浇注冷却后残留强度低,铸件易于清理。

2. 配制型砂和芯砂用的原材料

为了使型砂和芯砂具有合适的性能,需要进行配制。配制型砂和芯砂用的原材料种类很多,现将常用的原材料介绍如下。

(1) 原砂。原砂是型砂和芯砂的主要组成成分。原砂一般采自山地、海滨和河边。原砂性能的好坏主要决定于它的化学成分、砂粒形状和均匀度。砂中 SiO_2 含量越高，它的耐火性越好。砂粒以圆形为佳，越均匀越好。

(2) 粘结剂。粘结剂的作用是将砂粒粘结起来，使型砂、芯砂具有一定的强度、可塑性等。粘结剂有黏土和特殊粘结剂两大类。

黏土是来源广泛、价格便宜的粘结剂。型砂、芯砂中常用的黏土有陶土和白泥。陶土颗粒极细，吸水性能和粘结性能良好，但烘干后铸型容易开裂，所以只适用于铸铁、铸钢的潮型。白泥的耐火性高，粘结性比陶土差，但在烘干后铸型不易开裂，一般只适用于铸铁及铸钢的干型。

黏土的缺点是降低型砂、芯砂的透气性和退让性等。为获得高质量的铸件，要采用特殊粘结剂。除黏土以外的粘结剂，都称为特殊粘结剂，因种类很多，下面仅介绍常用的几种。

① 桐油。在烘干过程中，蒙在砂粒上的桐油被氧化，形成坚固的薄膜，将砂粒与砂粒连结起来，使芯砂具有足够的强度。在液体金属浇入铸型以后，桐油将被烧掉，使型砂、芯砂具有良好的退让性和湿散性，既不妨碍铸件的收缩，又便于铸件的清理。所以，桐油是很好的粘结剂。此外，亚麻仁油也属此类粘结剂。这些油类粘结剂由于来源少，价格贵，主要用于配制复杂而重要铸件的芯砂，一般应尽量不用。

② 合脂。合脂是制皂工厂利用石蜡制取合成脂肪酸后的副产品。它比桐油便宜，湿强度、干强度与桐油差不多，目前大部以合脂代替桐油。

除上述粘结剂外，还有纸浆废液、糖浆、水玻璃等。

(3) 特殊附加物。为了提高造型材料的某些性能而附加的物质称为特殊附加物。例如，为了提高型砂和芯砂的退让性和透气性，可加入一些木屑；为了防止粘砂，在铸铁的型砂和芯砂中加入适量的煤粉，或在铸型及型芯表面扑撒或涂刷一层石墨粉、石英粉等。

2.2.2 型砂

型砂可分面砂、填充砂和单一砂等。面砂是紧贴铸件的一层型砂，质量要求高。填充砂在面砂层之后，不和金属液接触，质量要求不严格。单一砂是不分面砂与背砂的型砂，主要用于机器造型。另外大型铸件的砂型常需烘干后再浇注，它所用的型砂中含有较多的黏土，这种型砂叫干模砂；中小型铸件常用潮型浇注，它所用的型砂中含黏土量较少，这种型砂称为潮模砂。

型砂是由用过的旧砂、新砂、黏土及特殊附加物加水配制而成的。其具体组成应根据铸件大小、合金种类、铸造工艺特点等确定。例如，铸铁件湿型用的面砂，可采用新砂 10%~25%，旧砂 50%~80%，黏土 4%~6%，煤粉 2%~5%，另加水分 4%~6%。

砂型铸造用砂是在硅砂内加入膨润土与其他粘结剂，并加入碳质与淀粉等添加剂，以改善造型性和铸件的表面质量。最近，由于旧砂几乎可全部回用，新砂的补充量极少，其值仅为百分之几。当采用壳芯时，可以不加新砂。砂、粘结剂、添加剂、水等物质的配比，应根据砂型的性质来确定，并用辗轮式混砂机或摆轮式高速混砂机配制型砂。最近各种高效率连续式辗轮混砂机已投入使用。

型砂试验有以下几种：①砂的成分试验(黏土量、化学成分)；②透气性与粒度试验；③强度试验；④硬度试验；⑤流动性试验；⑥老化度试验；⑦高温强度试验等。试验类型应该根据需要来选用，必须尽量缩小型砂性质的变动范围。

2.2.3 芯砂

砂芯除芯头外四周都被金属液所包围，因此要求芯砂的耐火性、强度、透气性和退让性比型砂好，而且也要便于清理。因此芯砂的组成与型砂不同，一般不用旧砂。对于要求高的芯砂要全部采用硅砂，同时采用特殊粘结剂（如桐油、合脂、纸浆废液或水玻璃等）。例如，铸铁件用的形状复杂的小型砂芯，其组成全为硅砂，另加1%～1.5%的桐油或亚麻仁油，视需要再另加1%～2%的黏土，以保证一定的湿强度。

芯砂采用油砂、CO_2干燥砂、壳芯砂和陶瓷砂。最近，在砂型中装配壳芯的例子极多，壳芯则以含有2%～3%树脂的覆膜树脂砂制造，这种砂的流动性非常好，并有适当的强度，容易制成形状复杂的砂芯。

此外，当将这种壳芯装入砂型内，其树脂在铁水浇注时分解，铸件容易清理。由于芯砂将混入型砂内，所以壳芯砂的粒度一般应和型砂的粒度相同。

陶瓷砂（又名宝珠砂、铸宝砂、陶粒砂、钎珠砂）是熔融状态下的高氧化铝质的原料（铝矾土）经喷雾处理，使之再结晶而得到的高耐热性、低热膨胀、球状人工无机材料。其用于铸造原砂时，在性价比上优于铬铁矿砂、锆英砂，为铸造行业提高铸件质量、降低成本、减少污染开辟了有效途径，是较为理想的新型铸造用砂，近几年已应用于消失模铸造、精密铸造、冷热芯盒制芯等，具有较好的发展前景。

陶瓷砂用于铸造原砂的优点如下。

(1) 球状粒形，流动性及填充性好。粒形接近真圆，表面光滑，无凹凸脉纹。其流动性及填充性好，造型时易紧实，且能保持良好的透气性；而硅砂和镁橄榄石砂均为多边形砂，流动性较差。

(2) 热膨胀率低，有利于生产高精度铸件。型砂的热膨胀系数过大，会造成夹砂、结疤、鼠尾等铸造缺陷，而陶瓷砂的热膨胀系数极小，在浇注过程中几乎没有膨胀现象，其性能可与锆英砂媲美，所以，生产铸件的尺寸精度高，表面缺陷少，不易产生夹砂、冲砂、气孔等缺陷，铸件成品率高。

(3) 耐破碎性好，有利于回收利用。陶瓷砂颗粒的致密性好，强度高，即使再生使用也很少破碎，因此减少了铸造生产过程中的粉尘、废物排放，利于环境保护。

2.3 铸造工艺与设备

2.3.1 造型与制芯

1. 造型

造型就是用型砂和模型制造铸型的过程。造型方法分手工造型和机器造型两大类。手工造型主要用于单件和小批生产，也用于形状复杂和大型铸件的生产。在大量生产时，主要采用机器造型。

1) 手工造型方法的特点和应用

手工造型时紧砂和起模是用手工来进行的，其操作灵活，适应性强，模型成本低，生产准备时间短，但铸件质量较差，生产率低，且劳动强度大。因此，手工造型主要用于单件、小批生产。

在实际生产中，由于铸件的尺寸、形状、生产批量、铸件的使用要求，以及生产条件的不同，手工造型有着各式各样的造型方法。合理地选择造型方法，对于获得合格铸件、减少制模和造型工作员、降低铸件成本和缩短生产周期是非常重要的。

表2-3为常用手工造型方法的特点及其适用范围。

表2-3 常用手工造型方法的特点及其适用范围

分类	造型方法	特点			应用范围
		模样结构和分型面	砂箱	操作	
按模样特征	整模造型	整体模，分型面为平面	两箱	简单	较广泛
	分模造型	分开模，分型面多为平面	两或三箱	较简单	回旋类铸件
	活块造型	模样上有妨碍起模的部分，做成活块	两或三箱	较简单	单件小批量
	挖砂造型	整体模，铸件最大截面不在分型面外，造型时，须挖去阻碍取模的型砂，分型面一般为曲面	两或三箱	费事，对操作技能要求高	单件小批量生产的中小铸件
	假箱造型	为免去挖砂操作，用假箱代替挖砂操作，分型面仍为曲面	两或三箱	较简单	需挖砂造型的成批铸件
	刮板造型	用与铸件截面相适应的板状模样，分型面为平面	两箱或地坑	很费事	大、中型轮类、管类铸件，单件小批生产
按砂箱特征	两箱造型	各类模样，分型面为平面或曲面，手工或机器造型均可	两箱	简单	较广泛
	三箱造型	铸件截面为中间小两端大，用两箱造型取不出模样。必须用分开模，分型面一般为平面，分型面有两个	三箱	费事	各种大小铸件，单件小批生产
	地坑造型	中大型整体模、分开模、刮板模均可，分型面一般为平面	上型用砂箱，下型用地坑	费事	大、中件单件生产

2）机器造型及其工艺特点

机器造型是现代化铸造车间生产的基本方式。机器造型可大大提高劳动生产率，铸件尺寸精确、表面光洁、加工余量小，同时可大大改变铸造车间的落后面貌，改善工人劳动条件。在大批量生产中，尽管机器造型所需要的设备、专用砂箱和模板投资较大，但铸件的成本能显著地降低。

(1) 紧砂方法。机器造型紧实型砂的方法见表2-4。

表2-4 常用的砂型铸造机器造型比较

类别	紧砂原理	特点及应用范围
振击造型	借机械振击使型砂获得动能,靠惯性紧砂成形	机构简单,振击噪声大,用于要求不高的中、小铸件成批生产
压实造型	靠压头压实型砂	机构简单,噪声小,用于精度要求不高的简单铸件中、小批生产
振压造型	先振击,或用较低比压压实型砂	特点与振击造型基本相同,但砂型紧实比较均匀,用于要求较高较复杂的中小铸件大批量生产
气动微振压实造型	先预振,然后同时微振(高频率小增幅)压实或者先微振后压实	砂型紧实度高,均匀性较好,用于精度要求较高和较复杂铸件的成批、大量生产
抛砂造型	靠抛砂头上高速旋转的叶片将砂团抛出,以达到填砂和紧实的目的	砂型(芯)紧实度均匀,适应性较广泛,适用于大、中型铸件的单件或中、小批生产
多触头高压造型	用许多小触头压实砂型,同时还进行微振	砂型紧实,铸件质量好,生产率高,劳动条件好,设备复杂,适用于大批量生产的铸件
射砂造型	用压缩空气射砂紧实,再用压头补压成形	填砂和紧实两工序一同完成。速度快,铸件质量好,适用于中、小铸件的大批量生产(主要用于型芯)
气流冲击造型	靠具有一定压力的气体瞬时膨胀而产生的冲击波紧砂	砂型紧实度高且均匀,生产率高,铸件质量好,用于要求高的复杂铸件的大量生产

(2) 起模方法。除抛砂机外,退型机大都装有起模机构,其动力也多是压缩空气。起模机构有顶箱、漏模和翻转三种。

(3) 工艺特点。机器造型是采用模板进行两箱造型的。模板是将模样、浇注系统沿分型面与底板连接成一整体的专用模具,造型后底板形成分型面,模样形成铸型型腔。

机器造型多采用单面模板造型,其特点是上、下型以各自的模板分别在两台配对的造型机上造型,造好的上、下半型用箱锥定位而合箱。小铸件生产有时采用双面模板进行脱箱造型。双面模板是把上、下两个半型及浇注系统闭定在同一模板的两侧,此时,上、下两型均在同一台造型机上制出,铸型合箱后将砂箱脱除,并在浇注前在铸型上加套箱,以防错箱。

机器造型是不能进行三箱造型的,同时也应避免活块,因为取出活块时,造型机的生产率显著降低。因此,在设计大批量生产的铸件及确定其铸造工艺时,须考虑机器造型的这些工艺要求,并采取措施予以满足。

目前造型多采用高速高压造型机,其比压为$10\sim30kg/cm^2$,以生产密实度高的砂型,可显著提高铸件的尺寸精度。这种造型机的生产率极高,造型速度可达300~360箱/h。砂箱尺寸可达1200mm×1300mm,能对各种铸件施行一箱多铸生产,并能在几分钟之内更换模样。砂型硬度与模样至砂箱间距离、铸件形状、砂箱尺寸、造型比压等因素有关，应根据实际情况来确定。由于型砂配比和混拌情况对铸件质量有很大影响，必须认真研究，严格管理。壳型造型是以覆膜树脂砂或粉末树脂砂用翻斗法或喷吹法成形的。喷吹法的优点在于可以控制壳层厚度，壳层的紧实度好、强度高。

2. 制芯

和制造砂型一样，制芯片法分手工制芯、机器制芯两大类。在大量生产中多采用机器制芯。手工制芯方法也有很多种，但主要是用芯盒制芯。

为了提高砂芯的强度，制芯时在砂芯中应放入铸铁芯骨（大型芯）或铁丝制成的芯骨（小型芯）。为了提高砂芯的透气能力，在砂芯里应做出通气孔，做通气孔的方法有用通气针扎孔，埋蜡线形成复杂通气孔，在大型芯内部填放焦炭等。为了提高砂芯的退让性，大型芯可做成空心的，或在芯骨上缠上草绳。

制芯一般使用吹芯机或射芯机，如图 2.2 所示。吹芯机是以 $5\sim 7\text{kg/cm}^2$ 的压力将油砂、CO_2 干燥砂吹入芯盒，制成砂芯。壳芯制造可使用高效壳芯吹芯机。射芯机是靠安装在储气罐和砂斗之间的射芯阀将砂射入芯盒内制芯，流动性差的砂也能使用。

(a) 吹芯机　　　　　　　　　　　(b) 射芯机

图 2.2　制芯机

2.3.2　熔化

汽车铸件壁薄而形状复杂，容易发生铸造缺陷。此外，汽车铸件对材质强度与抗压性的要求高，必须以高超的铸造技术进行生产。所以，熔化时除应注意材料管理外，必须使熔化炉经常保持恰当的熔化条件。熔化可单独采用冲天炉，近来也多采用冲天炉与低频感应电弧相结合的双联熔化方式。最近，由于 30～40t 大型坩埚低频感应电炉制造技术的完成，可单独使用坩埚低频感应电炉进行熔化，或是与槽型低频感应电炉结合进行双联熔化。低频电炉中的铁水成分与熔化温度容易控制，铸件质量稳定。

1. 普通铸铁熔化

表 2-5 列举了普通铸铁、合金铸铁所用的材料配比。都应尽量防止高温熔化时铁水

被氧化以及铁水氧化所引起的铸造缺陷。铁水成分的炉前分析多采用反射光谱分析仪与碳当量仪，必须将分析结果迅速反映到操作条件的控制上。

表2-5 普通铸铁、合金铸铁的炉料配比

熔化炉	材料	生铁(%)	回炉料(%)	废钢(%)	车屑(%)	增碳剂(%)	Fe-Si/(kg/t)	Fe-Mn/(kg/t)
酸性冲天炉	FC25	8	52	30	10	—	4	2
无衬冲天炉	FC25	12	33	55	—	—	19	7
低频感应电炉	合金铸铁	—	40	60	—	24	13	5

2. 球墨铸铁熔化

熔化炉一般使用碱性冲天炉、无衬冲天炉与低频感应电炉，其原料配比见表2-6。由于冲天炉与电炉都能单独熔化回炉料与钢屑，所以无需使用高价生铁。

表2-6 球墨铸铁的炉料配比

碱性冲天炉	FCD45	—	38	60	2	—	29	—
无衬冲天炉	FCD45	—	37	63	—	—	25	—
低频感应电炉	FCD45	—	20	80	—	35	25	—

球墨铸铁熔化时，应尽量降低铁水中的含硫量与含氧量，以及石墨球化所需要的镁合金加入量。因为镁合金加入量过大时，容易发生球铁所特有的缩孔、夹渣等缺陷，对于耐压铸件尤其应注意。

3. 可锻铸铁熔化

熔化炉有冲天炉、电弧炉、反射炉与低频电炉等数种，这些熔化炉虽可单独使用，但多和冲天炉结合进行双联熔化。为使铸件材质稳定，必须严格控制铁水的成分。黑心可锻铸铁(FCMB28)熔化时的炉料配比见表2-7。

表2-7 黑心可锻铸铁的炉料配比

与冲天炉结合的双联熔化法	生铁(%)	钢屑(%)	白口铁回炉料(%)	Fe-Si/(kg/t)	Fe-Mn(%)
FCMB28	16	30	60	1.5	1.6

2.3.3 铸造类型

1. 砂型铸造

铸件设计对铸件质量的稳定起着重要的作用。例如，应尽量减少铸件壁厚的差别，以及为了防止薄壁端部白口化而采取工艺增厚等措施。汽车铸件常因减轻质量或自身冷却的要求，需用夹层砂芯，这些砂芯的形状应尽量设计得简单些，并便于排气。现在多采用高速高压造型。造型、拆箱和其他工序几乎全部自动化,以节省人力,提高生产率。一般来说,铁水先经孕育处理再注入砂型。孕育处理是为了改善石墨形状,提高质量,防止薄壁部位微冷硬化,改进切削性。孕育剂使用 Fe-Si、Ca-Si 等。

以往,浇注工序是用人工操作铁水包。目前,为了节省人力,改善劳动环境,已采用自动浇注装置,其形式可分为:①倾动式自动浇注装置;②柱塞式自动浇注装置;③加压式自动浇注装置;④电磁泵式自动浇注装置。这些装置的可靠性不断提高,可收到预期良好的经济效果。

浇注后,已经冷却的铸件经过捅型机、振动落砂机、除芯机等拆箱、落砂,再经抛丸机和抛丸清理滚筒充分清理后,送去热处理或机械加工。拆箱后的旧砂于分解、冷却之后,经过磁力分离筒和筛砂机,最后送至砂斗储存。

砂型铸造的基本过程如图 2.3 所示。

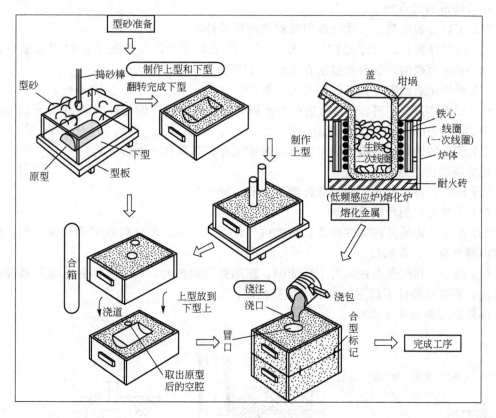

图 2.3 砂型铸造的基本过程

2. 压力铸造

压铸机可分为热压室与冷压室两类。铝合金与镁合金一般采用冷压室压铸机。保温炉装在压铸机近旁,金属液由自动进给装置从保温炉中掏出,送到压室内,然后在高速高压下于压铸型内成形。压铸件表面粗糙度、尺寸精度也比砂型铸件高。此外,由于金属液在金属型内的冷却速度极大,所以铸件机械性能显著提高。表 2-8 对比了合金压铸件和砂型铸件的力学性能。

表 2-8 各种合金压铸件与砂型铸件的力学性能

合金种类	压铸件（铸态压铸试样）			砂型铸件（铸态砂型铸件）		
	抗拉强度/(kg/mm²)	伸长率/(%)	硬度/(HB10/500/3C)	抗拉强度/(kg/mm²)	伸长率/(%)	硬度/(HB10/500/3C)
铝合金	21～34	2～9	50～80	14～22	0.5～12	40～79
锌合金	29～33	7～10	80～95	—	—	—
铜合金	31～63	10～25	120～170	25～45	12～25	60～100
镁合金	22～26	2～5	60～70	14～22	1～6	50～65
锡与铅合金	5～12	1～20	10～30	—	—	—

压力铸造的优点如下。

(1) 可以得到薄壁、形状复杂但轮廓清晰的铸件。

(2) 铸件精度高、尺寸稳定、一致性好、加工余量少、表面光洁，加工余量一般在 0.2～0.5mm 范围内，表面粗糙度在 $Ra3.2$ 以下。

(3) 铸件组织致密，具有较好的力学性能。

(4) 压力铸造效率高。压力铸造的生产周期短，一次操作的循环时间为 5s～3min，一般多为 300 件/min，适于大批量的生产。

(5) 压力铸造采用的镶铸法可以省去装配工序，并简化了制造工艺。

压力铸造的缺点如下。

(1) 压铸设备投资大，制造压铸型费用高、周期长。

(2) 压铸合金的种类受限制。

(3) 由于压力铸造的速度极高，型腔内气体很难排出，厚壁处收缩也很难补缩，致使铸件内部常有气孔和缩松。

(4) 由于上述气孔是在压力下形成的，在热处理加热时，孔内气体膨胀将导致铸件表面起泡，所以压铸件不能用热处理来提高性能。

压铸原理如图 2.4 所示。

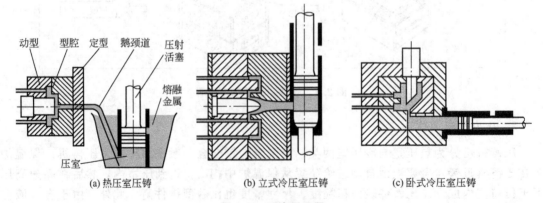

图 2.4 压铸原理图

3. 金属型铸造

将液态金属浇入金属型内，靠金属液自身质量充满型腔的铸造方法称为金属型铸造。金属型铸件的尺寸精度高，力学性能好，但因金属型的成本高，故多品种少量生产时的经济性差。与压力铸造相比，其生产率虽较低，但在一人可操作数台自动化铸造机的情况下，能够高效率地生产活塞。

与砂型铸造比较，金属型铸造在技术上与经济上有许多优点。

(1) 金属型生产的铸件，其力学性能比砂型铸件高。

(2) 铸件的精度和表面粗糙度比砂型铸件高，而且质量和尺寸稳定。

(3) 铸件的工艺收得率高，液体金属耗量减少，一般可节约 15%～30%。

(4) 不用砂或者少用砂，一般可节约造型材料 80%～100%。

此外，金属型铸造的生产效率高，使铸件产生缺陷的原因减少，工序简单，且易实现机械化和自动化。金属型铸造虽有很多优点，但也有不足之处。例如：

(1) 金属型制造成本高。

(2) 金属型不透气，而且无退让性，易造成铸件浇不足、开裂或铸铁件白口等缺陷。

(3) 金属型铸造时，铸型的工作温度、合金的浇注温度和浇注速度、铸件在铸型中停留的时间，以及所用的涂料等，对铸件的质量的影响甚为敏感，需要严格控制。

金属型的结构和类型如图 2.5 所示。

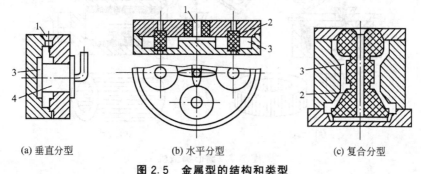

(a) 垂直分型　　　　(b) 水平分型　　　　(c) 复合分型

图 2.5　金属型的结构和类型

1—浇口；2—砂芯；3—型腔；4—金属型芯

4. 低压铸造

使密闭坩埚内的金属液在低压(0.05～0.5kg/cm²)下注入铸型内的方法称为低压铸造法。由于直到最后凝固时，浇口中的液态金属始终承受着压力作用，所以可以得到非常致密的铸件。这种方法常用于制造气缸盖、制动鼓之类的铝合金铸件。

低压铸造示意图如图 2.6 所示。

5. 离心铸造

将液态金属浇入旋转的铸型里，在离心力作用下充型并凝固成铸件的铸造方法称为离心铸造法。离心铸造用的机器称为离心铸造机。按照铸型的旋转轴方向不同，离心铸造机分为卧式和立式两种，如图 2.7 所示。离心铸造的特点是金属液在离心力作用下充型和凝固，金属补缩效果好，铸件外层组织致密，非金属夹杂物少，力学性能好；不用造型、制芯，节省了相关材料及设备投入。铸造空心铸件不需浇冒口，金属利用率可大大提高。因

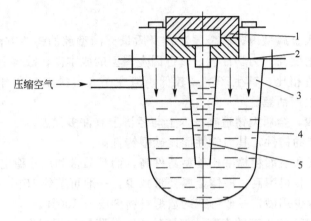

图 2.6 低压铸造示意图
1—铸型；2—密封盖；3—坩埚；4—金属液；5—升液管

此对某些特定形状的铸件来说，离心铸造是一种节省材料、节省能耗、高效益的工艺，但须特别注意采取有效的安全措施。

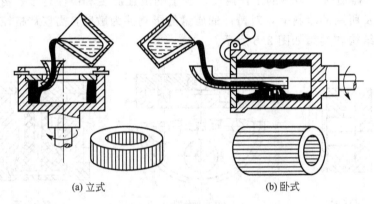

(a) 立式　　　　(b) 卧式

图 2.7 离心铸造机

离心铸造可以获得无缩孔、气孔、夹渣的铸件，而且组织细密，力学性能好。当铸造圆形中空零件时，可以省去型芯。此外，离心铸造不需要浇注系统，减少了金属的消耗。但离心铸造铸出的筒形零件内孔自由表面粗糙、尺寸误差大、质量差，有较多气孔、夹渣，因此需增加加工余量，而且不适宜浇注容易产生比重偏析的合金及铝镁等合金。

离心铸造主要用于大批生产管、筒类铸件，如铁管、铜套、缸套、双金属钢背铜套、耐热钢辊道、无缝钢管毛坯等，还可用于轮盘类铸件。

2.3.4 热处理

1. 普通铸铁

为了消除铸造应力，可将铸件于 500～600℃ 保温数小时后冷却。加热温度若高于 600℃，将使强度下降，应予注意。此外，为了使合浇铸铁凸轮轴的凸轮硬化，提高耐磨性，可施以高频淬火或火焰淬火。

2. 球墨铸铁

为了得到预期的力学性能，可进行退火、正火、淬火加低温回火、调质和等温淬火等处理。

3. 黑心可锻铸铁

黑心可锻铸铁是在920～940℃经10～30h保温，随后在700～740℃经20～45h保温的可锻化退火制成的。

2.3.5 落砂清理

1. 落砂与抛丸

铸铁气缸体与气缸盖等是采用复杂砂芯的铸件，应在除芯机上去掉砂芯，并在悬链抛丸机上清理。小型铸件则在抛丸清理滚筒内清理。以钢丸为抛射体。

2. 清除披缝

对于气缸体、气缸盖等主要铸件，应用专用磨床清除披缝。其他小型铸件则可使用悬架式砂轮机、双头砂轮机与手提式砂轮机清除披缝。铝合金铸件披缝的清理使用的是带锯或双头砂轮机。

2.4 模 样

2.4.1 模样设计

设计模样时应该考虑铸件的形状、尺寸、材料、组织变化与铸造缺陷等许多因素，并应根据造型方法的特点确定模样的结构、尺寸、材料和制造方法。

1. 模样材料

砂型铸造用模样常由铸铁、碳素钢、铜合金、铝合金、合成树脂与木材等制成。从强度、耐磨性、工作性能等方面考虑，以铸铁模样使用最多。壳型法所用金属模在250～300℃受热状态下使用，从热膨胀、热容量、强度、耐磨性、加工性和脱壳性等方面考虑，几乎都使用铸铁模，其材料牌号为FC25、FC30或合金铸铁。为了防止铸铁模在工作条件下受热变形，应该预先进行低温退火处理。

2. 拔模斜度

为了便于起出模样，应使模样垂直面具备一定的拔模斜度，其值视模样表面粗糙度、型砂特性、造型方法而定。拔模斜度关系到铸件的加工余量，应该尽量减小。特别是加工基准面的拔模斜度，更应从机械加工方面进行充分分析后再做决定。一般来说，砂型铸造的拔模斜度约为1/50，芯型铸造的拔模斜度为1/100～1/50。

3. 收缩余量

液态金属凝固时收缩，使得铸件尺寸小于型腔，所以应在模样尺寸上放出收缩余量。

铸件收缩率不仅与其材料有关，还受铸件形状、壁厚等因素的影响。一般而言，铸铁件的收缩余量为 8/1000~12/1000，铸钢件的收缩余量为 15/1000~20/1000。

4. 加工余量

根据铸件材料、形状、尺寸、加工条件、铸造性等因素，确定加工余量。加工余量虽应尽量减少，但有时还要适当加大，以作为铸造缺陷（激冷、夹渣等）的预防措施。其值一般常取 1~4mm。

5. 芯头座

芯头座是支持和固定砂芯的重要部位，芯头座和砂芯之间要有适当的装配余量。此装配余量不仅影响铸件的铸造披缝量，而且影响铸件的壁厚。在砂型中使用壳芯时，必须考虑它们之间膨胀系数的差异。

6. 铸造方案

铸造方案关系到铸件质量的稳定和防止铸造缺陷的发生，必须慎重确定。设计铸造方案时，除应掌握各种铸造方法的特征外，还应充分考虑铸件形状、尺寸、壁厚和材料等因素。对于浇口系统的诸要素（直浇口、横浇口、内浇口等），应进行流体力学理论方面的计算。

2.4.2 模样制造

制造模样采用数字控制的机械加工方法，以提高精度，缩短加工时间。一般常用的金属模样加工设备见表 2-9。由于铸件形状复杂，结构纤细，当以机械加工方法不能获得预期形状时，则需采用下述特殊加工方法。

表 2-9 金属模样加工设备

设备名称	用途	种类
车床	圆形工件加工	卧式车床、仿形车床、立式车床
平面加工机床	平面加工	立式铣床、卧式铣床、龙门铣床、龙门刨床、牛头刨床
型面加工机床	平面、曲面及沟槽加工	万能铣床、刻模机、刻模铣床
仿形铣床	模样仿形加工	具有液压仿形装置的铣床
镗床	精密孔加工	坐标镗床、卧式镗床
钻床	孔加工	台式钻床、摇臂钻床
磨床	磨削加工	平面磨床、外圆磨床、内圆磨床
模具对合压力机	模具对合	修整模具压力机

（1）模型仿形加工：用于石膏、合成树脂、木材等材料制造的模具。

（2）雕刻加工：使用对小转弯极细部位进行加工的机械。

（3）电火花加工：用于不能以机械加工方法成形的模具。目前，像数字控制机床那样，为许多模具制造者所采用。

（4）数字控制加工：加工的精度高，适于重复加工。

(5) 肖氏铸造法：一种精密的铸造方法，铸态的尺寸精度极高，可大幅度降低机械加工量。对于已制成的模样，除应检查形状外，还应对照设计图样，严格检查那些对产品质量有密切影响的直浇道、内浇道和浇注系统是否符合要求。此外，在使用过程中，还应定期检查模样的磨损情况和损伤程度，并对不合要求的部位进行及时修理，以防止因造型不当发生铸造废品。

(6) 快速成形法：快速成形技术是 20 世纪 80 年代中后期发展起来的集 CAD 技术、数控技术、激光技术、材料科学与工程等技术为一体的现代制造技术。在砂型铸造生产中，木模和芯盒的快速制造是缩短毛坯制作周期的关键环节。采用快速成形法加工的铸造模样，固化处理后其强度甚至超过木材，精度可达到 1mm，完全可以满足自硬树脂砂型铸造用模样的使用要求；经过清理打磨后可直接作为模样使用，从而大大缩短了铸造用模具的制作周期，而且还能随时通过 CAD 进行修改与再验证，使铸件设计趋向完善，为铸造产品的快速开发提供了强有力的技术支持。

2.5 铸件质量

2.5.1 铸造条件与质量

从汽车铸件的用途出发，必须密切注意其质量，其中特别重要的是稳定铸件材质，防止铸造缺陷。影响铸件质量的主要因素如图 2.8 所示，可见影响因素极多。为了得到符合设计要求的铸件，必须随时掌握这些因素的变化规律，进行以稳定质量为中心的严格的工艺管理。

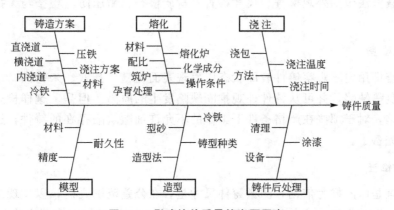

图 2.8 影响铸件质量的主要因素

1. 铸造

铸造方案是影响铸件缺陷和经济性的重要因素，必须仔细分析铸件形状、壁厚、材料、铸造方法等各种条件，确定适当的铸造方案。型砂是由硅砂、粘结剂、添加剂等材料配成的，其配合比例、砂的粒度和形状对于型砂性质（强度、透气性等）、铸件的尺寸精度、铸造缺陷、铸件表面粗糙度等有很大影响，尤其是砂型的硬度、含水量与铸件中气孔、缩孔等缺陷的关系极大，必须严格控制。

2. 熔化

熔化与浇注条件、铁水成分都是影响铸件材质性能的重要因素。铁水性质决定于化铁炉、化学成分、钢屑配比、孕育剂、铁水中的气体量与冷却条件。尤其是碳、硅含量以及由壁厚差异所引起时冷却条件变化，对于铸铁性质的影响更大。铸铁中的石墨尺寸随碳含量增加而增加，力学性能随之下降。图 2.9 所示为在低频感应电炉与冲天炉中熔化的铸铁强度的对比。

生产球墨铸铁时，必须注意石墨的球化率，以得到所需要的力学性能。此外，碳当量 $\left[(CE)=w_C+\frac{1}{3}(w_{Si}+w_P)\right]$ 增高，容易发生夹渣等表面缺陷，应予注意。浇注温度与浇注时间等条件也影响铸造。浇注时间决定于铸造方案，是发生气体缺陷的重要原因。一般来说，浇注温度低，虽可防止发生缩孔，但却使铁水流动性下降。所以应该根据铸件形状，选择适当的浇注温度。

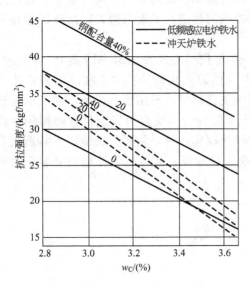

图 2.9 在低频感应电炉与冲天炉中熔化的铸铁强度的对比

2.5.2 检查方法

铸件检查方法包括外观检查、尺寸检查、材质检查、耐压防漏检查与无损探伤检查等数种。

1. 外观检查

外观检查即用肉眼观察铸件表面状态以发现表面粗糙、孔穴、未铸满，形状与尺寸超差，激冷不良等缺陷，并可从铸件外观推断缺陷发生的原因。但是，这样检查往往不能发现细微的缺陷，对于那些在严格条件下工作的不允许细微缺陷存在的铸件，这种检查方法就显得不够完备了。

2. 尺寸检查

尺寸检查是以图样为依据，测量铸件尺寸是否在公差范围之内，以发现形状与尺寸的误差。此外，还应仔细检查加工基准面位置的准确度、机械加工余量分布以及壁厚偏差等。由于汽车铸件一般都是大量生产，所以在产品试制阶段就应彻底检查模样尺寸和铸件尺寸，以确保大量生产时得到尺寸稳定的铸件。

3. 材料检查

汽车铸件材料应根据使用目的来选定。为了保证材料的性能，应进行化学分析、金相检验与力学性能试验。普通铸铁(片状石墨)与球墨铸铁(球状石墨)可从其共振频率求得抗拉强度。图 2.10 所示即为普通铸铁的抗拉强度与共振频率的关系。

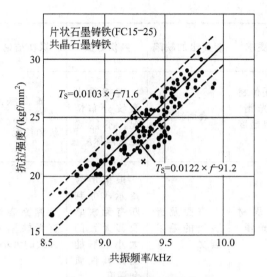

图 2.10 普通铸铁的抗拉
强度与共振频率的关系

4. 耐压防漏检查

耐压防漏检查即检查铸件中从里到外连续存在的细微裂纹与缩孔、气孔群，是一种对能承受压力的零件或产品广泛使用的方法。一般采用水压试验，也可用油压或气压做精密试验。

5. 无损探伤检查

无损探伤检查即利用仪器进行声波试验、渗透探伤、磁粉探伤、涡流探伤、超声探伤和放射性探伤，在保证铸件质量上起着重要的作用。无损探伤方法见表 2-10。

表 2-10 常用无损探伤方法

探伤方法 主要特征	对试件的要求	能探出的缺陷	判伤方法	探伤结论	主要优缺点
磁粉探伤方法	限于铁磁性材料，表面粗糙度在▽6以上，试件大小受设备限制。满足探伤厚度原则	表面及近表面微小缺陷	直接由磁粉分布情况看裂纹形状，但不能确定其深度	缺陷的位置、形状和长度	探伤速度快，可进行大量的检验，灵敏度高，设备简单操作方便。缺点是不能检验非铁磁性的材料，不能检验内部缺陷，难以确定缺陷深度
荧光探伤方法	各种金属材料，表面需要光滑，一般表面粗糙在▽6以上。探伤不受厚度限制	表面微小缺陷，缺陷必须延伸到表面	在紫外线照射下由显现粉的分布情况看出缺陷的分布情况，不能确定其深度	表面缺陷的位置、形状和长度	不受工作材料限制，设备简单，操作方便。缺点是紫外线能产生臭氧，损害人体眼睛，只能发现露出表面的缺陷

(续)

探伤方法 \ 主要特征	对试件的要求	能探出的缺陷	判伤方法	探伤结论	主要优缺点
着色探伤方法	不限制任何材料，表面光滑，一般表面粗糙度在▽6以上	表面缺陷	直接看出裂纹分布情况，不能确定缺陷深度	表面缺陷的位置、形状和长度	不要专门设备，操作简单，不受材料限制。缺点是灵敏度低，速度慢
涡流探伤方法	限于金属材料，表面光滑，形状简单	表面及近表面的毛发裂纹	根据信号指示，可判断有无缺陷及其大致的大小，不能测知其性质和深度	判断表面有无缺陷及大致的大小	设备简单小巧，便于携带。缺点是测量速度慢，不能测知缺陷的性质和深度
射线探伤方法	不限任何材料，无特殊加工要求，不限形状，厚度不能太大	近表面及内部缺陷	从照相底片看出缺陷的分布情况、大小和种类，对裂纹不易看出	缺陷位置、形状、大小分布情况	透视灵敏度高，能保存永久性的缺陷记录，不受材料形状的限制。缺点是费用高，设备笨重，不能发现裂纹一类线性缺陷，射线对人体有害
超声波探伤方法	不限任何材料，探钢材厚度可达10m，并可在设备运行情况下探伤，表面需要光滑，形状需要简单，可以单面探测	任何部位的缺陷。灵敏度很高	根据信号的指示，可判定有无缺陷及位置和其大致大小，但不能精确判断缺陷的种类	缺陷位置、深度、大小分布情况	适用范围广，灵敏度高，对人体无害，运用方便，随时可得探伤结果。缺点是只能检验简单形状的试件，表面要求高，不能判定缺陷的性质

2.6 曲轴、凸轮轴的铸造工艺

2.6.1 球墨铸铁曲轴和合金铸铁凸轮轴的湿砂型铸造

1. 铸态球墨铸铁曲轴

曲轴是发动机中重要的机件之一，发动机全部功率都是通过曲轴输出的。曲轴的主要载荷是承受扭转疲劳、弯曲疲劳和连杆传递来的小能量多次冲击；曲轴轴颈与轴瓦的配合，在较高的比压下高速运转，正常情况下为有机油润滑的滑动摩擦磨损。依据国内外曲轴失效的统计数据，其主要失效方式是交变应力下的疲劳破坏（80％为弯曲疲劳断裂）和轴径的早期磨损烧伤。根据曲轴使用的工况和主要失效方式，要求曲轴材料不但要有较高的强度、韧性，而且要有一定的硬度。

与传统的锻钢曲轴比较，球墨铸铁曲轴既有制造简便、成本低廉的优势，又有吸振耐磨、对表面刻痕不敏感等锻钢材料所不具备的优良特性。球铁与巴氏合金、铅青铜、钢背铝合金的轴瓦均有良好的匹配性。石墨具有润滑作用和储存润滑油作用，其耐磨性比钢好；球墨铸铁在承受小能量多次冲击载荷条件下，其抗冲击性能也优于钢；球墨铸铁曲轴通过合金化、合理球化、孕育处理等，其在扭转、弯曲疲劳应力状态下的疲劳强度可达到甚至超过锻钢曲轴。

国内外学者的研究和生产实践证明，球墨铸铁是中、小型发动机曲轴的理想材料。目前，铸态QT600-3、QT700-3球墨铸铁已广泛应用于汽车曲轴；QT800-2、QT900-5牌热处理球墨铸铁也成功地用于汽车曲轴的生产。与热处理工艺比较，铸态球墨铸铁曲轴不仅可节约能源，降低成本，缩短生产周期，而且省去了因热处理而产生的曲轴变形所带来的清理和热校直工序。在满足设计要求的前提下，工厂往往首先选择铸态球墨铸铁曲轴这一操作简便、成本低廉的生产方式。

2. 球墨铸铁曲轴的材质

本部分主要介绍铸态球墨铸铁曲轴质量分数及合金元素的选择，以及对球墨铸铁曲轴金相组织、力学性能的要求。

1）质量分数及合金元素的选择

这部分介绍C、Si、Mn、P、S五种元素和合金元素及其加入量的选择。

（1）C和Si。C和Si两种元素对球墨铸铁的性能影响很大，它们的影响不仅与各自的含量有关，而且与碳当量$[w_C+1/3w_{Si}+w_P]$有关。碳当量控制在4.3％～4.5％之间，可以获得缩孔小、缩松小、健全的铸件，并且具有较好的铸造性能。

碳当量过低易产生白口，过高则会产生石墨飘浮。图2.11所示为4110柴油机球铁曲轴的生产统计结果。碳当量超过4.5％～4.6％，曲轴断面会出现石墨飘浮，并且随着碳当量的增加，石墨飘浮层的厚度几乎呈线性加厚。应该指出，碳当量不是产生石墨飘浮的唯一因素，曲轴尺寸的大小也是一个重要条件。曲轴断面尺寸越小，碳当量可能选的高一些，也不会出现石墨飘浮，相反，厚大断面曲轴的碳当量应该低一些。

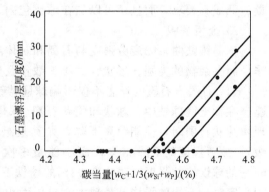

图2.11 石墨飘浮层厚度与碳当量的关系

为了保证球墨铸铁曲轴具有良好的力学性能和铸造性能，w_C应控制在3.6％～3.9％之间。C含量低，石墨不易球化，易出现白口，C含量过高，易产生石墨飘浮。

Si的来源有三个：金属炉料、球化剂和孕育剂。Si这种石墨化元素，影响球墨铸铁的铸造性能和力学性能，通过以下三种途径表现出来：改变石墨大小、分布、圆整度；分解渗碳体，促进生成铁素体；溶解在α-Fe中，强化金属基体。一般w_{Si}控制在1.8％～

2.2%为宜。

(2) Mn 和 P。Mn 和 P 都是严重偏析元素。Mn 易导致晶界碳化物的形成，铸态球墨铸铁曲轴不宜采用高锰来稳定珠光体；P 易在晶界处形成磷共晶，会造成球铁塑性、韧性下降，同时显著降低疲劳强度。所以生产铸态球墨铸铁曲轴，Mn 和 P 的含量都应控制。一般以 $w_{Mn}\leqslant 0.3\%$，$w_P\leqslant 0.06\%$ 为宜。

(3) S。S 是反球化元素，属于有害杂质。生产中根据原铁水 S 含量的高低决定球化剂的加入量，原铁水 S 含量越高，加入量越多。但是，S 含量高，即使球化，曲轴内部易出现夹渣，球化衰退很快，不容易浇注出健全的铸件。所以，原铁液的 S 含量越低越好，一般 $w_S\leqslant 0.03\%$，有脱硫条件的以 $w_S\leqslant 0.02\%$ 最好。

(4) 合金元素。添加稳定珠光体合金元素生产铸态球墨铸铁曲轴是行之有效的方法。添加的元素主要有 Cu、Sn、Ni、Sb、Cr、Mo、W、V 等。然而，Cr、Mo、W、V 四种元素虽能增加基体组织的珠光体含量，提高球铁的强度和耐磨性，但它们都是碳化物形成元素，容易使材料变脆，降低材料的疲劳强度。Cu、Sn、Ni、Sb 等合金元素的共同特点是能促进形成珠光体，并细化组织，提高球铁的强度、硬度和耐磨性，但它们各自稳定珠光体的能力不同。它们稳定珠光体的能力可以近似地用下式表示：

$$Ni：Cu：Sn：Sb = 1：3：30：90$$

稳定珠光体的能力 Cu 是 Ni 的 3 倍，Sn 是 Cu 的 10 倍，Sb 是 Sn 的 3 倍。Cu 能够明显地降低球铁断面敏感性，减少 Mn 的偏析程度，可使曲轴厚壁处也能达到高的珠光体含量，并可以提高球墨铁的疲劳强度。Ni 能强烈地细化珠光体，提高球铁的塑性、韧性。Mo 能显著地稳定球铁奥氏体，促进生成针状组织，增强球墨铸铁的淬透性。Sb 对球化有强烈的干扰作用，加入过量时，不但使石墨畸变，而且与 Mg 反应生成富锑的脆性相，偏析在晶界，使铸件严重脆化，特别是大大降低了冲击韧性。Sn 加入量大于 0.06% 时，铸件产生脆性。以上各元素均能不同程度地稳定珠光体，但 Cu 和 Sn 的组合合金化，不仅符合高质量、低成本要求，而且还可以加在球化包内，满足一种原铁水生产多种球铁的需要。

2) 金相组织

球墨铸铁曲轴的疲劳强度与石墨和基体组织的形态、组成、尺寸大小、分布特征以及非金属夹杂物的类别、形状、大小、数量及分布均匀性有密切关系。

(1) 石墨。石墨的形态不仅影响球墨铸铁的静载荷性能，而且更能显著影响动载荷性能。在稀土镁球铁中，球状和团状石墨(球化级别为 1～3 级)的动态性能相差较少，当出现团片状石墨时，性能明显下降，尤其是组织中有厚片状石墨聚集分布时(球化级别为 6 级)，疲劳强度约下降 20%，而小能量多次冲击韧性下降约 5 倍。在镁球铁中，球化率 65% 的球铁抗拉强度比球化率 93% 的球铁下降 8.2%，而疲劳强度下降 26%。当石墨的体积一定时，石墨的平均球径越大，单位面积视场中球墨个数越少，疲劳强度越低。石墨成行排列会促进疲劳断裂，降低疲劳强度。实践证明，石墨球越细小、圆整、均布，球铁的疲劳强度就越高。

(2) 基体组织。在球墨铸铁基体中，随着珠光体含量的增加，强度、硬度增加，塑性、韧性下降。图 2.12 所示为 w(珠光体)与硬度(HBS)、抗拉强度(σ_b)、冲击韧性(α_k)、伸长率(δ)的关系示意图，当珠光体质量分数大于 80% 时，抗拉强度和布氏硬度值上升比率增加；当珠光体质量分数大于 50% 时，伸长率下降梯度减缓，冲击韧性值变化比率变化较小。图 2.13 所示为 w(珠光体)与疲劳强度(σ_{-1})的关系图，当基体组织中珠光体质量分数由 0% 增加到 100%，疲劳强度从 230MPa 增加到 320MPa；珠光体量分数由 20% 增加到 80% 时，疲劳强度变化不大；当珠光体质量分数超过 80% 并进一步增加时，疲劳强度明显增加。基体组织中珠光体的层片间距越小，疲劳强度越高。图 2.14(a) 所示珠光体层片间距大的球铁疲劳强度小于图 2.14(b) 所示珠光体层片间距小的球铁疲劳强度。由于基体中铁素体的作用，当珠光体质量分数一定，在抗拉强度相近的条件下，牛眼状铁素体屈服强度最高，伸长率最低。综上所述，球墨铸铁中较高的珠光体含量是获得高强度，特别是提高疲劳强度的有效途径。随着珠光体含量的提高，要依赖基体组织的强化和细化来阻止疲劳裂纹的扩展。

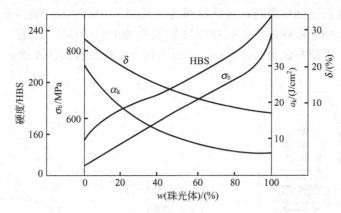

图 2.12　w(珠光体)对 HBS、σ_b、α_k、δ 的影响

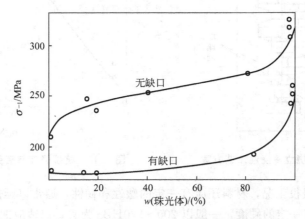

图 2.13　w(珠光体)与疲劳强度的关系

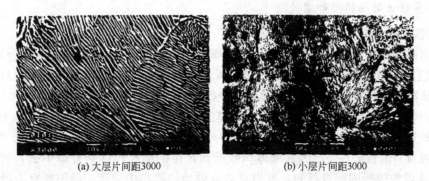

(a) 大层片间距 3000　　　　(b) 小层片间距 3000

图 2.14　珠光体基体的二次电子像

(3) 夹杂物。研究表明，非金属夹杂物的数量、尺寸大小、形状及其分布比石墨更能显著地影响球铁的疲劳强度。夹杂物越少，形状粒化，颗粒越小，其疲劳强度越高。所以，生产球墨铸铁曲轴采用金属净化是必不可少的工艺措施。通常采用在浇注系统中安放过滤网，净化铁液，图2.15所示为球铁曲轴立浇立冷浇注工艺方案，在浇注系统中放置了过滤网，起到了良好的净化铁液作用。

3) 力学性能

图2.16所示为抗拉强度(σ_b)与疲劳强度(σ_{-1})的关系，随着抗拉强度的提高，最初，试棒的疲劳强度成正比例地提高；当抗拉强度上升到750MPa时，疲劳强度不再增加，呈一水平线。所以，中小球铁曲轴的抗拉强度控制在600～800MPa为宜，没有必要追求过高的抗拉强度值，以提高疲劳强度比(σ_{-1}/σ_b)，充分发挥材料的强度潜力。

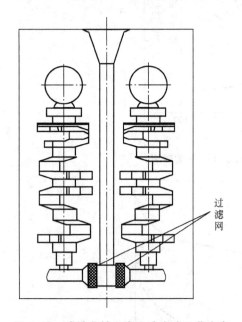

图2.15　球铁曲轴立浇立冷浇注工艺方案　　图2.16　抗拉强度与疲劳强度的关系图

为适应曲轴的服役工况，材料还应有一定的塑性和韧性，通常以延伸长率大于3%为宜。同时曲轴材料还应有一定的硬度，一般以200～270HBS为宜，以适应曲轴耐磨性的要求。

3. **球墨铸铁曲轴的湿砂型铸造**

1) 球铁曲轴的铸造工艺

(1) 顺序凝固工艺。一般球铁曲轴采用顺序凝固工艺，并在曲轴大头部位安放冒口，再让浇口通过冒口，提高冒口中的铁液温度，使冒口最后凝固达到充分补缩的目的。

(2) 球墨铸铁曲轴的冒口。在球墨铸铁凝固过程中，体收缩的大小、缩孔的大小、缩松所占的面积与质量分数、球化剂的种类、处理工艺及铸型工艺有密切关系。国内目前普遍采用湿砂型铸造，缩孔及缩松的体积占铸件的4%～10%。所以，砂型铸造工艺必须考虑设置冒口。设置冒口的目的在于把因铁液体积收缩而产生的缩孔转移到冒口中去，冒口起着补缩作用。从球铁的凝固特点可知，冒口可以有效地消除集中缩孔，但不能完全消除缩松。

冒口的形状种类很多，一般球铁曲轴采用圆柱形、腰圆形和球状冒口。球形冒口的补缩能力较强，因为同样质量的铁液，球形冒口具有最小的表面积，散热最慢，可以较长时间起到保温补缩作用。

一般采用暗冒口。暗冒口在铸件上的位置可分为顶冒口和侧冒口。顶冒口放在铸件壁最厚处（即热节）的上面，侧冒口则设在热节的侧面。

冒口的尺寸对补缩效率和金属消耗影响较大，通常应根据热节产生缩孔的大小来确定。影响热节缩孔体积的因素很多，设计铸型工艺把这些因素全部考虑进去是不可能的。很多工厂凭多年生产经验来确定冒口尺寸。成批大量生产可以通过解剖铸件来验证。图2.17所示为球墨铸铁曲轴侧冒口。

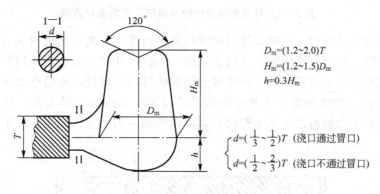

图2.17 球墨铸铁曲轴侧冒口

随着科学技术的发展，用计算机模拟铁液凝固过程已经被国内外学者广泛应用，并开始应用于铸造工艺设计。这对准确地预测曲轴铸件缩孔的位置和尺寸，合理地设计铸造工艺具有重要的意义。

（3）球墨铸铁浇注系统的特点。球墨铸铁的铸造性能与普通灰铸铁不同，容易产生皮下气孔、二次氧化夹渣、球化衰退、浇不足和缩松等缺陷。因此，铸件浇注系统必须保证铁液平稳、畅通，比灰铸铁稍快地充型。为做到这点，许多工厂采用半封闭或开放式的浇注系统。其特点是：直浇道小，内浇道、横浇道的截面积均比直浇道大。此时，铁液不会充满浇注系统，铁液进入型腔的速度低，平稳，无冲击。但这种浇注系统挡渣效果差。

二次氧化夹渣是球铁曲轴疲劳失效的主要裂纹源，所以球铁曲轴的浇注系统必须采取挡渣措施，如茶壶嘴式浇包、拔塞外浇道、闸门浇道、过滤网、集渣包等。球铁曲轴浇注系统各组元断面比例范围：

$$A_{直}：A_{横}：A_{内}=1：(2\sim4)：(1.5\sim4)$$

式中，$A_{直}$ 为直浇道截面积（mm^2）；$A_{横}$ 为横浇道截面积（mm^2）；$A_{内}$ 为内浇道截面积（mm^2）。

根据曲轴的大小和每型数量来选择浇注系统的尺寸。

（4）球墨铸铁曲轴的浇注方案。国内外球铁曲轴的浇注方案大致有四种，即卧浇卧冷（包括斜浇斜冷）、卧浇立冷、立浇立冷和侧浇侧冷四种方案。

① 卧浇卧冷。图2.18所示为球铁曲轴卧浇卧冷浇注工艺方案示意图。这种卧浇卧冷的工艺适合于机械化、自动化程度较高的水平分型机器造型，大量流水生产。

② 卧浇立冷。图2.19是球铁曲轴卧浇立冷浇注工艺方案示意图。这种工艺造型方便，浇注时，铸型放平，铁液平稳经过冒口，无冲击地进入型腔。浇满后用泥塞头堵塞直

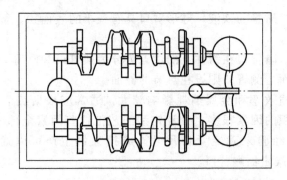

图 2.18 球铁曲轴卧浇卧冷浇注工艺方案示意图

浇道，然后立即立起铸型。此时，冒口位置最高，温度也最高，造成曲轴自下而上的顺序凝固，充分补缩，有利于消除缩孔及减少缩松。一些尺寸较大的曲轴采用卧浇立冷的干砂型工艺。但这种工艺劳动条件差，还需要专门翻转机构和地坑，不适合大量流水生产。

③ 立浇立冷。球铁曲轴立浇立冷浇注工艺方案示意图参见图 2.19。这种立浇立冷的工艺方案，适合于壳型铸造工艺生产曲轴，可以实现一箱多型机械化流水生产。

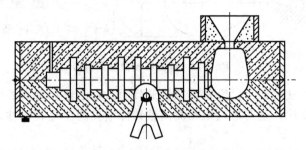

图 2.19 球铁曲轴卧浇立冷浇注工艺方案示意图

④ 侧浇侧冷。图 2.20 是球铁曲轴侧浇侧冷浇注工艺方案示意图。这种侧浇侧冷工艺适合于垂直分型无箱射挤压 DISA 造型线生产球铁曲轴。用 DISA2070 造型线生产 4 缸球铁曲轴，其铸型尺寸为 700mm×900mm×(200～560)mm。其最大特点是造型速度快，占地面积小，生产率可达到(150～250)型/h，无噪声，劳动强度低，辅机少，无砂箱，用砂量少，能耗少，自动化程度高。

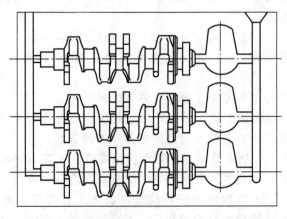

图 2.20 球铁曲轴侧浇侧冷浇注工艺方案示意图

⑤ 缩尺。球铁曲轴模样缩尺一般采用 0.50%～0.85%。

2) 曲轴湿砂型铸造生产过程

一般曲轴湿砂型铸造生产是由炉料准备、熔化、造型（含砂处理和制芯）、球化孕育、浇注、清理检查等以造型为中心的铸造生产过程组成，如图 2.21 所示。

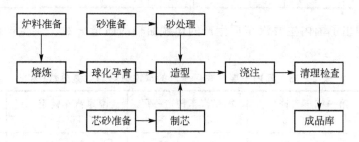

图 2.21 曲轴湿砂型铸造生产过程

(1) 炉料准备。炉料准备是熔炼铁液的准备部门，承担着生铁、废钢、回炉料、合金料、焦炭、石灰石等炉料的储存、净化、筛分、运输、装卸、配料称量、装卸等工序。

(2) 熔炼。熔炼的任务是熔炼出合乎工艺要求的铁液。

① 熔炼设备。大量流水生产可采用冲天炉熔化、工频炉提温保温的双联熔炼工艺。冲天炉化铁便宜，感应电炉提温、调整质量分数容易，冲天炉熔炼出的铁液经铁液流槽或单轨输送，经炉外脱硫，如多孔塞底吹脱硫，进工频炉中提温、保温、均匀铁液质量分数，储存起来连续供应铁液。这种双联熔炼工艺有利于保证铁液质量，对于缓解造型线铁液需求量不平稳问题、稳定铁液质量分数、连续大量提供优质铁液起到重要作用。例如，某工厂采用 20t/h 热风除尘冲天炉和 45t 有芯工频感应电炉双联熔炼工艺，并且采用了先进的集中控制系统监控冲天炉熔炼过程中各种技术参数的变化。双联熔炼工艺适合于大量流水生产。

很多工厂采用 0.5～10t 感应电炉熔炼生产球铁曲轴。电炉熔炼质量分数、铁温度等技术参数容易控制和调整，但耗电量大。在电炉熔炼过程中，应经常观察坩埚的侵蚀情况和炉子功率表，若有漏炉危险，应立即停止熔炼，以免把感应线圈烧坏，引起爆炸事故。感应电炉熔炼是生产曲轴的理想熔炼设备。

② 铁液温度（热电偶测温）。表 2-11 列出了不同阶段的铁液温度。为了提高铁液的纯净度，要求铁液有一定的过热温度；球化处理温度冬季一般取上限，夏季可以选择中下限；浇注度应根据曲轴的大小和实际情况进行调整。

表 2-11 铁液温度　　　　　　　　　　　　　　（单位：℃）

过热温度	处理温度	浇注温度
1520～1550	1490～1520	1340～1420

③ 铁液的质量分数。表 2-12 列出了球铁曲轴铁液的质量分数。Cu、Sn 可以组合加入，也可以只选 Cu 一种元素合金化，可以在出炉前加到炉内，也可以在球化包内加入。依据生产中原材料的情况和曲轴图样设计的要求，选择加入量。

表 2-12 球铁曲轴铁液的质量分数(%)

种类	w_C	w_{Si}	w_{Mn}	w_P	w_S	w_{Cu}	w_{Sn}	w_{Mg}	w_{Re}
原铁液	3.6~3.95	1.1~1.4	≤0.3	≤0.06	≤0.02	—	—	—	—
铸件	3.6~3.8	1.8~2.2	≤0.3	≤0.06	≤0.02	0.4~0.8	0.02~0.05	0.35~0.06	0.01~0.05

表 2-13 列出了国内主要汽车厂生产的球铁曲轴的质量分数，供生产球墨铸铁曲轴选择质量分数参考。

表 2-13 国内主要汽车厂生产的球铁曲轴的质量分数(%)

厂名牌号		第一汽车二铸厂 QT550-3	第二汽车铸造一厂 QT700-3	南京汽车铸造厂 QT600-3	第一汽车特铸厂 QT600-3
质量分数	w_C	3.60~3.95	3.70~3.95	3.80~4.00	3.60~3.90
	w_{Si}	1.80~2.20	1.80~2.10	2.00~2.30	1.80~2.20
	w_{Mn}	≤0.35	0.50~0.70	0.60~0.90	≤0.30
	w_P	≤0.67	≤0.07	≤0.10	≤0.06
	w_S	≤0.02	≤0.02	≤0.05	≤0.02
	w_{Cu}	0.60~0.80	0.50~0.70	—	0.40~0.80
	w_{Sn}	—	—	—	0.02~0.05
	w_{Mg}	0.035~0.065	0.040~0.055	0.030~0.050	0.035~0.060
	w_{Re}	0.010~0.050	0.020~0.040	0.025~0.050	0.010~0.050

④ 金相组织见表 2-14。

表 2-14 金相组织

铁液牌号	合格范围				
	石墨组织			基体组织	
	炉前快速金相组织级别	铸件球化级别	石墨大小/级	w(珠光体)/(%)	w(磷共晶+游离渗碳体)/(%)
QT600-3	1~2	1~3	5~8	≥70	≤3
QT700-3	1~2	1~3	5~8	≥75	≤3

⑤ 力学性能见表 2-15。

表 2-15 力学性能

铁液牌号	合格范围		
	σ_b/MPa	δ/(%)	硬度/HBS
QT600-3	≥600	≥3	190~270
QT700-3	≥700	≥3	220~300

力学性能一般采用国家标准规定的球墨铸铁用单铸 Y 型或敲落试块。尺寸较大的曲轴可以在曲轴的小头各放置附体金相试块和力学性能试块。但曲轴附体试块注入铁液流程长，温度低，且体积小，冷却速度快，基体中珠光体含量高于单铸试块，而且细密，力学性能中抗拉强度和布氏硬度也可高于单铸试块。所以，原大断面曲轴附体试块性能不能直接作为铸件的实际性能，但可以作为参考。

（3）球化孕育处理。球化孕育处理是生产优质球铁曲轴的关键工序。

① 球化包。一般采用堤坝加盖包冲入法进行球化处理。250t 球化包可用人工手动在一次出铁水后加包盖；大球化包，如 1000kg 球化包采用旋转臂式加盖机构。球化包修筑的质量，包括包内腔尺寸、形状以及坝砖的高度等直接影响球化效果。通常球化包直径与包高度之比为 1∶(1.5～2.0)。球化包在使用前，必须用煤气或其他燃料预热至 600～800℃，呈暗红色，或用高于 1500℃ 铁液烫包 1 至 2 次。

② 合金及其称量。生产中各种合金必须准确称量，球化铁液也应准确称量，铁液量的偏差不得超过处理铁液的 1%～4%。

球化剂的加入量依据原铁液的 S 含量不同，可以适当调整。S 质量分数越低，球化剂加入量越少。当 w_S 在 0.015%～0.03% 时，稀土镁球化剂加入量（质量分数）为 1.2%～1.5%。当然，球化剂的加入量还与球化剂 Mg 含量及球化处理方法有关。

曲轴生产应强化孕育工艺，采用延后孕育处理工艺措施，如型内孕育、随流孕育或倒包孕育。一次孕育剂加入量依据原铁液 Si 含量和球化剂带入 Si 含量的不同而适当调整。一般为 0.2%～0.7%。倒包孕育加入量为 0.2%～0.4%。浇口杯随流孕育采用 40～70 目硅铁合金，加入量为 0.08%～0.15%，随流孕育剂应随铁液一同注入浇口杯，并不得断流，加入量用调整给料速度控制。

③ 装包及球化处理。球化包的凹坑内不许有残留铁液，不许过早将球化剂加入赤热的包内，尽可能缩短加入球化剂到球化处理之间的时间间隔，一般应少于 2min。球化剂应较平坦地铺加在包的凹坑底部；一次孕育剂应较均匀地加盖在球化剂上面；再将球化盖板或适量的覆盖剂加在上面。若包内加入铜、锡合金时，则最后加在最上面。球化处理铁液温度为 1490～1520℃。出铁液进行球化处理，第一次快速出铁液，出铁液量应不少于处理铁液量的 2/3。保证球化反应在铁液中进行，以提高球化剂中镁的吸收率。一般球化反应时间不少于 50s。球化反应结束，补充处理铁液量。

④ 两次扒渣。采用两次扒渣工艺，扒净球化后铁液表面的浮渣，同时在浇注时应用挡渣措施，一般采用茶壶嘴浇包浇注，以撤去铁液表面产生的二次氧化渣。

⑤ 快速金相分析。炉前球化快速鉴别方法很多，可从球化反应的时间、反应激烈程度、火苗的大小判断；也可以浇注 ϕ12mm×(100～150)mm 试棒，快速金相分析，检验铁液球化情况。浇注试棒的铁液应在球化反应后扒渣前取自包内距表面 100～150mm 深处，以保证取样铁液及时、纯净均匀。ϕ12mm 试棒断口呈银白色致密状，敲击时尖锐有韵如同钢声，激水或砸开后有电石气味为球化良好。炉前快速金相分析，这种方法比较准确可靠。一般炉前快速金相分析从浇注到报告结果，大约需 2min，球化 1～2 级为球化良好，3 级以上一般不予浇注。

（4）造型。目前，大中型铸造厂的造型工部基本上都实现了机械化造型和自动化造型。

① 造型设备。典型的机械化自动造型线有空气冲击造型线、静压造型线、DISA 造型

线和国产高压多触头造型线等，全线配备自动浇注机、自动下芯机和抓件机械手。全线采用计算机自动控制、液压传动或伺服电机控制，可得到紧实度高且比较均匀的铸型。曲轴砂型表面硬度应大于90，采用B型砂型硬度计测量。

②砂处理。砂处理工部承担着造型用砂的配制工作。它对落砂后的旧砂进行破碎、磁选、筛分、冷却，加入新材料混制而成合格的型砂。其主要工艺设备依据生产纲领选用一定规格的混砂机、砂冷却器、筛砂机、磁选机及机械化运输装置。

造型用原材料应符合工厂的铸造原材料技术标准，原材料的验收入库、存放、检验、使用等应符合工厂的管理制度。严格禁止混料。

原材料中原砂、煤粉、膨润土或黏土等主要参数指标应该定期复检。

球墨铸铁曲轴的铸型紧实度高，型砂应具有较高的湿压强度和透气性，水分尽量低。球墨铸铁曲轴型砂配比及型砂性能详见表2-16和表2-17。

处理后的型砂应定点定时进行型砂性能的抽检，以保证制造出优质的砂型。

表2-16 球墨铸铁曲轴型砂配比

型砂	新砂占旧砂	旧砂	煤粉占旧砂	膨润土占旧砂	有效煤粉	有效膨润土
质量分数(%)	3～5	100	0.4～0.8	0.5～1.2	4～6	9～13

表2-17 型砂性能表

项目	紧实率/(%)	透气性	湿压强度/MPa	抗拉强度/MPa	湿度(%)	破碎指数
性能指标	夏：40～50 冬：38～46	≥60	0.14～0.21	2.0～3.0	3.0～4.3	60～80

③造型。造型应根据所选用的造型设备，依据工厂的工艺规程进行操作。对于一般砂型硬度，上型应大于90HRB，下型应大于90HRB，侧边硬度应大于80HRB，用B型砂型硬度计测量。

(5) 制芯。6缸曲轴生产用芯砂，一般按工艺要求选用低N树脂砂。它属于高强度芯砂，抗拉强度为2.3～2.8MPa，有效存放时间为3h。根据生产条件也可以选用其他树脂砂。可选叶片式混砂机，型号根据生产纲领选定。热芯盒树脂砂原材料技术条件详见表2-18，热芯盒树脂砂配比详见表2-19，脂砂加料顺序及混砂时间详见表2-20。

表2-18 热芯盒树脂砂原材料技术条件

序号	材料	技术条件
1	干硅砂 ISC 50/100	按国家标准，砂温<35℃
2	低氮树脂	w_N≤4.5%，w(游离甲醛)≤3%；w(固体)≥70%，pH为6.8～7.5；存放期<6个月；外观棕色液体；黏度≤0.8Pa·s；抗拉强度≥2.8MPa
3	固化剂	外观、无色透明液体，不得有析出或有结晶现象存在
4	三氧化二铁粉	强度>94%，w(水分)<1%，粒度为325目，不得有结块

表 2-19 热芯盒树脂砂配比

项目	干硅砂 ISC 500/100(%)	低氮树脂占砂质量(%)	固化剂占树脂质量(%)	Fe粉占砂质量(%)
树脂砂配比	100	2.1~2.3	18	0.25

表 2-20 热芯盒树脂砂加料顺序及混砂时间

加料顺序	干硅砂	Fe_2O_3	固化剂	树脂
混砂时间/s	0	10~20	20~30	30~40

(6) 浇注。

① 浇注温度。一般浇注温度为 1420~1340℃。若浇注温度过高,晶粒粗大,收缩量大,缩松等增加;若过低,易产生冷隔等铸造缺陷。浇注前,一般采用热电偶测温。

② 延后孕育。若采用随流孕育工艺,随流孕育装置的给料应与注入铁液同步,严格禁止断流和漏加。随流孕育粒度为 40~70 目,孕育剂加入量为 0.08%~0.15%。

倒包孕育剂的粒度为 2~5mm,加入量为孕育铁液质量的 0.2%~0.4%。

③ 浇注。开始浇注时,铁液必须迅速充满浇口杯。在浇注过程中,铁液不能断流,以保证浇口杯始终充满铁液,先快后慢,收流要稳。

④ 浇注时间。球化后一包铁液要在 12min 内浇注完毕,防止球化衰退。球化衰退抽检取样应取自一包铁液浇注完模样的剩余铁液。

⑤ 不合格铁液不浇注。

⑥ 落砂时间。浇注后,曲轴在砂型内冷却 50min 以后,曲轴温度约 600℃以下,方可进行落砂。

(7) 清理和检查。球铁曲轴清理检查流程图如图 2.22 所示。

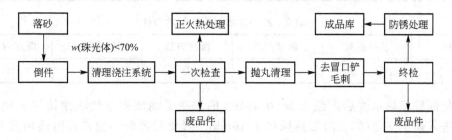

图 2.22 球铁曲轴清理检查流程图

① 落砂及一次检查。球铁曲轴经造型线落砂,倒运到鳞板输送机上,再将曲轴浇注系统打掉。然后,对曲轴浇注系统断面及附铸试块断面进行宏观检查,频次 100%。检查球化是否良好,是否石墨飘浮,有问题的进行金相检验,并对该批曲轴做隔离处理。对于每批次的曲轴抽检附铸试块进行球化率和基体组织的检查;球化不良的铸件报废;w(珠光体)不够或渗碳体超标可以进行正火热处理,正火后金相组织合格则认为该批次铸件为合格,否则报废。一次检查合格的铸件经抛丸室进行抛丸清理。

② 清理。将带冒口的曲轴挂在专用吊钩上,经悬链输送到抛丸室进行抛丸清理。抛丸后的曲轴打掉冒口。轿车用曲轴或设计上有特殊要求的曲轴,可以用圆盘锯床锯掉曲轴冒口,或用专用铣床铣掉冒口和端面。铲磨曲轴飞边、毛刺。曲轴加工定位面应清理平

整。浇冒口残余小于 2mm；轿车曲轴浇冒口残余少于 1mm。飞边毛刺一般曲轴加工面小于 3mm，非加工面小于 2mm；轿车曲轴的飞边毛刺小于 1mm。

③ 最终检查。对清理后的曲轴进行最终检查。一般对于曲轴的轴向和径向尺寸，30~100 根抽检一根。然后，对球铁曲轴必须进行 100% 的成品无损检测；一般用超声速法或音频法检查曲轴的球化率；用剩磁法检查曲轴的基体组织；用磁粉荧光法检查曲轴的表面裂纹；用超声波法检查曲轴的缩孔等缺陷；在曲轴固定的位置打硬度，检查曲轴的力学性能及耐磨损性能。以上各项在生产中有针对性地选择采用。成品检查流水线最后工序是在合格曲轴上打上生产日期及批次编号。

④ 防锈处理。合格的曲轴需经防锈处理后入成品库。一般采用磷化防锈处理工艺。磷化工艺规范详见表 2-21。

磷化后的铸件需进行水洗。水洗分为室温水洗和热水洗两阶段。室温水洗操作技术条件详见表 2-22；室温水洗后的曲轴经 0.6min 的沥液，进入热水洗阶段。热水洗操作技术条件详见表 2-23。

表 2-21 磷化工艺规范

项目	总酸点数	游离酸浓度	酸比	磷化时间/min	工作温度/℃
参数值	17~19 点	1.0~1.2 点	1：(16.5±0.5)	7~9	65±0.5

注：取 10ml 槽液于锥形瓶中，加入几滴酚酞指示剂，用 0.1n 的氢氧化钠滴定，直至获得稳定的粉红色。消耗的 0.1n 氢氧化钠毫升数即为槽液的总酸点数。

表 2-22 室温水洗操作技术条件

项目	总酸点数	温度	清洗方法	清洗时间/min	沥水时间/min
参数值	≤10 点	室温	喷	0.5	0.6

表 2-23 热水洗操作技术条件

项目	总酸点数	温度/℃	清洗方法	清洗时间/min	沥水时间/min
参数值	≤0.5 点	60±5	喷	0.5	0.6

磷化曲轴经热水洗后，经 0.3~0.4MPa 的洁净无油压缩空气吹净铸件表面的积水，或直接进入烘干室经 (95±5)℃ 热风烘干 10min。磷化后的铸件应在短时间内发往加工单位，特别是在潮湿的夏季，要防止在库内表面锈蚀。

3) 球铁曲轴的铸造缺陷及对策

球墨铸铁曲轴常见的铸造缺陷有球化不良、珠光体含量低、缩孔缩松、石墨漂浮、反白口、夹渣、皮下气孔等。

(1) 球化不良。球化不良表现在曲轴的浇冒口断面中有大块黑斑或明显可见的小黑点，金相显微组织上有较多的厚片状石墨或枝晶石墨。

① 产生球化不良的主要原因如下所述。

 a. 原铁水含硫成分过高，球化干扰元素含量过高。

 b. 球化孕育作用不强或衰退。

 c. 残留镁量或稀土元素量不适当，过多或过少。

② 防止球化不良的措施。针对产生球化不良的主要原因，可以采取以下措施。

a. 炉料尽量选用低硫磷优质生铁及焦炭，块度适当；严格禁止混料；冲天炉熔炼要强化脱硫。

b. 不用不合质量要求（成分的质量分数、块度）的球化剂。球化剂中氧化镁的质量分数应小于1%。球化剂不久放，不受潮，随用随破碎。

c. 提高铁水过热温度，有条件的工厂最好采用电炉熔炼。

d. 球化处理。准确控制球化铁液量，防止炉渣流入包内。强化球化和孕育处理工艺，采用延后孕育措施，如随流孕育、倒包孕育。

e. 浇注时间要短。球化处理后要在12min内浇注完毕，防止球化孕育衰退。

（2）珠光体含量过低。

① 珠光体含量低于技术条件要求的主要原因如下所述。

a. 质量分数及合金元素含量不适当。

b. 铸型冷却条件不好。

c. 浇注温度过高。

② 改善珠光体含量低的措施。针对珠光体含量低的主要原因，采取以下措施。

a. 合适地选择碳、硅及碳当量。

b. 调整锰、铜、锡等元素的含量。

c. 定时打箱，一般为45～60min，铸件温度低于600℃。

d. 适当调整浇注温度到1410～1350℃。

e. 适当地选择型砂的水分含量。

（3）缩孔、缩松。缩孔及缩松是球墨铸铁曲轴最常见的铸造缺陷，球墨铸铁经过液态收缩、凝固后，在曲轴的热节或最后凝固的部位出现一些微观或宏观孔洞。生产上，用肉眼可以看出的尺寸较大而集中的孔洞称为缩孔；另一些肉眼不易辨分的、细小的、分散的孔洞称为缩松。

若曲轴的冒口补缩不足，将在冒口下端热节处出现集中缩孔；曲柄臂和主轴径交界处，散热条件差，容易出现缩松。

① 球铁曲轴产生缩孔、缩松的主要原因如下所述。

a. 质量分数中，碳当量过低。

b. 残留镁量过高。

c. 铸型刚度不够，退让性过大。

② 措施。针对球铁曲轴产生缩孔、缩松的主要原因，采取以下措施，消除或减少曲轴的缩孔、缩松。

a. 提高铸型的刚度，湿砂型的铸型表面硬度以大于90为宜。较大的球铁曲轴采用刚性大的铸型，如干砂型、水泥型、金属型复砂等；减少铸型的退让性，利用石墨膨胀力反过来作用在金属液上，使之流动，起补缩作用。

b. 适当提高碳当量为4.2%～4.6%，碳质量分数为3.6%～3.9%，硅质量分数为1.8%～2.2%。

c. 采用稀土镁合金球化剂，减少Mg的残留量至0.030%～0.055%。

d. 合理地选择冒口、冷铁及浇注系统。造成顺序凝固，利用冒口补缩。

e. 根据曲轴的大小、造型工艺及质量分数，合理地选择浇注温度。一般以1350～1400℃为宜。

(4) 夹渣。夹渣又称为黑渣。夹渣缺陷多出现在轴上表面死角处。夹渣根据形成的时间可以分为一次夹渣和二次夹渣两大类。二次夹渣对曲轴的疲劳强度影响最大。

① 影响形成夹渣的主要因素如下。

a. Mg 含量过高。残留 Mg 量越多,夹渣层越厚。

b. 原铁液 S 含量过高。原铁液 S 含量越高,曲轴的夹渣缺陷越多。

c. 球化剂和孕育剂过多,Si 含量越多,夹渣越严重。Si 含量过高形成氧化夹渣。

d. 浇注温度过低,一次渣、二次渣来不及逸出铸件形成夹渣。

② 措施。针对夹渣产生的主要原因,采取以下措施,防止曲轴夹渣。

a. 降低 Mg 的残留量至 0.030%～0.055%。

b. 降低原铁液 S 含量到 0.03% 以下。

c. 降低球化剂中的 Si 含量,减少孕育剂硅铁的加入量。采用延后孕育处理方法,如浇口杯随流孕育、型内孕育、倒包孕育等。

d. 提高浇注温度,大于 1350℃。

e. 调整浇注系统各部分截面积比例,保证平稳供给铁液,力求避免铁液的飞溅和紊流。

f. 使用除渣剂冰晶石粉。铁液表面覆盖 0.10%～0.15% 的冰晶石粉,再加草灰搅拌、扒渣。

如此二三次,再覆盖 0.3% 的冰晶石粉,可有效除渣。用冰晶石粉时应注意防毒,加强通风。

g. 浇注系统中加过滤网。

(5) 皮下气孔。皮下气孔常出现在曲轴的上表皮层内,一般位于表面下 0.5～0.3mm 处,形成分散细小的筒状或尖角状的孔洞,直径多在 0.5～3.0mm,有些呈球状。其内表面光洁,有时带一些夹渣和石墨。

① 影响形成皮下气孔的主要原因如下所述。

a. Mg 和稀土元素残量过高,S 含量过高。

b. Al 和 Ti 元素过量共存,导致产生皮下气孔。

c. 铸型水分过高,产生过多的气体。

d. 孕育剂破碎后存放时间过长吸潮,使皮下气孔增加。

e. 铁液处理温度和浇注温度过低。

② 措施。针对产生皮下气孔的主要原因,采取以下措施,防止产生皮下气孔。

a. 严格控制型砂水的质量分数在 3.5%～4.5%,提高混砂质量及型砂透气性。

b. 使用煤粉砂。一般有效煤粉的质量分数在 5%～7%,即可减少皮下气孔。

c. 将 Fe_2O_3 粉用煤油搅拌成悬浊液,往铸型上喷一薄层,可以减少或消除皮下气孔。

d. 铸型表面撒冰晶石粉(氟硅酸钠),也是消除皮下气孔的有效方法。

e. 炉料净化,使其表面无锈、无油垢、无潮湿。

f. 孕育剂使用前烘烤,采用 200～300℃ 烘烤 1h。铁液包烘烤透,孕育剂含 Al 质量分数小于 0.5%。

g. 提高铁液过热温度至 1520～1540℃;球化处理温度至 1490～1520℃;浇注温度至 1350～1410℃。

h. 在保证球化前提下,应尽量降低 Mg 的残留量。

i. 降低原铁液 S 含量,浇注前静止片刻。各生产厂的生产条件不同,应适当选择和变更防止皮下气孔的措施。

(6) 石墨漂浮。石墨漂浮出现在曲轴的上表面或热节转角处,呈密集的黑斑。外观与夹渣层类似,但仔细观察,可以看到夹渣层深浅不一,呈块状连接分布,而石墨漂浮则是密集的黑斑,与正常的银白色断口组织有清晰可见的分界线,黑白分明。

① 产生石墨漂浮的主要因素有以下几点。

a. C 和 Si 含量过高。

b. Mg 和稀土残留量不适当。镁量过低或稀土量过高,石墨漂浮增加。

c. 浇注温度越高,石墨漂浮层越厚。同一包铁液,先浇注的石墨漂浮严重,后浇注的温度低,石墨漂浮越轻。

d. 新生铁 C 含量越高,或配料中新生铁比例越高,则石墨漂浮越易产生。

② 措施。针对石墨漂浮产生的主要原因,采取以下措施,防止石墨漂浮。

a. 严格控制 C、Si 含量,一般 w_C 为 3.6%~3.9%,w_{Si} 为 1.8%~2.2%。大断面曲轴可以取下限。

b. 采用低硅原铁液,w_{Si} 为 1.1%~1.3%。加强延后孕育处理工艺。

c. 在保证球化前提下,严格控制球化剂的加入量,特别是稀土残留量应小于 0.05%。

d. 适当降低浇注温度。

e. 合理使用冒口,使漂浮集中至冒口的上部。

f. 加快冷却速度,热节处可以选择放置冷铁。

(7) 反白口。反白口是渗碳体量多而集中在热节处或最后凝固的地方。这种缺陷附近经常有缩松存在。

① 反白口产生的主要原因。分析反白口产生的原因,原铁液 C 和 Si 含量对反白口的产生没有直接影响。产生反白口的主要原因有以下几个方面。

a. 稀土残留量过高。

b. 孕育不良或孕育衰退。

② 措施。针对产生反白口的主要原因,采取以下措施,防止反白口。

a. 减少球化剂稀土元素含量,适当降低球化剂加入量。

b. 强化延后孕育处理,采用瞬时孕育或多次孕育。

c. 提高出炉温度,稳定球化和孕育处理工艺操作,处理后尽快浇注。

4. 球铁曲轴的局部强化

表面强化工艺对于以弯曲、扭转疲劳破坏和早期轴径磨损烧伤为主要失效方式的曲轴生产是必不可少的强化工艺。国内外关于铸态球铁曲轴局部强化的研究与应用的方法有表面淬火、表面氮化处理、圆角滚压强化及强化喷丸等。

表面强化工艺方法可防止疲劳裂纹生核,提高曲轴疲劳寿命,提高耐磨性,局部强化的预压力可阻止或延缓裂纹的疲劳扩张速率。研究表明:中频轴径淬火加圆角滚压复合表面强化工艺,σ_{-1} 可提高至 80%~90%,同时提高耐磨性 1.5 倍;离子氮化加圆角滚压复合表面强化工艺,σ_{-1} 可提高至 163%,同时提高耐磨性 1.5~2.5 倍。可见,复合表面强化工艺是保证曲轴质量,提高曲轴寿命的重要途径。

5. 合金铸铁凸轮轴

凸轮轴是发动机配气机构的主要零件之一。凸轮轴的主要失效方式是磨损(磨料磨损)、刮伤(粘着磨损)、疲劳(点蚀或剥落)。根据凸轮轴的服役工况和主要失效方式,要求凸轮轴材料有较高的强度和硬度。

凸轮轴材料有锻钢和铸铁两种。近些年来,世界上著名的汽车发动机多数都采用铸铁凸轮轴与挺杆相匹配。凸轮轴按铸铁种类分为球墨铸铁凸轮轴和合金铸铁凸轮轴。球墨铸铁凸轮轴可参照球铁曲轴工艺过程设计其铸造工艺。合金铸铁凸轮轴按工艺方法又分为激冷铸铁凸轮轴和可淬硬铸铁凸轮轴。

激冷铸铁凸轮轴是铸造时在铸型的凸轮桃位置加冷铁,使凸轮轴铸件形成白口耐磨层的一种铸造工艺方法。另一种是可淬硬铸铁凸轮轴,铸造的凸轮轴毛坯通过后续的淬火热处理工艺,提高凸轮的硬度、耐磨性。可淬硬铸铁凸轮轴是在普通灰口铸铁基础上,选择合适的合金元素加入,铸态得到合格的金相组织,淬火后得到较高的硬度。下面主要介绍可淬硬铸铁凸轮轴的材质。

6. 合金铸铁凸轮轴的材质

1) 质量分数及合金元素的选择

(1) C 和 Si。C 含量不能过高或过低,一般选 w_C 为 3.1%~3.4%;Si 含量一般以保证金相组织和白口层深度为标准,其中 w_{Si} 为 1.8%~2.2%。同时应保证 C 和 Si 的总量满足共晶度 $S_c \leqslant 0.9$ 的要求。共晶度 S_c 的计算公式如下:

$$S_c = \frac{w_C}{4.3 - \frac{1}{3}(w_P + w_{Si})}$$

式中,S_c 为共晶度;w_C 为含碳量的质量分数;w_P 为含磷量的质量分数;w_{Si} 为含硅量的质量分数。

(2) P 和 S。对合金铸铁中的 P 和 S 含量不要求像球墨铸铁曲轴那样严格,但也不宜过高,一般来说,$w_P \leqslant 0.2\%$,$w_S \leqslant 0.12\%$。

(3) Mn。Mn 作为稳定珠光体元素,不仅来源广泛,而且价格便宜。一般 w_{Mn} 为 0.5%~0.8%。

(4) 合金元素。可淬硬凸轮轴采用添加稳定珠光体提高淬透性、淬硬性元素的方法,是通常应用方法。添加的主要元素有 Cu、Mo、Ni、Cr 等。合金铸铁凸轮轴质量分数见表 2-24。

表 2-24 合金铸铁凸轮轴质量分数

项目	质量分数(%)								
	w_C	w_{Si}	w_{Mn}	w_P	w_S	w_{Cu}	w_{Mo}	w_{Ni}	w_{Cr}
原铁液	3.1~3.4	1.7~1.9	0.5~0.8	≤0.2	≤0.12	0.3~0.7	0.2~0.4	0.2~0.4	0.2~0.4
铸件	3.1~3.4	1.8~2.2	0.5~0.8	≤0.2	≤0.12	0.3~0.7	0.2~0.4	0.2~0.4	0.2~0.4

2) 金相组织

(1) 石墨组织。石墨为片状 A 型石墨或 D 型石墨,局部允许存在少量 E 型石墨。凸轮轴石墨分布形状及其长度见表 2-25。

表 2-25 凸轮轴石墨分布形状及长度

项目	A 型(级)	D 型(级)	观察位置(桃尖表面下)/mm	备注
长度等级	5～8	6～8	1～5	允许少量 A 型 4 级或 D 型 5 级

(2) 基体组织。铸态组织为以珠光体基体为主。铁素体含量不得超过 20%，一般控制在 10% 以下。不允许莱氏体存在。

3) 力学性能

(1) 抗拉强度(σ_b)。一般合金铸铁凸轮轴采用 HT250 铁液，经合金化处理，单铸试块抗拉强度 $\sigma_b \leqslant 250$MPa。

(2) 布氏硬度(HBS)。一般凸轮轴桃尖 5mm 以下，布氏硬度在 200～260HBS。

7. 合金铸铁凸转轴的熔炼工艺

1) 质量分数

一般合金铸铁凸轮轴用保证质量分数来保证金相组织的合格。其质量分数见表 2-23。

2) 白口及孕育

原铁液要有一定的白口层深度，为了确保金相组织中消除莱氏体和石墨组织的细化，进行孕育处理，一般孕育剂加入量为 0.2%～0.4%。凸轮轴白口层深度见表 2-26。

表 2-26 凸轮轴白口层深度

项目	白口层深度/mm
孕育前	13～16
孕育后	3～6

3) 铁液温度

原铁液温度和浇注温度采用热电偶测温。凸轮轴铁液温度范围见表 2-27。

表 2-27 凸轮轴铁液温度范围

铁液种类	原铁液温度/℃	浇注温度/℃
温度范围	1460～1480	1410～1340

2.6.2 壳型铸造曲轴、凸轮轴工艺及装备的湿砂型铸造

壳型是采用壳型砂造型工艺。浇注多采用立浇立冷的工艺方案。用壳型铸造多生产四缸曲轴、凸轮轴。下面主要介绍壳型工艺方面的特点。

1. 壳型生产过程

图 2.23 所示为壳型生产流程示意图。

壳型造型材料是援膜砂，壳型砂的粘结剂为热固性树脂。所以壳型模具需加热后再制壳，制出的壳为片状，将两片壳粘结在一起，形成中空的铸型。然后将壳型放在砂箱中，一般 1 箱可放 5～8 个壳型，型与型之间用铁丸填紧，壳型装砂箱示意图如图 2.24 所示。

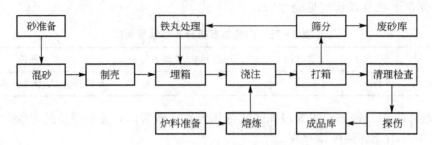

图 2.23 壳型生产流程示意图

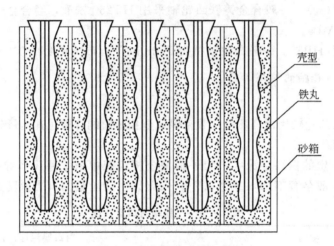

图 2.24 壳型装砂箱示意图

（1）壳型砂配制。壳型砂配制采用壳型砂混砂机，其型号可依据本工厂的情况选定。

① 壳型砂用原材料。壳型砂所用原材料见表 2-28。

表 2-28 壳型砂所用原材料

序号	材料名称	技术条件	备注
1	原砂 ISC 140/70	按国家标准或原材料技术标准	擦洗沙
2	665 酚醛树脂	按国家标准，颗粒均匀，无结块	粘结剂
3	乌洛托品	按国家标准，外观白色，无结块	固化剂
4	硬脂酸钙	按国家标准，无变质，无结块	润滑剂
5	水	工业用净水，水温 40~50℃	乌洛托品

② 壳型砂配砂比例。壳型砂配砂质量分数见表 2-29。

表 2-29 壳型砂配砂质量分数

材料	ISC 140/70 砂	酚醛树脂占砂	乌洛托品占树脂	硬脂酸钙占树脂	水占树脂
比例/%	100	4.00	16.70	3.75	20

③ 壳型砂混砂工艺流程。壳型砂混砂工艺流程详见表 2-30。

表 2-30 壳型砂混砂工艺流程

序号	加料次数及工序说明	混砂时间/s								
		20	40	60	80	100	120	140	160	180
1	夏季 130~145℃ 冬季 130~150℃	20								
2	覆膜时间		45							
3	乌洛托品水溶液				10					
4	硬脂酸钙				5					
5	混砂时间					45	55			
6	破碎									
7	冷却(将砂冷却到 40℃以下)									

壳型砂混制前,应按设备操作卡要求,检查设备及各启动部分是否正常。首先必须用温度计实测热砂温度直调到符合工艺温度为止。各种材料的加入量要准确称量,特别是乌洛托品水溶液要搅拌均匀,充分溶解,混至合格的壳型砂流入砂斗中。

④ 壳型砂技术条件。壳型砂的技术条件见表 2-31。

表 2-31 壳型砂的技术条件

参数名称	干拉强度/MPa	熔点/℃
参数值	≥4.2	94~110

(2) 制壳。制壳根据工厂的情况可以选择 4 工位壳型机。壳型最大尺寸为 760mm× 600mm×150mm;模具尺寸为 860mm×700mm;模样温度 250~320℃ 连续可调;加热方式采用煤气加热,并加装红外线发生器,可以提高热效率,也可以使加热均匀;生产节拍可达到 50s。制壳的工艺参数见表 2-32。

表 2-32 制壳的工艺参数

工艺参数	模具温度/℃	成形时间/s	壳型厚度/mm	烘烤时间/s	粘结时间/s
范围	260~300	30~50	8~12	60~80	60~120

制壳过程是用煤气或电加热管将模具加热到 260~300℃,然后将壳型砂覆盖在模具表面,砂子受热后固化成一层硬壳,待壳厚达到 8~12mm 时,倒去未硬化的浮砂,用煤气烘烤壳型至全部硬化。接着用模具顶出机构将壳顶出,放在壳型粘结机上,涂上粘结胶,将两片壳型合在一起,压紧粘结机 60~120s,取下粘结好的壳型,放于壳型架上备用。全部制壳过程可以实现机械化,自动化。

(3) 埋箱。壳型铸造曲轴、凸轮轴采用立浇立冷的工艺方案,如图 2.25 所示,将粘结好的壳型竖直地放于砂箱中,一般每箱放 5~8 个壳型。壳型距砂箱底部的距离一般为 40~80mm,壳型侧面距砂箱壁的距离一般为 40~60mm。砂箱内壳型之间的空间用钢丸充填。为了避免钢丸进入壳型型腔,用浇口杯盖将壳型浇注系统盖好,用填钢丸机充填钢丸,钢丸直径一般采用 2~3mm,钢丸充填满后自动停止。砂箱在振动台上震实,防止胀箱、开胶、铸型退让产生废品。

（4）落砂。浇注后一般45～60min开始落砂。砂箱在落砂机上翻转，将钢丸、铸件和砂型一齐倒在落砂栅上，取件机械手将铸件抓走。

（5）铁丸的筛分及冷却。

① 筛分。打箱后的钢丸夹杂着大量的砂块、铁渣和粉尘。铁丸和砂块经粗筛砂机筛除大于 ϕ3mm 的砂块和铁渣等，再经细筛砂机筛除钢丸中小于 ϕ2mm 的废砂和铁渣。铁丸筛分机工作示意图如图2.26所示。

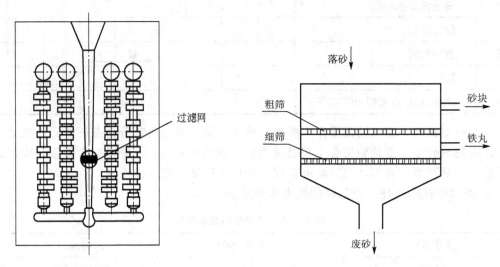

图 2.25　凸轮轴立浇立冷的工艺方案　　　　图 2.26　铁丸筛分机工作示意图

② 冷却。筛砂后的钢丸通过输送管道输送到铁丸冷却滚筒。随着冷却滚筒的旋转，铁丸在滚筒中翻滚降温，同时鼓风机吹去铁丸中的粉尘。一般钢丸入口温度高于400℃，冷却后的钢丸在出口温度应小于70℃；根据生产纲领，钢丸冷却处理能力应大于50t/h，冷却介质空气应大于30000m^3/h。冷却后的钢丸经提升输送到埋箱工位上方的钢丸储存斗中，循环使用。

2. 壳型工艺特点

1）立浇立冷底注式工艺方案

曲轴、凸轮轴一般壳型铸造采用立浇立冷底注式工艺方案。其充型平稳，可采用封闭式浇注系统或半封闭浇注系统。一般可采用发热保温冒口，确保冒口补缩铸件，同时减少冒口质量，提高铸件工艺出品率。

2）壳型铸造工艺特点

壳型铸造工艺具有尺寸精度高、表面质量好、加工余量小、公差范围小等优点。壳型填钢丸工艺的冷却速度快，凝固质量好，可以使铸造缺陷降低到最低限度。

2.6.3　金属型盆砂铸造曲轴、凸轮轴工艺及工艺设备

1. 球墨铸铁曲轴金属型复砂造型

1）金属型复砂造型

金属型具有最大的刚度,然而这种铸型由于冷却速度过快,可能在球铁曲轴中形成渗碳体或白口,影响曲轴的性能。为了有效地利用金属型的刚度和快速冷却,同时避免由于冷却速度快带来的问题,采用了金属型内部表面复砂层与金属型形成一体的铸型,这就是金属型复砂造型工艺。

根据球墨铸铁共晶凝固膨胀大的特性,近年来,具有高刚度及高强度的金属型复砂造型工艺已越来越多地用于球墨铸铁曲轴的生产。金属型复砂是一次性使用酚醛树脂砂射砂成形,砂型牢固附着在金属型上,因而得到强度和刚度高,导热冷却性能好,用砂量很少,尺寸精度高的铸型,从而得到晶粒细小、组织致密的球铁曲轴、凸轮轴。

2) 金属型的壁厚和结构

金属型的壁厚和结构应从刚度、耐久性和操作方便来考虑。金属型壁厚以 30~60mm 为宜。铁液浇注后,金属型最高温度达到 250~450℃时,以不产生变形,型壁移动小为宜。

3) 复砂层的厚度

复砂层的厚度应考虑铸型刚度、操作工艺及金属型温度等因素。若复砂层过厚,则冷却速度减小,型壁移动增大,影响整个铸型的刚度。若复砂层过薄,则热传导显著加快,并且可能由于金属型的温度升得过高而造成金属型的膨胀变形,使铸型移动增大。同时过薄的复砂层将使铸件的冷却速度过快,造成碳化物增多或局部白口。此外,对复砂层型砂的均匀性和紧实度也带来不良影响。根据曲轴的大小,复砂层厚度可以为 5~10mm。

4) 复砂层材料

一般中、小曲轴的金属型采用射砂成形工艺,覆砂采用壳型砂,其配比及其相关工艺可参照壳型砂工艺。

大型曲轴的金属型尺寸过大,采用射砂成形,显然在设备和工艺上有很大困难,所以采用金属型挂砂压模成形铸造工艺。挂砂层材料可采用矾土水泥流态砂或水泥流态砂。挂砂层厚度以 10~15mm 为宜。

2. 同时凝固工艺

砂型铸造工艺采用顺序凝固工艺,金属型复砂工艺则多采用同时凝固工艺。同时凝固工艺冒口甚小或者无冒口。球墨铸铁凝固时具有很大的石墨膨胀力,这是已知的事实,金属型复砂造型采用无冒口工艺使石墨膨胀力不是挤开铸型而是挤向液体金属内部,用其补偿金属液态收缩及凝固收缩,达到获得无缩松曲轴的目的。实现同时凝固无冒口工艺的条件可归纳如下。

(1) 提高铸型的刚度及强度湿砂型硬度应在 95 以上(该层厚度大于 50mm),干砂型、水玻璃砂型、水泥型、金属型复砂等皆可抵抗住石墨的膨胀力;合箱力在 1MPa 以上。

(2) 使用过共晶铁液,严格限制阻碍石墨化的元素,其 Mg 残留量应在 0.3%~0.55%,保证石墨膨胀量等于或超过铁液液态及凝固收缩量。

(3) 尽量降低浇注温度,不超过 1360℃。

(4) 充分孕育,促进石墨化。

(5) 适当增高浇注系统压头,以补偿铸件开始阶段的液态收缩。

(6) 为保证同时凝固，铁液从曲轴的小头进入型腔。砂型造型时，曲轴热节处放置冷铁加快局部冷却，冷铁厚度为热节圆的 0.8～1.3 倍。

3. 金属型复砂造型的工艺特点

(1) 采用同时凝固工艺，小冒口或无补缩冒口，提高铁液利用率约 20%。

(2) 大大减少加工余量，从砂型铸造的 4～5mm，减至 2mm，提高了尺寸精度。

(3) 提高了铸件的表面粗糙度，可达 $Ra6.3$。

(4) 大大减少了型砂用量，不需庞大的砂处理系统，明显减少了废砂污染。

(5) 不再需要冷铁，并可根据曲轴的特异形状调节复砂层的厚度，便于工艺设计时考虑和调节凝固方式。

(6) 消除常见的缩松等铸造缺陷，降低废品率。

(7) 由于冷却条件比砂型好和冶金质量的改善，得到致密组织，显著提高了曲轴的韧性和强度。

(8) 金属型复砂造型的另一特点是可以在一定的高温打箱，利用铸件的余热对铸件正火，以保证曲轴的珠光体含量，从而取消了正火热处理工序，即节约了能源，又避免了由于正火产生的铸件变形和生成氧化皮，使加工余量减少。

(9) 比砂型铸造冷却快，在同样条件下，凝固冷却大约快 10min。

4. 凸轮轴金属型复砂铸造工艺

(1) 可淬硬凸轮轴的复砂层厚度采用壳型砂作为复砂层材料，射砂成形工艺，可淬硬凸轮轴的复砂层厚度为 4～8mm。

(2) 激冷凸轮轴。激冷凸轮轴是在凸轮桃尖和偏心轮表面砂型中放置冷铁，这些部位得到一定深度的白口层的铸造工艺。

① 激冷凸轮轴的质量分数：w_C 为 3.2%～3.4%，w_{Si} 为 1.8.%～2.2%，w_{Mn} 为 0.6%～0.8%，w_{Ni} 为 0.3%～0.5%，w_{Cr} 为 0.3%～0.5%。Cr 和 Ni 使铸件不同截面中的珠光体保持稳定而不受覆砂层厚度的影响。

② 支承轴颈和过渡轴颈上的覆砂层厚度为 4～6mm，得到相应的金相组织和铸件硬度。

③ 形成凸轮桃和偏心轮表面不加班砂层的纯金属型部分，保证铁液具有最高的凝固硬化速度，并且由于对注入铁液进行了孕育处理而获得技术条件要求的 3～5mm 深的稳定局部白口。

④ 为了稳定获得表面白口层，必须保证金属型不加覆砂层的部分表面粗糙度，没有氧化皮和其他混合物。

⑤ 为了保证热交换，覆砂层和金属型的设计是很重要的，它们的蓄热能力和传热能力直接影响了铸件的凝固和质量。

2.6.4 曲轴的先进制造工艺

传统曲轴轴颈的磨削，往往是先磨削主轴颈（连杆颈），再磨削连杆颈（主轴颈），最后磨削大小头等。而德国埃尔温勇克机器制造有限公司（简称勇克公司）机床的理念是"一次装夹，全部加工"。其优点是：工艺可靠性高，工件搬运次数少，时间节拍缩短，无需多次装夹，因此可以获得更高的加工质量，停机时间短。勇克公司的高速磨削中砂轮的安装采用的是专利技术——三点固定系统，如图2.27所示。

勇克公司JUCRANK系列机型的摆动跟踪磨床为曲轴的整体加工提供了全面的解决方案。各种型号的磨床适用于从单气缸发动机到十二气缸发动机的所有型号的曲轴加工。根据加工方式和要求的产量，每一种型号的JUCRANK磨床都设计并安装有各具特色的平台和砂轮架。JUCRANK摆动跟踪磨床几乎可以完成曲轴加工过程中的所有磨削工序，主轴颈（圆柱形、凹面、凸面）和连杆轴颈（圆柱形、球面、凹面、凸面）只需一次装夹就可以磨削完毕（图2.28）。对硬化处理过的圆角也可以进行磨削加工。此外，在工艺上，勇克公司的供货范围还包括了与其他磨削加工方式的任意组合。不同的机型与其他勇克公司机床组合，可以加工定位轴颈、法兰及齿轮轴颈。

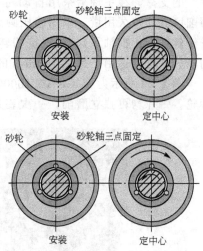

图2.27 砂轮的安装：三点固定系统

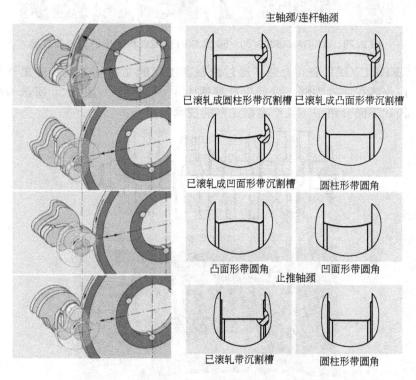

图2.28 摆动跟踪磨削原理与可磨削的轴径形状

勇克公司很早就采用了用于高速加工的CBN砂轮和使用油冷却曲轴的组合。长期积累的经验和知识适用于加工汽车发动机曲轴，质量可靠。勇克公司的曲轴磨床在技术上的优势主要有：在加工过程中检测并修正轴颈圆度和尺寸；带有"学习功能"的控制系统，附加对圆度偏差和干扰量的自动补偿，可进行补偿的干扰量是温度、机械及动力影响，磨削余量的变化，材料以及金相结构的变化，砂轮的可切削性，机床的磨损状况；由于磨削主轴颈和连杆轴颈一次装夹,理论上的偏差为零;切入式磨削及摆动式磨削;对"敏感工件"的支撑,在主轴上采用自动对中心的三点式中心架;CNC控制的冷却剂供给保障了磨削区域的持久用量;采用静压圆型导轨,无爬行效应,确保持久的高精确度(X轴导轨、进给丝杠、止推轴承);减振抗扭转床身,使用矿物铸铁浇注而成,具有良好的吸振抗弯功能;砂轮轴适用于高达140m/s的磨削。

图2.29所示为JUCRANK6000/50-50型CBN数控曲轴磨床。该磨床具有4片CBN砂轮,每片均可独立磨削,一次装夹可磨削全部主轴颈和连杆颈(摆动跟踪磨削)。

图2.29　JUCRANK6000/50-50型CBN数控曲轴磨床的前端和后端

德国BOEHRINGER公司介绍了通过曲轴加工线的交钥匙工程实现柔性加工和工艺替代方法。以一四拐曲轴为例,设计生产纲领为15万件/年。图2.30所示为生产线布置图(包括设备),下面介绍一下几个典型工序的技术特点:

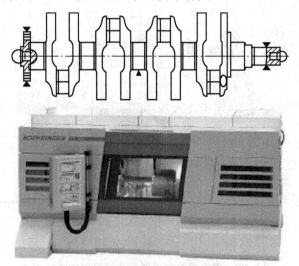

图2.30　曲轴的车-车拉工艺

OP10序:柔性加工——车长度并钻中心孔。该工序预车下道工序的装夹直径,具有适应不同工件的柔性夹具,高效率,机床维护成本低等特点。

OP20序:柔性加工——轴颈的车-车拉加工(图2.31)。该工序一次设定完成所有同心圆的车削,具有在同一台机床上完成车车拉(车侧端面)加工,高效率,通过使用特殊卡盘和刀具系统实现柔性加工,机床保养简便维护成本低等特点。其中拉削工艺逐步可用高效的梳刀代替。

OP30 序:柔性加工——连杆颈的高速外铣(图 2.31)。本工序使用的设备是德国 BOEHRINGER 公司专为汽车发动机曲轴设计制造的柔性数控铣床。该设备应用工件回转和铣刀进给伺服连动控制技术,可以一次装夹不改变曲轴回转中心随动跟踪铣削曲轴的连杆轴颈,铣削效率相当高。

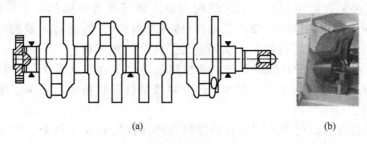

图 2.31 曲轴连杆颈的高速外铣工艺

OP50 序:柔性加工 1 工艺替代(曲轴止推面精车滚压工艺)。该工序的特点是,滚压抛光止推面并在线测量,滚压抛光代替磨削加工,可同时进行车削加工,在刀盘上装有滚压抛光装置,可获得更高精度。该工序使用的设备是德国赫根塞特(HEGENS - CHEID)的曲轴止推面车滚专机。

德国勇克公司对曲轴动平衡技术和平衡设备的讲解阐述了以下问题。

(1) 曲轴平衡的新趋势:减少曲轴的初始不平衡量,充分考虑曲轴的内部质量补偿(采取质量定心等)。采用不平衡量优化分解方法,尽可能减少校正不平衡量时的材料去除量。平衡机采用模块化设计,可提高柔性。钻削采用高速钻削。润滑采用 MOL(微量油润滑方式)技术。

(2) 曲轴内部质量补偿对发动机运行的影响。

① 曲轴不平衡量与质量定心工艺及加工程度的关系。曲轴的质量中心孔和几何中心孔一般存在以下关系:钻质量中心孔的曲轴,随着加工程度的深入,曲轴的不平衡量呈上升趋势,上升程度的大小跟毛坯质量有主要关系,毛坯质量越差(弯曲),上升趋势越大,甚至报废;钻几何中心孔的曲轴,随着加工程度的深入,曲轴的不平衡量呈下降趋势,如果毛坯质量很差(弯曲),经粗加工后大部分曲轴被淘汰。

② 曲轴质量中心孔和几何中心孔的选用。毛坯质量好,加工余量小且加工余量分布均匀。这时曲轴的质量中心孔与几何中心孔基本重合,则不必花费较高的经费购置质量定心设备。毛坯质量较差,加工余量大且加工余量分布不均匀,择优选用质量中心孔。因初始不平衡量较大,如果钻几何中心孔,质量分布不均匀,转动惯量较大,会损坏后续加工设备精度。再者,采用几何中心孔,在进行动平衡时,初始不平衡量可能超出平衡机的要求而无法平衡。在这种情况下应优先选用质量定心机。毛坯质量如果再差,则无论是钻质量中心孔还是钻几何中心孔都不会起到多大的作用,通过铣曲臂等措施达到整体平衡实际是不合格的(单拐不平衡),是一种假象。这种曲轴装机后会重新产生扭曲变形,引起振动和噪声,也影响整机的寿命。由此可知,提高产品质量关键是提高毛坯的质量。

全自动曲轴质量定心机的工作原理:曲轴放置在两端滑动单元法兰盘的支承上并被夹

紧，法兰盘回转中心形成测量中心线。回转过程中，支承的位置即曲轴的位置不断调整，使质量中心线靠近回转中心线。当曲轴毛坯不平衡量很小，接近设定值时，钻削单元钻中心孔。此中心孔作为后续加工步骤的定位基准。

装配式凸轮轴制造越来越广泛地应用到凸轮轴加工中，它的显著特点是凸轮轴总质量较轻，高强度，工艺流程短，较低的工件报废率，柔性化生产。

装配式凸轮轴制造加工有以下工艺特点。

(1) 省略了毛坯件的粗加工，工艺流程简单。装配式凸轮轴的各个装配部件余量小，精度高，不必像传统凸轮轴那样要从毛坯件(铸件或锻件)开始进行大量的毛坯粗加工，只要在装配后进行半精加工和精加工，从而缩短了整个工艺流程。

(2) 加工余量小，便于高效率生产。各精铸部件使得加工余量小，设备加工单件时间短，产量大，有利于规模化生产。例如，凸轮块按最终形状精铸，减少了磨削余量，从而缩短了磨削时间。

(3) 不同的部件可以使用不同的材料以提高产品性能和加工性能。产品对于不同部件(轴颈、凸轮块、齿轮)有着不同的性能要求，装配式凸轮轴可以在不同部件上采用不同材料，如凸轮使用粉末冶金，齿坯使用铸铁，这将有利于优化产品性能，也可以根据情况改善凸轮轴加工性能和优化成本。

(4) 适应产品多品种柔性化的要求。通过更换不同的主轴颈和磨削不同的凸轮型线，即可生产出多品种的曲轴。

1. 试用框图描述铸造工艺过程。
2. 为什么铸造是毛坯生产中的重要方法？试从铸造的特点并结合实例分析。
3. 为什么手工造型仍是目前的主要造型方法？机器造型有哪些优越性？适用条件是什么？
4. 对型(芯)砂有哪些性能要求？
5. 模样制造方法除了一般的机械加工外，常用的特殊加工方法有哪些？
6. 铸件检查方法有哪些？
7. 某定型生产的薄铸铁件，投产以来质量基本稳定，但最近一时期浇不足和冷隔缺陷突然增多，试分析其原因。
8. 下列铸件宜选用哪类铸造合金？请阐述理由。
车床床身　摩托车气缸体　火车轮　压气机曲轴　气缸套　自来水管道弯头　减速器蜗轮
9. 球墨铸铁曲轴的铸造工艺容易产生哪些缺陷？应采取何种措施来避免？
10. 试用框图描述凸轮轴的壳型生产流程。

第3章 锻造工艺

教学提示

锻造按照不同的情况可分为不同的类型，由于各种模锻设备的工作特点有所不同，并且锻模的结构有较大差别，所以设计锻模时应当进行综合分析。对于大多数保证汽车行驶安全的零件，其锻造加工阶段的锻件质量控制十分重要。最后通过一实例，来讲述锻造工艺在汽车零件制造中的应用。

教学目标

了解各种不同类型的锻造工艺与锻造设备，通过实例学习锻模设计方法，了解锻件表面质量检验方法。学习连杆的结构特点及结构工艺性分析方法，掌握连杆主要表面的加工方法，掌握大批量生产时连杆机械加工的过程。

3.1 概　　述

锻造是利用金属材料的可塑性，借助外力（加压设备）和工模具的作用，使坯料或铸锭产生局部或全部变形而形成所需要的形状、尺寸和一定组织性能锻件的加工方法。

传统的锻造工艺可分为热锻和冷锻两大类。热锻工艺早在两千多年前就已经以自由锻的形式在我国出现，用来制造兵器、铜、铁器皿等物品。在近代，随着世界范围内工业技术的进步，锻压机械、模具技术及原材料等得到了迅猛发展，锻造业已经越来越成为国民经济不可缺少的基础，在汽车、船舶、铁路交通、航空航天、电力、矿山、化工等领域发挥着极其重要的作用。

锻件富于强韧性，可靠性高。发动机与齿轮等主要机械零件以及车轮部分等要保证安全的零件都是锻件。锻造按所用工具与模具的安置情况的不同可分为自由锻、胎模锻、模锻等类型；按加工温度可分为热锻、温锻、冷锻、等温锻等类型。它们各具特点，应根据对零件特性的要求，妥善选用。

热锻是指终锻温度高于再结晶温度，工作温度高于模具温度的锻造。在受热状态下，材料具有良好的加工性，很少受零件形状和尺寸的约束。汽车后半轴与转向节等需保证安全的重要零件，连杆、曲轴等发动机零件，以及齿轮等的毛坯，都采用热锻成形。

冷锻是指在室温下进行的或低于再结晶温度的锻造。由于冷锻具有生产率高并能提高零件强度等优点，在汽车制造中，近来已从加工发动机气门等小零件，发展到加工球头销、差速器小齿轮和后半轴等大、中型零件。

温锻是指介于热锻和冷锻温度之间的加热锻造。

等温锻是指模具带加热和保温装置，成形时模具与坯料等温的锻造。

图 3.1 与图 3.2 所示分别为热锻工艺过程与冷锻工艺过程。一般来说，整个工艺过程包括落料、成形、锻件检验，以及原材料与毛坯热处理等各工序。这些工序从采用送料器开始，逐渐采用自动锻造机，提高了自动化程度，具备了高效率生产的可能性。

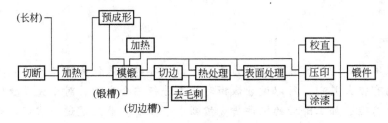

图 3.1 热锻工艺过程

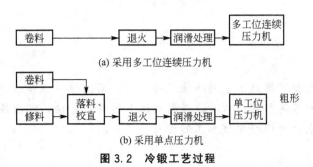

图 3.2 冷锻工艺过程

3.2 锻造工艺与设备

3.2.1 切断

切断材料一般使用锯床或剪床。锯床切断的断口平整，但效率低，又产生锯屑，不适于大量生产。剪床下料一般用于直径小于 150mm 的钢料，效率极高，又无切屑，其断面精度较低。为此，或将钢料先经 250～300℃ 预热，或调整剪刀间隙，或改善钢料硬度，这些措施虽能在不同程度上改进断口的精度，但是不能从根本上解决问题。坯料断口精度低，是一个阻碍加热炉自动化和降低锻件质量的重要因素。

剪床分为刀刃上下运动的冲压型和刀刃回转运动的颚型两类。图 3.3 所示为冲压型剪床。

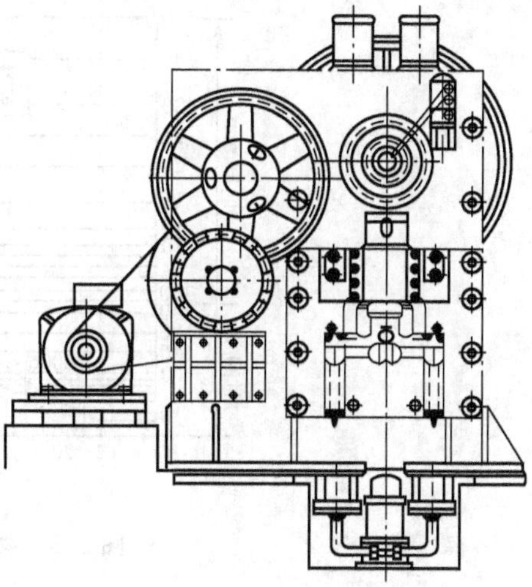

3.2.2 热锻

热锻趋向于大型化、高速化、省力化与自动化。与此同时，为了提高锻压设备锻制小型零件的生产率，以及不限于熟练工才能操作，其主流是逐渐用压力机和镦锻机代替锻锤。热锻模模膛润滑对提高锻模寿命和锻件质量，改进工艺性能有重要作用。

1. 加热

热锻加热工艺的完善程度，即表面脱碳情况、过热程度与坯料尺寸精度，对锻件质量与模锻成形工艺性有很大影响。钢的锻造加热温度可达到 (1200±50)℃。

图 3.3 冲压型剪床

1) 重油加热炉与煤气加热炉

目前，使用最多的加热炉是以油或煤气（液化石油气、城市煤气、天然气）为燃料的周期作业式炉和连续作业式炉（推杆式炉、炉底回转式炉、全回转式炉、步进式炉等）。周期作业式炉的价格低，坯料形状与尺寸的通用性高，用途最广。这种炉型的问题在于：装出炉靠手动，炉温变动大，炉内温度不容易保持均匀。连续作业式炉一般容易自动化，加热温度也比较容易控制，但是对炉料批量变动的适应性差，且各运动部位的耐高温与氧化生锈问题也应注意。

2) 感应加热装置

感应加热装置具有下列优点：容易自动化，适于和自动锻造机配套使用，可明显改善操作环境；加热速度快（直径 40mm 的钢料用 1min 即可加热至锻造温度，直径 70mm 的钢料用 3min），氧化皮量少；加热装置小型化等。故尽管感应加热装置比其他加热设备的价格高，但仍被广泛采用。图 3.4 所示为感应加热装置，图 3.5 所示为坯料直径与加热时间的关系。

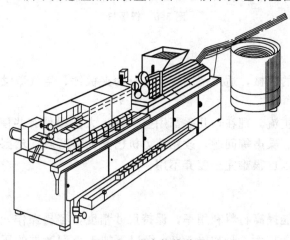

图 3.4 感应加热装置

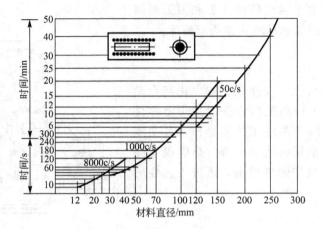

图 3.5 材料直径与加热时间的关系
s—时间；c—温度

2. 辊锻机

辊锻机广泛用于锻坯预成形。后半轴类零件采用双支承式辊锻机加工。辊锻使材料延展均匀、迅速。大量生产时，与锻锤或压力机配套，高效率生产锻件，如图 3.6 所示。

图 3.6 辊锻机

3. 锻锤

锤是锻造最常用的机械，适用范围广，可分为夹板锤、空气单动锤、空气锤、无砧座锤等数种。

过去，夹板锤占主流，现在，几乎都用空气锤。大型锻件有些使用 25～35t 级无砧座锤。由于锤存在振动、噪声等问题，改用压力机已是大势所趋。然因锤的构造简单，大型锻锤又容易制造，所以也很难完全废弃不用。

4. 压力机

由于压力机具有能提高材料利用率，保持尺寸精度，容易操作，改善劳动环境等许多优点，其使用范围不断扩大。最初以 1000t 级以下加工小型锻件的压力机为主，逐渐出现大型锻件大量生产用压力机,近来已制成超过10000t级的压力机。图3.7所示为模锻压力机。表3-1为模锻压力机规格,图3.8所示为压力机吨位的选定标准。

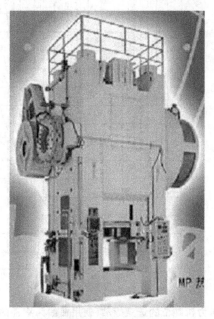

图 3.7 模锻压力机

表 3-1 模锻压力机规格

技术指标 级别	700	1000	1600	2000	3000	6000
吨位/t	700	1000	1600	2000	3000	6000
冲程/mm	203	255	280	300	360	460
冲程数/(s/m)	90	85	70	60	50	36
闭合高度/mm	560	610	760	890	940	1140
工作台面积/mm	910×750	1020×840	1190×1050	1370×1210	1450×1350	2030×1780
滑块面积/mm	660×660	760×760	910×910	1070×1070	1170×1270	1520×1520
电动机功率/kW	37	56	75	112	150	300

最近,为了生产高精度锻件,使用机架和滑块变形小的楔式压力机,每分钟生产70件齿轮毛坯。对于在薄壁锻件生产中发挥作用的螺杆压力机应该重新评价。

5. 切边

模锻件毛边可在冷态或热态下切除。在切除锤上或压力机上成形锻件的毛边时,所采用的切边工艺应该不使锻件发生变形。为此必须控制切边上模与下模之间的间隙和形状。切边工序常在另设的机械式压力机上进行,但当使用自动压力机和镦锻机加工时,锻件切边往往可以和模锻成形工序相结合。

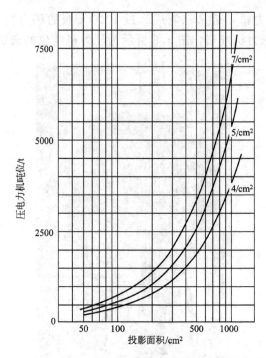

图 3.8 压力机吨位的选定标准（使用曲线为零件的复杂程度）

6. 镦锻机

镦锻机是卧式曲柄压力机中的一类，是由连杆机构开闭的夹紧模和安装在曲柄驱动导向滑块上的冲头进行锻造的。后半轴的镦锻工艺可视为这类设备操作的范例。镦锻机规格见表 3-2，图 3.9 所示为镦锻机吨位选定标准。

表 3-2 镦锻机规格

技术指标 \ 级别	1	2	4	6	7	9
吨位/t	100	400	800	1200	1500	2200
冲程数(s/m)	90	60	35	27	25	25
电动机功率/kW	5.6	15	30	56	93	186

3.2.3 冷锻

冷锻工艺是一种精密塑性成形技术，具有切削加工无可比拟的优点，如制品的力学性能好、生产率高和材料利用率高，特别适合于大批量生产，而且可以作为最终产品的制造方法（net-shape forming），在交通运输工具、航空航天和机床工业等行业具有广泛的应用。当前汽车工业、摩托车工业和机床工业的飞速发展，为冷锻这一传统技术的发展提供了原动力。例如，截至 2011 年 8 月底，我国机动车保有量达到 2.19 亿辆。其中，摩托车占 54.12%，约为 1.19 亿辆；汽车保有量占机动车总量的 45.88%，刚刚超过 1 亿辆。仅汽车行业的锻件需求就在 1500～1800 万吨以上。冷锻技术在我国的起步虽然不算太晚，

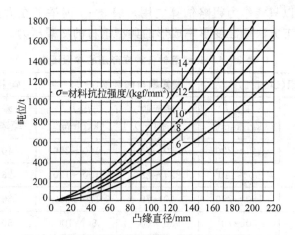

图 3.9 镦锻机吨位选定标准

但发展速度却与发达国家有很大的差距,到目前为止,我国生产的轿车上的冷锻件质量不足 20kg,相当于发达国家的一半,开发潜力很大,加强冷锻技术开发与推广应用是我国目前的一项紧迫任务。

冷锻零件的形状越来越趋于复杂,由最初的阶梯轴、螺柱/螺母和导管等,发展到形状复杂的零件。冷锻工艺的特点是:①生产率高;②材料利用率高;③表面粗糙度高(有时可不再经研磨加工);④冷锻模寿命比热锻模长;⑤容易自动化;⑥改善劳动环境;⑦冷加工硬化可提高零件强度。冷锻工艺的不足之处是:①形状复杂的零件不能冷锻成形;②冷锻工艺容易使零件内部发生缺陷;③有些材料不宜冷锻成形;④冷锻成形压力比其他锻造方法的要高。

1. 冷锻工艺与冷锻件

冷锻按工艺方法可分为正挤压、反挤压、镦锻三种。正挤压冷锻广泛用于后半轴等轴类零件加工,镦锻则用于球头销、螺栓加工。表 3-3 列举出了可用冷锻成形的汽车零件。

表 3-3 可用冷锻成形的汽车零件

钢种	用途
S10C S15C S20C S25C	火花塞罩、压力开关壳、轴环、球节罩壳、扭力杆固定器、气门挺杆、气门挺杆柱塞、活塞销、气门弹簧座、门锁齿轮、摇臂支持衬套、各种螺钉、各种衬套、销钉类零件
SCr21 SCr22 SCr23	活塞销、轴类件、轴承环、球头销、齿轮、各种衬套、销钉类件、花键轴
S30C S35C S40C S45C	半轴、球头销、发电机轴、减振器轴、传动轴端花键、各类螺钉、销钉等
SCr4 SCr5 SCM4	球头销、各类螺钉、销钉

2. 冷锻压力

关于冷锻压力,许多研究者虽已得出计算公式,但对形状相同的工件,其计算值之间存在着很大差异，所以只能作为粗略估算之用。表 3-4 列举了在大量生产条件下，以现在一般使用的各种加工方法标准变形率成形的典型钢材的冷锻压力。

表 3-4 典型钢材各种成形法的冷锻压力

成形方法	碳素钢(C0.1%)		碳素钢与渗碳钢(C0.3%)		碳素钢与合金钢(C0.5%)	
	断面收缩率/(%)	压力/(kgf/mm²)	断面收缩率(%)	压力/(kgf/mm²)	断面收缩率/(%)	压力/(kgf/mm²)
正挤压	50~80	140~200	50~70	160~250	40~60	200~250
缩径	25~30	90~110	24~28	100~130	23~28	115~150
反挤压	40~70	160~220	40~70	180~250	30~60	200~250
自由镦锻	50~60	50~70	50~60	80~100	50~60	100~150
模型镦锻	30~50	100~160	30~50	160~200	30~50	180~250
压印	—	200~250	—	200~250	—	200~250

3. 材料的预处理

冷锻与热锻不同，材料的预处理对于冷锻件质量和加工的难易程度有很大影响。在预处理方面，属于热处理的有软化退火和球化退火；此外，还有磷酸锌膜处理，这是目前最有效的润滑处理方法。

4. 冷锻机

冷锻用机械有机械式压力机和油压机，冷锻用压力机的特征与用途见表 3-5。图 3.10 所示为自动冷锻压力机的举例。

表 3-5 冷锻用压力机的特征与用途

型式		特征	用途
机械式压力机	曲柄压力机	生产周期短	正挤压、比较浅的反挤压。镦锻、压印、比较浅的反挤压
	杠杆式压力机		
油压机		生产周期长	长轴件的正挤压

图 3.10 冷锻用自动、液压 4 工位压力机

3.2.4 温锻

和热锻相比，温锻成形件表面不会发生强烈的氧化作用，表面质量好，尺寸公差小，甚至可直接成形零件的工作表面，完全省去后续机加工，且没有飞边，节省原材料。冷锻成形虽然可以获得更高的表面质量和尺寸精度，但冷锻成形对变形材料及零件形状的要求比较苛刻。对于常用的合金结构钢，只有在其含碳量低于 0.45% 时才能采用冷锻成形，且只限于成形形状简单的零件。

在多工步冷锻成形中,各工步之间通常要加入热处理工步,以消除冷作硬化,此外合金结构钢在冷成形时变形抗力大,对压力机吨位及模具材料要求高,这样势必降低生产效率,增加生产成本。温锻成形的温度范围介于冷锻和热锻之间,对于常用的合金结构钢,其温锻时的屈服应力约为冷锻时的1/3,材料的变形能力和室温下相比可提高2～3倍,这样可以减少成形工步,节约设备投资;而所成形零件的尺寸精度和表面质量与冷锻成形相当,若最后增加一个冷整形工步,则可获得冷锻成形相同的尺寸精度和表面质量。因此温锻成形既突破了冷锻成形中变形材料、零件形状,需增加中间热处理工步及变形抗力的局限性,又克服了热锻中因强烈氧化作用而引起的表面质量及尺寸精度问题,具有显著的优越性。

如前所述,温锻精密成形技术具有显著的优越性,但该工艺需要高精度的专门设备,且对模具结构、模具材料的要求较高,所以只适宜于大批量生产。汽车工业中存在大量形状较复杂的轴对称或旋转对称零件,包括轴径、内星轮、外套、齿轮、棘爪、联轴器等。这些锻件受零件材料或零件形状的限制,用单纯的冷锻工艺难以成形;若采用热锻工艺,则原材料及能源的消耗量大,后续机加工量大,由于型面形状复杂,机加工难度高,势必增加生产成本,且切削加工会破坏零件的金属流线结构,降低零件的力学性能。这些锻件的生产批量大,如采用温锻工艺或温锻+冷锻综合工艺来生产,则可以充分发挥温锻精密成形的优越性,降低成本,提高质量。因此,温锻精密成形技术近年来在美国、日本、德国等发达国家得到越来越广泛的应用,并有逐步取代热锻工艺的趋势。

中国汽车工业经过40多年的创业和发展,已经逐步成为中国国民经济带动整个经济增长和结构升级的支柱产业之一。和发达国家相比,我国汽车工业中的温锻精密成形技术还比较落后,对于发达国家一些比较成熟的温锻工艺,还没能完全消化吸收。为了提高我国汽车工业的温锻技术水平,缩小和发达国家之间的差距,我国金属塑性加工领域的研究人员必须顺应该领域的发展潮流,在温锻成形理论和工艺两个方面都展开深入研究。

根据有关的研究,温锻目的可归纳为两点:①从冷锻出发,为了缩短工艺过程,或在已有设备上进行大件加工,或使在室温下难于变形的材质加工成形,从而适当升高温度,以扩大冷锻工艺范围;②从提高热锻件的精度出发,降低锻造温度,也称为半热锻。

若能充分考虑材料热膨胀的变化和模具的弹性变形,并能准确控制加热温度,温锻制品精度可达到冷锻的程度。已经查明,500℃以下温锻零件的表面精度与冷锻的大致相同。此外,也可与热锻相结合,即先以热锻粗成形,而后以温锻最后成形,以提高尺寸精度。

目前温锻的最大问题是,还没有找到一种非常合适的润滑剂。试用过二硫化钼与石墨,各有短长。

3.2.5 特种锻造

1. 回转锻造

回转锻造有多种方式,其中横向轧制是近年由欧洲提出的,适于加工轴类零件。横向轧制也有2至3个类型，本节仅以横向楔形轧制为例，加以说明。图3.11所示为其加工原理图。在两个轧辊的圆周面上，刻出具有楔形成形斜面、尺寸相等、位置相差180°的轧制模膛，在上、下模膛间插入与轧辊轴平行的已加热的棒料，上、下轧辊每同方向回转一周，棒料随同回转并被轧制成形。这种成形方法的优点在于生产率高，并可提高材料利用率。目前日本已有工厂达到实用阶段。

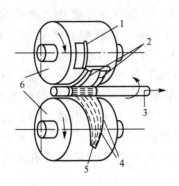

图 3.11 加工原理图
1—切削刃；2—模膛外缘面；3—加工坯料；4—模膛成形面；5—工作轧辊；6—轧辊轴

2. 烧结锻造

烧结锻造是一种将粉末冶金技术中的烧结法和锻造加工法的优点相互结合的方法。其要点是，以金属粉末为原材料，用粉末冶金方法做成预成形件，然后进行热锻，以接近理论密度，得到普通烧结法所不能比拟的、质量不低于一般锻件的产品。由于预成形件的形状和质量接近零件的最终要求，可得到几乎没有毛边的、精度极高的成品。目前已有用这种方法生产齿轮的报道，也开始有人发表论文，探讨用于生产连杆类零件的途径。

3. 液态模锻

液态模锻又称高压铸造法或半熔融锻造法，可以认为是一种将铸造、锻造相结合的成形方法。其方法是将熔融或半熔融状态的金属注入金属型内，施加高压并保持之，直至凝固，以阻止金属晶粒增长，提高零件强度，并能高效率生产形状复杂的零件。最近几年来，液态模锻在国内外稳步发展，表现在开发并投产的产品品种不断增多，有向更高品质、更高性能和更多样化方向发展的趋势；国外各大压铸机生产厂家，投入了一定的精力改进并新开发了几种挤压铸造机；学术界和产业界密切配合，在液态模锻工艺、材料的组织与性能、模具工装、基础理论，以及在金属基复合材料、半固态加工技术等方面进行了不少研究工作，并在实际生产中取得了可喜的成绩，使液态模锻已成为汽车、家电等行业高档有色金属铸件大批量生产的重要技术手段。关于液态模锻新产品的开发，各国均遵循如下方向：①代替部分常规的压铸件，使其有更致密的组织，可固溶处理，并提高其力学性能；②代替部分砂型、金属型铸件，使其内部组织更致密，表面轮廓更清晰，尺寸精度更高；③代替部分锻件、热挤压件，降低成本，简化工艺。

3.3 锻 模

锻模是金属在热态或冷态下进行体积成形时所用模具的统称。由于各种模锻设备的工作特点有所不同，其锻模的结构也有较大差别，而在模膛设计上也稍有差异。

一个完善的锻模设计过程，首先应当考虑的是能够获得满足尺寸精度要求和组织性能良好的锻件，同时要满足生产率的要求；其次还应考虑锻模要具有足够的强度和较高的寿命，并且制造简单，满足安装、调整、维修方便等要求。因此，设计锻模时应当进行综合分析。

3.3.1 锻模设计

1. 热锻模

确定锻件形状时必须考虑的因素有：①容易锻造成形；②具备适当的加工余量；③应考虑机械加工基准并便于加工；④避免截面形状的突然变化；⑤尽量消除锐角、尖棱。

锻模设计时应该考虑的因素有：①尽量采用左右对称形状，防止锻造时发生横向力；②尽量增加壁厚，尽量避免薄壁宽面结构；③模腔形状应避免在热处理时出现裂纹；④尽量使分模面位于同一平面内；⑤应将在高温下要求尺寸精度的部位置于同模块的模腔内；⑥切边时锻件尺寸应无变化，且不形成毛刺。在综合分析上述各种因素之后，确定锻件与锻模尺寸。

锻件形状标准是根据经验确定的，其情况见表3-6～表3-8。锻件形状、锻模冷却条件、润滑剂特性对锻模寿命有很大的影响。模腔温度最好保持在100～150℃，润滑剂则应根据模腔形状与锻造方法而选定。表3-9为热锻模寿命举例。

表3-6　标准拔模斜度　　　　　　　　　（单位:°）

L/B H/B	1	1～3	3～4.5	4.5～6.5	6.5～8	8
1.5	2	3	5	6	7	10
1.5	2	3	4	5	6	8

表3-7　最小壁厚

投影面积/cm^2	30	100	300	600	1100	2500
最小壁厚/mm	2.5	3	4	5	6	8

表3-8　标准加工余量　　　　　　　　　（单位：mm）

最大厚度 \ 最大宽度	50	50～120	120～200	200～300	300～450	450～500	600
10	1.00	1.25	1.50	2.00	—	—	—
10～30	1.00	1.25	1.50	2.00	2.00	2.50	3.00
30～70	1.00	1.25	1.50	2.00	2.00	2.50	3.00
70	1.00	1.50	2.00	2.00	2.50	2.50	3.00

表3-9　热锻模寿命举例

零件名称	单件质量/kg	锻模寿命（加工件数）				
		高韧性钢（氮化）		5%Cr钢类		沉淀硬化钢类
		油润滑	石墨水悬浮液	未氮化	氮化	石墨水悬浮液
曲轴	16.0	5000	10000	—	—	—
活塞销	3.0	3000	4000	5000	—	6000

(续)

零件名称	单件质量/kg	锻模寿命（加工件数）				
		高韧性钢（氮化）		5%Cr 钢类		沉淀硬化钢类
		油润滑	石墨水悬浮液	未氮化	氮化	石墨水悬浮液
连杆	0.5	5000	8000	10000	—	20000
凸缘叉	0.9	—	6000	—	—	15000
齿轮	1.2	—	—	7000	13000	—

2. 冷锻模

冷锻模锻件设计的基本情况与热锻相同。当然，冷锻与热锻不同，其主要差别在于冷锻模承受的负荷高，更应注意锻模强度。

1) 强化模具

把承受内压的模具做成嵌入式，以过盈配合预先在其圆周方向施加压缩应力，用来抵消内压在圆周方向上引起的拉深应力。当用抗拉强度低的硬质合金作为模具材料时，此点尤为重要。过盈装配可采用压配或热配，也可采用冷配方式。

2) 拼块式模具

当受零件形状限制，不能避免应力集中或冷锻压力过大时，需要做成拼块式模具，防止应力集中。

3.3.2 锻模材料

1. 热锻模具材料

锻模是用来使热金属坯料进行塑性变形而得到锻件的工具。工作时，其单位面积上承受很大的压力，锤锻模还要承受很大的冲击力（高达 2000MPa）；由于变形金属的剧烈流动，模膛极易磨损，模具工作温度高达 400～500℃（有时甚至高达 600℃）；而且需在连续反复地加热、冷却的条件下工作，使模膛表面容易产生热疲劳破坏。因此，热锻模具材料应具备下列性能。

（1）在高温下具有较高的强度、硬度和冲击韧性。
（2）较好的耐热疲劳性。
（3）良好的回火稳定性。
（4）淬透性能好。
（5）良好的导热性和抗氧化性。
（6）良好的加工工艺性能。

选定锻模材料时必须考虑锻造机械、锻件形状、模膛深度等因素。一般来说，锤锻模具材料多为 SKT4 系统，锻造压力机模具材料多为 SKD61 系统或 3%Ni-3%Mo 与 3%Cr-3%Mo 沉淀硬化类钢。最近，由于模具加工方法的改进，放宽了对模具硬度的限制，大型锤锻模具硬度一般为 35～40HRC，中、小型模具一般取 38～40HRC，压力机模具为 43～48HRC（参阅表 3-10）。此外，铸钢模具也已进入实用阶段，所用铸钢成分与原用锻钢相同。对于镀铬、氮化等提高模具寿命的表面强化方法也正在研究，并已将其结果用于生产实践。

表 3-10 典型的热锻模具钢

	代号	C	Si	Mn	Ni	Cr	Mo	W	V	Co
高韧性钢系	A	0.50~0.60	<0.35	0.60~1.00	1.30~2.00	0.70~1.00	0.20~0.50	—	0.10~0.20	—
	B	0.50~0.60	<0.35	0.60~1.00	0.25~0.60	0.90~1.20	0.30~0.50		0.10~0.20	
5%Cr钢系	C	0.32~0.42	0.80~1.20	<0.50	<0.25	4.50~5.50	1.00~1.50	1.00~1.50	0.30~0.50	
	D	0.32~0.42	0.80~1.20	<0.50	<0.25	4.50~5.50	1.00~1.50		0.80~1.20	
沉淀硬化钢系	E	0.15~0.24	<0.50	<0.50	0.50~1.50	2.50~3.50	2.50~3.50		0.40~0.60	
	F	0.15~0.25	<0.35	<0.60	3.00~3.50	—	3.00~3.50			

2. 冷锻模具材料

冷锻模具材料通常采用高合金模具钢（SKD11、SKD12、SKD1）与高速钢（SKH9）。随着生产批量的增大，出现了模具寿命的问题，以及如何保持模具精度的问题，从而向采用硬质合金为冷锻模具材料的方向发展。硬质合金的硬度随着钴含量降低和WC晶粒细化而升高。

3.3.3 模具制造

在模具加工方面，电火花加工机床与电解加工机床逐渐代替习用的仿形铣床，而居于主导地位。由于对电火花加工机床用石墨电极的开发和各种自动机械的进步，使得锻造模具制造方法有很大变革。电解加工机床应用法拉第原理，具有加工速度快，没有电极消耗等特点。最近以来，采用了数字程序控制机床，为了以数字控制复杂锻件的形状，各种数据的积累尤为重要。

3.4 锻件质量控制

对于大多数保证汽车行驶安全的零件，在其制造过程的锻造加工阶段，锻件质量控制十分重要。其主要内容有：在下料工序中，对落料长度、断面形状与材料质量的控制，并防止混料；在锻造工序中，对锻件尺寸的控制，以及对锻件缺陷的检验与防止；在冷锻过程中，除应消除尺寸超差、裂纹等外观缺陷外，并应检验和防止因润滑不当或加工方法不妥所引起的内部缺陷。企业制度规定：除工人自己检查和检验员巡回检查外，还要对选定工序的全部产品进行最终检查。对于保证汽车行驶安全的重要零件和容易发生表面缺陷的锻件,多以磁力探伤检验;而冷锻件则多进行超声检验。

为了保证锻件质量,提高产品的使用性能和使用寿命,除了在生产过程中要随时检查锻件质量外,入库前锻件还必须经过专职人员的质量检查。

锻件检验的内容包括锻件几何形状与尺寸、表面质量、内部质量、力学性能和化学成分等几个方面,而每一方面又包含了若干内容。

锻件所需进行的具体检验项目与要求,须根据锻件重要性等级来定。锻件的等级是按零件的受力情况、工作条件、重要程度、材料种类和冶金工艺不同进行划分。各工业部门对锻件等级的分类不尽相同,有的将锻件分为三个等级,有的分为四个或五个等级。表 3-11 为批生产锻件等级及检验项目。对于有特殊要求的锻件,须按专门技术条件规定进行检验。

表 3-11 批生产锻件等级及检验项目

每批数据检查	类别	Ⅰ	Ⅱ	Ⅲ	备注
材料牌号		100%	100%	100%	
表面状态		100%	100%	100%	
几何尺寸		100%	100%	100%	垂直尺寸和偏移量为100%检查,其他尺寸按情况抽查
硬度	钢件	10%	10%	10%	钢合金、LF21 不检查
	有色件	100%	100%	100%	
力学性能		(1) 每批抽1件; (2) 余料100%	每批抽1~2件	铝、镁件每热处理炉带试棒	铜、铝、镁件不做冲击韧性试验
低倍组织		每批抽1件	每批抽1件		
高倍组织		有色件余料100%	有色件抽1件		不经热处理(淬火)的有色件不检查
断口		(1) 钢件余料100%; (2) 有色件抽1件	无专门规定时从低倍试片上取断口		

3.4.1 锻件几何形状与尺寸的检验

测量锻件几何形状与尺寸的工具主要有钢直尺、卡钳、游标卡尺、深度尺、角尺等,对形状特殊或较复杂的锻件可用样板或专用仪器来检测。一般锻件检查包括以下内容。

(1) 锻件长、宽、高尺寸和直径的检查。主要用卡钳、卡尺。

(2) 锻件内孔的检查。无斜度用卡尺、卡钳,有斜度用塞规。

(3) 锻件特殊面的检查。如叶片型面尺寸可用型面样板、电感量仪(电感量仪一次可以准备地检测 20~34 个测量点的尺寸公差)、光学投影仪检查。

（4）锻件错移量的检查。对于形状复杂的锻件，可用划线方法分别划出锻件上、下模的中心线，若两条中心线重合说明锻件无错移；若不重合，两条中心线错开的间距就是锻件的错移量。形状简单的锻件可以凭经验用眼或借助于简单的工具观察其错移是否在允许范围内，也可用样板检查。

（5）锻件弯曲度的检查。通常把锻件放在平台上滚动或用两个支点把锻件支起而旋转锻件。用千分表或划线盘测量其弯曲的数值。

（6）锻件翘曲度的检查，就是检查锻件两平面是否在同一平面上或保持平行。通常将锻件放在平台上，用手按住锻件某部分，当锻件另一平面部分与平台平面产生间隙时，用塞尺测量因翘曲所引起的间隙大小，或把百分表放在锻件上检查翘曲的摆动量。

3.4.2 锻件表面质量的检验

锻件表面上的型纹、折叠、压伤等缺陷，通常可用目视检查法直接发现，当裂纹很细或隐蔽在表皮下时，则需通过磁粉检验、荧光检验、着色检验等才能发现。

1. 目视检查

目视检查是检查锻件表面质量最普遍、最常用的方法，主要观察锻件表面有无裂纹、折叠、压伤、斑点、表面过烧等缺陷。

2. 磁粉检验

磁粉检验通称磁粉探伤或磁力探伤。它可以发现肉眼不能检查出的细小裂纹、隐蔽在表皮下的裂纹等表面缺陷，但只能用于碳钢、工具钢、合金结构钢等有磁性的材料，而且锻件表面要平整光滑，粗糙的表面有可能导致不正确的检验结果。

干粉法：将干粉通过喷枪喷射到零件表面上，观察零件缺陷处磁粉聚集情况，即可判断缺陷部位、形状大小。

湿法：将磁粉末悬浮在煤油或水溶液中，然后将悬浮的磁粉油液喷射或浇注在磁化的零件表面上，油液中的磁粉遇到固缺陷产生的局部漏磁磁极后，被吸附聚集成缺陷大小和形状的磁粉堆。为了显示横向裂纹，须对工件进行纵向磁化。如要显示纵向缺陷，可直接沿工件通电，以便实现周向磁化。磁粉探伤法可以迅速可靠地发现工件表面或近表面的细裂纹、发裂等缺陷。磁粉探伤灵敏度高，速度快，设备简单，操作简便，而且成本比较低。但是，这种方法只能检验磁性磁力的表面或近表面处的缺陷。

3. 荧光检验

对于非铁磁性材料，如有色合金、高温合金、不锈钢等锻件的表面缺陷，可采用荧光检验，也称荧光探伤。

4. 着色检验

着色检验又称着色渗透探伤，即用带有彩色的高渗透性油液，使之渗入锻件表面缺陷中，然后用肉眼即可看到"彩像"，从而发现表面缺陷。

荧光、着色两种检验方法的工艺过程和灵敏度都差不多。着色检验法明显的好处是用肉眼在普通光线下即可观察，不必像荧光检验法那样要在暗室内用紫外线照射。在对特别大的锻件进行局部检验时，着色检验法具有优越性。

荧光和着色检验法的使用都不受材料是磁性还是非磁性的限制。但因磁粉检验法比这两种方法的优点多，所以，这两种方法主要用于非磁性锻件表面的检验。

5. 超声波探伤

超声波探伤是利用超声能透入金属材料的深处，并由一截面进入另一截面时，在界面边缘发生反射的特点来检查零件缺陷的一种方法、当超声波束自零件表面由探头通至金属内部，遇到缺陷与零件底面时就分别发生反射波，在荧光屏上形成脉冲波形，根据这些脉冲波形来判断缺陷位置和大小。

要求锻件表面粗糙度小于 $Ra3.2$。缺陷大小的确定，主要根据经验判断，也可以预先制作好各种不同性质、不同深度、不同大小的人为缺陷的标准试块。缺陷的具体位置与形状的确定与探头的数目和位置有关。对于裂纹、夹杂等缺陷的探测，超声波的穿透方向必须与缺陷的蔓延方向垂直，否则裂纹不能显示出来。为了能发现在锻件中各个方向、各个部位的缺陷，常常采用斜探头进行探伤。

3.5 应用实例

本章以汽车发动机连杆的制造工艺为例，讲述锻造工艺在汽车零件制造中的应用。

连杆是汽车发动机中的重要零件。在发动机内曲柄连杆机构中，连杆的大头孔与曲轴连接，小头孔通过活塞销与活塞连接，其作用是将活塞的直线往复运动变为曲轴的旋转运动并输出动力。连杆承受冲击动态载荷，因此要求连杆质量小，强度高，刚度好。

3.5.1 连杆的结构特点及结构工艺性分析

1. 连杆的结构特点

如图 3.12 所示，连杆由大头、小头和杆身等部分组成。大头为分开式结构，连杆体与连杆盖用螺栓连接。大头孔和小头孔内分别安装轴瓦和衬套。为了减轻质量并保证连杆体具有足够的强度和刚度，连杆的杆身截面多为工字形，其外表面不需要机械加工。连杆的大头和小头端面通常都与杆身对称。有些连杆在结构上设计有工艺凸台、中心孔等，作为机械加工时的辅助基准。

2. 连杆的结构工艺性

连杆的结构形式直接影响到机械加工工艺的可靠性和经济性。影响连杆结构工艺性的因素除应考虑一般的结构工艺性外，主要还要考虑以下几点。

(1) 连杆盖和连杆体的连接方式。连杆盖和连杆体的定位方式(图 3.13)有连杆螺栓、套筒、齿形定位和凸肩定位四种。

(2) 连杆大、小头的厚度。考虑到加工时的定位和加工中的传输等，连杆大、小头的厚度应相等。

(3) 连杆杆身油孔的大小和深度。由于活塞销与连杆小头衬套孔之间需要进行润滑，

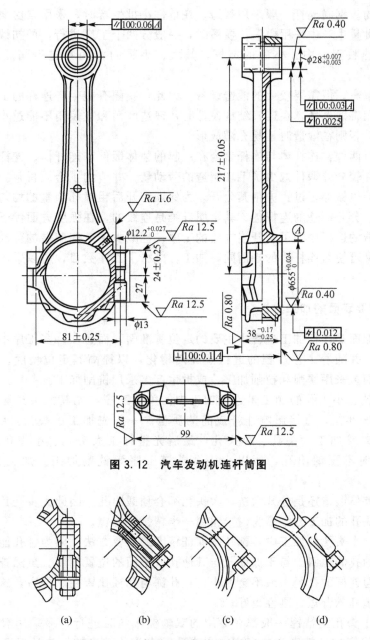

图 3.12 汽车发动机连杆简图

图 3.13 连杆盖和连杆体连接的定位方式

为此连杆杆身钻有油孔。但为了使润滑油从连杆大头沿油孔通向小头衬套,油孔一般为 $\phi 4 \sim \phi 8$mm 的深孔,加工困难。为了避免深孔加工,汽车发动机连杆可改为重力润滑,则只在连杆小头铣槽或钻孔即可。

3.5.2 连杆的材料和毛坯

汽车发动机连杆的材料一般采用 45 钢(精选碳的质量分数为 0.42%～0.47%)或 40Cr、35CrMo,并经调质处理,以提高其强度及抗冲击能力。我国有些工厂也有用球墨铸铁制造连杆的。钢制连杆一般采用锻造。在单件小批生产时，采用自由锻造或用简单的胎模锻；在大批量生产中采用模锻。模锻时，一般分两个工序进行，即初锻和终锻，通常在切边后进行热校正。中、小型的连杆，其大、小头的端面常进行精压，以提高毛坯精度。

模锻生产率高，但需要较大的锻造设备。因此，我国有些生产连杆的工厂采用了连杆辊锻工艺。采用辊锻毛坯，在连杆结构设计时，锻造圆角和拔模角不能过小，要尽量避免截面突然变化，否则在锻造时不易充满成形。

锻坯形式有两种：连杆体与连杆盖合在一起的整体锻件和连杆体、连杆盖分开的分开锻件。整体锻件较分开锻件减少了毛坯制造的劳动量，并节约了金属材料。整体锻造的毛坯需要在以后的机械加工过程中将其分开。为保证切开后粗镗孔余量的均匀，通常将大头孔锻成椭圆形。分开锻造的连杆盖，其金属纤维是连续的，在强度方面优于整体锻造的连杆盖。整体锻造的连杆增加了切开连杆盖的工序，但减少了毛坯制造的劳动量，并降低了材料的损耗，又可使与连杆体的端面同时加工，减少了工序数目，所以采用整体锻造的毛坯较多。

3.5.3　连杆主要表面的加工方法

连杆的两端面是连杆加工过程中主要的定位基准面，而且在许多工序中反复使用，所以应先加工它，并随着工艺过程的进行要逐渐精化，以提高其定位精度。在大批量生产中，连杆两端面多采用磨削和拉削加工，成批生产多采用铣削加工。

连杆大头孔、小头孔的加工是连杆加工中的关键工序，尤其大头孔是连杆各部位加工中要求最高的部位，直接影响连杆成品的质量。一般先加工小头孔，后加工大头孔，合装后，再同时精加工大头孔、小头孔，最后光整加工大头孔、小头孔。小头孔直径小，锻坯上有时不预锻出孔，所以小头孔首道工序为铣削加工。加工方案多为钻→扩→镗。

无论采用整体锻造还是分开锻造，大头孔都会预锻出孔，因此大头孔首道工序都是粗镗（或扩）。大头孔的加工方案多为（扩）粗镗→半精镗→精镗。

在大头孔、小头孔的加工中，镗孔是保证精度的主要方法。因为镗孔能够修正毛坯和上道工序造成的孔的歪斜，易于保证孔与其他孔或平面的位置精度。虽然镗杆尺寸受孔径大小的限制，但连杆的孔径一般不会太小，且孔深与孔径比皆在 1 左右，这个范围的镗孔工艺性最好，镗杆悬臂短，刚性也好。

大头孔、小头孔的精镗一般都在专用的双轴镗床同时进行，多采用双面、双轴金刚镗床，有利于提高加工精度和生产率。大头孔、小头孔的光整加工是保证孔的形状精度和表面粗糙度不可缺少的加工工序。一般有以下三种方案：珩磨、金刚镗以及脉冲式滚压。

连杆加工多属大批量生产。连杆形状复杂，刚性差，因此工艺路线多为工序分散，大部分工序采用高生产率的组合机床和专用机床，并且广泛使用气动、液动夹具，以提高生产率，满足大批量生产的需要。

3.5.4　整体精密锻造连杆盖、连杆体的撑断新工艺

连杆盖、连杆体整体精密锻造，待半精加工后，采用连杆盖与连杆体撑断的方法，已

在汽车发动机连杆生产中广泛采用,这样产生的接合断面凸凹不平,连杆盖与连杆体再组装时的装配位置具有唯一性。因此,连杆盖与连杆体之间只需用螺栓连接,即可保证相互之间的位置精度。这样既简化了连杆的加工工艺,保证了连杆盖与连杆体的装配精度,又由于连杆盖与连杆体之间没有去掉金属,金属纤维是连续的,从而保证了连杆的强度。为了保证将撑断面控制在一定范围内,撑断时连杆盖与连杆体不发生塑性变形,连杆设计时应注意适当减小接合面面积,并在撑断前在连杆盖与连杆体接合处拉出引断槽,形成应力集中,如图 3.14 所示。此加工方法已在轿车发动机连杆生产中采用,是连杆加工的新工艺。

3.5.5 大批量生产时连杆机械加工的工艺过程

在汽车发动机的制造中,连杆的加工多属于大批量生产,广泛采用先进工艺和高生产率专用机床,实现机械加工、连杆盖和连杆体装配、称重、检验、清洗和包装等工序自动化。成批生产整体锻造的连杆机械加工工艺过程(主要工序)见表 3-12。

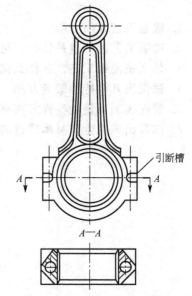

图 3.14 采用撑断工艺的连杆结构图

表 3-12 成批生产整体锻造的连杆机械加工工艺过程(主要工序)

工序号	工序内容	设备	工序号	工序内容	设备
1	粗精铣大小头端面	立式铣床	15	磨连杆大头两端面	平面磨床
2	钻扩小头孔	立式铣床	16	半精镗大头孔	专用镗床
3	半精镗小头孔	专用镗床	17	车连杆大头侧面	卧式车床
4	铣定位凸台	立式铣床	18	拆开和装配连杆盖	钳工台
5	自连杆上切下连杆盖	卧式镗床	19	精镗大头孔	专用镗床
6	锪连杆盖螺栓头贴合面	立式铣床	20	精镗小头孔	专用镗床
7	精铣结合面	立式铣床	21	小头孔压入衬套	油压机
8	粗镗大头孔	专用镗床	22	精镗小头衬套孔	专用镗床
9	磨结合面	平面磨床	23	拆开连杆套	钳工台
10	钻扩铰螺栓孔	立式铣床	24	铣锁口槽	卧式铣床
11	锪连杆体螺栓头贴合面	立式铣床	25	清洗、去毛刺	钳工台
12	钻阶梯油孔	立式铣床	26	装配连杆盖和连杆体	钳工台
13	去毛刺、清洗	钳工台	27	称重、去重	钳工台
13J	中间检验		27J	最终检验	
14	装配连杆盖和连杆体、打字头	钳工台			

习 题

1. 锻造工艺如何分类？
2. 冷锻工艺的特点是什么？可用冷锻成形的汽车零件有哪些？
3. 什么是温锻工艺？有什么优点？
4. 试说出几种特种锻造方法。
5. 锻件表面质量的检查方法有哪些？
6. 试写出成批生产整体锻造的连杆机械加工工艺过程（主要工序）。

第 4 章

冲压工艺

教学提示

冲压通常又叫冷冲压，冲压是汽车制造最重要的工种之一。冲压工艺是一种适合大量生产的，具有其他方法所不能比拟的加工方法。冲压件具有质量轻、强度高、形状美观等特点，汽车冲压件可分为车身冲压件与车架、车轮冲压件两大类。

教学目标

了解冲压材料的特性要求，了解各种钢板的种类、特征与用法，了解冲压车间平面布置的方法，掌握汽车各部位零件的冲压工艺，了解冲压质量控制的方法，掌握汽车车身覆盖冲压成形的特点，重点掌握车身覆盖件、拉深件的设计方法。

4.1 概　　述

冲压是利用冲模使板料产生分离或变形的加工方法。这种加工方法通常是在冷态下进行的，所以又称冷冲压。只有当板料厚度超过 8～10mm 时，才采用热冲压。

几乎在一切有关制造金属成品的工业部门中，都广泛地应用着板料冲压，特别是在汽车、拖拉机、航空、电器、仪器以及国防等工业中占有极其重要的地位。板料冲压之所以能被广泛地应用并占有重要地位，是由于它具有下列特点。

（1）可冲压形状复杂的零件，废料较少。

（2）产品具有足够高的精度和粗糙度，互换性能好。

（3）能获得质量轻、材料消耗少、强度和刚度较高的零件。

（4）冲压操作简单，工艺过程便于机械化和自动化，生产率很高，零件成本低。

但冲模制造复杂，所以只在大批量生产的条件下，这种加工方法的优越性才显得更为

突出。板料冲压所用的原材料，特别是制造中空杯状和钩环状等成品时，必须具有足够的塑性。常用的金属材料有低碳钢、镁合金及高塑性的合金钢、铜、铝等。

在汽车制造过程中，冲压工艺将制造汽车骨架和护板的钢板从原料加工成零件。冲压材料（薄板等）的质量占全部汽车材料的40%～45%，冲压是汽车制造最重要的工种之一。冲压件具有质量轻、强度高、形状美观等特点。冲压工艺具有劳动量小，加工时间短，无切屑，工具消耗量低等优点，是一种适合大量生产的，具有其他方法所不能比拟的加工方法。应当指出：由于每种零件加工都需自己专用的工具（冲模），如果产量较低则冲模负担费用过大，所以冲压工艺特别适用于大批量生产。

4.1.1 冲压工艺概要

冲压件一般是通过冲裁、拉深、切边、冲孔、复合冲裁、弯曲、复合屈曲等工序中的若干种，冲压成指定形状。压力机的生产周期极短，仅为0.1min左右。一般通过更换压力机上的冲模进行批量生产。大量生产时，通常将3～6台压力机按工艺顺序排列。至于护板、大型板件等冲压件，一般则在包括装料机和卸料机组成的冲压自动线上加工。小型冲压件与车轮部分零件多用一台压力机进行连续自动生产，力求达到省力。图4.1所示为冲压工艺概要。

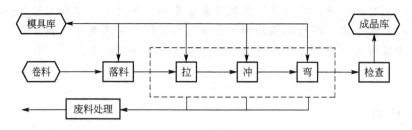

图4.1 冲压工艺概要

4.1.2 冲压件

汽车冲压件可分为车身冲压件与车架、车轮冲压件两大类。

1. 车身冲压件

车身冲压件一般由0.6～1.2mm薄钢板制成，厚度大于1.6mm的钢板只用在需要增强的零件上，数量不多。拉深是车身件成形方法的特点。为了使车身外护板表面美观，应该重视冲模精加工技术，以保证冲压件的质量。

2. 车架、车轮冲压件

车架、车轮冲压件一般由1.2～3.6mm厚的钢板制成，有时也使用10mm左右的钢板。厚板成形以弯曲为主，在很多情况下不包括拉深成形。由于钢板厚，单位面积所需的成形压力大，所选压力机应该比车身件成形用的刚度大。

表4-1列举了轿车车身冲压件与所用压力机的规格。C级以下零件的冲压加工有连续自动化和多工序连续化的倾向，表中所示的串联式拉深（tandem press）方式已很少使用。

表 4-1　轿车车身冲压件与所用压力机的规格

类别	零件名称	件/辆	工序数	机床吨位/t	模座面积/mm²
A	顶篷、挡泥板、外护板、地板、保险杠、发动机罩	8~12	3~6	600~1000	3500×2000~4000×2000
B	车门护板、车身内护板、行李箱盖板、仪表板、车轮罩盖、挡板	20~26	5~6	400×500	2500×1500~2500×1700
C	行李箱、侧板、中间柱、前柱、前侧支架件	~50	3~6	300~400	2150×1200~2150×1500
D	门铰链板、前围侧护板	20~30	2~6	250	1500×1000

4.1.3　冲压生产线的控制

冲压生产线的控制方法因各公司的历史、技术条件与生产规模而异。当进行批量生产时，应根据调整时间、生产速度、负荷时间等因素，确定适当的批量。批量过大，将发生原材料费用、保管场地、保管设施、防锈等各种问题。因此，缩短调整时间以尽量减少批量是十分重要的。一般趋向是将调整时间降至 10min 以下，批量则保持三日份额。分析冲压生产线的运转情况，按月收集并整理冲压生产线停工原因的各种数据，以期降低冲模故障与机床故障发生率，提高生产效率，降低冲压加工成本。标准的线生产速度为：①连续自动压力机——700~1200 件/h；②顺序加工冲压线——1200~1300 件/h；③推杆式送料冲压线（AB 级）——450~700 件/h；④梭式送料冲压线（AB 级）——600~900 件/h。

一般来说，冲压生产线是针对产品零件而设计的，生产量确定后即可算出冲压设备负荷率。当设备负荷不平衡时，可更改设计或调整生产计划以求平衡。通常，冲压生产时，根据后面工序的要求，核定冲压件库存量与最佳生产批量，并加以实施。

4.2　冲 压 材 料

汽车冲压件大部分由低碳钢板制成。《中国机械工业标准》中规定了冷轧钢板、热轧软钢板和汽车构造用热轧钢板的规格。此外，电器件、内饰件与其他附件，也用不锈钢板、有色金属板制造。

4.2.1　冲压材料的特性要求

冲压用材料必须具备良好的拉深性、延展性、弯曲性、凸缘拉深性，以及上述的复合成形性。一般来说，选定冲压材料时，应根据零件成形的难易程度，选择具有相应成形能力的材料。但在选用具备必要强度的汽车用热轧钢板时，成形能力随强度升高而降低，成为零件设计的制约条件。如果当所选的材料与零件形状、冲模设计和加工条件不相适应时，将产生断裂、折皱、成形不完整（气眼、凸包、回弹）等缺陷。图 4.2 表示冲压成形工艺体系与成形缺陷之间的关系。最近，冲压加工在成形方面的问题，有从断裂转向精度、气眼、凸包等缺陷的趋势，对于材料则提出了形状性这个新的特性要求，过去，一贯以拉伸试验所测定的伸长率、埃里克森值、圆锥杯形拉深值作为判断材料拉深特性的依据。近

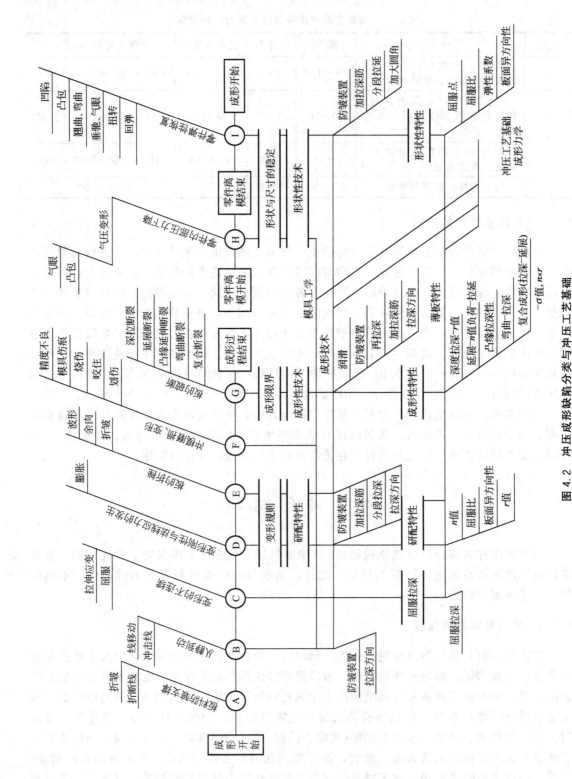

图 4.2 冲压成形缺陷分类与冲压工艺基础

来，被认为与成形特性密切相关的还有加工硬化系数(n)和塑性导向性系数(r)。通过试验对上述性能指标已进行了详细的研究，然而它们和形状性的关系还有待于今后进一步查明。

4.2.2 材料选定

主要应从生产技术方面分析材料的成形性，所以就材料选定的作用来说，生产技术部门比设计部门更为重要。目前，设计新零件时，还没有一种方法能够预先选定具备必要成形能力的材料，这项工作只能根据对过去数据的归纳和经验来进行。冲压用钢板的选定大致可遵循下列顺序。

1) 新设计的冲压件与过去类似的冲压件做对比

将已经分析过并掌握了制造工艺的冲压件和新设计的冲压件进行对比，推算其变形状态、线增长率和面积增长率，以确定材料的级别。

2) 试冲压

制成按比例缩小或 1∶1 尺寸的试验冲模（以锌合金制造）进行试冲压，以获得材料成形性资料。这类冲模也常用做试制样车的简易冲模。

3) 在生产准备阶段掌握材料成形的难易程度

在大量生产试运转过程中，核对所用材料的适用性、生产稳定性和加工条件，最后确定大量生产用材料。一般问题可通过修整冲模、改变零件形状等措施来解决，有时还应对发生问题的零件进行网格塑性试验(scribed circle test)，掌握破断危险部位附近的变形分布状态，从变形状态图上的变形临界线判断选材是否恰当。

4) 对大量生产状况的监视与价值分析(VA)

大量生产时应经常监视生产情况，并将废品率控制在允许限度之内，对于发生的问题应该立即采取适当的方法解决。此外，还应在稳定生产状态的前提下，力求缩小原材料尺寸，降低材料的级别。

4.2.3 冷轧钢板

冷轧钢板的厚度在 0.15～3.2mm 之间，这种薄板的尺寸精度极高，具有美观平滑的表面，以及良好的力学性能和加工性，能够完美地用做车身护板。这类钢板的屈服点低，成形性和形状性好，也便于使用。冷轧钢板的种类、特征与用途见表 4-2。

表 4-2 冷轧钢板的种类、特征与用途

种类	牌号	特征	用途
JIS 冷轧钢板与钢带(JIS-GB 3141)	SPCC SPCCT	（一般用）为表面美观用量最大的品种，是一种适合弯曲和简单拉深加工的钢板，主要用于加工平板	冷藏库门、浅度拉深汽车零件、钢制家具、其他小零件、配电盘等
	SPCD	（拉深用）次于 SPCE，具有优良拉深性能的钢板	汽车车门内护板、车架纵架等
	SPCE	（深度拉深用）次于 SPCEN，具有优良的深度拉深性。因从冶金方面控制了晶粒度，使得经深度拉深的零件具有美观的表面	汽车后挡泥板、前护板
	SPCEN	（非时效性深度拉深用）具有优良的深度拉深性。是一种非时效性钢板，保证不发生拉深应变	汽车前挡泥板、灯壳体、轮罩、浅度冲压外护板等要求非时效性零件

(续)

种类	牌号	特征	用途
JIS未规定，但使用情况与JIS规定相同的冷轧钢板	低屈服点钢板	具有低屈服点和低屈服比，冲压时的形状性（获得指定尺寸的容易程度）与拉深刚度（不易塌陷）好	汽车车门、车顶、发动机罩、后行李箱盖等要求低时效性与形状性的零件
	超深度拉延性钢板	具有与JIS钢板相同或更优良的深度拉深性，各钢铁公司生产自己独特的产品	汽车挡泥板、油箱底壳等
特殊冷轧钢板	低合金耐蚀、耐候性钢板	在合金元素作用下形成致密而牢固的氧化膜，能够有效防止腐蚀	火车车轮、汽车、建筑材料等
	涂漆钢板	以防锈与装饰为目的，在钢板或涂漆钢板上涂上各种涂料，形成塑料膜	建筑物内外饰件、容器、玩具
	润滑钢板	涂抹金属皂等特殊润滑剂，低温干燥附着，冲压时不用涂油，可改善劳动环境表面压花，美观	汽车零件、电器零件
	压花钢板		汽车内饰件、家用电器件、钢制家具、建筑器材、车辆内饰件、桌上装饰品
	高强度冷轧钢板	在保持良好加工性的前提下，提高抗拉强度	安全汽车的各种内外装饰件

4.2.4 热轧钢板

热轧软钢板与冷轧钢板在成分上几乎无差异，但因制造工艺不同，其力学性能、表面状况、尺寸精度、平整度等都低。厚度为1.2～1.6mm的热轧软钢板主要用在下车身零件与内护板，而要求强度的车梁、底盘零件与车轮等则以汽车构造用的热轧钢板制造。热轧钢板的JIS标准（摘要）见表4-3。

表4-3 热轧钢板的JIS标准（摘要）

规格	种类数/种	牌号	适用厚度/mm	化学成分(%)					屈服点/(kg/mm²)			抗拉强度/(kg/mm²)
				C	Si	Mn	P	S	1～1.6mm	1.6～3mm	3～6mm	
热轧软钢板与钢带 (JISG 3131—1967)	1	SPHC	1.0～13	—	—	—	≤0.05	≤0.05	—	—	—	≥28
	2	SPHD	1.2～6	—	—	—	≤0.04	≤0.04	—	—	—	≥28
	3	SPHE	1.2～6	—	—	—	≤0.03	≤0.03	—	—	—	≥28

规格	种类数/种	牌号	伸长率(5号)/(%)						180°弯曲内侧半径	
			1～1.2mm	1.2～1.6mm	1.6～2mm	2～2.5mm	2.5～3.2mm	3.2～4mm	<3.2mm	>3.2mm
热轧软钢板与钢带 (JISG 3131—1967)	1种	SPHC	≥25	≥27	≥29	≥29	≥29	≥31	≥31	密着	0.51
	2种	SPHD	—	≥30	≥32	≥33	≥35	≥37	≥39	密着	密着
	3种	SPHE	—	≥31	≥33	≥35	≥37	≥39	≥41	密着	密着

规格	种类	牌号	适用厚度/mm	化学成分(%)					屈服点/(kg/mm²)			抗拉强度/(kg/mm²)
				C	Si	Mn	P	S	<6	6~8	>8~14	
汽车构造用热轧钢板与钢带(JISG 3113—1970)	1种	SAPH32	1.6~6 的钢板与钢带	—	—	—	<0.04	<0.04	(>19)	(>19)	—	>32
	2种	SAPH38	1.6~6 的钢板与钢带	—	—	—	<0.04	<0.04	>23	>23	—	>38
	3种	SAPH41	1.6~6 钢带 1.6~14 钢板	—	—	—	<0.04	<0.04	>26	>24	>24	>41
	4种	SAPH45	1.6~14 钢板	—	—	—	<0.04	<0.04	>31	>30	>28	>45

规格	种类	牌号	伸长率(5号)/(%)					180°弯曲内侧半径	
			1.6~2mm	2~2.5mm	2.5~3.15mm	3.15~4mm	4~6.3mm	6.3mm(1A号)	<2.0mm	>2.0mm
汽车构造用热轧钢板与钢带(JISG 3113—1970)	1种	SAPH32	>33	>34	>36	>38	>40	—	密着	1.0t
	2种	SAPH38	>32	>33	>35	>36	>37	—	0.51	1.0t
	3种	SAPH41	>31	>32	>34	>35	>36	>24	1.01	1.0t
	4种	SAPH45	>29	>30	>32	>33	>34	>22	1.01	1.5t

4.2.5 表面处理钢板

目前，实际采用的表面处理钢板有金属电镀钢板、化学被膜生成处理钢板、非金属复层钢板等。

1. 金属电镀钢板

电镀包括镀锌、镀铝、镀铅锡合金等数种。广泛使用镀锌钢板制造下部车身件、汽油箱、消声器等汽车零件。钢板镀锌后即可使用，也可涂油使用。有时为了提高镀锌钢板抵抗白斑(氧化锌层)的能力，可再进行铬酸处理。为了提高镀锌钢板的涂漆性能，也可施以磷化处理。这些钢板也用在客车、货车车身的制造方面。

2. 非金属复层钢板

除正用在汽车内饰件上的聚氯乙烯复层的钢板和印有花纹图案的装饰钢板外，那些以提高冲压加工润滑性为目的的润滑处理钢板，以及提高耐蚀性的复层钢板也正在实用化或研制之中。然而，由于这类钢板冲压的疵病，导致焊接性降低，以及对涂漆的影响，选用时必须慎重。

4.2.6 其他材料

由于美国安全标准的提高，以及要求生产出轻的减振性好的车身，现在已经开始采用加工性得到改善的低合金高强度钢板。此外，随着对汽车排气规定的严格化，提高了使用耐热材料的必要性，在排气净化装置中使用了不锈钢板。预计复合成形材料的研制工作必将进一步得到发展，以作为节省资源的一种措施。

4.3 冲　　模

4.3.1 冲模设计

在模具设计之前，首先应进行冲压工艺设计，制定冲压工艺规程，而后进行冲模设计。

1. 冲压工艺规程

在冲压工艺规程中应标明冲压车间、冲压生产线、生产速度（单位时间的产量）、钢板级别与厚度、坯料尺寸、工序名称等。在标有上述内容的冲压工作图上，还应详细指出各工序中的加工部位、加工方法、冲压成形方向、零件定位、零件送进与取出方法等。

2. 模具种类

设计者根据工艺规程提出的要求，进行各道工序的模具设计。在成形方法方面，模具可分为拉深模、弯曲模、冲裁模三类，而在模具构造、工序类别和压力机型式等方面，上述三类模具还可以细分。其典型实例如拉深模可细分为首次拉深模、二次拉深模、三次拉深模；冲裁模可细分为坯料落料模、外形落料模、落料冲孔模、冲孔模、复合冲模；弯曲模可细分为弯曲模、二次弯曲模、复合弯曲模，以及连续冲模等。

3. 模具构造

模具构造随零件形状、工艺、模具种类、自动化程度等因素而异，图4.3是以车门外护板为例，说明按工艺顺序排列的模具断面结构和零件简图。图4.3(a)的设计要点有：加工压力、冲压方向、防皱压边面、拉深剖面、下道工序的加工法、模具刚度等。图4.3(b)的设计要点有加工压力、切断刃的选择、切断角度、废料切断刃的配置、废料落下的方便程度、模具刚度等。图4.3(c)的设计要点有加工压力、弯曲加工部位的压料板压力、弯曲模块的同步、回弹、弯曲模块材料、模块刚度等。图4.3(d)的设计要点有加工压力、凸轮结构及其同步、凸轮滑动部分的结构与材料、凸轮复位方法等。图4.3(e)中的设计要点则以图4.3(d)为准。

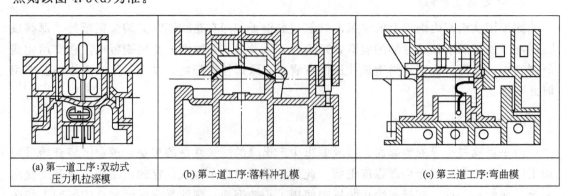

图4.3　车门外护板模具断面结构与零件简图

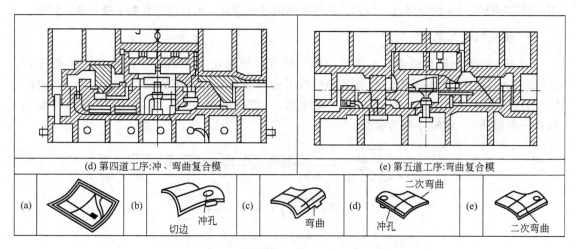

图 4.3　车门外护板模具断面结构与零件简图(续)

4. 模具材料

材料选择是根据成形特点和加工部位确定的，对模具的耐久性与寿命有很大影响。表 4-4 列出了冲模材料及其用途。

表 4-4　冲模材料及其用途

冲模材料	使用部位
合金工具钢 SKD1、SKD11、SKX4、SKX44、SKS3、SKS4	用在严重磨损部位(拉深防皱压边面，弯曲模块、刀刃)，需经热处理(根据使用要求进行镀硬铬、软氮化处理、碳化物气相沉积处理等)
机器制造用碳素钢 S55CS45C	用在成品装置等辅助部分
一般构造用轧制钢 SS41	用于卸料器、缓冲器、衬板、模架等
灰口铸铁 FC20、FC25、FC30	用于一般零件、模架、底座、冲头、上下模本体、其他零件(用在无强度、刚度与耐磨性要求的部位以及对强度、刚度提出要求的部位)
球墨铸铁 FCD55	用于拉深、弯曲工序中需要强度、刚度、耐磨性的部位(底座、冲头、底座环、冲模固定板)

5. 自动化与模具

由于引进了自动冲压生产线，近年来搬运自动化与无人管理化都有了进一步的发展，对于模具综合质量的要求也就更加严格和复杂化了。例如，需装设保证安全的各种联锁机构、零件送进与取出的检测装置、确定零件在模内位置的传感器等，从而除了在成形性之外，还在操作性方面对模具结构提出要求。

4.3.2　模具制造

模具制造包括主模型的制造。由于采用了仿形加工、电火花加工和最近引进的数控机床,模具制造工时大幅度降低。特别是数控机床的显著进展,可在数字控制下进行曲面切削。

1. 模具制造工艺

图 4.4 所示为模具制造工艺过程的概略情况,列举出加工的顺序与内容。一般来说,从粗加工、精加工直到装配的所有工序可按下列顺序进行:基准面切削加工,划线,机械加工(通用机床切削加工,仿形加工,特殊加工(电火花加工)),精加工(曲面粗精加工,模具研配修正),合模,模具装配。

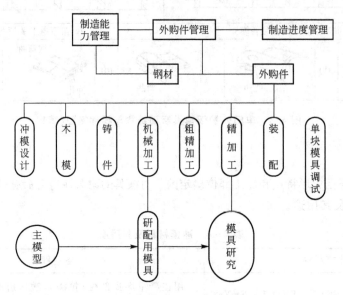

图 4.4 模具制造的一般工艺过程

2. 模型

图 4.5 列举出了模型、样板的典型实例。按主模型进行曲面加工需用多种复制模型。此外,在模具制造过程中还要使用外形样板和划线样板。

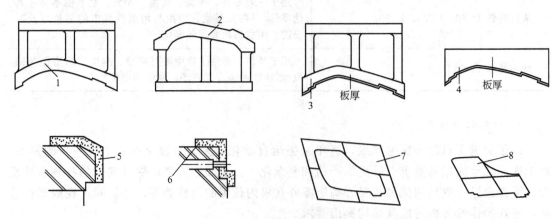

图 4.5 模型、样板的典型实例

1—工艺用凹模型;2—工艺用凸模型;3—研配用模型零件表面精加工用;4—零件表面检验用样板;
5—检验划线用塑料样板;6—检验孔位划线用塑料样板;7—外形凹样板;8—外形凸样板

3. 标准件

(外购件)模具中使用次数多的零件已标准化,采用由专门制造厂编制的制造系列。典型的标准件有球形冲头、模架、导柱、导套、各类滑板、气缸、上料装置(气缸、直角杠杆提升器)、螺旋弹簧、各类轴承、空气管道零件、螺柱、螺母等。

4.4 冲压工艺

4.4.1 冲压车间平面布置

冲压车间内部可按功能区分为四个部分,必须使之具备相互协调的生产能力、面积和高效率的产品流动方向。

1. 备料工段

将原材料剪切成所需要的尺寸。备料工段由卷料库、落料生产线、剪切生产线、龙门剪床、钢板矫平机等组成。

2. 伸压工段

通常,并排安装着几台压力机,其间以轴送机连成一条生产线,可在极短时间内完成冲压加工。小型冲压件可用连续自动压力机或辊道送料压力机进行加工。

3. 模具堆放处

由于冲压生产线具有通用性,可在一条线上进行多品种生产,所以每条冲压线都应具备足够面积来堆放模具。模具堆放应尽量靠近生产线,便于模具的频繁更换。

4. 模修工段

对冲压模具工艺性能要求极为严格,需要经常进行修理,为此必须配备必要的模修设备。此外,冲压车间的辅助设备还有如下几种。

(1) 废料处理设备。冲压生产线的废料全部落入地下输送带上,集中起来处理。
(2) 运输设备。使用桥式起重机、铲车、平板车进行各区间材料和模具搬运。
(3) 成品库。冲压加工属于批量生产,为了存放冲压成品,需设成品库。

4.4.2 车身零件的冲压工艺

汽车车身零件大多数是0.7~1.2mm厚的钢板经3~6道工序加工而成,以下列举3个实例加以说明。

(1) 顶篷在汽车冲压件中属于最大件一类,因其形状比较简单,可用三道工序成形。
(2) 车门护板外形平直,容易变形,必须注意拉深形状与零件装卸。
(3) 发动机罩内板是经四道工序成形,因为零件上有大型孔,确定冲压方式时,必须考虑到余料利用,其加工工序如图4.6所示。

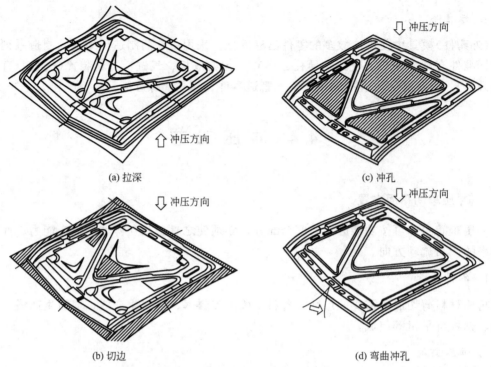

图 4.6 发动机罩内板的加工工序

4.4.3 车架、底盘母件的冲压工艺

车架、底盘零件所用钢板比车身零件厚，且从零件的功能出发，一般有精度要求。

(1) 后桥壳经一次拉深成形还达不到精度要求时，需经整形。切边时，零件应横放，必须注意切刃强度与废料处理。

(2) 悬架零件不希望在工序之间翻转，但考虑到切刃的强度，在第五道工序中又不得不翻转。此外，为了提高材料利用率而采用连续模。图 4.7 所示为悬架零件的加工过程。

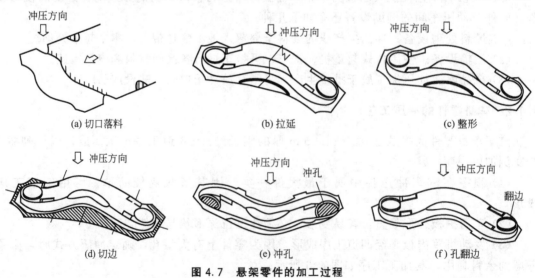

图 4.7 悬架零件的加工过程

4.4.4 冲压设备

生产规模不同，所用的冲压设备也不一样。一般来说，由于冲压车间的规模越大则效率越高，所以形成了规模相当大的车间。表4-5列举了月产4~5万辆轿车的冲压车间所用设备的情况。

表4-5 轿车冲压车间设备

用途	分类	台数	备注
坯料剪切冲压前处理	落料生产线 剪切生产线 龙门剪切机 多圆剪切机 钢板平整机 钢板清洗机 钢板翻转机	4 3 6 1 2 1 2	包括梯形落料生产线
冲压加工（拉深冲孔弯曲等）	大型压力机（吨位：400~1500t） 中型压力机（吨位：300~500t） 小型压力机（吨位：50~250t） 连续自动压力机 高速自动压力机	80(13) 62(9) 33 2 2	1. 一般由3~6台压力机组成生产线； 2.（ ）为双动压力机
模具修理用	模具修理用压力机	2	油压驱动
皮料处理	打包机	6	油压驱动

1. 落料剪切生产线

汽车车身冲压件所用钢板大部分都是以卷料进厂，在冲压成形前应在剪切生产线上剪成所需要的尺寸与形状。卷料剪切生产线可按剪切机类型和卷料输送方式区分，其情况见表4-6。图4.8所示为汽车外板落料生产线实例。生产线由卷料台车、储存装置、开卷机、缓冲架、洗涤弯转装置、平整机、高速送料器、落料压力机、堆料机、控制装置组成。平整机用于卷料矫平，可消除加工硬化钢板屈服点延伸现象，其效果与弯曲装置相同。高速输送机由电力控制，最大速度为180m/min，送料精度为±0.4mm，压力机转速为15~60r/min。落料压力机生产线除可进行卷料剪切外，还可用于大件连续加工。此外，也可在落料压力机上安装梯形剪切模，模具在压力机的每一冲程中摇动，因而可具备移动式梯形落料生产线的功能。在落料生产线或剪切生产线上已剪成的大型板料，可再用圆盘剪床或龙门剪床剪成板条料，如图4.9所示。

表4-6 卷料剪切生产线分类

按剪床分类	按卷料输送方式分类
高速剪床生产线 剪床生产线 落料压力机生产线 移动式梯形落料生产线 圆盘剪床生产线	定量滚动送料 长度定程送料 夹持送料 辊道送料 凸轮送料

图 4.8 压力机生产线

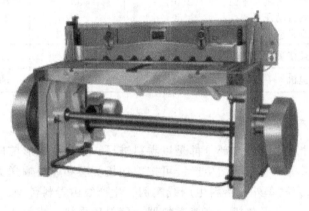

图 4.9 剪切机床

2. 压力机

拉深、冲弧弯曲等板料冲压加工是将冲模装在压力机上,高速、大量生产出高质量的零件。压力机分类载于 JISB0111,可按动力种类、传动机构、床身结构、滑块运动方式区分为表 4-7 中的几类。仅以冲压车间常用压力机为例,加以说明。

表 4-7 压力机分类

动力种类	传动机构	床身结构	滑块运动方式
机械压力机	曲柄压力机 无曲柄压力机 弯板机 特种压力机	C 型(开式) 单柱式 双柱式 拱式	单动式 双动式 三动式
油压机	油压机	四柱式	

1) C型可倾式单动压力机

图 4.10 所示为后面出料的 C 型可倾式单动压力机。在这类压力机上便于安装模具，加工后的冲压件可从后面输出，容易组成连续生产线。压力机吨位可从几吨（小型）到 150t 左右（中型），可用做大件主要冲压线的辅助设备。由于床身采用 C 型结构，施载时容易变形，造成开口现象，不利于生产有精度要求的零件。

2) 双柱式压力机

这种结构的床面和滑块行程大，宜用于 100t 以上弧度、刚度高的大、中型压力机，适于加工有精度要求的冲压件。双柱型床身四拉杆连接结构是在板料冲压加工中广泛采用的压力机式样，该机由上部横梁、下部床面、两侧立柱四部分组成，其间以四根拉杆连接，并施以装配预载荷。采用这种将横梁、床面分成两部分并施加预载荷的装配方法，就可不受设备运输方面的严格限制，最终制成了大型压力机。图 4.11 所示为四块拼装双柱式压力机冲压生产线。

图 4.10　C 型可倾式单动压力机

图 4.11　四块拼装双柱式压力机冲压生产线

3) 无曲柄压力机

由于结构上的原因，如果要求曲柄压力机同时具有大的冲程和高的压力，则曲柄的尺寸过大，不适合汽车板料冲压，因此多使用不用曲轴的无曲柄压力机。这种压力机的主要驱动部件装在横梁内，是由和偏心杆连在一起的主齿轮将动力传至滑块。偏心杆数称为点数，有 1、2、4 点等几类。表 4-8 列举了轿车车门外护板成形用压力机的工艺参数。

表 4-8 轿车车门外护板成形用压力机的工艺参数

参数	工序名称	拉深		切边	弯曲复合、弯曲冲孔、二次弯曲
	压力机台数	1		1	3
	型式	双动无曲柄压力机		单动4点无曲柄压力机	单动4点无曲柄压力机
		单位	内滑块	压料圈		
压力机吨位		t	500	400	500	400
模具缓冲器吨位		t	80	—	80	
模具高度		mm	1700	1400	1420	
行程长度		mm	840	560	500	
模具缓冲器行程长度		mm	300	—	250	
滑块调整尺寸		mm	500	500	500	
模座尺寸		mm	2500×1700		2500×1700	
行程数		r/min	20~10		20,13.5	
主要附属装置 1. 按需要选取； 2. 车门外护板专用压力机不需要模具缓冲装置			模具缓冲器、模具缓冲器联锁装置、可动模座装置、模具紧固装置、微动装置、过载保护装置、液动压料装置(只用于双动压力机)			
滑度、刚度			JIS 1级(JIS B6402)、滑块、床面挠度<0.125mm/m			

4）双动压力机

浅拉深件或几乎无精度要求的拉深件，大都采用缓冲装置来压边；而深拉深件或高精度的拉深件，则在双动压力机上成形。当压料圈压住板料后，装在内滑块上的冲模开始拉深。压料圈的负荷虽按滑块的负荷而变化，但可从液压压料装置中得到补偿，以使压边力在冲压成形过程中保持均一。

5）四柱式油压机

四柱式床身结构主要用在油压机上，是由上横梁、工作台和四根立柱装配而成，主柱也是滑块的导轨，如图 4.12 所示。

4.4.5 冲压自动化

随着冲压工艺的进展，自动化程度不断提高，自动化方式和自动化装置的品种不断增加，其用途也日益错综复杂。因此在选择包括自动化的生产方式时，大都考虑生产量、生产周期、加工内容(工艺、能力、产品精度)、设备费用等因素，并根据将来的加工费用对比而决定。冲压自动化的主要工艺流程如图 4.13 所示，分为线前、线中、线尾。线前包括拆垛、清洗、涂油、对中和上料；线中包括自动传输；线尾包括下料、检验和装箱。其中 R 代表机器人或机械手，P 代表压力机。

图 4.12 四柱式油压机

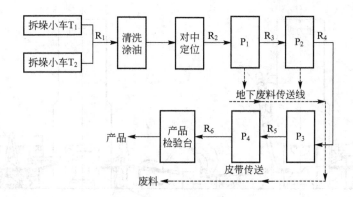

图 4.13　冲压自动化工艺流程

表 4-9 列举了自动化种类与自动化装置。冲压生产线自动化时，必须尽量提高生产率，保持零件冲压的通用性，并应注意设备的经济性和可靠性。

表 4-9　自动化种类与自动化装置

自动化种类用途	自动化装置				举例
	装料器	卸料器	压力机间搬运装置	成品处理装置	
通用压力机上的自动化装置	轨道进料（单独、综合）夹持进料用刻度盘进料连续自动进料滑动进料断续进料料斗进料	摆臂直臂盘式卸料器自动机	连续自动进料梭式进料输送带推料装置翻转装置	板件堆垛机集装装置	—
自动压力机上的自动化装置					连续自动压力机、高速自动压力机、高速自动冲床、局部冲裁压力机、各种专用压力机
全自动化生产线的综合自动化装置	板料送料器叠板分离进料器				全自动压力机生产线，连续自动压力机生产线
生产、调整作业全部自动化的无人管理体系					自动冲压车间

1. 半自动冲压生产线

半自动冲压生产线上装有各种自动化装置（装料器、卸料器），除二次加工件需人工搬运外，已全部自动化，其情况如图 4.14 所示。向头道工序进给板料的板料送料器如图 4.15 所示。

2. 连续自动压力机

连续压力机上装有连续自动送料机械手，将工件依次送至下一工位，因而可在一台连

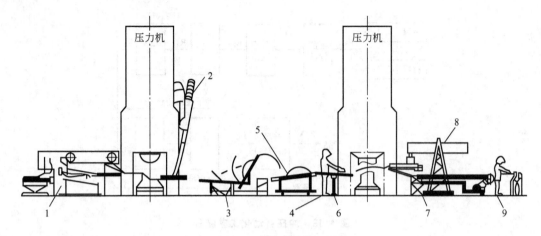

图 4.14 半自动冲压生产线

1—板料送料器；2—摆臂；3—翻转器；4—压力机的送料与操作；5—移动式带运输机；
6—滑板；7—带运输机；8—平直卸料器；9—将冲制零件送至下道工序

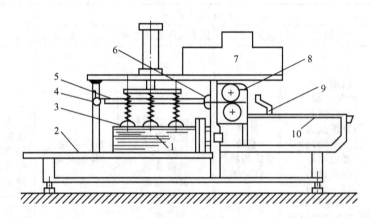

图 4.15 板料送料器

1—板料；2—支座；3—真空吸盘；4—后推进器；5—电磁拖架；
6—D、B检测器；7—驱动装置；8—涂油辊；9—前推进器；10—料架

续自动压力机上进行多工序高速生产，是一种生产率高、自动化程度高、生产费用低的自动机。由于落料工位和各成形工位都排列在同一台压力机上，无法避免偏心载荷，所以必须充分分析工艺设计要求，慎重确定压力机的规格。汽车制造用压力机的吨位可从160t 直到 3500t，不论薄板或厚板，都可以 700~1500 件/h 的速度进行连续自动加工。主要冲压件有机油盘、油箱、轮盘、轮罩、坐垫、悬架臂、后桥壳、操纵杆保护板、地板零件、保险杠零件、车门零件等，加工零件正向大型化发展。产量越高，加工工位越多，就越能显示出连续自动加工在节省劳动力方面的优点，较之连续生产线具有更大的优越性。已开始出现的连续自动送料最大速度可达 2.3m/min，最大加速度可达 1.8g（重力加速度）的连续自动压力机。此外，在送料机构方面，除去已有平面上的两轴送料外，又出现了能够上下动作的三轴立体送料压力机，从而大大增加了冲压零件的自由度。

3. 全自动冲压生产线

全自动冲压生产线是由 4~6 台压力机和介于其间以电力或机械的工件搬运装置相互连接而成,其运转宛如一台连续自动压力机,可生产地板、顶盖、发动机罩、保险杠、车门等大型板件,生产速度为 450~800 件/h。

4.4.6 附属设备

1. 可动式模座

一般来说,由于压力机的生产效率高,其运行时间的 15%~30%消耗在模具更换上。为此采用了既能缩短模具更换时间,又能促进安全生产的快速换模方式。每台压力机备有两个可动式模座,在未使用的空的模座上装好下次生产用的模具。生产一结束,就把下阶段使用的带有模具的模座换装好。这样,一条生产线只需停顿 2~5min 就又能开始大量生产。

2. 废料处理装置

冲压车间的材料利用率为 60%~65%,其余为废料,应预处理。运入车间的卷料或板料进行冲压加工时,由模具冲出的废料经废料槽落入设在冲压生产线地下室的分支废料输送带上,再集中到主输送带上去。最后汇集到车间的某一部位,在废料压力机上把废料压成每边长 200mm 或 400mm 的立方体,送至铸工熔化护,作为铸造原料。

3. 安全装置压力机

安全装置的作用在于保证操作工人的安全和防止机床、模具损坏。冲压车间容易发生人身事故,钢板或冲压件造成的创伤到处可见。压力机造成的人身事故也比较多,且常致人终生残废。当然,采用自动化装置,将操作者置于安全范围内,乃是最好的安全措施。表 4-10 中列举了几种压力机上常用的安全装置。作为安全措施,除提高机床的可靠性外,还装有防止滑块连冲的装置(即使按住滑块起动电钮不放,压力机也只能动作一个冲程)、防止误按起动电钮的踏板护罩和电钮护罩、各种联锁机构和警报装置、防止非操作者发生人身事故的安全栅栏等。此外,也可将安全栅栏与安全部件相结合,当出现不安全情况时,切断主电动机电源或操作回路,确保安全,还可设置滑块紧急停车装置。在这些安全措施中,可以是两种或三种同时并用,以提高操作的安全性。但在噪声和振动极为严重的环境中,还不能消除操作者注意力分散的弊病。

表 4-10 压力机上常用的安全装置

分类	举例
当手处于危险区域时,使压力机不能开动的装置	操作防护罩、固定防护罩门形防护罩、光线安全装置
当手处在危险区域时,将手从危险区域推开的机械装置	推出装置、拉出装置
开动机床时必须用双手,从而确保人手安全的装置	机械式及电动式双手操纵装置

4.5 冲压件质量控制

一般来说,保证质量的方法有精度检验与外观检验两种。根据检查结果迅速采取下列措施:冲压零件的手工修整,模具的修补,甚至改变模具的设计与制造方法。

4.5.1 精度检验

精度检验一般在检验夹具上进行,测定的主要项目有外形尺寸、表面位置、孔的位置、压肩位置、拉深线位置、各主要断面等,还应检查零件的尺寸重复精度。图 4.16 所示为检验夹具示例。

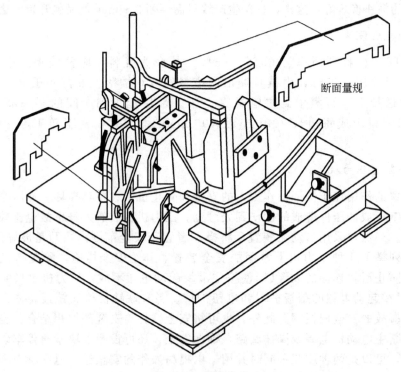

图 4.16 检验夹具

4.5.2 外观检验

外观检验是一种靠手摸、目视的感觉检验,用以发现歪扭、拉长、冲撞线、粘着、折皱、裂纹、滑移线错动、压痕与麻点、弯曲错边、毛刺等缺陷,其情况如图 4.17 所示。近年来,随着测量技术的进步,已研制出自动测量装置,可先将零件各部位设计尺寸的数据记忆储存,然后以传感器读出零件各部位的实际尺寸,并计算出其间的差异。此外对于车身外护板(发动机罩、挡泥板、车门、顶盖、行李箱等)表面歪斜、凹凸不平等缺陷,一般是用手摸、目测,全靠检验人员的熟练程度和灵敏感觉来确定,目前正逐渐采用光学技术数值显示的判断方法。

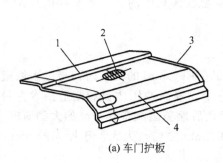
(a) 车门护板

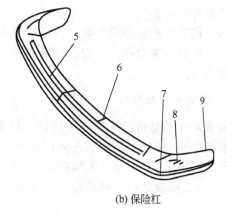
(b) 保险杠

图 4.17 车门护板与保险杠的外观疵病示例
1—棱线错动；2—歪扭；3—回弹；4—麻点；5—冲撞线；
6—拉深缺陷；7—拉长；8—折皱；9—弯曲错边

4.6 现代冲压成形发展和研究的重大课题

1. 模块式冲压

模块式冲压的突出优点在于能把冲压加工系统的柔性与高效生产有机地结合在一起。柔性的含义较广，如冲压件的几何形状的多种要求，只要通过自由编程就可获得，体现了加工形状的柔性；又如既适用大批量单品种冲压件的生产，更对小批量多品种加工发挥优势，也表现出柔性。概括而言，模块式冲压的特点如下。

(1) 在冲压成形过程中可快速更换组合模具以提高生产效率。

(2) 由于具有带材的供带和矫带装置，可省却另设上料、下料工序。

(3) 实现了大工件的不停机加工。

(4) 既能独立，又能成系列地控制组合冲模动作，能连续进行冲压加工。

(5) 冲模具有可编程的柔性特点。

模块式冲压加工系统由一台带有控制功能模块式冷冲压的压力机、卷材带材送进装置、带材矫正机及可编程进给装置等构成。这种冲压系统在运行时可进行冲模横向位移、带材进给定位、冲模重复运行及自动调整下工步的冲模调整等多项功能。由于在冲压过程中进行可编程冲压，这种模块式冲压系统能柔性地适应生产需求，能在相同带材上进行不同工件及批次的混合生产，实现不停机的串接式加工，还可同时在工件两面冲压加工，极大地提高了工作效率。有资料表明，模块式冲压成形使加工费用能下降 40%~50%。

当前模块式冲压装置的集成度是很高的，在宽度为 300mm 尺寸范围内可安排 35 个模具，通过冲模上端的顶板可对冲模进行独立式系列控制，即形成冲模的集成控制。整个系统的可编程在 Windows 用户界面和菜单下实现，编程涉及模具沿着横向定位轴的伺服驱动定位、带材的检验矫正及纵向进给定位、冲压件的质量跟踪检验、冲模的调整及压力机状况监控等多功能。

当冲模重新配置或更换时,这些变化则会被参数并被控制系统所储存,以备下次查询和调用。冲模数据包括冲头及其组合标记、冲头组合在模具中的 X、Y 坐标位置及模具轴编号等信息。

2. 亚毫米冲压项目

亚毫米冲压是指汽车车身冲压件的精度控制在 $0\sim1.0\mathrm{mm}$ 的范围内,与过去制造业通行的误差 2mm 相比,是个非常大的提高。这是一个以提高冲压质量和制造技术为目标的综合项目。该项目与 2mm 工程都是 20 世纪 90 年代后期美国汽车界开展的大型研究项目。所谓 2mm 工程就是把车身装配尺寸变动量控制在 2mm 之内,大大严于原先的 8mm 误差范围。

冲压加工成形技术是影响汽车车身制造水平的关键因素之一,美国专家曾在一条汽车装配线上对 50 多个个案进行实地分析,在造成车身尺寸误差变动的诸多原因中,冲压件本身尺寸造成的积累误差占 23%,其主要原因是传统的基于经验和原有工艺基础上低水平上的模具设计与制造。

亚毫米冲压的中心是冲压件的精度与敏捷度两个目标,精度就是使冲压件尺寸准确度控制在 0mm 或亚毫米的水平,其关键是控制车身支架、立柱等结构件的尺寸变动,并使车身覆盖件分块度大,如采用整体左右侧板和顶盖板等。敏捷度则是指减少冲压件的生产准备时间达 30%,包括模具设计、试样制造和工装准备时间,以达到极大缩短新车型制造周期的目的,该项目包括冲压和装配的集成设计、冲压系统敏捷设计和制造、冲压过程的智能检测和监控、全系统集成四个子项目。

通过亚毫米冲压项目的研究,冲压成形技术有了飞跃性的进展,其中包含:①冲压过程和部件装配工艺的设计由基于经验和传统工艺向科学和数据过程的转化;②冲压设计向 CAD 和模拟试模转化,摒弃了传统的尝试法;③实施模具设计制造由过去串行方式向并行方式转化;④实现了过程监测和设备维护由被动响应向科学预测式转变。

2mm 工程和亚毫米冲压两项目现已先后完成,正在美国汽车制造公司推广应用,取得了许多有益的成果,冲压成本大幅下降,获得日益增长的经济效益和社会效益,并逐步向其他国家推广应用。

3. 特种冲压成形技术

现代汽车冲压件的技术要求朝着结构复杂、分块尺寸增大、相关边的零部件较多、承载能力变大和内应力限制严格等方向发展。这要求并促进特种冲压成形技术,如液压成形、精密成形、爆炸成形、旋压成形、无模成形、激光成形和电磁成形技术的发展。限于本文篇幅,这里主要介绍内压成形和电磁成形两项技术。

内压成形的原理是通过内部加压和轴向加力补料把管坯压入到模具型腔使其成形为所需要的工件,即先将管材置于具形状的模具中,借由管件内部加入高压流体(目前主要以水为主),搭配轴向施加压力补偿管料,把管料压入到模具腔体内成形。内压成形所需的液压力一般约为 200MPa,特殊状况下可以高达 400MPa。管件内压成形原理如图 4.18 所示。

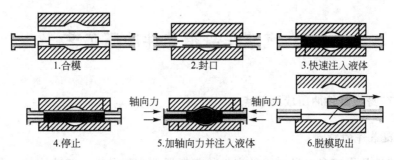

图4.18 管件内压成形原理

利用通电线圈产生的电磁力的电磁成形工艺,是目前颇有前途的另一种新型加工手段。该工艺源于20世纪60年代核裂变研究的成果,但一直没被人们重视。电磁成形工艺原理是,当线圈通入交流电时,数微秒内建立起磁场,使金属工件,尤其是导电率强的铜铝材质感应出电流,感应电流又将受到磁场作用,使工件产生张力与凹模吻合而迅速成形。当线圈在工件内时,电磁力将使工件外张成形,属当前应用较广泛的一种工艺;当线圈平面平行于板件放置时,电磁力将使工件拉深成形。

电磁成形技术是一种非接触成形工艺,其突出优点包括:①加工成形迅速工效高;②常用于金属与非金属的连接,可取代粘接或焊接;③不需辅助材料如润滑油脂等,有利环境保护。

4. 冲压过程自动监控

现代冲压技术的另一个重要特点是对冲压过程进行自动监控,以保护冲压件的质量。在亚毫米冲压项目的自动检测和监控中,其研究成果就包括、冲压过程的特征分析在线传诊断和检测系统、高速和非接触的冲压件测量系统、冲模维护的科学预测系统、冲压成形关键参数的在线调节和补偿系统等。

冲压过程引起工件质量发生变化的原因主要有凹、凸冲模的磨损、裂纹及冲模错位等,这些微小变化可由高分辨率的位移传感器和冲压力传感器进行跟踪检测。其中位移测量是极重要的一种测量,位移传感器通常由安装在模具上方的光源和位于下方的接收单元构成,可监视偏差,跟踪加工全过程,及时输出监测信息和进行报警停机。

在线冲压的图形处理系统是保证冲压工件质量的有效测试方法,它能进行二维几何图形的标准检测,其项目有长度、直径、平行度、角位、冲压板材结构及识别废品等。图形处理系统是由像仪、光学仪和照明装置等组成,标准的CCD像仪的栅格分辨率为750×580条栅格,水平方向每栅格为0.026mm,垂直方向精度为0.009mm/栅格。

监视系统使用的位移及角度传感器有光学式及电学式二种,前者有激光测试技术和模拟光栅技术支持;后者有电感流式及介质电容式。它们的测试精度分辨率都可达到1～10μm级的水平。最适用冲压技术的传感器安装方案是把多种传感器集中装于一块传感器板上,再把它精确地固定在模具接口处,即冲头夹紧板上,利用传感数据监控冲压全过程,并通过控制器得到及时处理,保证冲压件的质量。

4.7 汽车车身覆盖件冲压工艺

4.7.1 汽车车身覆盖件冲压成形特点

1. 车身覆盖件的特点

车身覆盖件是指汽车车身内、外表面的薄壳板件。不同于一般冲压件，覆盖件在结构上和质量要求上有其独特之处，在冲压工艺、冲模设计和冲模制造工艺上也有其独有的特点。因此，一般将覆盖件作为一类特殊的冲压件来研究。

覆盖件主要具有以下特点。

1）形状复杂

大多数覆盖件都是由复杂的三维空间曲面组成，为了获得空气动力特性好的车身外形，覆盖件应当具有连续的空间曲面形状且冲压深度不均。为体现车身造型的风格，常在一些曲面上设有棱线和装饰性结构（在拉深时相当于同时进行了反拉深），使覆盖件的形状变得更加复杂，是最为复杂的冲压件。

2）外形尺寸大

为了简化装配工艺，减少零件数，保证车身外表曲面的连续性和完整性，大多数覆盖件的外形尺寸都比较大，有些覆盖件如侧围外轮廓尺寸可达 2~3m。

3）表面质量要求高

覆盖件的可见表面不允许有波纹、皱纹、凹痕、边缘拉痕、擦伤以及其他破坏表面完美的缺陷。覆盖件上的装饰棱线、筋条都应清晰、平滑，曲线应圆滑。相邻覆盖件上的装饰棱线在衔接处必须一致，不允许对不齐。特别是对于乘用车，覆盖件表面上一些微小的缺陷会在涂装后引起光的杂乱不规则反射而影响外观。

4）要求足够的刚度

覆盖件是薄壳零件，在汽车行驶时会产生振动，引起覆盖件的激振。必须通过充分的塑性变形来提高覆盖件的刚度，从而避免共振，减少噪声和延长车身寿命。

5）要有良好的成形工艺性

这是针对产品设计结构而言，即要求在一定的生产规模条件下，能够较容易地安排冲压工艺和设计冲压模具，有合理的装配硬点，能够经济、安全、稳定地获得高质量的产品。

2. 车身覆盖件冲压成形特点

车身覆盖件的质量要求和结构特点决定了其冲压成形特点，主要有以下几个方面。

1）一次拉深成形

对于汽车车身覆盖件而言，由于其结构形状复杂，变形也复杂，故其冲压变形规律难以定量把握。目前的理论分析和技术水平，尚不能像对圆筒形轴对称零件那样对其进行多道拉深工艺参数的分析计算，求出每次拉深的拉深系数及确定中间工序件的尺寸等。因此，要求覆盖件产品设计与冲压成形工艺相结合，以求在小变形、浅拉深的基础上保证一次拉深成形。由于多道拉深一方面难以定位和保证精度，另一方面易形成冲击线、弯曲痕迹线，从而会影响覆盖件涂漆后的表面质量，这对覆盖件来说是不允许的。因此，要求以最小的拉深深度、最少的冲压工序和尽可能简单的模具结构来实现覆盖件的冲压成形。

2) 拉胀复合成形

由于覆盖件形状复杂，故其成形过程中坯料的变形并不是简单的拉深变形，而是拉深和胀形变形同时存在的复合成形。通常，除了内凹形轮廓（如L形轮廓）对应的压料面外，压料面上坯料的变形为拉深变形（径向为拉应力，切向为压应力），而坯料轮廓内部（尤其是中心区域）的变形为胀形变形（径向和切向均为拉应力），如图4.19所示。

3) 局部成形

当轮廓内部有局部形状（凸起或凹进）的零件冲压成形时，压料面上的坯料由于受到压边圈的压力，随着拉深凸模的下行，首先产生变形并向凹模内流动，在凸模下行到一定深度时，局部形状便开始成形，并在成形终了时全部贴模。所以该局部形状处外部的材料难以向该部位流动，其局部成形主要靠坯料在双向拉应力下的变薄来达到面积的增大，以实现局部成形，故这种内部局部成形为胀形成形。

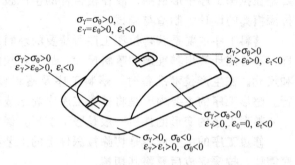

图4.19　车身覆盖件不同部位的变形性质

4) 变形路径变化

覆盖件冲压成形时，内部的坯料并不是同时贴模，而是随着拉深过程的进行而逐步贴模。这种逐步贴模过程，使坯料保持塑性变形所需的成形力不断变化，同时坯料各部位板面内的主应力方向与大小、板面内两个主应力之比（σ_1/σ_2）等受力情况不断变化，坯料（特别是内部坯料）产生变形的主应变方向与大小、板平面内两个主应变之比（$\varepsilon_1/\varepsilon_2$）等变形情况也随之不断地变化，即坯料在整个冲压成形中的变形路径（$\varepsilon_2/\varepsilon_1$）不是一成不变的，而是变路径的。

5) 变形趋向性的控制

覆盖件在冲压成形过程中的变形极其复杂，各部位的变形形式与趋向不同。目前，定量控制其变形十分困难，只能以板材塑性变形分析为手段，通过正确地设计冲压成形工艺和模具参数来保证预期的变形，并排除那些不必要的和有害的变形，以获得合格的高质量的覆盖件零件。控制覆盖件冲压成形变形趋向的主要措施是确定合理的冲压方向、压料面，合理设计并敷设拉深筋。确定拉深冲压方向是制定覆盖件冲压工艺方案时的首要问题。它不但决定能否拉深出满意的覆盖件来，而且影响到工艺补充部分的大小，以及拉深之后各工序的方案。压料面是工艺补充的重要组成部分。覆盖件拉深时，压料面的形状对拉深变形起着举足轻重的作用。压料面的形状不但要保证压料面上的材料不起皱，而且应尽量造成凸模下的材料能下凹以降低拉深深度，更重要的是要保证拉入凹模内的材料不起皱、不破裂。拉深方向、工艺补充和压料面形状是决定能否拉深成覆盖件的先决条件，而控制整个拉深坯料流动的拉深筋的合理敷设则是保证拉深出合格覆盖件的必要条件。拉深筋在压料面上的合理布置能控制和调节整个拉深件向凹模内的流动。

4.7.2 覆盖件冲压基本工序及冲压工艺方案的确定

1. 覆盖件冲压工艺的基本工序及其安排

由于覆盖件形状复杂，轮廓尺寸大，故不可能在一两道冲压工序中制成，需要多道工序才能完成。覆盖件冲压工艺的基本工序有落料、拉深、整形、修边、翻边和冲孔等。根据实际生产需要和可能性可将一些工序合并，如落料拉深、修边冲孔、修边翻边、翻边冲孔等。

在上述基本工序中，拉深工序是覆盖件冲压成形的关键工序，覆盖件的形状大部分主要是在拉深工序中形成的。故在覆盖件的生产技术准备中，应首先考虑拉深工艺的设计与拉深模具的设计、制造与调试。

落料工序主要是获得拉深工序所需要的坯料形状和尺寸。由于覆盖件冲压成形的复杂性，不可能计算出其准确的落料尺寸，故应在拉深工艺试冲成功后，方可确定坯料的形状和尺寸。在生产技术准备时，落料工序及落料模的设计应在拉深、翻边调试成功后再进行。整形工序的主要内容是将拉深工序中尚未成形出的覆盖件形状成形出来。

整形工序的变形的性质一般是胀形变形，经常复合在修边或翻边工序中。

修边工序的主要内容是切除拉深件上的工艺补充部分。这些工艺补充部分仅在拉深工序需要，拉深完成后要将其切掉。

翻边工序位于修边工序之后，其主要任务是将覆盖件的边缘进行翻边成形。冲孔工序用以加工覆盖件上的各种孔洞。

冲孔工序一般要安排在拉深工序之后，还有的安排在翻边工序之后进行。若先冲孔，则会造成在拉深或翻边时孔的位置和孔的尺寸形状发生变化，影响以后的安装与连接。

2. 冲压工艺方案设计

不同的冲压工艺方案，就会有不同的产品质量、生产效率和生产成本，故应根据企业及生产的具体情况来选择与制定冲压工艺方案。

1) 准备工作

在选择与制定覆盖件的冲压工艺方案之前需进行如下准备工作。

(1) 查阅相关资料。如零件图或实物图，必要时应参考主模型或数字模型；冲压件的公差、所用板材的性能参数及表面质量等；压力机的参数、各种模具的设计标准等；产量、生产率及生产准备的时间等。

(2) 对零件图和拉深件图进行分析。通过分析，了解该零件所应有的功能、所要求的零件强度、表面质量以及其他相关零件间的配合、连接要求等，并明确如下几点。

① 零件轮廓、法兰、侧壁及底部是否有形状急剧变化之处，有无其他难成形的形状。

② 该零件和相关零件焊接装配面有何要求，装配、焊接的基准面和孔在何处。

③ 各孔的精度、间距的要求，以及这些孔位于何处（平面部分、倾斜部分、侧壁部分）。

④ 各个凸缘的允许精度（如长度、凸缘面的位置、回弹等）。

⑤ 材料利用率。

2) 应考虑的主要因素

(1) 生产纲领。生产纲领是设计冲压工艺时采用多大的工装系数、设备安排布线、原材料、半成品及成品件等的物流安排、生产过程自动化程度的主要依据。

（2）零件的形状复杂程度、轮廓尺寸大小、板料的厚度和性质，以及对零件质量、精度和使用性能的要求等。在设计冲压工艺时应首先考虑保证产品的这些质量与性能要求。当工艺难度与产品性能质量要求相矛盾时，应与产品设计部门协商，在不影响产品主要功能的前提下，改变产品结构设计，以增加冲压生产的稳定性。

（3）现有的设备条件和生产技术水平、模具设计与制造的技术水平与能力，以及生产技术准备周期等。

4.7.3 车身覆盖件拉深件设计

车身覆盖件图是按覆盖件在汽车上的装配位置设计和绘制的，是按照其在主图板上的坐标位置单个取出来，按原坐标位置所绘制的三面投影图。由于覆盖件形状复杂，成形过程中的坯料变形也很复杂，而且拉深成形又是其冲压工艺的关键核心工艺。但是若简单地按覆盖件图或直接将图样进行展开来确定坯料的形状和尺寸，则不能保证覆盖件冲压时顺利成形。因此，在进行覆盖件冲压工艺设计时，首先要进行拉深件的设计，即根据覆盖件图并按拉深位置设计出拉深件图，然后根据拉深件图展开来确定坯料的形状和各部位尺寸，制定冲压工艺和模具设计方案。拉深件图的设计内容主要有拉深方向的选择、压料面与工艺补充的设计等工作。

1. 拉深件形状构成及各部分的变形特点

为了便于拉深工艺的设计，首先应研究拉深件形状构成各部分的变形特点。

1）拉深件的形状构成

拉深件的形状构成如图 4.20 所示，由压料凸缘 AB（IJ）、凹圆角 BC（HI）、侧壁 CD（GH）、凸圆角 DE（FG）、底部 EF（FE）五部分构成。

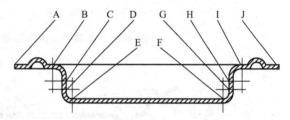

图 4.20 覆盖件拉深件形状的构成

2）各组成部分的变形特点

（1）在压料凸缘上，径向是拉应力状态；切向则视拉深凹模洞口的形状而定，当为直线时无切向力，凸曲线时呈压应力，凹曲线时为拉应力，变形特点取决于其应力状态。

（2）在凹圆角处，其变形基本上与压料凸缘处相似。

（3）在侧壁上，材料在经压料凸缘和凹圆角的变形以后，根据侧壁形状的不同会出现不同的应力状态。若不考虑邻界影响，一般直壁形状时呈单向拉深状态，属于传力区。当侧壁为凸曲面时会出现双向拉应力，使拉深件继续产生类似胀形的变形；若是凹曲面，则出现切向拉应力、径向压应力，拉深件的变形类似缩径。

（4）在凸圆角上变形和侧壁相仿。

（5）底部若是平面，则基本上不变形；底部若是曲面或带有形状复杂的反拉深部分，则应对其变形情况做具体分析。从上述各组成部分的应力应变情况来看，覆盖件拉深变形情况是相当复杂的，其成形一般均是以拉深变形性质和胀形变形性质的复合变形来实现的，但在多数情况下拉深性质的变形是主要的变形形式。

2. 拉深方向的选择

确定拉深方向是确定拉深工艺方案首先遇到的问题。它不仅决定能否成功地拉深出满意的覆盖件来，还会影响到工艺补充部分的多少，以及拉深后诸工序（如整形、修边、翻边）的方案。确定拉深方向时必须考虑以下几点。

(1) 保证拉深凸模能够进入凹模。此类问题主要出现在有些覆盖件的某一部位或局部（侧壁）形状成凹形或有反拉深处。为了使凹形或反拉深的凸模能够进入到凹模，只能使拉深方向满足上述要求，故覆盖件本身形状具有的局部凹形或反拉深处的要求决定了其拉深方向。图 4.21 所示为覆盖件上的侧凹形决定拉深方向示意图。图 4.21(a)所示的拉深方向不合理，凸模不能够全部进入凹模拉深，会形成"死区"，无法成形出所要求的形状。如图 4.21(b)所示，若将同一覆盖件经旋转一定角度后，就能使凸模全部进入凹模，成形出零件的全部形状。图 4.22 所示为按覆盖件底部的反拉深处最有利于成形所决定的拉深方向，若不按此拉深方向则不能保证窗口呈水平方向和 90°角。

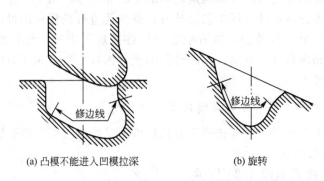

图 4.21 覆盖件上的侧凹形决定拉深方向示意图

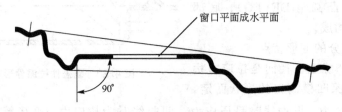

图 4.22 覆盖件的反拉深决定拉深方向

(2) 保证凸模与坯料有良好的拉深初始接触状态，这样能减少坯料与凸模的相对滑动，有利于毛坯的变形，并能显著提高冲压件的表面质量。图 4.23 所示为凸模开始拉深时与拉深坯料的接触状态示意图。

图 4.23(a)表示凸模与坯料的接触面积应尽量大，以保证有较大的接触面积，避免因点接触或线接触造成材料局部变形太大而发生破裂。

图 4.23(b)表示凸模与坯料开始接触的地方应处于冲模的中间，而不要偏离一侧。这样，凸模在拉深过程中能使材料的均匀地拉入凹模内。

图 4.23(c)所示的凸模开始拉深时，其表面与坯料的接触点要多而分散，且尽可能均匀分布和同时接触，以防止在局部变形过大或拉深过程中坯料与凸模表面发生相对滑动而影响表面质量。

图 4.23(d)表示在拉深方向没有选择余地,而凸模与坯料的接触状态又很不理想时,此时应在工艺补充部分想办法,通过改变压料面形状来改善凸模与坯料的接触状态。

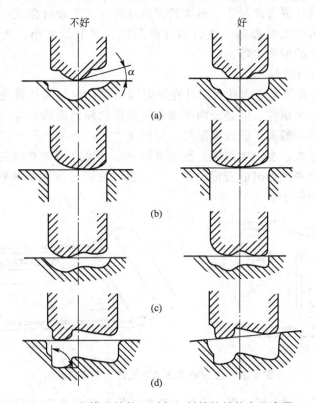

图 4.23　凸模开始拉深时与坯料的接触状态示意图

3. 压料面与工艺补充的设计

工艺补充是指为了顺利拉深成形出合格的制件,而在冲压件的基础上所添加的那部分材料,用以满足拉深、压料面和修边等工序的要求。这部分材料仅仅是冲压成形需要而不是零件所需要的,故在拉深成形后的修边工序中需将工艺补充切除掉。

1) 工艺补充的作用及对覆盖件拉深成形的影响

大多数覆盖件都需要添加工艺补充后才能设计成能拉深成形的冲压件,这是覆盖件冲压工艺设计的重要内容,也是与普通简单件拉深工艺设计的主要不同点。

工艺补充部分有两大类:

(1) 内工艺补充,即在零件内部的工艺补充,通过填补内部孔洞来创造适合于拉深的良好条件(即使是开工艺切口或冲工艺孔也是设在内部的工艺补充部分)。这部分工艺补充不增加材料消耗,而且在冲内孔后,该部分材料仍能适当利用(图 4.24 中内工艺补充部分1)。

(2) 外工艺补充,即在零件沿外轮廓边缘展开(含翻边展开部分)的基础上添加的工艺补

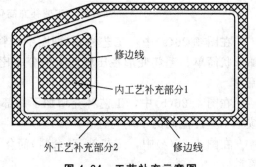

图 4.24　工艺补充示意图

充部分。它包括拉深部分的补充和压面料两部分。它是为了选择合理拉深方向,并创造良好的拉深条件而增加的,它能增加零件的材料消耗(图 4.24 中的外工艺补充部分2)。

工艺补充部分设计得合理与否,是衡量覆盖件冲压工艺设计先进与否的重要标志,它直接影响到拉深成形时工艺参数、坯料的变形条件、变形量大小、变形的分布、表面质量、破裂与起皱等缺陷的产生等。

2) 工艺补充的设计原则

(1) 内孔封闭补充原则。内孔封闭补充原则即对零件内部的孔首先进行封闭补充,先使零件变成无内孔的冲压件,但是若内部带有反拉深的局部成形部分,则要对其进行变形分析,这部分的成形一般属于胀形变形量。如图 4.25(a)所示,若工艺补充部分不开工艺孔,则因胀形变形量大,会产生破裂。经试验研究后,确定预先冲制的工艺孔的形状、尺寸,这样便改变了拉深成形时的变形分布和变形量,使得拉深能够顺利进行。图 4.25(b)所示为开工艺切口的例子。

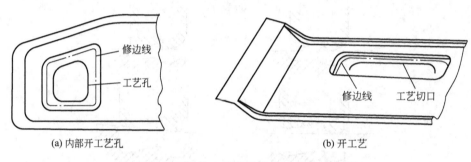

(a) 内部开工艺孔   (b) 开工艺

图 4.25 工艺补充上预冲孔或工艺切口示例

(2) 简化拉深件结构形状原则。因覆盖件的结构形状越复杂,拉深成形中的材料流动和塑性变形就越难控制。故零件外部的工艺补充应有利于拉深件的结构、形状简单化。具体实例如图 4.26 所示。

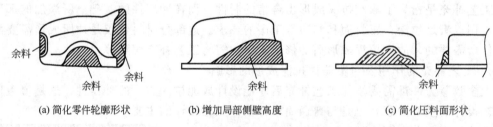

(a) 简化零件轮廓形状   (b) 增加局部侧壁高度   (c) 简化压料面形状

图 4.26 工艺补充简化拉深件形状和压料面形状

在图 4.26(a)中,工艺补充(即图中余料部分)简化了零件轮廓形状,也使压料面的轮廓形状简单,毛坯变形在压料面上的分布比较均匀化,从而有利于控制坯料的变形和塑性流动。

在图 4.26(b)中,工艺补充增加了局部侧壁高度,使拉深件深度变化比较小,大大地减小了塑性流动的不均匀性。

在图 4.26(c)中,工艺补充(余料)简化了压料面形状,有利于坯料的均匀变形和均匀流动。

(3) 保证良好的塑性变形条件。有些覆盖件深度较浅、曲率较小,但轮廓尺寸较大

（如发动机盖板），必须保证坯料在拉深成形过程中有足够的塑性变形量，方能保证其有较好的形状精度和刚度。如图4.27所示，侧壁斜面较大的拉深件成形时，若选择图4.27(a)的工艺补充，因为拉深件没有直壁，凸模上的A点一直到下极点才和拉深坯料相接触。如果由于压料面上的进料阻力小，在拉深过程中会在斜壁部分形成波纹，虽然成形结束时凸模1与凹模2最后是镦死的，但也不可能将波纹压平。此时若选择图4.27(b)的工艺补充，使拉深件增加一段直壁AB，这样凸模1上的A点进入凹模2后就将拉深坯料开始拉入凸模与凹模之间所形成的垂直间隙中一直到B点。在拉深直壁AB的过程中，由于凸模1对坯料的拉深能使所形成的波纹被清除掉，而且还能增加拉深件的刚度。直壁AB段一般取10~20mm。

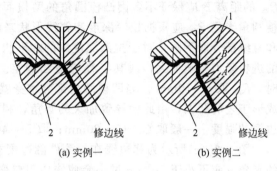

图4.27 工艺补充对变形的影响
1—凸模；2—凹模

(4) 外工艺补充部分尽量小。因为外工艺补充不是零件本体，拉深后被切掉变成废料。故应在保证拉深件具有良好的拉深条件的前提下，尽量减小这部分工艺补充，以减少材料浪费，提高材料利用率。

(5) 对后序工序有利原则。计划工艺补充时要考虑对后序工序的影响，要有利于后序工序定位的稳定性，尽量能够实现垂直修边等。拉深件在修边时和修边之后的工序的定位必须在确定拉深件工艺补充部分时进行考虑，一定要保证定位可靠，否则会影响修边和翻边的质量。

(6) 成双拉深工艺补充。有些零件进行拉深工艺补充时，需要增加很多的材料或者单个拉深冲压方向不好选择而且变形条件不易控制等。此时，若零件不是太大，可以将两件通过工艺补充设计成一个拉深件。这种方法即称为成双拉深法。在设计成双拉深的工艺补充时，首先要考虑两件中间连接部分的工艺补充，即先使两件合成一件，然后再按上述原则进行周围部分的工艺补充设计。图4.28所示为成双拉深工艺补充的一个例子。

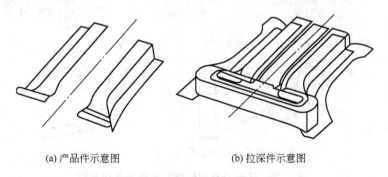

图4.28 成双拉深的工艺补充

3) 常见工艺补充的类型

图4.29(a)所示的修边线在拉深件的压料面上，垂直修边。压料面本身就是覆盖件的凸缘面。考虑到拉深模在使用中，压料面要经常调整，并且由于拉深筋的磨损而需要打磨

拉深筋槽。为了不导致因上述两点而影响到修边线，故修边线距压料筋的距离 A 应为 25mm。

图 4.29(b) 所示的修边线位于拉深件的底面上，垂直修边。修边线距凸模圆角半径 $R_凸$ 的距离 B 应保证不致因凸模圆角的磨损而影响到修边线。B 值一般取 3～5mm。而凸模圆角半径 $R_凸$ 应根据拉深深度和斜线形状来确定，一般取 3～10mm。对于拉深深度浅的和直线部分取下限；对于拉深深度深的和形状部分取上限。凹模圆角半径 $R_凹$ 对拉深坯料的进料阻力影响极大，故其半径应适当确定。当凹模圆角半径也是工艺补充的组成部分时，$R_凹$ 取 8～10mm。当凹模圆角部分本身就是覆盖件的组成部分时，则首先要保证拉深成形工艺的要求，由此而导致加大的圆角，利用以后的整形工序整压圆角。同时考虑到修边模的强度，一般取 $C=10～20mm$；取 $D=40～50mm$。

图 4.29(c) 所示为修边线在拉深件翻边展开斜面上，垂直修边。修边方向和修边表面的夹角 α 应不小于 50°。α 过小会使修边刃口变钝，使修边处易产生毛刺。图 4.29 中其他参数为：$\beta=6°～12°$；$E=3～5mm$；$R_凹=4～10mm$；$C=10～20mm$；$D=40～50mm$。

图 4.29(d) 所示为修边线在拉深件的斜面上，垂直修边。修边线是按覆盖件翻边轮廓展开的，而且翻边轮廓外形复杂，若使拉深件轮廓平行于修边线，则不利于拉深成形。在这种情况下，应尽量使拉深件外轮廓形状补充成规则形状，因此修边线距凸模圆角半径 $R_凹$ 的距离 F 是变化的，一般只控制几个最小尺寸：$F=5～8mm$；$\beta=6°～12°$；$R_凹=3～10mm$；$C=10～20mm$。

图 4.29(e) 所示为修边线在侧壁上，水平或倾斜修边。修边线距凹模圆角半径 $R_凹$ 的距离 G（侧壁深度）应根据压料面形状的需要来确定，不可能和修边线完全平行。一般也只控制几个最小尺寸：$G>12mm$；$R_凹=4～10mm$；$D=40～50mm$。

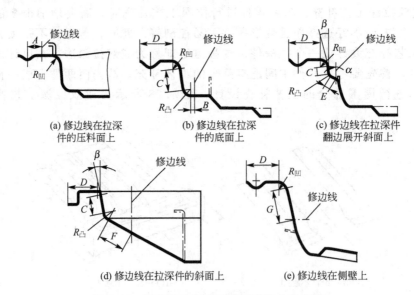

图 4.29　工艺补充部分可能采用的几种类型

4) 压料面形状的确定

压料面是工艺补充的一个重要组成部分，对覆盖件的拉深成形起着重要作用。在凸模对坯料开始拉深前，压边圈将坯料压紧在凹模压料面上。拉深开始后，凸模的作用力与压料面上的阻力共同形成坯料的变形力，使坯料产生塑性变形，实现覆盖件的拉深成形过程。对压料面形状的要求是，压边圈将拉深坯料压紧在凹模压料面上，所形成的压料面形状应不形成皱纹和折痕，以保证凸模对拉深坯料有良好的拉深条件，否则在拉深过程中会使拉深件形成波纹和皱纹，产生破裂。因此，要求压料面形状应由平面、圆柱面、圆锥面等组成。图4.30所示为常用的一些压料面形状。确定压料面形状必须考虑以下几点。

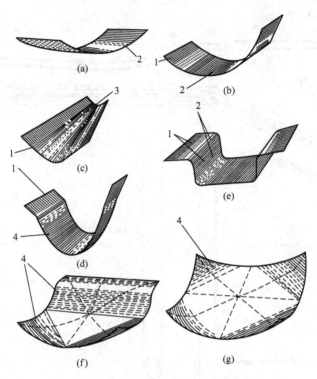

图4.30　常用的一些压料面形状

1—平面；2—圆柱面；3—圆锥面；4—直曲面

（1）降低拉深深度。若压料面就是覆盖件本身的凸缘面，则压料面形状是既定的，也就不存在降低拉深深度的问题了。而压料面成一定的弯曲形状，即拉深坯料在压边圈和凹模压料面压紧下成一定的弯曲形状是降低拉深深度的主要方法。图4.31所示的左、右外门板压料面形状就是考虑降低拉深深度这一要求，而使压料面形状沿覆盖件外形成凹形弯曲并使拉深深度均匀的。

为了降低拉深深度，并使拉深坯料服帖地压紧在料面上，致使压料面的某些局部形成了倾斜角，如图4.32所示。虽然平的压料面（图4.32(a)）的压料效果最佳，但全部压料面均是平的在覆盖件上不多见，一般都是图4.32(b)所示的压料面形状，即成锥形或碗口形的压料面。图4.32所示的向内倾斜的压料面，其对材料的流动阻力较小，可在塑性变形较大的深拉深件拉深时采用。但为了保证压边圈的强度，倾斜角 φ 应小于60°。在特殊情况下压料面向外向下倾斜，如图4.32(c)所示，这是由覆盖件本身的凸缘面所决定的。其压料效果最差，不但凹模表面磨损严重，而且易产生破裂，尽量少采用。

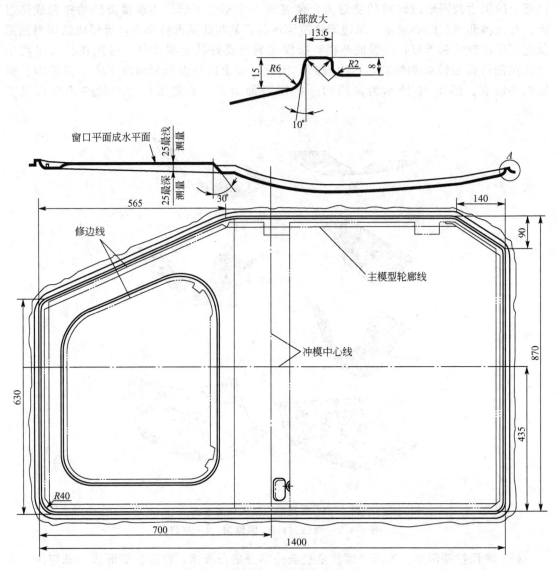

图 4.31　左、右门外板拉深件

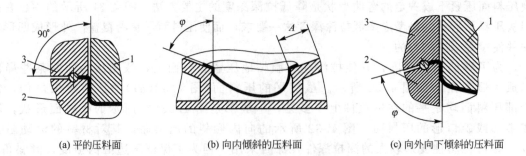

(a) 平的压料面　　(b) 向内倾斜的压料面　　(c) 向外向下倾斜的压料面

图 4.32　压料面的倾斜角

1—凸模；2—凹模；3—压料圈

（2）凸模对拉深坯料一定要有拉深作用，这是确定压料面形状必须充分考虑的一个重要因素。有时为了降低拉深深度而确定的压料面形状，虽然满足了拉深坯料的弯曲形状，但是凸模却对拉深坯料起不到拉深作用，故这样的压料面是不能采用的。应该使压料面任一断面的曲线长度小于拉深件内部（凸模表面）相应断面的曲线长度。通常认为，覆盖件冲压成形时各断面上的伸长变形量在3%～5%的范围内，才能有较好的形状冻结性，并且最小伸长变形量不应小于2%。如果压料面的断面线的长度 l_1 不小于拉深件内部断面（凸模表面展开）曲线长度 l_0，拉深件上就会出现余料、松弛及皱折等。如图4.33所示，应保证 $l_0 < 0.97 l_1$。

图4.33 压料面展开长度应比凸模展开长度短的示意图

另外，如图4.34所示，虽然其压料面的展开长度比凸模表面形状的展开长度短，可是压料面夹角 β 比凸模表面夹角 α 小。这样，从凸模开始拉深到最后的拉深的过程中，便会有几个瞬间位置的压料面展开长度比凸模表面形状展开长度长，从而形成较大的皱纹，并且继续拉深也无法消除，最后就留在拉深件上，如图4.35所示。因此，这样的压料面是不能采用的。解决的办法是使压料面的夹角 β 必须大于凸模表面夹角 α，才能避免产生波纹和皱纹。

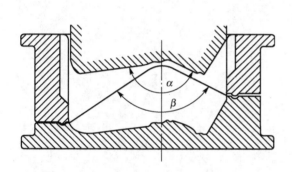

图4.34 汽车前围外板压料面形状的一个方案

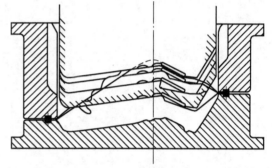

图4.35 凸模拉深过程中四个瞬间形成皱纹的情况

4.7.4 覆盖件的冲压工序

汽车覆盖件的形状复杂，尺寸大，深度不均匀，因此一般不可能在一道冲压工序中直接获得，有的需要十几道工序才能获得，最少的也要三道基本工序：落料、拉深、修边。其他还有翻边和冲孔等工序。也可根据需要将修边和冲孔、修边和翻边合并。落料工序是为拉深工序准备板料。拉深工序是覆盖件冲压的关键工序，覆盖件的绝大部分形状由拉深工序形成。冲孔工序是加工覆盖件上的工艺孔和装配孔。冲孔工序一般安排在拉深工序之后，避免孔洞在拉深后变形。修边工序是切除拉深件的工艺补充部分。翻边工序位于修边工序之后，它使覆盖件边缘的竖边成形，可作为装配焊接面。覆盖件按具体工序的内容，称为拉深件、修边件和翻边件等工序件。

1. 板料冲压生产有什么特点？应用范围有哪些？

2. 汽车冲压件可分为哪几类？
3. 冲压材料有哪些特性要求？
4. 试述冲压模具制造工艺的一般过程。
5. 试述冲压件质量保证的方法。
6. 试述车身覆盖件冲压成形特点。

第 5 章 焊接工艺

教学提示

焊接是汽车装配过程中很重要的一步。焊接的分类方法很多，按不同情况可把焊接方法分成不同种类，每一类又包括许多焊接方法。当今，焊接工艺是自动化与高速化的，并发挥出大量生产的优越性，其内容随大量生产的规模与零部件的种类而变化。

教学目标

了解各种焊接方法，了解夹具设计及制造过程，了解多点焊机的标准化问题。掌握车身装焊工艺，学习压力机焊接生产线代表实例，学会焊接质量检验方法。

5.1 概　　述

5.1.1 焊接方法分类

焊接是现代工业生产中不可缺少的先进制造技术，随着科学技术的发展，焊接技术越来越受到各行各业的密切关注，广泛应用于机械、冶金、电力、锅炉和压力容器，如建筑、桥梁、船舶、汽车、电子、航空航天、军工和军事装备等生产部门。

焊接是用加热或加压，或加热又加压的方法，在使用或不使用填充金属的情况下，使两块金属连接在一起的一种加工工艺方法。焊接的分类方法很多，若按焊接过程中金属所处的状态不同，可把焊接方法分为熔焊、压焊和钎焊三大类，每一类又包括许多焊接方法。

熔焊是在焊接过程中，将焊件接头加热至融化状态而不加压力完成的焊接方法，如气焊、焊条电弧焊等。压焊是在焊接过程中，对焊件施加压力（加热或不加热）以完成焊接的方法，如电阻焊、摩擦焊等。钎焊是在焊接过程中，采用比母材熔点低的金属材料作为钎料，将焊件和钎料加热到高于钎料但低于母材熔点的温度，利用液态钎料润湿母材，充填接头间隙并与母材相互扩散实现连接焊件的方法，如软钎焊（加热温度在450℃以下的锡焊）和硬钎焊（加热温度在450℃以上的铜焊）。

焊条电弧焊是目前应用最普遍的，也是其他种类焊接方法的基础。焊条电弧焊的最大优点是设备简单，应用灵活、方便，适用面广，可焊接各种焊接位置和直缝、环缝及各种曲线焊缝，尤其适用于操作不变的场合和短小焊缝的焊接；埋弧自动焊具有生产率高，焊缝质量好，劳动条件好等特点；气体保护焊具有保护效果好，电弧稳定，热量集中等特点。

表5-1列举出了汽车制造焊接方法的分类。

表5-1 汽车制造焊接方法的分类

汽车焊接法	电弧焊	包剂焊丝电弧焊 二氧化碳气体保护焊 金属焊丝惰性气体保护焊 钨极惰性气体保护焊 埋弧焊
	电阻焊	点焊 凸焊 滚焊、缝焊 闪光焊
	气焊	氧乙炔焊 硬钎焊 软钎焊
	其他	T型螺栓焊 摩擦焊 电子束焊

在汽车装配过程中，焊接所占的比例极大。虽然也应用电弧焊和气焊，但以电阻焊为主。对于焊接工艺有如下几点严格要求。

(1) 从汽车的安全性与耐久性出发，必须提高焊缝强度、耐蚀性、密封性与外观质量。

(2) 尽量采用经济的焊接工艺，以适应大量生产和节省劳动力的要求。为此必须选用适当的焊接方法以及自动化的生产方式。从这个意义上来说，不仅应该注意焊接的技术、方法与装置等问题，并应考虑与其他工种的联系，制定从工艺计划直至将设备、施工、管理、安全等方面包括在内的广义的焊接工艺综合计划。其内容如下所述。

① 设计方面。综合冲压技术、焊接技术、精加工与表面处理技术，以确定经济而合理的焊接结构。

② 工艺方面。进行专门的教育训练，以及简单明确的工艺管理与质量管理。汽车工业对产品质量与成本极为重视，必须详细分析在焊接工艺方面降低成本的可能性。

汽车车身装配几乎都用电阻焊。只对一些较厚的零件（板厚大于2mm），或根据结构上的要求不能采用电阻焊时，才采用其他焊接方法。在这方面，目前正以半自动二氧化碳气体保护焊代替焊条电弧焊。此外，汽车精密部件普遍采用电子束焊，转向管柱接头则采用摩擦焊。

在大量生产过程中，气焊仅用于修补焊接缺陷，且可用气焊焊枪进行车身外护板表面精整加工的硬钎焊与软钎焊。

5.1.2 焊接工艺概要

除一部分特种车辆外，汽车制造基本上属于大量生产。因此，焊接工艺已从最初的手工操作，发展成为今天的自动化与高速化，并能尽量发挥大量生产优越性的焊接工艺。其内容则随大量生产的规模与零部件的种类而变化，以下就几种零部件的焊接实例，扼要说明。

1. 前悬架零部件（厚板、箱形截面采用点焊或二氧化碳气体保护焊）

前悬架零部件一般为箱形截面的焊接结构，采用点焊与电弧焊工艺。在电弧焊方面，多采用经济性好的二氧化碳气体保护焊，并在具有曲线仿形机构的自动电弧焊装置中进行。由于钢板较厚，点焊自动化多采用对钳式均压焊枪（equalizing gun），以直接通电方式，在多点焊接设备中进行。

2. 转向轴（机械加工零件的连接采用闪光对焊、摩擦焊）

将渗碳淬火后的蜗杆与轴相结合，一般采用闪光对焊。对于转向轴这样重要的安全零件，在质量上必须有确实的保证。为此应进行退火处理，以获得符合要求的抗弯强度与冲击韧性。最近，以摩擦焊代替了闪光对焊，可得到较高的疲劳强度，并可免去闪光对焊时火花与金属氧化物微粒飞溅四射的缺陷。此外，因其操作方法与机床相类似，可以看成是机械加工的一个工序，有利于过程的自动化。

3. 盘形车轮（大量生产、厚板、重型焊接采用点焊、闪光焊）

盘形车轮由中间盘形辐板和外侧轮辋组成的，以点焊固定。轮辋加工是先将短钢带卷成圆形，并以闪光对焊连接，随后清理焊接毛刺，并在轮辋轧辊内成形。辐板与轮辋焊接，一般采用四头或八头多点焊机，是汽车制造点焊机的最重型，几乎皆用三相低频脉冲方式供电。

4. 制动蹄（大量生产的重要安全部件采用凸焊）

每台汽车有八个制动蹄，是一种适合大量生产的部件。其凸焊工艺是将打有凸起的制动蹄板与制动蹄做T形八点焊接，即一边将平的制动蹄板进行弯曲，一边用回转式电极从一端的凸起开始依次焊接，使用凸焊机。

5. 后桥壳（厚板、纵向焊接采用二氧化碳气体保护焊）

后桥壳是以较厚钢板制成，焊缝长，电弧持续时间长，容易显示自动焊接的效果。焊缝为直线或圆形曲线，过去常用埋弧自动焊，现在多使用经济性好又无熔渣的二氧化碳气体保护焊。焊接可采用多焊枪同时并进的方式。为了防止脱焊也多采用横向姿势。

6. 汽油箱（皂盒结构、气密焊接采用滚焊）

以镀锌钢板为材料，一般取皂盒结构，采用滚焊工艺来保证气密性。按其形状，可采用仿形装置将四周滚焊。从设计方面考虑，也可将相对两边同时滚焊，然后将框架回转90°，再将其余两边焊好，即井形焊接法。

7. 车身零部件(薄板冲压件采用点焊)

汽车车身上的各种板件几乎都是由 1mm 左右的钢板冲压成形，宜采用效率高，焊接变形小，对工人操作技术依赖程度低的电阻焊接工艺，特别是点焊，其焊接量占车身焊接部位的 90% 以上。由于焊接零件的形状不同，点焊机可分为可移动通用式与固定式两类，并与焊接夹具一同使用。然而，在大量生产情况下，为了达到省力化、合理化与质量稳定化等要求，多采用多头点焊机，并与搬运装置一起组成一条焊接自动生产线。分装总成件、地板、车门、发动机罩、后行李箱盖、车身侧板、车身本体等装配焊接已大部自动化，自动化程度已超过总加工量的 80%。目前存在的问题是如何提高设备利用率，以解决这类设备价格昂贵的问题。

数年前开始研究工业用机械手装置，目前已出现机械手自动线。此外，前后窗玻璃采用粘接剂粘接方式。为此使用半自动 T 形螺栓焊，将嵌条装在玻璃周围。

5.1.3 焊接零件设计

焊接设计的基本要求是：尽量减少焊接点数和焊缝长度；不使焊缝过分接近，过于集中，零件的形状与尺寸应便于焊接，零件结构应尽量避免使用复杂的焊接装置，相互重叠的焊合钢板数量应尽量限制在两层。

1. 薄板点焊件

汽车车身钢板厚度为 0.7～1.6mm，车身构件多是三维空间的复杂形状。因此，除应分析冲压成形的难易程度外，有时还需把它进行分割，使之具备便于焊接的形状。特别最近随着自动化程度的提高，为使一个零件能在另一个零件上移到正确的位置，冲压加工时就应使之具备这样的工艺条件，如可以通过凸缘保持重合精度。为此应进行相应的焊接设计，确定焊缝形式与凸缘长度的标准。

2. 厚板电弧焊零件

在电弧焊情况下，存在着焊接部位的间隙问题。由于进行自动焊接时必须控制焊合线，为此对有关冲压件的质量要求极严。零件设计时应避免出现形状急骤变化的曲线，尽量设计成简单的二次圆锥曲线。

5.2 焊 接 方 法

5.2.1 二氧化碳气体保护焊

自从二氧化碳气体保护焊研究成功以来，在汽车制造工业中，逐渐代替了金属焊丝惰性气体保护焊、钨极惰性气体保护焊和埋弧焊，成为一种极为普及的工艺。之所以如此，是因为二氧化碳气体保护焊(以下简称 CO_2 气体保护焊)具有如下一些特点。

(1) 焊接成本低。CO_2 气体容易制取，价格低，焊接耗电量小。CO_2 气体保护焊的成本只有埋弧焊和焊条电弧焊的 40%～50%。

(2) 生产率高。CO_2 气体保护焊电弧的穿透力强，熔深大，而且焊丝的熔化系数高，所以熔敷速度快。焊丝可连续自动送进，不用像焊条电弧焊那样频繁更换焊条，生产率可比焊条电弧焊高 1～4 倍。

(3) 适用范围广。不论何种位置都可进行焊接。焊接薄板时，比气焊速度快，尤其是变形小；薄板可焊到 1mm 左右，间隙可小于 0.5mm。焊接厚件可采用多层焊。

(4) 抗锈能力比其他焊接方法强，焊缝含氢量低，抗裂性好。

(5) 因为是明弧，便于观察和控制焊接过程，有利于实现焊接过程的机械化和自动化，焊后不需清渣。

因为 CO_2 气体密度比空气大，受电弧加热后体积膨胀，所以 CO_2 气体保护焊在隔绝空气、保护焊接熔池和电弧方面的效果相当好。进行 CO_2 气体保护焊时，必须采用含有脱氧剂的专用焊丝（如 H10MnSiMO、H04Mn2SiAlTiA）及专用的平外特性焊接电源。CO_2 气体的纯度不得低于 99.5%。当 CO_2 气瓶内的压力低于 1MPa 时，就应停止使用，以免溶于液态 CO_2 中的水分气化量增大而产生气孔。

CO_2 气体保护焊设备由焊接电源、焊枪、送丝机构、供气系统和控制电路组成，如图 5.1 所示。焊接程序为提前送气—通电、送丝、焊接—断电、停丝、停止焊接—滞后停气。

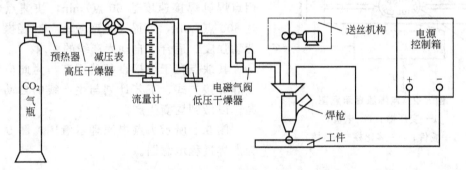

图 5.1 CO_2 气体保护焊的焊接设备示意图

CO_2 气体保护焊有下列几种类型。

(1) 管状焊丝焊接法：使用交流电源，可用 CO_2 气体保护，也可不用保护。由于这种焊接方法的速度比较慢，而且不够稳定，不能用于薄板件。

(2) 实心焊丝普通 CO_2 气体保护焊：单独使用 CO_2 气体或使用 CO_2-O_2 混合气体的普通 CO_2 气体保护焊，厚度在 2mm 以下的薄板件仍可使用。

(3) 短路移动 CO_2 气体保护焊：是一种在焊接机的二次回路中加进一个 150～300μΩ 电感线圈。利用熔池振动使焊丝上的液滴移到焊缝上去的方法。因为金属熔滴靠短路而移动，电弧电压低，适于薄板焊接。厚度 1mm 左右的钢板焊接以 CO_2 为保护气，更薄的钢板则以 Ar+O_2 为保护气。

(4) 脉冲电弧焊：是一种使用频率为 60～120 次/min 的脉冲电流，在每一电流脉冲作用下使金属熔滴流向焊缝之内的方法，适用于薄板焊接。这种方法开始用于铝合金焊接，随后被推广到各种合金钢的焊接方面去。

汽车工业所用的焊接方法属于上述(3)和(4)两类。

5.2.2 电阻焊

在各种焊接方法中，电阻焊的效率最高，最适用于大量生产，在薄板焊接方面使用最广。电阻焊是利用电流通过工件及焊接接触面间所产生的电阻热，将焊件加热至塑性或局部熔化状态，再施加压力形成焊接接头的焊接方法。

1. 点焊

点焊是一种具有代表性的电阻焊，广泛使用固定摇臂式或压力机式点焊机，以及移动式点焊机。在大量生产条件下，采用多头点焊方式。

广泛使用点焊工艺的主要理由有以下几点。

（1）与熔焊方法相比，点焊是在压力作用下通过内部电阻热加热金属而形成焊点，其冶金过程简单，且加热集中，热影响区域小，易于获得品质优良的焊接接头。

（2）与铆接相比，不需其他金属，结构质量轻，这对有着较高行驶速度的乘用车十分重要，可以达到轻量化、节省能源的要求。

（3）焊接过程中不产生弧光、有害气体及噪声，工人劳动条件好。

（4）点焊过程因机械化、自动化程度高，通用点焊机焊接速度达 60 点/min，快速点焊机可达 600 点/min，可提高生产效率，减轻操作者的劳动强度。适合于自动生产线的要求。

其缺点在于焊接设备费用高，为此应该分析点焊焊接方式、工艺计划与生产线的自动化等问题，以做到均衡生产。

图 5.2 所示为点焊原理示意图，图 5.3 所示为点焊过程示意图。

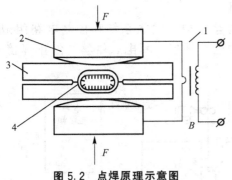

图 5.2 点焊原理示意图
1—变压器；2—电极；
3—板件；4—熔化核心（熔核）

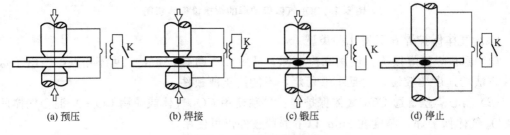

(a) 预压　　(b) 焊接　　(c) 锻压　　(d) 停止

图 5.3 点焊过程示意图

2. 凸焊

凸焊是一种能够同时进行多点焊接的高效率焊接法，可用于代替电弧焊、钎焊与咬接。这种焊接方法的特点是加工速度快，且除电力外无其他消耗。

凸焊与点焊相比，其不同点是预先在板件上加工出凸点，或利用焊件上能使电流集中的型面、倒角等作为焊接时的相互接触部位。焊接时靠凸点接触，提高了单位面积上的压力与电流密度，有利于将板件表面氧化膜压破，使热量集中，减小分流，减小了点焊中心距，一次可进行多点凸焊，提高了生产率，并减小了接头的翘曲变形。在车身上，一般是将凸焊螺母（有凸点的螺母）焊在薄板上，这样在装配时只需要拧紧螺栓即可，提高了装配工效。

3. 缝焊

缝焊是一种连续进行的点焊方法，可获得密封性优良的焊缝，适用于汽油箱、后桥壳等部件。点焊机的利用率为3%～7%，与此对比，由于缝焊机以连续电流断续工作，其利用率可达50%。为此，一般在焊接过程中，应将电极与焊接部位用水冷却。现在普遍是先将焊接零件装在夹具内自动定位夹紧，而后回转焊接。此外，缝焊是一种经过一段时间通电后略作停顿又复通电的方法，可看成是一连串点焊过程，也可称为滚压点焊，适用于汽车顶盖周边焊接。

4. 闪光焊

闪光焊热影响区的范围极小，宜用于薄板或薄壁管件焊接。由于表面氧化物与其他杂质成为四溅的火花被清除，不致混入焊缝内，焊缝的可靠性高。汽车车轮轮辋总成是一种典型的闪光焊部件。由于在直角焊缝上不能施加充分的抵紧压力，焊缝强度较差，但对窗框之类零部件，闪光焊仍然是一种广泛使用的有效焊接方法。

5.2.3 气焊及其他

1. 气焊

气焊是利用可燃气体与氧气混合燃烧的火焰所产生的高热熔化焊件和焊丝而进行金属连接的一种焊接方法。

汽车装配过程中几乎不用气焊，但是没有任何一个汽车车身制造车间不具有气焊设备。其原因在于：气焊是一种非常有效的修补方法，气焊设备不直接用于硬钎焊与软钎焊。气焊一般使用C_2H_2-O_2或C_2H_4-O_2气体，这些气体是由集中发生站以管道输送至使用车间，输气管悬架在厂房墙壁上方。气焊用于修补点焊缺陷与板件上的裂纹，也用于将车门与发动机罩等零件卷边接缝熔焊。

2. 硬钎焊

硬钎焊方法同气焊，而用黄铜或海军黄铜等焊丝作为硬钎料，以所填充的金属将板件焊合。

3. 软钎焊

软钎焊用于填补点焊焊缝，使之丰满美观，增加板件的整体感，也可用于板面整形。如同硬钎焊一样，软钎焊也使用气焊焊枪。

5.2.4 自动化方向

过去，焊接自动化是指单台焊机的自动化，其目的在于提高设备效率和焊接质量的稳定性，并便于掌握操作技术。实际上，在整个焊接过程中真正用于焊接的时间只有几秒到几十秒钟，大量时间花费在人手移动焊接零件的动作上。因而当前的焊接自动化应包括进料、出料以及向下道工序运送的全过程，即以一系列程序回路使自动焊机与自动搬运装置相结合,向着形成一条无人管理的焊接自动生产线的方向发展。

关于焊接自动化今后的进展问题,应考虑以下几点。

(1) 产量的保证与质量的稳定。产量是制定设备计划的基本出发点,决定设备的自动化程度。在此基础上,确定保证质量稳定的自动化方案。

(2) 设备利用率与设备维修。考虑到设备折旧,必须按预定计划生产能力确保生产。全年设备维修费用占设备费的3%~5%,是一个不容忽视的成本要素。为此,在进行焊接自动化时必须尽量降低设备维修费,并保证达到预定的设备利用率。

(3) 通用性与标准化。在一些汽车生产企业,每三四年就要更新车型。为此,在进行生产自动化时必须采取相应的措施。不仅机械主体、其他构成要素的基本部件要标准化,夹具也要其有互换性,否则就不能做到合理的自动化。

(4) 减少工人数量。从自动化的字义上就可看出,其目的是使本来由人完成的工作让机械承担。为此,除应注意减少直接生产工人的可能性外,也应注意维修劳动力的节省,否则就不能收到应得的利益。

(5) 以人为中心的自动化设备。自动化布置时,应以置身其间的操作工人为中心来考虑,使他在精神上没有受四周机器压迫的感觉,并应注意采取安全措施。

(6) 技术综合化。对适合大量生产的生产管理、制造技术、检测技术、安全技术应进行综合分析,强化薄弱环节,以提高整体水平。

(7) 软件与硬件的平衡。尽管采取了许多管理方法与管理体系,如果作为基本部分的硬件技术不完善,自动化也不能成功。为此必须抓紧硬件范围内的技术研究工作。

(8) 有效使用工业机械手。随着焊接自动化设备的专用化、巨型化与复杂化,生产线往往会失去灵活性,为了弥补这种缺陷,焊接过程中开始积极采用工业机械手。尽管这种设备存在着承受负荷的能力、操作速度、运动自由度、与焊接零件相互位置的安排、在平面布置上占用的面积、手腕灵活性等各种问题,仍然还是希望将之用在恶劣的劳动条件和单纯重复的操作上,以代替人的劳动。

5.3 焊接夹具

5.3.1 夹具设计

汽车车身是由厚度为1mm左右薄钢板冲压件组合而成的,先将它们安装在必要的装配夹具内,而后用各种焊接方法焊成整体。由于车身形状复杂,将许多冲压件装配成一个部件(总成分装件)的工作,远比机械加工零件的装配工作困难。为此,应进一步细分为若干工序,在保证每个工序精度的前提下,按图样和模型制出成品,这是制造技术的基本方针。由此可见,焊装夹具设计是决定汽车质量的重要因素之一。

一般来说,在二维平面图上表示车身零件复杂的三维立体形状是非常困难的,且在读图时也容易发生差误。为此,当汽车原型确定后,需要制造一个与原型尺寸完全一致的1:1的主模型,作为车身制造的基准。根据需要,复制出各种单体模型,用于制造冲压模具、检验量具、焊装夹具等。这样制成的夹具与车身形状吻合,是一种非常有效的夹具制造方法,并使设计技术得到提高。

通常，夹具设计属于机械制图的范围，采用国家标准。除此之外，还制定了设计标准。在很多方面其图样描绘方法与汽车工业所用图样是统一的。车身装配用焊装夹具设计基本构想形成的步骤大致是：确定车身装配顺序与装配单位（生产过程图）；确定装配方式（自动化、手工方式等）；确定工序数、工时、人员、节拍时间、平面布置等。

基本构思确定后，进而确定夹具的结构，其顺序如图 5.4 所示。根据车身本体焊装夹具的构想，按箭头方向规定零件的接收和安放位置。与此同时，为使各部件分装尽可能做到焊接自动化，应将自动化中的特有问题按箭头相反方向的顺序，向上面反映。

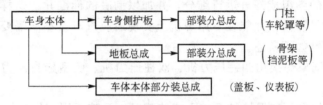

图 5.4 确定车身装配夹具结构的典型顺序

由于车门、发动机罩、后行李箱盖、前挡泥板等部件装配目前几乎都采用多点焊接方式，且对装配精度的要求较高，其所用焊接夹具的设计过程与车身本体的不同，基本上根据对每种部件的构想，设计出合理的、高效率的、省力的多点焊装夹具。

5.3.2 夹具制造

在进行夹具制造前，所用材料必须确有保障。很多焊装夹具是由钢材焊接成形。多点焊接用夹具除钢材外，还使用铜板与铜块。夹具的制造过程如下所述。

（1）底座加工。表面加工，划基准线；小零件的机械加工与焊接；装配孔与定位孔的加工。

（2）零件检验。尺寸精度与规格的检验，淬火等热处理结果的检验，数量检验。

（3）装配。根据基准面与基准线进行装配。装配质量决定于测量工具的精度与装配技术的优劣。测量工具有测绘缩放仪、划线盘、准直仪与直尺等。

（4）按模型修正。对照模型，将卡板与定位销等零件一边滑配，一边刮削，并用顶杆将定位销推至正确而又能重复出现的位置。

（5）压板的滑配、修正与机能核对。

（6）取出模型。

（7）管道安装。

（8）板件配合。使用实际零件。

多点焊接夹具的制造，还应增加下列过程：安装焊接变压器与焊枪驱动气缸；敷线与敷管（油压、气压、冷却水用）；回路电极的滑配；电极头触点的配合；动作的核对与程序的确定；节拍时间的测定；生产线上搬运装置的校验与调整。焊装夹具是一种重要的生产工具，一经制成至少使用数年，用于生产数万乃至数十万件产品。所以在设计与制造过程中，必须密切注意，以保证其精度与耐用性。

5.4 焊接设备与平面布置

5.4.1 自动焊接生产线

随着汽车产量的增加,在汽车车身装配方面,点焊已进行了明显的自动化。其自动化的条件是:专用化与高效率,设备费低,经济性高,占地面积小,工人数量少,容易检查修理,对汽车改型的适应性等。

为此,将焊机的各组成部分进行细分,并加以彻底的标准化。这样一来,不仅降低了焊机成本,提高了可靠性,并能在专用焊机上实现适应汽车改型所需要的自动化。关于多点焊机的标准化问题如下所述。

(1) 机械本体框架焊接用四柱压力机、双柱压力机、C型床身压力机与台式框架结构的标准化。

(2) 固定装置与夹具和焊机结合成一体的装置,及其所用部件的标准化。

(3) 控制部分焊机控制,机械本体与搬运装置的控制,气压、油压、水冷与电气控制方式的标准化。

(4) 搬运装置在自动焊接生产线上搬运焊接零件的装置,其主要部分的标准化。

图 5.5 所示为上述装置的组成系统图。图 5.5 中各种装置几乎都已标准化。当车身部

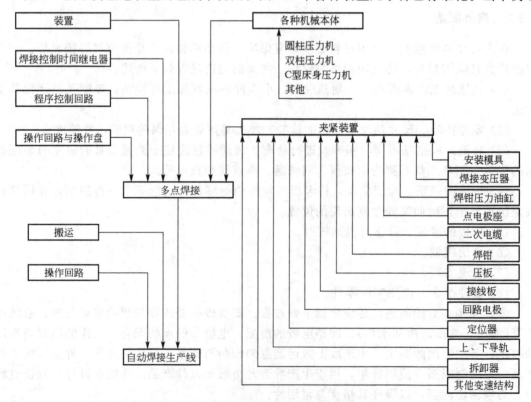

图 5.5 自动焊接生产线的设备系统图

件更改设计时,只需改变固定装置即可形成基本生产线,而固定装置中的各种部件照样还可用在更改后的固定装置中。此外,在程序回路方面,也对多点焊机的动作做了综合整理,组成一个标准回路。以插线板方式和印制电路方式,选定了必要的回路后,焊机即可动作。这种能保证自动化利益的标准化方式,到处可见。

5.4.2 车身装焊

车身壳体是一个复杂的薄板结构件。一辆轿车由数百个薄板冲压件,经点焊、凸焊、CO_2(MIG)气体保护焊、钎焊、铆接(铝制车身的主要连接方式)、机械连接及粘结等工艺连接成一个完整的车体。设计和冲压的车身壳体结构都是按照装焊的要求进行的。汽车车身装焊技术是汽车生产制造技术的重要组成部分,车身的装焊面几乎都是沿空间分布的,施焊难度相当大,这就要求使用的装焊夹具定位要迅速而准确,质量控制手段要完善,要应用先进的自动化生产线和大量焊接机器人才能满足大批量生产的要求。

装焊工艺的操作对象是车身本体(也称为白车身)(body in white),图5.6),一般是由底板(图5.7)、前围、后围、左右侧围、顶盖和车门等分总成组成,而各分总成又由很多合件、组件及零件(大多为冲压件)组成。

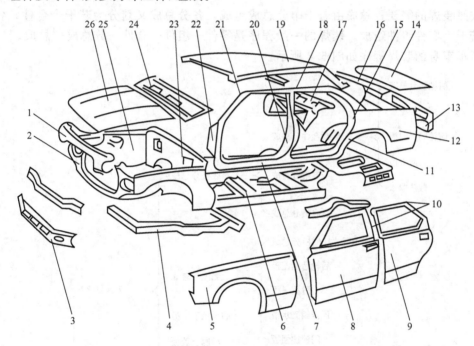

图 5.6 轿车白车身

1—发动机罩前支撑板;2—散热器固定框架;3—前裙板;4—前框架;5—前翼子板;6—地板总成;
7—门槛;8—前门;9—后门;10—门窗框;11—车轮挡泥板;12—后翼子板;13—后围板;
14—行李箱盖;15—后立柱(A柱);16—后围上盖板;17—后窗台板;18—上边梁;
19—顶盖;20—中立柱(B柱);21—前立柱(A柱);22—前围侧板;
23—前围板;24—前围上盖板;25—前挡泥板;26—发动机罩

汽车车身在装焊过程中最重要的特点是具有明显的程序性,即车身覆盖件装焊存在先后顺序。车身按照位置的不同通常分为上下、左右和前后六大部分,车身壳体为唯一的总

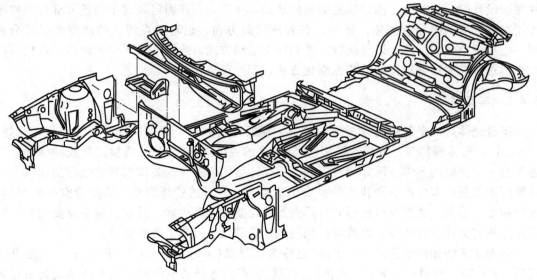

图 5.7 车身底板分总成

成。按照装焊的需要,总成由若干个分总成组成,各分总成又划分为若干个合件,各合件又由若干个零件组件组成。装焊的一般程序是零件—组件—合件—分总成—总成。

轿车车身的装焊程序如图 5.8 所示。

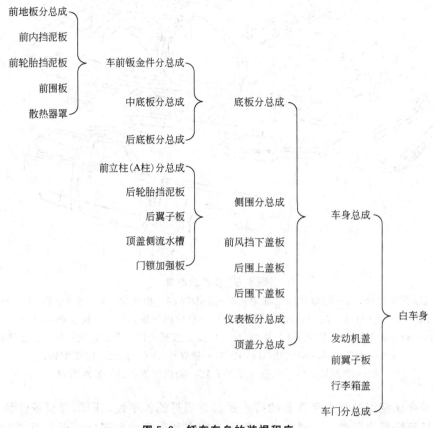

图 5.8 轿车车身的装焊程序

实施装焊工艺时，先将底板分总成在装焊夹具上定位焊接，作为焊接其他总成的基准，然后焊接车前钣金件、侧围、车身后部，最后焊接顶盖。为减少焊接工作量及模夹具和检具的使用量，要求对车身进行工艺分块时要尽量大，如现代轿车侧围都是经整体冲压而成的。除了在冲压中要保证车身的刚性外，合理的焊接工艺也是保证车身整体刚度的重要手段。先进的焊接工艺同时也能保证车身的安全性。

1. 车身装焊工艺

构成车身的主要零件有 200～300 种。按总成分类，其装配工艺过程如图 5.9 所示。

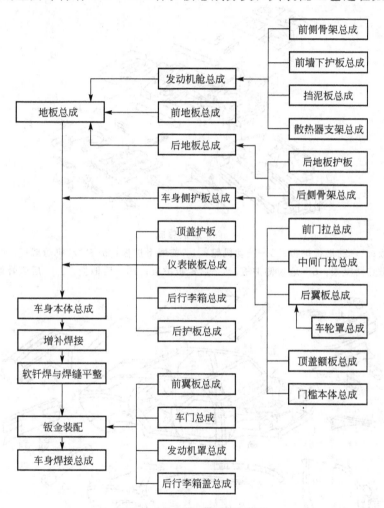

图 5.9　车身装配工艺过程图

图 5.10 所示则为车身三种总成的大致构成情况，乃是整体构造车身的典型实例。各工序的内容说明如下所述。

(1) 地板总成。点焊部位有 400～600 处，乃是车身的基础件。焊接是在专用的多点焊机上进行的。

(2) 车身本体总成。在地板总成上安装车身侧框架与顶盖，形成整体车身。保证其装配精度是个极为复杂的问题。有关车身总成装配的各种方法将在后面述及。

(3) 增补焊接。将已完成上述装配工序但尚未完全焊好的车身总成,继续用点焊全部焊好。在此过程中几乎不使用夹具,正在逐渐采用机械手操作。

(4) 软钎焊与焊缝平整。为了覆盖汽车外护板上面的焊缝,采用软钎焊填补,并将填满后的焊缝熨压平整。常用此法修饰顶盖与支柱、顶盖与后翼板之间的焊缝。

(5) 钣金装配。钣金装配是安装车门、发动机罩、后行李箱盖的最后工序,集中表现出各种装配部件与各种分总成件在车身本体上的相对精度,必须进行调整。此处可显示出车身制造技术的水平。

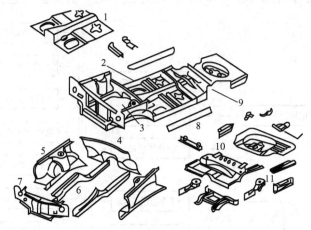

(a) 地板总成

1—前地板;2—前地板护板;3—发动机舱;4—前墙下护板;5—发动机舱墙板;6—前骨架;
7—散热器支架;8—地板侧护板;9—后地板护板;10—后地板;11—后侧骨架构件

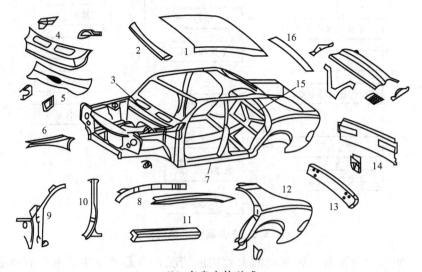

(b) 车身本体总成

1—顶盖护板;2—顶盖前额板;3—仪表嵌板;4—前墙上护板;5—仪表板上部;
6—发动机罩加强板;7—车身侧护板;8—顶盖侧板;9—前门柱;10—中间门柱;
11—门槛;12—后翼板;13—后围下板;14—后护板;15—行李箱隔板;16—顶盖后板

图 5.10 车身结构图

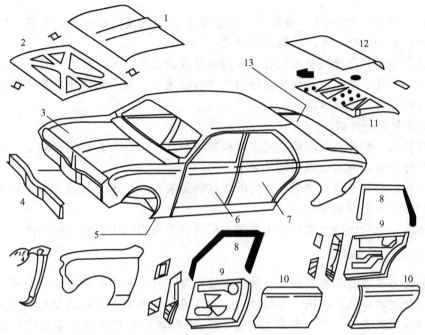

(c) 车身焊接总成

1—发动机罩外板；2—发动机罩加强板；3—发动机罩总成；4—前挡板；
5—前翼板；6—前车门；7—后车门；8—窗框；9—车门内护板；10—车门内护板；
11—后行李箱盖加强板；12—后行李箱盖外板；13—后行李箱盖总成

图 5.10 车身结构图(续)

2. 车身装焊中的加工方法

车身装配所采用的加工方法主要有下列几种。

(1) 焊接。电阻焊，特别是点焊，乃是钢板焊接最有效的加工方法。此外还有气焊、电弧焊与螺栓焊等数种。

(2) 粘结。将防止振动的加强板粘结到大型外护板部件(顶盖、发动机罩、后行李箱盖等)上，以增加其刚度。此外，也可以结构用粘结剂代替焊接。

(3) 卷边。在外护板与加强板装配或外护板与内护板装配过程中，将板端弄卷以增加美观并消除板件锐边的工艺，用于加工车门、发动机罩、后行李箱盖、尾孔盖等部件。

(4) 密封。从地板开始用密封胶涂填板件焊缝的方法，以防漏水。

(5) 打磨。对车身凹凸不平的外表面，使用手锤、锉刀、砂纸、回盘磨光机打磨平整的方法。

(6) 软钎焊填补。为了遮盖外护板上的焊缝，以软钎焊填补平整获得整体感的美化加工方法。

3. 装焊方式

(1) 车身本体的装配工序包括许多零件，乃是形成车身骨架的重要工序，点焊点数可达 600~700 处之多。

随行夹具式：备有几台相同的夹具台车，它们以环形或地下返回方式运转，完成焊接装配加工。

框架式：在划分为3～6个装配工序的位置上分别设置固定夹具，车身本体依次通过每个夹具进行装配焊接。生产线做间歇运动。

固定式：把装有车身侧板总成和装有地板总成的夹具结合，进行车身本体总装。

自动线式：在一条车身总成多点焊接生产自动线上，有一到两个工序采用自动焊接工艺，车身本体在各工序间移动。

（2）部件分装配方式。

装配夹具法：使用夹具和移动式点焊机进行装配。夹具与焊机完全独立，焊机由工人操作，将零件焊装在夹具所规定的位置上。

专用机法：将使夹具和焊机一体化的固定装置装在焊接压力机或架上，只需将待装零件放好，即可自动进行装配焊接。

通用机法：只需更换专用的固定装置，即可在多点焊机中焊装各种部件。

4. 车身装焊的趋向

上述装配方法各有长处和短处。从投资效果看，究竟采用哪种方法，必须综合考虑生产计划、质量要求、汽车等级、车辆改型适应性等各种因素。今后的发展趋向是将工业用机械手与多点焊机并用。在生产线上装备10～20台集中管理的机械手以代替需要大量人工管理的专用机，这种生产线的数量正逐渐增多。

5.4.3 压力机焊接生产线

通常使用的移动式点焊机的生产率低，不能适应大量生产的需要，而为单一目的设计的专用自动多点焊机，在汽车改型时往往需要大量的投资，为此采用了焊接用压力机。目前大部分多点焊机是在以这种焊接压力机组成的通用生产线上工作的。

一般来说，压力机生产线上除装有焊接用四柱压力机、双柱压力机和C型床身压力机外，还包括台式焊接固定装置和台车移动式焊接固定装置，如果再增添卷边加工装置、粘结剂和防声、防震胶的涂敷装置，并设置梭式输送器，即可形成焊接搬运自动化的生产线。其代表实例如下。

1. 车门生产线、发动机罩与后行李箱盖生产线

车门、发动机罩与后行李箱盖称为焊接装配件，形成汽车外护板。由于这些部件需具备开闭的机能，其装配技术是车身装配技术中难度最大的。在装配质量方面，要求具有水密性、防尘性和开闭灵活性，对于车门，还要求窗玻璃能灵活拉动，这些都关系到各部件的间隙尺寸和平行度，应该保持稳定的装配精度。上述三种部件的装配工时约占车身本体焊接总成的30%，是自动化重要的有关部件。车门在每台汽车上需要二至四个，是一种大量生产的部件，很早就形成了自动焊接生产线。这条生产线是以C型床身压力机和四柱压力机为中心，包括卷边压力机和防声、防震胶涂敷装置。这种生产线具有通用性，通过变换夹具与固定装置，即可装配数种类型的车门，一般称为车门生产线，其实例如图5.11所示。

发动机罩和后行李箱盖的装配工序与车门几乎完全一样，也已形成生产线。通过更换夹具与固定装置，即可进行装配。

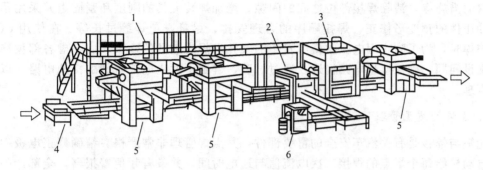

图 5.11 车门装配生产线
1—油压系统与程序控制台架；2—内、外护板自动配合工序；3—卷边压力机；4—焊接固定装置预装台；5—焊接用四点压力机；6—防振胶涂敷装置

2. 地板总成生产线

地板总成生产线是由发动机舱、前地板、后地板等三条大件部装线和一条地板本体总装线组成的，总焊接点数超过 1000 处，是一条包括大量搬运和自动多点焊接加工的生产线。

3. 由双柱压力机组成的生产线

由双柱压机组成的生产线基本属于在焊接工艺中采用冲压压力机的加工方式，并使用标准化了的固定装置。只需改变固定装置，在生产线上即可进行各种部件的装配加工。每条生产线由 4~5 台压力机组成，采用人工装料与自动装置卸料，装配件则由输送机运至下道工序，可用于生产车门构件、支柱与仪表板等多种部件，根据需要可进行两道或三道装配工序。此外，还可将 3~4 台双柱压力机与自动搬运装置结合，形成完全自动化的发动机舱墙板焊装生产线。

4. C 型床身压力机生产线

C 型床身压力机生产线多用于部装件的自动焊接。将 4~5 台压力机并列组成生产线，以装配比较细长的部件。由于压力机结构上的原因，装卸料都在同一方向，总会引起时间上的损失，且在安装自动化搬运装置时，又会受到压力机冲程限制而遇到困难，因此常被双柱压力机所代替。

5.5 焊接质量

5.5.1 质量检验

在汽车生产过程中，焊接工艺的应用范围极广，所以焊接质量管理是一个大问题。

1. 电弧焊的质量管理

点焊也会发生焊接变形，而电弧焊的变形更大。为了减少焊接变形，稳定焊接质量，所采取的措施有：消除焊接部位之间的间隙，增加焊装夹具的刚度和紧固力并采用预变形法，冲压件的预变形修正，焊接顺序的合理安排，尽量避免焊缝过长等。在使用 CO_2 气体保护焊时，为了防止因电弧吹偏所发生的气孔和焊道散乱的现象，应考虑各部位绝缘与地线敷设问题，确保接地电路畅通。通过试验，确定不发生电弧吹偏的接地电路，以进行质量管理。

2. 点焊的质量管理

轮辋与辐板是有关汽车安全的重要部件，其点焊管理非常严格。精确修正电极尖端形状，自动校给每个焊点的焊接二次电流值与通电时间，并备有超值警报器。全部产品都进行锤击响音检查，定期抽取部件进行破坏试验与载荷疲劳试验，经常控制产品的质量状况。汽车车身的点焊点数有3000～40000个，对于这样众多的焊点质量应从两个方面进行管理：一方面细心稳妥地制定全部焊点的焊接条件，并做周期性检查；另一方面以统计方法确定出重点焊接部位，对之做频繁检查。

1) 影响点焊质量的主要因素

不言而喻，质量来自工艺并由工艺来保证。也可以说，质量始于设计阶段，决定于生产准备阶段。综合上述两种观点，点焊质量特性要素如图5.12所示。

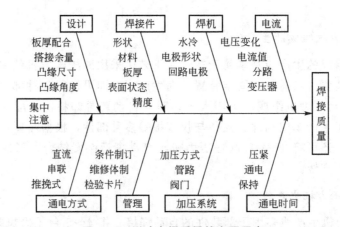

图5.12 影响点焊质量的主要因素

决定焊接质量的主要因素有：设计质量的确定与试验鉴定、板厚的配合、焊点间距与焊接点数，焊接方法(关系到生产计划与投资效果)，工艺方案、工夹具与设备计划，电流密度，焊接条件，以任务书形式向制造工序下达的指示，以检验卡片形式向管理与维修部门下达的指示，超声非破坏性检验，錾凿破坏性检验，拉深、疲劳等项试验，修补工序等。据之制定焊接质量管理程序，以达到质量的稳定化。

2) 点焊质量检验

点焊质量检验可分为超声非破坏检验与錾凿剥离检验等两类，后者以其操作简便和可靠性大，是加工现场所采用的主要方法。检验部位可区分为全数检验、定期检验与抽查检验三种，记录在管理图表或检验卡片上，作为技术措施的基本资料。

3) 点焊缺陷的内容

点焊缺陷的内容有：未通电；虽通电但未形成熔核；熔核虽形成，但向四周脱落。
随着设备的高速化与自动化，点焊缺陷形成原因也趋于复杂。在上述三大条件得到满足后，还可举出下列一些导致缺陷的因素：电极端头磨损，二次线圈阻抗增大，回路电极接触不良，因分流使得电流密度极度衰减，加压力与通电时间不当，板件接合不良，板件浅面状况不良等。应该指出缺陷的确切原因与焊接的基本事项。

4）点焊质量检测器

为了保证焊接质量，有些部分可采用检测器，被检测的对象有一次电流、通电周期、二次电流、加压力、二次电流与通电时间、熔核热膨胀与熔核温度等。目前正在进行这方面的研究，但尚无一种能够百分之百地保证点焊质量的方法。点焊熔核的生成与电流密度直接相关，目前重点在于掌握实现最佳工艺条件的手段与管理方法。

5.5.2 尺寸与表面精度

汽车车身的产品质量主要从功能上和外观上来鉴定。在车身功能质量方面，除去车门的开关功能外，其内容随涂漆和内饰工序的进展而增多，为此在车身本体焊接总成阶段就应以尺寸检验为中心，进行外观检查。各工序间，根据各工序和每种部件的检验标准，使用组合量具和检验夹具进行尺寸检验与质量管理。至于构成车身外护板的铰接装配件，只有当每种总成单个检验合格后，才能安装到车身本体上去。在车身本体焊接总成阶段就要严格检查装配质量（平面错差、缝隙尺寸、缝隙平行度等）和表面凹凸不平度。

工序间与工序中检验使用刻度尺、游标卡尺、厚度规等工具。表面凹凸不平度检查，可采用观察透光程度的方法，以及用手抚摸感觉的方法。

5.6 汽车焊接新技术或新用途

1. 激光焊接技术

激光技术采用偏光镜反射激光产生的光束使其集中在聚焦装置中产生巨大能量的光束，如果焦点靠近工件，工件就会在几毫秒内熔化和蒸发，这一效应可用于焊接工艺。

激光焊接的特点是被焊接工件变形极小，几乎没有连接间隙，焊接深度/宽度比高，因此焊接质量比传统焊接方法高。在汽车工业中，激光技术主要用于车身拼焊、焊接和零件焊接。

一辆汽车的底盘由数百种以上的零件组成，采用激光焊接可以将很多不同厚度、牌号、种类、等级的材料焊接在一起，制成各种形状的零件，过去无法实现或难以实现连接的零部件的焊接，采用激光焊接得以优质、高效地完成，大大提高了汽车设计的灵活性。

钢板激光拼焊是将汽车车身零部件所需的各种不同厚度、材质的钢板，经过剪切下料、激光拼焊再冲压成形为车身零件，如立柱、门槛、前后纵梁、车门等车身件，实现采用更合理的车身结构，提高车身强度，减轻车身重量。侧围立柱和门槛加强版激光拼焊示意图如图 5.13 所示。

一汽奔腾 B50 车身有 16 个零件采用激光拼焊，如图 5.14 所示。

目前，国内激光拼焊板需求量迅速上升，国产高品质车型如帕萨特、别克、奥迪、雅阁、标致等都开始采用激光拼焊板。

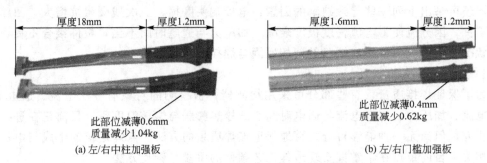

(a) 左/右中柱加强板　　　　　　(b) 左/右门槛加强板

图 5.13　侧围立柱和门槛加强版激光拼焊示意图

图 5.14　一汽奔腾车身 16 个零件采用激光拼焊示意图

2. 塑料焊接技术

超声波塑料焊接技术是将高频率机械振动通过工件传到接口部分，使分子加速运动。分子摩擦转换成热量使接口处塑料熔化，从而使两个焊件以分子连接方式真正结合为一体。因为这种分子运动是在瞬间完成的，所以绝大部分的超声波塑料焊接可以在 0.25~0.5s 内完成。超声波塑料焊接适用于焊接面积较小、结构规则和热塑性的塑料件。

振动摩擦塑料焊接技术是使工件在加压的状况下相互摩擦，能量沿熔接部位传导，并且在特别设计的部位使塑胶因摩擦生热而熔化，熔化时段过后在继续加压的状态下冷却固化，固化后的接口强度与本体塑胶强度相当。

Branson 塑料焊接技术已被成功地运用于汽车保险杠、仪表板和仪表盘、制动显示灯、方向指示器、汽车门板以及其他与发动机有关的零部件制造工业中。近年来，原先许多传统使用金属的零部件也开始用塑料代替，如进气管、仪表指针、散热器加固、油箱、滤清器等。振动摩擦塑料焊接适用于焊接面积较大、结构复杂的工件，而且对塑料类型没有特殊要求。

3. 中频电阻焊

过去传统使用的普通交流工频电阻焊存在焊接质量不稳定、飞溅大、焊接质量缺乏有效控制、需要单相大容量电源等问题。面对当今汽车工业的发展，车身大量采用高强度钢、镀锌钢、多层钢，甚至铝合金板材，柔性自动化焊接生产线中大量使用焊接机器人，近年来，中频电阻焊技术已开发成熟，并形成成套的中频电阻焊技术和相应的设备，应用于车身焊接生产中。

在车身装焊生产线上，中频电阻焊则用于悬架式点焊钳或机器人点焊钳。目前，中频点焊大量用于镀锌钢板、高强度钢的焊接，如一汽大众、速腾、宝来等生产线上规定，凡高强度钢板、镀锌钢板必须采用中频点焊工艺。上海通用烟台景程生产线采用侧围焊接，在A柱部位采用中频点焊工艺，解决了长期焊接质量不稳定的难题。其他汽车公司也逐步大量采用中频点焊技术，取得了很好的效果。

4. 等离子弧焊

等离子弧焊（PAW）主要是用于汽车燃油箱应用在油箱的两个半圆边缘的焊接，如图5.15所示。许多行业对等离子弧焊工艺的进一步发展非常感兴趣，具体的开发将会集中在开发很高的等离子密度和用于等离子焊枪的重新设计上。

车身等离子弧焊有四个优点：第一，焊接强度增大30%；第二，车体表面更加美观，避免了焊接变形；第三，加快了生产速度，增加了车身的防腐性；第四，设备费用及维护费用大大降低。

图5.15 用于汽车工业的燃油箱的等离子弧焊

5. TCP自动校零技术

焊接机器人的工具中心点（tool center point，TCP）就是焊枪的中心点，TCP的零位精度直接影响着焊接质量的稳定性。但在实际生产中不可避免会发生焊枪与夹具之间的碰撞等不可预见性因素导致TCP位置偏离。通常的做法是手动进行机器人TCP校零，但一般全过程需要30min才能完成，影响生产效率。TCP自动校零是用在机器人焊接中的一项新技术，它的硬件设施是由一梯形固定支座和一组激光传感器组成。当焊枪以不同姿态经过TCP支座时，激光传感器都将记录下的数据传递到CPU与最初设定值进行比较与计算。当TCP发生偏离时，机器人会自动运行校零程序，自动对每根轴的角度进行调整，并在最少的时间内恢复TCP零位。目前在波罗后桥及帕萨特副车架的机器人焊接生产线上均采用了该技术，大大方便了设备调整，节约了调整时间，提高了产品的质量。

6. 焊缝自动跟踪技术

焊接机器人缺少对工件的自适应能力，效果比较好的是用激光视觉传感器系统。它能够自动识别焊缝位置，在空间中寻找和跟踪焊缝、寻找焊缝起始点、终点，实现焊枪跟随焊缝位置自适应控制。但这种方法不太适合轿车底盘零件的焊接，因轿车底盘零件机器人系统的夹具允许机器人工作的空间范围很小，根本不允许焊枪头上再有附带激光跟踪头焊接。为此仅可使用的焊缝自动跟踪技术为电弧电压跟踪传感,该系统具有寻找焊缝起始点、终点以及弧长参考点,焊接过程中根据弧长的变化,用电弧传感器控制电压自适应控制。这种方法也只能应用于角接接头形式,对于轿车底盘零件大量的薄板搭接焊缝,因无法寻找弧长参考点也无法应用。

1. 汽车制造的焊接方法有哪些?
2. 焊接零件设计的要求有哪些?
3. 电阻焊中的各种焊接方法各有什么特点?
4. 钎焊和熔焊实质差别是什么?
5. 试写出焊接夹具的制造过程。
6. 汽车制造中焊接件的质量如何控制?

第6章 塑料加工工艺

教学提示

塑料在汽车上的应用对汽车的制造、运行、维修保养工作起着很大的作用,原因在于塑料具有一些优良的特性。塑料加工通常有配料(配比、着色)、一次加工(成型)、二次加工(表面处理、装配)三道工序。塑料的种类很多,分类方法也较多。

教学目标

了解塑料成型的几种方法以及塑料加工的成型过程。学习注塑成型与压塑成型所用的加工设备,掌握模型设计方法及模腔的加工过程。了解塑料在汽车中的应用及汽车用塑料的发展趋势。

塑料是一种高分子材料,近年来在汽车上的应用越来越多,已由内外装饰件向车身覆盖结构件的方面发展。例如,前照灯、保险杠、发动机罩、行李箱盖、顶盖、翼子板、车门内护板和某些车身骨架构件等。甚至有些大汽车公司正在用复合材料做承载力最大的底盘车架,例如,福特汽车公司在2001年将复合材料底盘应用在一辆叫"探索者"的小皮卡样车上。

每辆汽车塑料的用量是衡量汽车生产技术水平的标志之一。日本、美国和德国等发达国家的每辆轿车平均使用塑料已超过100kg,平均占汽车总质量的8%。目前,中国每辆汽车平均塑料用量为70kg,平均占汽车总质量的6%左右。

塑料在汽车上的应用有以下六大优点。

(1) 轻量化是汽车业追求的目标,塑料在此方面有很大优势。一般塑料的相对密度在0.9~1.5之间,纤维增强复合材料相对密度也不会超过2.0,而金属材料的相对密度A3钢为7.6,黄铜为8.4,铝为2.7。因此,应用塑料是减轻车体质量的有效途径。

(2) 塑料成型容易,可使形状复杂的部件加工简单化。例如,仪表台用钢板加工,往往需要先加工成形各个零件，再分别用连接件装配或焊接而成，工序较多。而用塑料可以一次加工成型，加工时间短，精度有保证。

（3）塑料制品的弹性变形特性能吸收大量的碰撞能量，对强烈撞击有较大的缓冲作用，对车辆和乘员起到保护作用。因此，现代汽车上都采用塑化仪表板和转向盘，以增强缓冲作用。前后保险杠、车身装饰条都采用塑料材料，以减轻外物体对车身的冲击力。另外，塑料还具有吸收和衰减振动及噪声的能力，可以提高乘坐的舒适性。

（4）通过不同组分搭配的复合材料有含硬质金属的颗粒复合材料、以夹层板材和树脂胶合纤维为主的层板复合材料和以玻璃纤维、碳纤维为主的纤维复合材料，这些复合材料具有很高的机械强度，可以代替钢板制作车身覆盖件或结构件，减轻汽车的质量。

（5）塑料耐蚀性强，局部受损不会腐蚀，而钢材制件一旦漆面受损或者先期防腐做得不好就容易生锈腐蚀。塑料对酸、碱、盐等耐腐蚀能力大于钢板，如果用塑料做车身覆盖件，十分适宜在污染较大的区域中使用。

（6）根据塑料的组织成分，可以通过添加不同的填料、增塑剂和硬化剂来制出所需性能的塑料，改变材料的机械强度及加工成型性能，以适应车上不同部件的用途要求。例如，保险杠要有相当的机械强度，而坐垫和靠背就要采用柔软的聚氨酯泡沫塑料。更方便的是塑料颜色可以通过添加剂调色产生不同的颜色，可以省去喷漆。有些塑料件还可以电镀，例如，ABS塑料具有很好的电镀性能，可用于制作装饰条、标牌、开关旋钮、车轮装饰罩等。

6.1　概　　述

如何减轻汽车的质量，提高载重量，降低耗油量，减少汽车中有色金属及一些贵重合金的用量，延长零件的使用寿命，增加汽车的舒适性以及如何采用一些快速有效的修理方法等，都是目前汽车制造、使用和保修部门经常研究的问题。这些问题的解决对汽车的制造、运行、维修保养工作起着很大的作用，而扩大塑料在汽车上的应用是解决这些问题的一个重要方面。

塑料加工是随着合成树脂的发展而发展起来的，它和塑料机械的发展互相促进。不少塑料加工技术，是借鉴于橡胶、金属和陶瓷加工。塑料加工历史可追溯到19世纪90年代，赛璐珞诞生之后，因其易燃，只能用模压法制成块状物，再经机械加工成片材，片材可用热成型法加工。这是最早的塑料加工。浇铸成型是随着酚醛树脂问世而研究成功的；注射成型始于20世纪20年代，用于加工醋酸纤维素和聚苯乙烯；20世纪30年代中期，软聚氯乙烯挤出成型研制成功，塑料专用的单螺杆挤出机相应问世；1938年，双螺杆挤出机也投入生产。20世纪40年代初，制出了聚氨酯泡沫塑料，吹塑技术用于生产聚乙烯中空制品。1952年，往复螺杆式注射机问世，使注射成型技术进入到一个新的阶段。20世纪60~70年代，新发展起来的塑料加工技术有：各种增强塑料新成型方法，如缠绕、拉挤、片材模塑成型，反应注射成型，结构泡沫成型，异型材挤出成型，片材固相成型以及共挤出、共注塑等。进入20世纪80年代，塑料加工向着高效、高速、高精度、节能、大型化或超小、超薄等方向发展，计算机技术进入这一领域，把整个塑料加工技术提高到一个新水平。20世纪90年代，塑料件达到了汽车自重的7%~10%。表6-1所列为德国汽车塑料件的应用状况。表6-2为汽车用塑料品种及其所占比例。

表6-1 德国汽车塑料件的应用状况

年份 项目	1976年		1985年		1992年		2000年	
	kg/辆	%	kg/辆	%	kg/辆	%	kg/辆	%
内饰件	36.5	2.2	33.6	2.9	66.3	4.0	90.0	5.6
外装件	21.6	1.3	69.3	4.2	110.8	6.7	163.0	9.8
功能件	18.0	1.1	40.1	2.4	81.7	4.9	122.6	7.4
合计	76.1	4.6	143	9.5	268.8	15.6	375.6	22.8

表6-2 汽车用塑料品种及其所占比例

材料	比例(%)	材料	比例(%)
聚丙烯(PP)	21.1	聚乙烯(PE)	6.0
聚氨酯(PU)	19.6	聚碳酸酯(PC)	2.6
聚氯乙烯(PVC)	12.2	聚苯醚(PPO)	1.9
热固性复合材料	10.4	聚甲醛(POM)	1.8
ABS	8.0	热塑性聚酯	1.5
聚酰胺(PA)	7.8	其他	6.4

塑料的成型加工是指由合成树脂制造厂制造的聚合物制成最终塑料制品的过程。加工方法(通常称为塑料的一次加工)包括压塑(模压成型)、注塑(注射成型)、挤塑(挤出成型)、吹塑(中空成型)、压延等。塑料加工,以其可以减轻汽车自重并能使形状复杂的工件一次加工成型的特点,正被用来制造多种汽车零件。

6.1.1 塑料的特性

1. 可塑性

顾名思义,塑料就是可以塑造的材料。塑料的可塑性就是可以通过加热的方法使固体的塑料变软,然后再把变软了的塑料放在模具中,让它冷却后又重新凝固成一定形状的固体。塑料的这种性质也有一定的缺陷,即遇热时容易软化变形,有的塑料甚至用温度较高的水烫一下就会变形,所以塑料制品一般不宜接触开水。

2. 弹性

有些塑料也像合成纤维一样,具有一定的弹性。当它受到外力拉伸时,卷曲的分子就由于柔韧性而被拉直,但一旦拉力取消后,它又会恢复原来的卷曲状态,这样就使得塑料具有弹性,如聚乙烯和聚氯乙烯的薄膜制品。但是有些塑料是没有弹性的。

3. 较高的强度

塑料虽然没有金属那样坚硬,但与玻璃、陶瓷、木材等相比,还是具有比较高的强度及耐磨性。塑料可以制成机器上坚固的齿轮和轴承。

4. 耐蚀性

塑料既不像金属那样在潮湿的空气中会生锈，也不像木材那样在潮湿的环境中会腐烂或被微生物侵蚀，另外塑料耐酸碱的腐蚀。因此塑料常常被用做化工厂的输水和输液管道、建筑物的门窗等。

5. 绝缘性

塑料的分子链是原子以共价键结合起来的，分子既不能电离，也不能在结构中传递电子，所以塑料具有绝缘性。塑料可用来制造电线的包皮、电插座、电器的外壳等。

6.1.2 塑料加工方法概要

广义而言，塑料加工是指将有机合成工厂生产的聚合物制成所需成品的整个工艺过程，可以大略区分为下列三道工序：配料（配比、着色）、一次加工（成型）、二次加工（表面处理、装配）。

1. 配料

配料是指为使有机合成工厂生产的聚合物适合最终使用目的而以化学变化或加入添加剂的办法获得所需要性能的调整工序。

塑料加工所用的原料，除聚合物外，一般还要加入各种塑料助剂（如稳定剂、增塑剂、着色剂、润滑剂、增强剂和填料等），以改善成型工艺和制品的使用性能或降低制品的成本。添加剂与聚合物经混合、均匀分散为粉料，又称为干混料。有时粉料还需经塑炼加工成粒料。这种粉料和粒料统称配合料或模塑料。

2. 一次加工（成型）

一次加工是塑料加工的关键环节，将各种形态的塑料（粉料、粒料、溶液或分散体）制成所需形状的制品或坯件。成型的方法多达三十几种。它的选择主要取决于塑料的类型（热塑性，还是热固性）、起始形态以及制品的外形和尺寸。加工热塑性塑料常用的方法有挤出成型、注射成型、压延、吹塑和热成型等，加工热固性塑料一般采用模压、传递模塑，也用注射成型。层压、模压和热成型是使塑料在平面上成型。上述塑料加工的方法均可用于橡胶加工。此外，还有以液态单体或聚合物为原料的浇铸等。在这些方法中，以挤出成型和注射成型用得最多，也是最基本的成型方法。

成型过程原则上可细分为下列工步。

（1）原料供应：从储料罐中供应粉末状或粒状原料。

（2）塑化工步：从外部加热使之具备流动性。

（3）输送工步：以螺旋输送机或气缸活塞输送机挤压送料。

（4）成型工步：在模型中成型。

（5）固化工步：通过冷却或加热使之固化。热塑性树脂通过冷却固化，热固性树脂通过加热进行交联反应而固化。

（6）制品取出装置：将制成的零件取出。

3. 二次加工（表面处理，装配）

成型后除进行截断、切削、形变、粘结、制袋外，还进行表面涂漆、电镀、印刷、刻印等加工。

机械加工是借用金属和木材等的加工方法，制造尺寸很精确或数量不多的塑料制品，也可作为成型的辅助工序，如挤出型材的锯切。由于塑料的性能与金属和木材不同，塑料的导热性差，热膨胀系数、弹性模量低，当夹具或刀具加压太大时，易于引起变形，切削时受热易熔化，且易粘附在刀具上。因此，塑料进行机械加工时，所用的刀具及相应的切削速度等都要适应塑料特点。常用的机械加工方法有锯、剪、冲、车、刨、钻、磨、抛光、螺纹加工等。此外，塑料也可用激光截断、打孔和焊接。

接合，把塑料件接合起来的方法有焊接和粘接。焊接法是使用焊条的热风焊接，使用热极的热熔焊接，以及高频焊接、摩擦焊接、感应焊接、超声焊接等。粘接法可按所用的胶粘剂，分为熔剂、树脂溶液和热熔胶粘接。

表面修饰，其目的是美化塑料制品表面，通常包括：机械修饰，即用锉、磨、抛光等工艺，去除制件上毛边、毛刺，以及修正尺寸等；涂饰，包括用涂料涂敷制件表面，用溶剂使表面增亮，用带花纹薄膜贴覆制品表面等；施彩，包括彩绘、印刷和烫印；镀金属，包括真空镀膜、电镀以及化学法镀银等。其中烫印是在加热、加压下，将烫印膜上的彩色铝箔层（或其他花纹膜层）转移到制件上。许多家用电器及建筑制品、日用品等，都用此法获得金属光泽或木纹等图案。

装配是指用粘合、焊接以及机械连接等方法，使制成的塑料件组装成完整制品的作业。例如，塑料型材经过锯切、焊接、钻孔等步骤组装成塑料窗框和塑料门。

6.1.3 塑料分类与制作

塑料种类很多，到目前为止，世界上投入生产的塑料大约有三百多种。塑料的分类方法较多，常用的有以下两种。

1. 根据塑料受热后的性质不同分类

根据塑料受热后的性质不同，塑料可分为热塑性塑料和热固性塑料。

热塑性塑料分子结构都是线形结构，在受热时发生软化或熔化，可塑制成一定的形状，冷却后又变硬。在受热到一定程度后又重新软化，冷却后又变硬，这种过程能够反复进行多次，如聚氯乙烯、聚乙烯、聚苯乙烯等。热塑性塑料成型过程比较简单，能够连续化生产，并且具有相当高的机械强度，因此发展很快。

热固性塑料的分子结构是体形结构，在受热时也发生软化，可以塑制成一定的形状，但受热到一定的程度或加入少量固化剂后，就硬化定型，再加热也不会变软和改变形状了。热固性塑料加工成型后，受热不再软化，因此不能回收再用，如酚醛塑料、氨基塑料、环氧树脂等都属于此类塑料。热固性塑料成型工艺过程比较复杂，所以连续化生产有一定的困难，但其耐热性好，不容易变形，而且价格比较低廉。

2. 根据塑料的用途不同分类

根据塑料的用途不同，塑料可分为通用塑料和工程塑料。

通用塑料是指产量大、价格低、应用范围广的塑料，主要包括聚烯烃、聚氯乙烯、聚苯乙烯、酚醛塑料和氨基塑料五大品种。人们日常生活中使用的许多制品都是由这些通用塑料制成。

工程塑料是可作为工程结构材料和代替金属制造机器零部件等的塑料，如聚酰胺、聚碳酸酯、聚甲醛、ABS树脂、聚四氟乙烯、聚酯、聚砜、聚酰亚胺等。工程塑料具有密度小，化学稳定性高，力学、性能良好，电绝缘性优越，加工成型容易等特点，广泛应用于汽车、电器、化工、机械、仪器、仪表等工业，也应用于宇宙航行、火箭、导弹等方面。

塑料是一种能减轻质量、减少加工工时、降低汽车成本的良好材料，已用于制造多种汽车零件。目前各类材料在整车质量中的比例为：钢铁为65%～70%，铝为5%～10%，塑料为10%～15%，玻璃为2%～4%，其他材料为5%～15%。

6.1.4 汽车工业用工程塑料的种类和应用

1. 尼龙

尼龙是最重要的汽车工业用工程塑料，主要用于汽车发动机及周边部件，主要品种有GFPA6、GFPA66及增强阻燃PA6等产品。由于发动机周边部件主要是发热和振动部件，其部件所用材料大多数是玻纤增强尼龙。这是因为尼龙具有较好的综合性能，用玻璃纤维改性后的尼龙，主要性能得到很大的提高，如强度、制品精度和尺寸稳定性等均有很大的提高。另外，尼龙的品种多，较易回收利用，价格相对便宜等因素促成尼龙成为发动机周边部件的理想选择材料。进气歧管是改性尼龙在汽车中最为典型的应用，德国宝马汽车公司首先将以玻璃纤维增强尼龙为原料制造的进气歧管应用在六气缸发动机上；美国福特公司与杜邦公司合作，共同用玻璃纤维增强PA66制造的进气歧管应用在V6发动机上，此后世界各大汽车公司纷纷跟进，改性尼龙进气歧管得到广泛的应用。发动机盖、发动机装饰盖及气缸头盖等部件一般都用改性尼龙作为首选材料，以气缸头盖为例，与金属材质相比，质量减轻50%，成本降低30%。除了发动机部件外，汽车的其他受力部件也可使用增强尼龙，如机油滤清器、刮水器及散热器格栅等。

汽车零部件也是PA6工程塑料最大的消费市场，超过总消费量的1/3。随着人们对汽车性能要求的不断提高和PA6工程塑料自身的发展，汽车用PA6正呈逐年上升的趋势。汽车上可使用PA6(包括改性产品)制作的部件有空气滤清器、外壳、风扇、车轮罩、导流板、车内装饰、储水器材盖、线卡以及各种车内电气插接件等。PA6/ABS具有密度低、流动性好的特点，并有良好的噪声阻尼性、耐热性、耐化学性和化学性能，可用于汽车内饰件；玻纤增强PA/ABS可替代ABS做汽车排风格栅，并有可能成为汽车排空气和除霜器护栅及车门组件，以及用于摩托车挡板的制作。现在PA9T也已在日本汽车工业上应用，如动力转向装置(齿轮结构)及滚动轴承架。PA9T耐燃油性强，适用于做汽车燃油系统部件。此外还可用于制造中间冷却器罐、发动机支架和要求低摩擦系数的滑动部件。

2. 聚酯

在汽车制造领域，PBT广泛地用于生产保险杠、化油器组件、挡泥板、扰流板、火花塞端子板、供油系统零件、仪表盘、汽车点火器、加速器及离合器踏板等部件。PBT与增强PA、PC、POM在汽车制造业中的竞争十分激烈，PA易吸水，PC的耐热性不及PBT；在汽车用途接管方面，由于PBT的抗吸水性优于PA，将会逐渐取代PA。在相对湿度较高和十分潮湿的情况下，由于潮湿易引起塑性降低，电器节点处容易引起腐蚀，常可使用改性PBT。在80℃和相对湿度为90%时，PBT仍能正常使用，并且效果很好。PBT加工性能和绝缘性能较好。PBT玻璃化温度低，加工周期短。PC/PBT和PBT/ABS等主要用于汽车内饰件。此外，由于PBT对汽油和发动机油的耐受性好，PBT也用于汽车发动机系统配件材料的生产。

3. 聚甲醛

聚甲醛树脂是高度结晶的聚合物，具有类似金属的硬度、强度和刚性，在很宽松的温度和湿度条件下都具有很好的自润滑性、良好的耐疲劳性和低摩擦系数，因此，聚甲醛主要用于定性要求比较严格的滑动和滚动机械部件上，包括齿轮、凸轮、轴承、滑轮、扣链轮和轴衬等。与金属和尼龙相比，聚甲醛具有很低的摩擦系数，是很好的轴承材料。汽车行业是 POM 最大的潜在市场。POM 质轻，加工成型简便，生产成本低廉，材料性能与金属相近。

改性 POM 的摩擦系数很低，刚性很强，非常适合制造汽车用的汽车泵、化油器部件、输油管、动力阀、万向节轴承、曲柄、把手、仪表板、汽车窗升降机装置、电开关及安全带扣等。制造轴套、齿轮及滑块等耐磨零件是改性 POM 的强项，这些部件对金属磨耗小，减少了润滑油用量，增强了部件的使用寿命，因此可以广泛替代铜和锌等金属生产轴承、齿轮和拉杆等。POM 生产的汽车部件质轻、噪声低且成型装配简便，因此在汽车制造业获得越来越广泛的应用。

4. 聚碳酸酯

PC 在汽车上也有广泛应用。PC 的高透明性使之成为车灯罩的主要生产材料。硅橡胶/PC 也可以用做汽车保险杠。而 PC 的另外一大用途是以合金的形式充当汽车内饰材料。PC/ABS 外观好，容易着色，广泛用于汽车内饰件如仪表板等。改性 PC 由于具有高力学性能和良好的外观，在汽车上主要用于外装件和内装件，用途最为广泛的是 PC/ABS 合金和 PC/PBT 合金。

5. 聚苯醚

改性 PPO 在汽车上主要用做对耐热性、阻燃性、电性能、冲击性能、尺寸稳定性及机械强度要求较高的零部件，以及一些薄壁的复杂硬质结构件，如仪表盘骨架等。PPO/PS 合金适用于潮湿、有负荷和对电绝缘要求高、尺寸稳定性好的场合，适合制造汽车轮罩、前照灯玻璃嵌槽及尾灯壳等零部件，也适合制造连接盒、熔丝盒及断路开关外壳等汽车电气元件。PPO/PA 合金由于具有优良的力学性能、尺寸稳定性、耐油性、电绝缘性和抗冲击性等性能，因此可用于制作汽车外部件，如大型挡板、缓冲垫及后阻流板等。PPO/PBT 合金的热变形温度高，对水分敏感度小，是制造汽车外板的理想材料。

6. 聚氨基甲酸酯

聚氨基甲酸酯用来制造座椅头、扶手及转向盘等，不仅可减轻汽车质量和提高舒适性，而且在碰撞的情况下可以减少人身事故。现在此塑料还用来制造车门、发动机罩、行李箱盖及散热器挡隔板等，并将用来制造车轮罩、阻流板、车身壁板、内饰件、绝热件和保证空心零件及防腐零件。

7. 多聚乙烯氯化物

多聚乙烯氯化物主要用来制造乘客室和驾驶室的内饰件：侧板、顶篷和座椅的包皮、地毯及挡风玻璃密封条和窗框等。

8. 塑料玻璃

塑料玻璃主要用来制造车身板和散热器带窗孔的前板，今后在承重零件的生产中（载重车的悬架、底盘、车架和钢板弹簧）将会大量采用塑料玻璃。

9. ABC-共聚物

ABC-共聚物是汽车工业中最广泛采用的塑料之一，其优点是外观强，力学性能好，但价格很贵，这种材料广泛用来制造仪表板及其元件、转向柱外套、扶手、照明设备、测量仪外罩、转向器柱、抗冲击板和车门等。

6.2 塑料加工工艺与设备

6.2.1 塑料成型法

塑料成型（一次加工）的方法很多，主要有以下几种。

1. 模压成型法

模压成型法即压塑，用于热固性树脂（酚醛、尿素、三聚氰酸胺、环氧、不饱和聚酯等）成型。模型内充填经过计量的材料，使工艺时间与材料的熔化速度相吻合。合模、加热加压并保持一定时间，使之固化成型。有时，为了提高成型效率和产品质量，也可将成型材料在注入模型之前先经预热。

压塑用的主要设备是压机和塑模。压机用得最多的是自给式液压机，吨位从几十吨至几百吨不等，有下压式压机和上压式压机。用于压塑的模具称为压制模，分为三类：溢料式模具、半溢料式模具和不溢式模具。

2. 注射成型法

注射成型法即注塑，是使用注塑机（或称注射机）将热塑性塑料熔体在高压下注入到模具内经冷却、固化获得产品的方法。注塑也能用于热固性塑料及泡沫塑料的成型。注塑的优点是生产速度快，效率高，操作可自动化，能成型形状复杂的零件，特别适合大量生产。缺点是设备及模具成本高，注塑机清理较困难等。

注射成型用的注射机分为柱塞式注射机和螺杆式注射机两大类，由注射系统、锁模系统和塑模三大部分组成。其成型方法可分为以下几种。

(1) 排气式注射成型。排气式注射成型应用的排气式注射机，在料筒中部设有排气口，也与真空系统相连接，当塑料塑化时，真空泵可将塑料中含有的水气、单体、挥发性物质及空气经排气口抽走；原料不必预干燥，从而提高生产效率，提高产品质量。此法特别适用于聚碳酸酯、尼龙、有机玻璃、纤维素等易吸湿的材料成型。

(2) 流动注射成型。流动注射成型可用普通移动螺杆式注射机，即塑料经不断塑化并挤入有一定温度的模具型腔内，塑料充满型腔后，螺杆停止转动，借螺杆的推力使模内物料在压力下保持适当时间，然后冷却定型。流动注射成型克服了生产大型制品的设备限制，制件质量可超过注射机的最大注射量。其特点是塑化的物件不是储存在料筒内，而是不断挤入模具中，因此它是挤出成型和注射成型相结合的一种方法。

(3) 共注射成型。共注射成型是采用具有两个或两个以上注射单元的注射机，将不同品种或不同色泽的塑料，同时或先后注入模具内的方法。用这种方法能生产多种色彩和(或)多种塑料的复合制品。有代表性的共注射成型是双色注射和多色注射。

(4) 无流道注射成型。无流道注射成型是在模具中不设置分流道，而由注射机的延伸式喷嘴直接将熔融料分注到各个模腔中的成型方法。在注射过程中，流道内的塑料保持熔融流动状态，在脱模时不与制品一同脱出，因此制件没有流道残留物。这种成型方法不仅节省原料，降低成本，而且减少工序，可以达到全自动生产。

(5) 反应注射成型。反应注射成型的原理是将反应原材料经计量装置计量后泵入混合头，在混合头中碰撞混合，然后高速注射到密闭的模具中，快速固化，脱模，取出制品。它适于加工聚氨酯、环氧树脂、不饱和聚酯树脂、有机硅树脂、醇酸树脂等一些热固性塑料和弹性体，目前主要用于聚氨酯的加工。

(6) 热固性塑料注射成型。粒状或团状热固性塑料，在严格控制温度的料筒内，通过螺杆的作用，塑化成粘塑状态，在较高的注射压力下，物料进入一定温度范围的模具内交联固化。热固性塑料注射成型除有物理状态变化外，还有化学变化，因此与热塑性塑料注射成型比，在成型设备及加工工艺上存在着很大的差别。

3. 挤出成型法

挤出成型法即挤塑，是使用挤塑机(挤出机)将加热的树脂连续通过模具，挤出所需形状的制品的方法。挤塑有时也用于热固性塑料的成型，并可用于泡沫塑料的成型。挤塑的优点是可挤出各种形状的制品，生产效率高，可自动化、连续化生产；缺点是热固性塑料不能广泛采用此法加工，制品尺寸容易产生偏差。此法常用于薄膜、板、管和电线包皮的成型。一般，在螺旋挤压机前端安装一块断面适合于制品形状要求的成型模，以一定速度将熔融树脂挤出。随后，再经控制挤出物断面形状的整形模、冷却装置、导引装置、缠绕装置或定长截割装置等，加工为成品。

4. 中空成型法

中空成型法即吹塑，是一种用于加工瓶类等中空容器的方法。先将热塑性树脂挤出或注射，预成型为管状型坯，随后放入金属型腔内并吹气，使之密贴在型腔内壁上，冷却固化成型。凡是熔体指数为 0.04~1.12 的都是比较优良的中空吹塑材料，如聚乙烯、聚氯乙烯、聚丙烯、聚苯乙烯、热塑性聚酯、聚碳酸酯、聚酰胺、醋酸纤维素和聚缩醛树脂等，其中以聚乙烯应用得最多。

(1) 注射吹塑成型。注射吹塑成型是用注射成型法先将塑料制成有底型坯，接着再将型坯移到吹塑模中吹制成中空制品。

(2) 挤出吹塑成型。挤出吹塑成型是用挤出法先将塑料制成有底型坯，接着再将型坯移到吹塑模中吹制成中空制品。

注射吹塑成型和挤出吹塑成型的不同之处是制造型坯的方法不同，吹塑过程基本上是相同的。

吹塑设备除注射机和挤出机外，主要是吹塑用的模具。吹塑模具通常由两瓣合成，其中设有冷却剂通道，分型面上小孔可插入充压气吹管。

(3) 拉伸吹塑成型。拉伸吹塑成型是双轴定向拉伸的一种吹塑成型，其方法是先将型坯进行纵向拉伸,然后用压缩空气进行吹胀达到横向拉伸。拉伸吹塑成型可使制品的透明性、冲击强度、表面硬度和刚性有很大的提高,适用于聚丙烯、聚对苯二甲酸乙二醇酯(PETP)的吹塑成型。

拉伸吹塑成型包括注射型坯定向拉伸吹塑、挤出型坯定向拉伸吹塑、多层定向拉伸吹塑、模压成型定向拉伸吹塑等。

(4) 吹塑薄膜法。吹塑薄膜法是成型热塑性薄膜的一种方法,是用挤出法先将塑料挤成管,而后借助向管内吹入的空气使其连续膨胀到一定尺寸的管式膜,冷却后折叠卷绕成双层平膜。

塑料薄膜可用许多方法制造,如吹塑、挤出、流延、压延、浇铸等,但以吹塑法应用最广泛。该方法适宜于聚乙烯、聚氯乙烯、聚酰胺等薄膜的制造。

5. 砑光成型法

砑光成型通常是将原料在平行安装着的 3 至 4 个铸钢轧辊机构内进行 2 至 3 次连续压延的方法。除压延机外,砑光成型还需可塑化原料搅拌机、混练机、开式砑磨机(精练)等设备。此外,还可用压花轧辊将压延成的塑料布加工出雅致的花纹;或是采用叠层工艺,制成贴附布衬的塑料薄板。

6. 真空成型法

真空成型的原理是,把经适当加热装置加热软化的热可塑性树脂薄板蒙敷在为进行真空吸引而钻有许多小孔的模型上,然后将其外部与周围空气密封隔绝,再从真空抽气孔把模腔内部的空气急速排除。塑料薄板在外部大气与模腔内真空压差作用下,贴附在模壁上成型,随后经喷水或空气冷却、脱模、修整,并将零件装配为成品。与此相类似的方法是,通入高压空气代替减压的,称为压气成型法。

7. 发泡成型法

发泡成型所用材料有热固性树脂或热塑性树脂。热塑性树脂主要有聚苯乙烯、ABS 树脂、聚烯烃、软质聚氯乙烯等,混入发泡剂后,使之发泡。

按照泡孔结构可将泡沫塑料分为两类,若绝大多数气孔是互相连通的,则称为开孔泡沫塑料;如果绝大多数气孔是互相分隔的,则称为闭孔泡沫塑料。开孔或闭孔的泡沫结构是由制造方法所决定的。

(1) 化学发泡。由特意加入的化学发泡剂,受热分解或原料组分间发生化学反应而产生气体,使塑料熔体充满泡孔。化学发泡剂在加热时释放出的气体有二氧化碳、氮气、氨气等。化学发泡常用于聚氨酯泡沫塑料的生产。

(2) 物理发泡。物理发泡是在塑料中溶入气体或液体,而后使其膨胀或气化发泡的方法。物理发泡适用的塑料品种较多。

(3) 机械发泡。借助机械搅拌方法使气体混入液体混合料中,然后经定型过程形成泡孔的泡沫塑料。此法常用于脲眠甲醛树脂,其他如聚乙烯醇缩甲醛、聚乙酸乙烯、聚氯乙烯溶胶等也适用。

制造汽车坐垫、靠背、安全垫所用的聚氨酯泡沫塑料就是热固性树脂。聚氨酯发泡体基本上是导氰酸酯和活性氢,实际是具有羟基的聚酯或聚醚的反应生成物。通过改变聚醚的种类,可调节泡沫塑料的硬度,得到软质、半硬质和硬质三种塑料。软质聚氨酯泡沫塑料的弹性极好，用做床垫、汽车坐垫等原料。半硬质聚氨酯泡沫塑料的冲击吸收特性强，适于制造安全保护用的汽车内饰件。硬质聚氨酯泡沫塑料的绝热性好，用做冷藏库、建筑用的绝热材料。

6.2.2 加工生产线

以注塑成型和聚氨酯发泡成型为例，说明塑料加工的成型过程。

1. 注塑成型生产线

确定注塑成型车间平面布置时，除应将各工序按图6.1所示的工艺流程合理配置外，必须考虑模型装卸、设备维修、原料运入、冷却水管排列、产品运出等问题。注塑成型机，一般可按成型压力、原料类别、产品种类区分，并成套配置，这样可提高设备利用率，容易管理，并可节省工时，有利于过程自动化。图6.2所示为塑料加工生产线平面布置的一般情况。注塑成型需要多种辅助设备，在平面布置上应考虑下述各点。

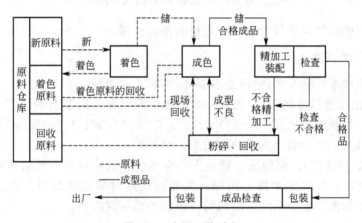

图6.1 注塑工艺过程

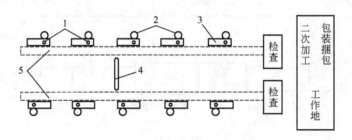

图6.2 直列式设备平面布置举例

1—料斗；2—常用料箱；3—成型机；4—警报指示器；5—中央输送机

(1) 原料输送系统。过去，向成型机中加料系由人工进行，最近已采用气动输送，如图6.3所示。

(2) 冷却系统。成型机工作油、注射部分加热筒和金属模型等的冷却用水，可采用工业用水或地下水。冷却水用过之后，可以向外排放，也可经储水池、冷却塔、制冷装置冷却后，循环使用。工厂多采用设置一处动力站的集中管理系统。

(3) 模型搬运系统。使用普通起重机把模型安装在机械上。为了能兼顾机械维修的需

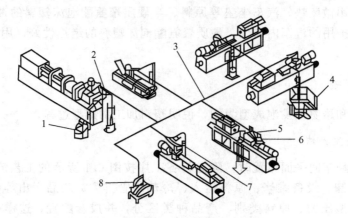

图6.3 采用气动输送机的送料系统
1—粉碎机；2—原料控制阀；3—真空管路；4—容器倾斜机；5—程序控制阀；
6—真空料斗；7—材料供给线；8—真空装置

要，在平面布置阶段就应尽量考虑到起重机的吊运范围。

2. 聚氨酯发泡成型生产线

聚氨酯发泡成型法有开式(泡沫塑料板坯)和模塑式两种。

(1) 开式(泡沫塑料板坯法)。把熔融塑料浇注到放在输送带上的"]"形牛皮纸型内，使之自由发泡，可制成尺寸至50～100m长、1.5～2.5m宽、1.5～2m高的板坯。随后再经切片机截割劈开，用于制造汽车内饰衬垫、坐垫等。

(2) 模塑式(模塑法)。模塑法一般是先将金属模具放在运行着的输送带上，在骨架放置和零件安装之后，注入定量发泡树脂，再经过一定时间发泡处理，将成品从模型中取出。图6.4所示为汽车坐垫用泡沫塑料的模铸法平面布置实例。

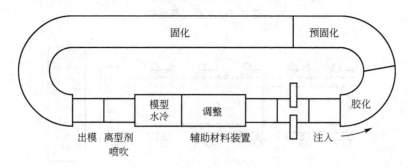

图6.4 聚氨酯模铸生产线

6.2.3 加工设备

下面简要叙述汽车塑料件主要成型法中的两种——注塑成型与压塑成型所用的加工设备。

1. 注塑成型机

树脂注射方向和模型开合方向皆为水平的，称为卧式注塑成型机；皆为垂直的，称为立式注塑成型机。卧式注塑成型机的产品容易取出，可以利用其自重下落，且便于使用起重机更换模具，用途很广。立式注塑成型机的安装面积小，但在高度上受厂房建筑限制，很少有大型设备。成型机是由树脂熔融混炼（塑性化）的注射装置和提供模型开合必需动力的模型压紧装置两部分组成。注射装置有下列三种类型。

（1）柱塞式注射装置（图6.5）。为使塑料能被均匀加热，使用鱼雷形分流梭，称为鱼雷形分流梭柱塞式注射机。

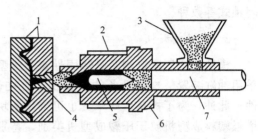

图6.5 柱塞式注射装置

1—模型；2—加热器；3—料斗；4—浇口；
5—鱼雷形分流梭；6—加热缸；7—柱塞

（2）螺旋送料式注射装置（图6.6）。树脂在通过螺旋沟槽过程中加热熔化、混炼，并使之可塑化。

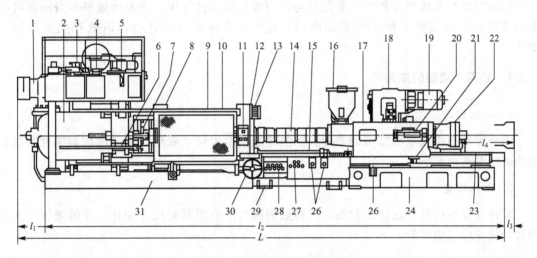

图6.6 螺旋送料式注塑成型机

1—充液阀；2—模型压紧油缸；3—模型压紧侧油管；4—油罐；5—液面针；6—模型压紧控制装置；
7—衬垫；8—移动模板；9—拉杆；10—安全门；11—运转操作箱；12—固定模板；13—拉杆螺帽；
14—螺旋送料缸；15—喷嘴接触缸；16—料斗；17—注射托架；18—螺旋驱动齿轮箱；
19—螺旋驱动电动机；20—计量控制装置；21—注射控制装置；22—注射缸；23—中间台；
24—注射侧框架；25—液面计；26—注射速度调整阀；27—压力调整阀；28—冷却水调整阀；
29—中间框架；30—微动阀；31—模型压紧框架

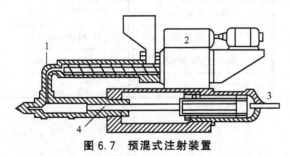

图6.7 预混式注射装置

1—单向阀；2—减速装置；3—注射冲程；4—注射柱塞

（3）预混式注射装置（图6.7）。原料可塑化与注射分别在两个缸中进行，可塑化效率高，注射时的压力损失少。模型闭合压紧装置大致可分为下列两种。

① 连杆式：以一组连杆机构和油缸直接结合，将模型闭合压紧。

② 油压滑块式：以油压驱动模塑开合，具有升压撞锤式、辅助油缸式、键楔

闭锁式等数种。

2. 压塑成型机

模型闭合压紧机构乃是热固性树脂成型广泛使用的压塑成型机的主要部分，目前普遍采用油缸装置。这种设备的投资少，且在较小的模型压紧吨位作用下，可生产大型塑料件。此外，为了提高生产率，也可采用滑块式固定成型机和回转式压塑成型机。玻璃纤维增强塑料成型机属于压塑成型机类别，特别为了大型产品，正在研制配有偏心载荷和速度控制装置的玻璃纤维增强塑料专用压塑成型机。

6.3 零件精度

树脂零件在其成型过程中，受到热与压力等外部条件作用，将发生塑料本身的固有收缩和零件形状与成型条件所引起的收缩。此外，零件成型后还会因时效作用发生尺寸变化。

6.3.1 起因于成型的变形

1. 热的收缩

由于零件出模温度和室温的差异，因热膨胀而发生尺寸变化，其值随成型温度与材料的热膨胀系数而异。

2. 弹性恢复

零件在模腔内处于压应力状态，出模后因压力消失而引起尺寸变化，其值随压力大小和材料的弹性系数而异。

3. 挥发物质的发散

在酚醛树脂、三聚氰酰胺树脂、尿素树脂、尼龙树脂等塑料中含有水分等易挥发物质，由于与外界大气间的平衡变化，发生水分的吸收与蒸发，引起零件尺寸变动。塑料成型收缩率的一般情况见表6-3。

表6-3 成型收缩率

树脂类型	收缩率	树脂类型	收缩率
丙烯酸酯类树脂	0.002~0.007	聚乙烯树脂	0.020~0.030
ABS树脂	0.004~0.006	聚丙烯树脂	0.010~0.020
聚酰胺树脂	0.008~0.022	聚苯乙烯树脂	0.002~0.008
聚碳酸树脂	0.003~0.007		

6.3.2 起因于时效的变形

1. 应力变化

成型时的热能与力能的一部分以内应力状态残存于零件中,此外,在形状复杂的零件内,还因壁厚差异导致冷却、收缩不均匀,也会形成应力。这些应力随停放时间的延长,逐渐减弱。

2. 固化反应的进行

在热固性树脂中发生的现象,是因成型时热或塑化剂的化学变化尚未完成,部分继续进行固化所致,其情况如图 6.8 所示。

3. 挥发分的放出

成型原料中所含的水分大部分保留在成品内,由于水分逐渐蒸发,引起体积收缩。

4. 结晶过程的进行

聚乙烯树脂、聚丙烯树脂、聚酰胺树脂等结晶性树脂,如果成型时结晶过程尚未完成,成型后将继续进行结晶。

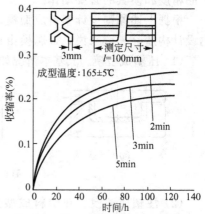

图 6.8 固化时间与收缩率的关系
(酚醛树脂 PM-EG120℃)

6.4 塑料成型用模型

6.4.1 模型设计

机械、材料与模型是塑料成型的三个要素。其中,若机械与材料已经预先确定,可以认为,产品质量决定于模型。模型设计的要点如下所述。

1. 尺寸

在确定模腔尺寸时,应计入成品收缩率,进而确定拔模角度、壁厚和加强筋的位置。

2. 产品价值

为了获得必要的产品质量,应确定模腔的表面精度、分型面位置、浇口位置和产品顶出位置。

3. 生产周期

生产周期因冷却与加热方法、产品壁厚、浇口位置而异,应予考虑。

4. 模具寿命

因模具材料与热处理条件而异。由于经常施加大的模具压紧力和高的模腔内压力,必须进行模具强度分析。

5. 工艺性

必须便于模具镶块、成型时的原料投入与成品取出。此外,还应考虑分型面和浇口位置,以利于毛边清理与浇口去除。

6. 加工性与精度

为了便于模具加工,应将模具适当分隔,并做沉割。同时必须考虑加工精度,以保证产品精度和模具的必要动作。

根据上述原则设计塑料成型模。以下分别叙述压塑成型模、注塑成型模与挤塑成型模的设计构造。一般来说,金属模由钢材制成。

(1) 压塑成型模。其基本情况如图 6.9 所示,可分为三种类型,一般广泛使用半压入型。

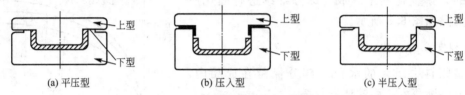

图 6.9 压塑成型模的三种类型

(2) 注塑成型模。在塑料成型方法中,注塑成型法是用于制造最复杂产品的一种方法。因此,所用模具的复杂程度和精度也高。其一般构造如图 6.10 所示。

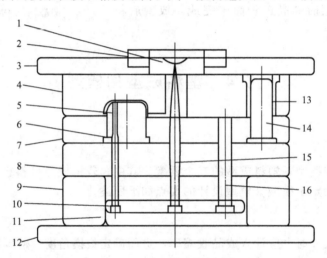

图 6.10 注塑成型模

1—浇口衬套(JISB5112);2—定位环(JISB5111);3—固定侧安装板;4—固定侧型板(JISB5106);
5—型芯;6—探出销钉(JISB5108);7—可动侧型板(JISB5106);8—托板(JISB5106);
9—调整垫块;10—探出板上;11—探出板下;12—可动侧安装板;13—导销垫套(JISB5110);
14—导销(JISB5107);15—浇口锁销;16—同程销(JISB5109)

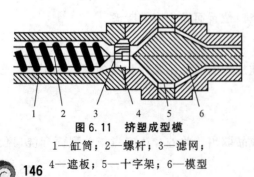

图 6.11 挤塑成型模

1—缸筒;2—螺杆;3—滤网;
4—遮板;5—十字架;6—模型

(3) 挤塑成型模。挤塑成型模直接装在挤塑机上。由于背压和整流的需要,其间设置滤网与遮板,如图 6.11 所示。

6.4.2 模型制造

塑料模用料大部分是钢。如同冷冲模与压铸模一样,模具制造一般以切削加工为主。模具的主要部位——模膛的加工过程如下。

1. 模膛加工

一般来说，在靠模铣床上进行仿形加工。可用人工操纵的小型靠模铣床，也可用大型靠模铣床。此外，所用的特殊加工方法有冷挤压制模法、肖氏精密铸造法、电极沉积铸造法、电火花加工法等数种。

2. 模膛精加工

继仿形加工后，进行模膛精加工的手工作业，其顺序是：碘化硅、氧化锡砂轮磨削，砂纸打磨，油面打磨，橡皮砂轮研磨，金刚石抛光剂研磨、抛光。根据模膛的精度要求，确定最后加工至哪道工序为止。

6.5 在汽车中的应用及汽车用塑料的发展趋势

6.5.1 保险杠

保险杠是汽车上较大的外覆盖件之一，作为一个独立的总成安装在汽车上，它对车辆的安全防护、造型效果、空气动力性等有着较大的影响。其作用有两方面：保护作用，当汽车与其他车辆或障碍物发生碰撞时，避免损伤车身和附件；装饰作用。因此，国内外十分重视保险杠的研究。特别是轿车保险杠，众多厂家更是追求造型优美、结构独特和由不同材料组合而成的新型保险杠。功能齐全的保险杠还可为汽车厂家带来可观的经济效益。此外，为了降低成本和油耗，汽车轻量化要求越来越高，密度较小、防腐性能更好的塑料材料在汽车保险杠上的用量正在逐年递增。

图 6.12 所示为保险杠的结构示意图。这种结构形式的保险杠由横杠、侧角（有的无侧角）和托架组成。横杠断面为 H 形，内侧装有加强件，用螺钉和 U 形件固定在一起，以增加横杠的强度和刚度。横杠通过托架装到车架或车身支撑梁上。塑料用做汽车保险杠具有以下的优势：质量轻，成本低，可循环利用，设计自由度高，安全性能好，冲击韧性好，成型容易。

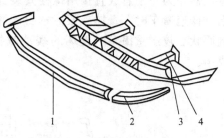

图 6.12 保险杠结构
1—横杠；2—侧角；
3—横杠内侧加强件；4—托架

1. 汽车保险杠的类别

汽车保险杠按位置，可分为前保险杠和后保险杠。

汽车保险杠按其使用的材料，可分为金属材料保险杠和非金属材料保险杠。金属材料保险杠一般用高强度钢板冲压而成。这种钢板既有较高的强度，又有良好的冲压性能，与一般热轧钢板相比，其厚度可以减薄，从而降低材料消耗和减轻质量。如使用含磷高强度冲压钢板，与普通钢板相比，强度提高 15%～30%，厚度减薄 10%左右。金属材料保险杠一般用于客车和货车。非金属材料保险杠采用模压塑料板材、改性 PP 材料，也可用玻璃纤维增强塑料，这些材料的力学性能接近冷轧钢板，密度仅为钢材 1/5。非金属材料保险杠一般用于轿车。

汽车保险杠按其功能，可分为非吸能型保险杠和吸能型保险杠。

1) 非吸能型保险杠

非吸能型是一种最简单的结构性形式。这种保险杠只起装饰作用，不起保护作用。当发生追尾撞车和车头相撞事故时，该类型的塑料保险杠没有足够的强度和刚度来抵御强烈的碰撞，不起保护作用，将导致轿车翼子板开裂，散热器和灯具严重损坏，客车则损坏前围。重者损坏风窗玻璃，转向盘和仪表板发生严重变形，甚至对驾驶员构成致命伤害。

2) 吸能型保险杠

吸能型保险杠又可分为液压缓冲型保险杠和自身吸能型保险杠。

(1) 液压缓冲型保险杠。这类保险杠如图 6.13 所示。横杠内侧加强件通过橡胶垫与液压缓冲减振器的活塞杆相连接，活塞杆为空心结构，内装有浮动活塞，活塞将其分隔成左右两腔，左腔充满氮气，右腔充满机械油，活塞杆外圆柱面与液压缸内圆柱面滑动配合，液压缸内的机械油与活塞杆右腔相通，当汽车与障碍物碰撞时，保险横杠受到的冲击力传到活塞杆上，活塞杆端部向右移动，挤压机械油按箭头所示方向经节流孔压向活塞杆右腔，推动浮动活塞向左移动，并使氮气受到压缩。这样，利用机械油通过节流孔时的黏性阻力吸收撞击能量，吸收能量的效率高达 80%。这类油气弹簧式的缓冲减振器有效地利用了气体缓冲、液体节流减振的工作方式，工作特性比较稳定。撞后被压缩的气体能推动浮动活塞运动，使保险杠复位。液压缸后部的塑性变形元件为第二级变形元件，一旦冲撞力超过了某一极限，活塞杆的端部直接顶上该变形元件(空心钢管类)使其变形吸能。缓冲减振器作为一个总成直接用螺栓安装到车身纵梁上，变形元件的右端则顶在纵梁的内台阶上。低速撞车时，缓冲减振器本身缓冲、吸能，不会损坏车身，撞后保险杠系统能自动恢复原状。较严重撞车时损坏的缓冲减振器总成可很方便地更换，极为有效地降低了修车成本。

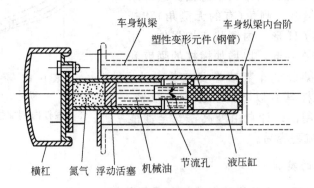

图 6.13 液压缓冲型保险杠

(2) 自身吸能型保险杠。自身吸能型保险杠通常由横杠、内衬加强件和树脂类泡沫填料等组成。碰撞时利用泡沫材料或非金属内衬元件的变形吸收能量。此类结构多用于中、低档轿车。

另外，出于保护行人的要求，目前国外也在研究一种带安全气囊的汽车保险杠，它是在汽车与行人发生正面碰撞的紧急状态下使行人免受伤害或减轻伤害的被动安全装置。该装置由传感器、充气泵和气囊等部件组成，并集中装入保险杠内。在行人触及保险杠的瞬间，保险杠内藏推板迅速落下，阻止行人被撞后倒在车底下。同时，装在保险杠上的传感器被触发，点火回路导通，闪动火花，引燃充气泵内气体发生器的固体燃料，燃料燃烧释放出大量的氮气，并达到约1000℃的高温，气体通过冷却器降温后，进入滤清器，经过滤后的清洁气体迅速充入内藏的楔状气囊，使其向前张开，托起被碰撞的行人。与此同时，保险杠两侧的翼状气囊充气后向两侧举升，防止行人滚落到公路上，并控制汽车实施紧急制动。国外用假人模拟试验测得传感器检测行人撞车信号的响应时间为20ms，点火时间为2ms，气体开始排出时间为3ms，气囊充气膨胀时间为30ms，累计时间为55ms，整个过程是在极短的时间内完成的，撞车当事人几乎无法察觉(人的反应时间约为0.25s)。待人明白发生撞车事故时，撞车已经结束了。在撞车事故中不可能本能地保护自己，靠这种新型的被动安全装置可减轻伤害。

塑料保险杠按软硬程度可分为两大类。一类是软质保险杠，一般采用反应注射成型 (RIM)聚氨酯，该保险杠吸收冲击能高，但价格较高，适用于高档汽车；另一类是普通汽车使用的硬质保险杠，主要是采用改性PP注射成型的。表6-4列出了常用塑料保险杠品种及其特性。

表6-4 常用塑料保险杠品种及其特性

品种	保险杠特性	使用举例	材料成本顺序①	刚性支持方法
RIM聚氨酯保险杠	1. 软饰； 2. 耐冲击性能好； 3. 弹性好、安装方便	丰田重工 日产 三菱重工	1	衬钢板
EPR保险杠 (EPDM)	特性几乎和RIM保险杠相同	福特 伏克斯瓦根	2	衬钢板
改性PP保险杠	1. 作为树脂的本身，具有回复力； 2. 可取代EPR保险杠； 3. 不用金属衬板可以保持刚性； 4. 成本低	本田科研 菲亚特 伏克斯瓦根 雷诺 日产 东洋工业 丰田重工	4	靠塑料本身的刚性支持
	取代EPR保险杠		3	衬钢板

① 1(高)→4(低)。

由于汽车工业飞速发展，汽车数量与日俱增，不可避免地要发生汽车交通事故。为了把这种事故减少到最低限度，世界各国除了开发汽车被动安全装置以外，还在积极研制多功能型的保险杠。这种保险杠不仅起到装饰和美化汽车的作用，更重要的是起安全保护作用。因此，这种实用型的保险杠具有广阔的发展前景，有待于更深入的研究和开发。

2. 汽车保险杠的质量要求

保险杠系统是轿车车身的重要组成部分。其作用为当轿车与其他车辆或障碍物发生碰撞时能保护车身和附件，具体说就是保护翼子板、散热器、发动机罩和灯具等部件。轻微事故时保险杠系统能吸收冲击能量，撞后自动恢复原状，有效地降低了轿车的修理费用。遇上严重的撞车事故时，冲击力经保险横杠被合理导向分散给整个车身，以避免局部区域变形过大，保证乘客有足够的生存空间。轿车保险杠的附加功能是装饰和美化车身，优美的保险杠造型常能达到吸引顾客之功效。

随着世界各国对车辆行驶安全的重视，许多国家均制定了相关安全法规。中国对保险杠也制定了相应的标准。国家标准《客车通用技术条件》中规定：客车应装前保险杠，并应有在车速为 3km/h，先碰上坚硬障碍物而不得损伤车身的效能。QC/T 487—1999《汽车保险杠的位置尺寸》对汽车保险杠试验障碍物的尺寸和质量也做了明确的规定：试验用障壁的总有效质量不小于 40t，基础应牢固，最小尺寸长 3.2m、高 1.5m、厚 1m 的一面钢筋混凝土短壁。这些严格的法规规定将保险杠的安全保险功能放在首位，在此前提下再考虑装饰性。于是，安全型保险杠的研究和开发成为各国汽车工业的热点之一，它代表了今后一段时期世界各国汽车保险杠的发展趋势。表 6-5 列出了汽车 PP 保险杠要求的特性和树脂必要特性，表 6-6 列出了桑塔纳轿车保险杠专用料的一般技术要求。

表 6-5　PP 保险杠要求特性和树脂必要特性

保险杠要求特性	树脂必要特性	树脂改性方法
在低速下发生冲撞时，能防止车辆损伤	高冲击强度	EPR 改性 PP
外观： 设计自由 不发生热变形 对环境不敏感 耐划伤 裂纹 缩孔	流动性好 耐热 耐化学药品性能好 表面硬度高 耐老化性能好 耐磨性能好	基础树脂流动性能好 无机填充剂增强 加 UV 稳定剂
刚性好	刚性好	无机填充剂增强
涂漆性能好		无机填充剂，EPR 改性

表 6-6　桑塔纳轿车保险杠专用料的技术要求

项目		技术指标
密度/(g/cm³)		0.87～0.92
熔体流动速率(230℃，50N)/(g/10min)		7～20
抗拉强度/MPa		14
伸长率/(%)		≥400
弯曲强度/MPa	-40℃	18～63
	23℃	≥18
	80℃	≥6
球压硬度/MPa		28±4
缺口冲击强度 23℃/(J/m)		不断裂

(续)

项目	技术指标
热变形温度/℃	≥100
耐热性	90℃×24h，完整的成品件不允许有变化，尺寸变化≤0.5%
耐低温性	−40℃×24h，完整的成品件用800g钢球从65cm高度落下，要求成品件不出现任何损伤
耐燃烧性	230mm×90mm×产品厚度（单位：mm），在燃烧箱里垂直燃烧，要求自动熄火
耐气候老化性	在人工气候老化箱中试验3000h后，不允许有粉化、裂纹、颜色等的外观变化

汽车保险杠是一种表面积较大、形状复杂的薄壁大型结构部件，各国对汽车塑料保险杠均制定了相关安全技术标准。因此对保险杠材料而言，不仅要求具有优异的高、低温冲击韧性、刚性、耐老化性、耐热性、耐寒性，还应具有耐汽油、润滑油、油漆等性能。

保险杠用材料的性能要求如下所述。

（1）在较宽的温度范围内刚性高、抗冲击性能好。

（2）尺寸稳定性好。

（3）耐溶剂性好。

（4）不喷涂的情况下耐候性好。

（5）涂装性好。

（6）大型件的成型方便。

近年来，随着PP复合技术和塑料成型加工技术的进展，使用改性PP材料生产的保险杠已占70%。改性PP保险杠具有成本低、质量轻、可循环再利用等优势，用量正逐渐增大，并正取代其他各种类型的保险杠。1976年，意大利菲亚特公司采用德国赫斯特公司PP与E/P共聚物的共混料制作出世界上第一副保险杠，并使用在FIAT 126型轿车上。此后，PP作为一种物美价廉的新型通用塑料在汽车领域内广泛应用。

中国车用保险杠市场潜力巨大，所以国内许多汽车厂家和树脂研究开发机构在这方面做了许多工作。目前，国内生产保险杠料的方法大都采用均聚PP或共聚PP，然后加入过氧化物调节相对分子质量，与EPDM共混挤出造粒，制得用于工业化生产的保险杠专用料。例如，中国科学院长春应用化学研究（简称中科院长春应化所）所采用EPDM增韧剂，在原料中加入二异丙苯类过氧化物，再使橡胶形成微交联结构，同时橡胶相与塑料相之间形成一定程度的共交联结构，材料的抗拉强度明显提高。通过加入滑石粉、碳酸钙等无机填料，确保了材料的弯曲强度、热变形温度和硬度等指标不下降。

国内研制PP保险杠材料的主要单位有北京化工研究院、中科院化学所、中科院长春应用化学所、扬子石油化工股份有限公司(简称扬子石化公司)研究院、燕山石化公司、北京化工大学、金陵石化公司、清华大学、华东理工大学等。表6-7列出了他们生产或研制的汽车PP保险杠专用料的技术指标，表6-8列出了国外PP汽车保险杠专用料的技术指标。

表6-7 国内汽车PP保险杠专用料的技术指标

性能		北京化工研究院	扬子石化公司 YZA-5	中科院化学所 KH-UHTPP1	中科院化学所 KH-UHTPP2	中科院长春应化所
密度/(g/cm³)		0.91	0.91~0.97	0.9		
熔体流动速率/(g/10min)		3.95	2.0~6.0	2~4	5~7	4~6
抗拉强度/MPa		19	>20	21	19	18~28
伸长率/(%)		>360	>400	500	600	500~800
弯曲强度/MPa		720		850	22	17~21
弹性模量/MPa		935.2	600~900			
缺口冲击强度/(J/m)	23℃	720	>600		600~750	490~784
	-30℃	720	>600		90~120	≥98
热变形温度/℃		94.5	90	90		
洛氏硬度/HR			60			
收缩率/(%)		0.95~1.05	1.2(0.1)			

性能		清华大学	燕山石化公司	金陵石化	辽阳化纤	岳阳石化	华东理工大学
密度/(g/cm³)				0.92			
熔体流动速率/(g/10min)		5	14.8	6.2	5	2.5~10	
抗拉强度/MPa		13~15	17.5	19.2		20~32	22.7
伸长率/(%)		200~760	480	420		300~600	
弯曲强度/MPa		19~24	14.6	25.1	23	23~28	28
弹性模量/MPa				911			613
缺口冲击强度/(J/m)	23℃		583.2	580	500	25~50	不断
	-30℃		583.2	86	500		898
热变形温度/℃				108	90	103~125	
洛氏硬度/HR				65			
收缩率/(%)				1.3			0.924

表6-8 国外PP汽车保险杠专用材料的技术指标

厂商及牌号	熔体流动速率/(g/10min)	抗拉强度/MPa	伸长率/(%)	弯曲强度/MPa	缺口冲击强度/(J/m) 23℃	缺口冲击强度/(J/m) -30℃	热变形温度/℃	洛氏硬度/HR	收缩率/(%)
Amoco公司									
3143	2.5	26.09	>200		694.2		82.2	82	
3243	5.0	25.40	>200		587.4		98.8	84	
Montedison公司									
SP32G81-1080	3.6	23	500	30		69	108	75	
SP25G81-1066	3.1	26	142	31		53	108	79	
SP25/IG81-1006	2.2	25	174	31		62	99	78	
SP150G81-00990	3.8	16	500	22		95	85	60	
SP25 GN	3.3	22	500	28		76	98	70	
SP200G81-1081	4.4	17	500	30		82	97	63	
日本三菱油化公司	1.7~2.2	15~33	200~760	19~24	490	44~98			
日本三井油化公司									
NoblenBP-B6	10.0	15	>500	19	不破坏		86	46	1.0~1.1
NoblenBP-BM	10.1	18	>500	23	不破坏		102	38	1.1~1.2
NoblenBP-A9	7.0	14	>500	16	不破坏		98	50	1.0~1.1
BASF公司									
Novolen2500hx	2.1	26			2.0	6	80		
Novolen2800jx	2.5	18			不断	20	60		
Hoechst公司									
PPNVP8008	1.1				不断	不断	85	28	
PPNVP8018	1.2				35	16	92	38	
PPNVP8027	3.5				35	10	105	48	
荷兰DSM公司	11.12	16.1	450	23	不断				
NS公司									
HimutSP1041	4	17	>400	20.5	500	100			

除PP外,目前用做汽车保险杠的材料主要有PC、PC/PBT(聚对苯二甲酸丁二醇酯)、TPO(聚烯烃类热塑性弹性体)、PU(RIM)、PU(R-RIM)及改性复合材料等。

日本在塑料保险杠的开发方面处于世界的前列,日本本田CR-X型汽车在世界上较早采用注射模塑法改性汽车保险杠。日产汽车公司和三菱油化公司也研制了由PP嵌段共聚物、苯乙烯弹性体和聚烯烃系乙丙橡胶三种组分配制的新材料制作的保险杠。用该体系生产的保险杠具有高刚性、抗冲击性、抗损伤,并具有良好的光泽、弹性和涂装性。将保险杠装车后,在8km/h受冲撞时可不碎裂,并具有可复原的弹性。这种材料还具有装饰美观,可注射成型等特点;在性能方面与PU差不多,成本则减少10%~20%。

世界上最大的PP生产公司Himont近年来开发的新Catal-loy聚合技术使PP性能得到大幅度改进和提高。它可以在反应器中直接生产出改性的PP合金,提高了油漆性、耐刮伤性和耐热性。该公司开发的第一个在反应器中改性的聚烯烃Hifax热塑性弹性体CA

系列现有四个品级，其弯曲模量为103～758MPa，适用于保险杠横梁。Himont公司坚信PP保险杠可以取代其他塑料，占有越来越广泛的市场。

据报道，北美汽车工业TPO的使用量年增长率超过10%。欧洲从1978年开始使用TPO保险杠，目前塑料保险杠的80%以上都用TPO制造。

美国GM公司正在广泛采用TPO取代RIM PU做保险杠。福特公司正逐步停用PC/PBT保险杠。克莱斯勒公司长期以来一直使用TPO保险杠，并计划用TPO取代其他材料。TPO在市场所占份额持续上升的一个重要原因就是材料性能的改善。例如，MAZDA汽车保险杠壁厚原为3.0mm，改用D&S塑料公司新一代TPOSequel1440后，壁厚减至2.5mm，质量减轻31%，模塑时间缩短15s。与原TPO相比，Sequel系列弯曲模量、抗拉强度和熔体流动速率均有大幅度提高。此外，新一代TPO的耐低温冲击性、耐化学品性和涂装性也较优越。

3. 汽车保险杠的典型成型工艺

在众多的塑料材料中，PP/EPDM共混料由于其价格低廉、易加工成型和优良的柔韧性而更受到汽车保险杠制造厂商的青睐。EPDM是乙烯丙烯二烯烃三元共聚物。PP中添加EPDM主要是改善材料的柔韧性，提高冲击韧性，尤其是耐低温冲击性，同时对涂料的附着力也有改善。EPDM一般用冷拌的方法加入，也可用接枝共聚的新方法。EPDM添加量为10%～40%。

下面简单介绍一下汽车保险杠的成型方法及工艺。

1) 注射成型

PP保险杠普遍采用注射成型工艺，其主要优点是可成型形状比较复杂的产品，生产效率较高，能赋予制品必要的刚性等。其缺点是必须采用流动性较佳的原料，制品的坚固性较差，受冲撞时易断裂，小批量生产成本高。中国PP保险杠均采用注射成型，如上海桑塔纳轿车保险杠由江苏省江阴塑料有限公司用北京化工研究院的保险杠专用料注射成型。一汽奥迪车保险杠由铁岭市橡胶制品厂以国产的PP/EPDM共混料为原料，引进日本模具和宇部兴产公司ST2500机，采用注射成型，机械手自动取件生产保险杠，产品性能超过德国同类产品。

其生产工艺过程如下：

将EPDM塑炼成薄片，切成粒状(4～6mm)长×(2～3mm)厚。在室温下往混合机中先加入粒状的EPDM，再加入粉末状光稳定剂UV-327和抗氧化剂1010，三者先充分搅拌分散均匀，因胶有黏性，能粘住粉末状紫外线吸收剂、抗氧化剂，免得其落到混合器底影响分散，再加入PP和黑色色母粒，常温下混合分散均匀。然后，用双螺杆混炼挤出机挤出，温度为180～220℃，挤条冷却后切成粒状，同时烘干制成PP/EPDM共混热塑性弹性粒料。干燥至水分含量不大于0.06%，灰分不大于0.4%。在190～230℃的温度下用注塑机注射成型，再烘干待用。

2) 吹塑成型

随着吹塑成型设备和操作技术的不断改进，高相对分子质量PP共聚物聚合技术的开发，以及模具设计和制作技术的进步，目前国外已经能够采用吹塑成型技术来生产PP保险杠。吹塑成型与注射成型相比具有以下优点。

(1) 可采用重均相对分子质量高达35万以上的嵌段共聚PP作为基础树脂进行改性的

PP/EPDM 共混料进行加工，极大地提高产品的低温韧性和强度性能。

（2）保险杠可吹塑成双层壁的中空结构。正面是光滑平整的，而背面则制成波纹结构，使其具有很高的刚性和弯曲强度。

（3）制品表面不存在料流熔接缝及加强筋所造成的塌坑等缺陷，故整体性能及平整性能均较好，外观质量大幅度改善。

（4）相对注射模具而言，吹塑模具不仅结构简单，制作容易，价格低廉，且易于更改产品的外形设计。

（5）由于是在低压下采用高相对分子质量的树脂吹塑而成的，故制品中残留的内应力很小，抗撞击韧性好。

（6）虽然双层结构使得制品的质量要比注射成型时高出 70%，但注射成型的保险杠需要和钢制的保险杠组装在一起时才可使用。而吹塑成型的保险杠则是和一个由回收的边角料吹塑成型的塑料支撑架组装在一起使用的。故整个保险杠部件的质量及成本比注塑产品低。

吹塑模塑保险杠的缺点是：由于单件冷却，制品的成型周期较长；难以制取形状复杂制品，表面粗糙度也较难以达到注塑制品的水平。

德国 Hoechst 公司供吹塑或注塑模塑用的 PP/EPDM 共混料的主要性能列于表 6-9 中，从表中数据可以看出高的相对分子质量赋予吹塑模塑级塑料较好的强度和低温韧性。具有高的熔体强度的高相对分子质量丙烯乙烯嵌段共聚物的开发成功，使吹塑模塑技术成功地用于制造保险杠，并使它能像注塑成型的保险杠那样，满足在 -30℃ 下冲撞试验的要求。

表 6-9　Hoechst 公司的吹塑级和注塑级保险杠专用 PP 共混料的性能对比

项目		注塑模型用		吹塑模型用
		PPKVP1018	PPN8018	PPH8018
熔体流动速率/(g/10min)		2.5	8	<2
密度/(g/cm^3)		0.904	0.905	0.90
球压硬度/MPa		48	38	34
弯曲强度/MPa		950	750	550
抗拉强度/MPa		17	16	18
断裂伸长率(%)		400	400	500
缺口冲击强度/(J/m)	23℃	35	35	不断
	-20℃	11	16	45
30~100℃的热膨胀系数/℃$^{-1}$		1.7×10^{-4}	1.7×10^{-4}	(1~2)×10^{-4}

目前吹塑模塑技术已成功地用于制造保险杠。美国 GE 公司生产的 PC/PBT 合金材料吹塑保险杠已用于福特汽车上。Himont 公司的 TPO 树脂已吹塑成卡车保险杠。Borg-Warner 公司采用 CycolacLXB 吹塑级 ABS 已成功吹塑外观漂亮、冲击性能良好的保险杠。

4. 汽车保险杠的产品设计

如前所述，保险杠是汽车上较大的外覆盖件之一，作为一个独立的总成安装在汽车上，它对车辆的安全防护、造型效果、空气动力性等有着较大的影响。因此，保险杠结构设计有着较严格的外部约束条件和复杂的内部结构关系，在具体的设计过程中，会遇到诸多因素的制约。保险杠结构组成见表 6-10。

表 6-10 保险杠结构组成

名称	功用及说明	常用材料
保险杠支架	连接保险杠总成与车体纵梁	08A1 厚 2.0mm
保险杠骨架	安全防护主要承力件，一般灯口区域和端部设有加强结构	08A1 厚 0.2～2.0mm SMC 厚 3.0mm
保险杠面罩	装饰、外形效果、空气动力性	改性 PP 厚 3.6mm
保险杠侧导向架	保险杠后部两侧可靠定位连接，保证与翼子板间隙，防止保险杠后侧面变形	改性 PP 厚 2.0mm
保险杠横梁	缓冲吸能，连接面罩与骨架	改性 PP 厚 2.0mm
进风口格栅	通风、装饰造型效果	改性 PP 厚 2.0mm
装饰条	也叫防擦条，设计成独立装配件，擦碰伤后可单独替换	改性 PP 厚 3.6mm
扰流板	结构变化对空气动力性影响较大，一般设计独立安装结构	改性 PP 厚 3.6mm

如前所述，保险杠的主要功能是安全防护，因此其结构要求具有足够的强度、刚度，并兼有对装备件、人、车的保护作用，即起缓冲吸能作用；另一方面，应满足整车造型效果及空气动力性的要求。

1) 材料结构设计

保险杠面罩与横梁都是大型薄壁注塑件，面罩同时又是外覆盖件，要求所用材料在注塑过程中有较好的流动性，并具备较好的制件精度和耐紫外线稳定性，一般采用改性 PP。在结构设计中，应综合考虑几何形状与成型特点，使模具分型面满足成型工艺要求。

(1) 脱模斜度、方向及分型面。为便于塑料件从模具型腔中取出或从塑料件中抽出型芯，在设计时必须考虑塑料件内外壁应具有足够的脱模斜度。当保险杠结构件材料选用改性 PP 时，一般取 $30'～1°$ 脱模斜度。脱模方向及分型面同脱模斜度是同时确定的，又是塑料件结构设计的基准和依据，所以应本着分型面尽量简单的原则，减少分型面处飞边对制件的影响，在结构处理上应尽量避免飞边或使其易于清除。

(2) 壁厚。塑料件的壁厚取决于对其性能的要求，如结构强度、尺寸稳定性、装配等，一般为 1～6mm，最常用的值为 2～3mm，面罩一般取 3～4mm，横梁取 2～3mm。同时，应尽量使壁厚均匀一致，以避免因壁厚变化造成的缩孔、气泡、塌坑等缺陷影响制件质量。如结构需要，壁厚不均匀度应在 1:1.5～1:2 范围内。

(3) 加强筋。为了确保塑料件的强度和刚度，而又不致使塑料件的壁厚过厚，可在塑料件的适当部位设置加强筋。但有时必须采用较高的加强筋时，如横梁结构基本上是由纵横交错的筋构成，筋的高度一般不应超过 40mm，尖端厚为 1.2～2mm，并取合理的脱模斜度，以利于模具的加工和制成品脱模。

2) 保险杠材料设计

PP 是目前使用最多的保险杠材料，所以这里主要介绍 PP 材料在用做保险杠方面的性能设计。众所周知，PP 是一种综合性能优良的通用塑料，但 PP 本身低温性能、抗冲击性能差，耐老化性及尺寸稳定性差，难以满足汽车保险杠对材料性能的苛刻要求。因此，在汽车保险杠中使用的 PP 材料均为改性 PP。

根据汽车行业对保险杠的要求，以及保险杠材料构成上的差异，PP 汽车保险杠专用料可以从以下几个方面进行性能设计。

(1) PP 与弹性体共混料。PP 共混改性是用增容剂、增强剂、填充剂、偶联剂、交联剂、熔体流动速率调节剂以及抗老化剂等与 PP 基料共混，使 PP 改性，大幅度提高其性能。采用各种合成橡胶和 PP 进行共混改善 PP 的低温韧性，是生产 PP 保险杠专用料的传统工艺。大部分保险杠专用料采用 EPDM 增韧。目前国外还有 SBS、SEBS（苯乙烯-乙烯-丁二烯-苯乙烯嵌段共聚物）等增韧，或 EPDM 与 SEBS、EPDM 与 PE 并用等。中国保险杠专用料则主要采用 PP/EPDM 共混改性。

影响共混料性能的主要因素有基础树脂的相对分子质量、相对分子质量分布、共混料中各组分的比例和特征，以及对橡胶的交联处理等。随着基础树脂相对分子质量的提高，韧性将得以改善，但流动性会明显下降，从而给加工带来困难。解决途径有以下两个。

① 过氧化物热降解技术。目前认为比较理想的方法是采用过氧化物热降解技术，由相对分子质量较高的基础树脂来制取所需的高流动性材料。用此技术生产的树脂，与具有相同熔体流动速率的直接聚合技术合成的树脂相比，相对分子质量分布窄，加工性能好（不易翘曲），刚性和低温冲击性能均较高。

国外许多厂商均采用这一技术来制造 PP 保险杠专用料，如 Hoechs 公司的 PPN8018、Huls 公司的 4402L、美国 Himont 公司的 8623、Exxon 公司的 146；日本东燃石油化学公司的 EL-08-3、三菱油化公司的 BX2D 与 BX4A 等。

中国制造保险杠的方法与此类似。例如，北京化工研究院承担的国家"八五"攻关项目，用适量 PP、EPDM 和其他助剂（填料、抗氧化剂、偶联剂等）共混的方法，研制出 APB-123 牌号的 PP/EPDM 保险杠材料，现已被上海大众公司所采用，替代进口料。燕山石化公司树脂所以均聚 PP 与共聚 PP 为基料，以 EPDM 为增韧剂，添加无机填料和相容剂等，通过共混法制成汽车保险杠专用料。

② 动态硫化技术。动态硫化是对含有橡胶的橡塑共混料硫化的过程，其中橡胶在高剪切条件下硫化，在橡胶交联的同时以"微粒凝胶"的形式分散在聚烯烃基质中。动态硫化是在橡胶的硫化温度或高于硫化温度下混合橡胶和塑料组分后实现的。混合用设备采用密炼机、双螺杆挤压机等。经动态硫化后的共混料在橡胶相内部形成交联结构，同时在橡胶相和塑料相之间形成一定程度的共交联结构。通过此方法制成的 PP/PDM 保险杠专用料与传统的共混方法相比，具有更好的耐热性、流动性、均衡的刚性和韧性。专利 US 4829125 介绍了一种动态硫化法生产保险杠的技术。

国内有些单位采用动态硫化法生产或研制保险杠专用料，如扬子石化公司研究院、金陵石化公司等。中科院长春应学所以 EPDM 增韧 PP，采用对共混料进行可控降解的方法，使物料的熔体流动速率在 4~169g/10min 范围内任意调节，用二异丙苯过氧化物作为交联剂，使橡胶相内部形成部分交联结构。同时在橡胶相和塑料相之间形成一定程度的共交联结构，使材料的抗拉强度和断裂伸长率有明显提高。通过加入适量的滑石粉、碳酸钙等无机填充剂，材料的弯曲强度、热变形温度和硬度不会有明显的下降。当共混料中橡胶含量控制在25%~35%之间时，所得PP/PDM绷料的常温和低温冲击强度能提高2~40倍，其各项性能达到国外同类产品水平，该项研究成果已用于生产奥迪汽车的保险杠。

(2) PP/EPDM型反应器共混料。随着催化剂的不断改进，目前已能采用两步串联气相聚合技术生产橡胶含量高的优质抗冲击PP共混料。通过提高乙烯含量及控制乙烯单体引入PP大分子链上方式，不仅能获得韧性较好的产品，还能在一定范围内调整聚合物、共聚单体含量相同材料的刚性与韧性之间的相对关系，从而获得所需性能的新材料。这种材料从微观结构看是PP和EPDM的混合物，即PP硬相中分散有高弹性EPDM颗粒，故被称为PP/PDM型反应器共混料。BASF公司的Novolen反应器共混料包括2800JX、2900HX和2900NCX三个牌号。

(3) 嵌段共聚PP/聚烯烃热塑性弹性体(TPE)共混料。某些牌号的TPE如同EPR一样，能赋予PP较好的低温韧性，且共混料刚性亦佳。采用TPE的另一个理由是TPE颗粒料无需像EPR那样进行破块开炼后再与PP树脂共混(有时无需进行硫化处理)，而可以将TPE颗粒和PP颗粒在使用过程中按比例掺混后，直接加入到注塑机中进行成型加工，可降低成本。

(4) 新型高分子材料——丰田超级烯烃聚合物。该料是由丰田汽车公司与三菱油化、住友化学工业、宇部兴产、东燃化学公司共同开发的。以前橡胶改性PP时，橡胶相中的弹性体为分散结构。由于这种结晶结构强化了弹性体，使新树脂具有很高的刚性，制造大型一体化保险杠时，新树脂成型性(流动性)约为现行树脂的2倍，表面硬度也为现行树脂的2倍，刚性为1~5倍，而且质量减轻15%。

(5) 非交联发泡保险杠。日本Styren Paper公司生产的非交联发泡保险杠现已被丰田公司采用。这种保险杠采用JSP公司开发生产的PP发泡珠粒，先将珠粒装入模具中发泡成型，生产的保险杠具有良好的耐热性、尺寸稳定性和缓冲性。这种泡沫硬度做汽车保险杠非常适合。此外，以这种可发性PP(EPP)为基础成型的PP保险杠具有吸附冲击能量，质量轻及易回收的性能，法国标志公司已为其306型车配备了EPP保险杠系统。BASF公司也投巨资生产EPP，并准备在欧洲和德国生产同类产品，以满足市场需要。

(6) 汽车保险杠专用树脂。国外生产企业不断推出共聚级PP汽车专用树脂，如荷兰DSM公司共聚PP Stamylan P；Amoco公司采用齐格勒-纳塔催化剂推出了抗冲共聚物Acctuf3950；Solovy公司推出的高等规度PP Elter P等。此外，新开发的车用树脂还有PP热塑性弹性体，如Himont公司Hivalloy接枝工艺和Catalloy接枝工艺，在反应器中将马来酸酐接枝在橡胶相而获得的弹性体，弯曲模量达758MPa；而Montell聚烯烃公司推出了苯乙烯/PP类共聚物Hivalloy G系列反应型合金，冲击性和韧性的综合平衡值均超过了常规PP。

除PP保险杠外，还有其他材料保险杠，如PC合金保险杠，下面就PC合金保险杠做简单介绍。

随着汽车保险杠要求的多样化、高水平化，传统的单一聚合物材料已经不能满足保险杠的要求。另一方面，用化学合成法研制新型聚合物变得越来越困难，因此现在新型汽车保险杠材料开发的主要方向是已知聚合物的复合化，即制造聚合物合金。

一般工程塑料系合金大多是旨在弥补单一树脂缺点的非结晶性树脂与结晶性树脂的合金。PC 具有冲击强度高，抗蠕变形和尺寸稳定性好，耐热，透明，吸水率低，无毒，介电性能优良等优点，是一种综合性能优良的工程塑料，在汽车工业领域用途广泛。但它也存在着加工流动性差，易应力开裂，对缺口敏感，易磨损、老化和耐磨性差等缺点。而 PBT 具有优良的流动性能、耐老化等优点。因此，非结晶性树脂聚碳酸酯 PC 和结晶性树脂 PBT 通过合金化可以提高各种物性。PC中BT 具有如下的物性，PC/PET 也具有与之大致相同的物性。

① 与单一的 PC 相比，耐药品性、成型性（流动性）较好。

② 与单一的 PBT 相比，尺寸稳定性、耐冲击性较佳，成型性也较好（成型品表面缩孔状凹斑、翘曲较少）。

目前 PC中BT 合金的主要用途是制造保险杠、车门把手、翼子板等汽车部件，汽车方面的用途约占 PC中BT 合金总需求量的80%。现在世界上生产 PC中BT 保险杠专用料代表性的公司有日本帝人化成公司、三菱人造丝公司、GE 塑料公司。它们开发的 PC/PBT 合金物性指标见表 6-11。

表 6-11 具有代表性的 PC/PBT 合金物性指标

项目	试验方法 ASTM	日本 GE 塑料公司			日本帝人化成公司		
		Xenoy1100	Xenoy1101	Xenoy1200	H7300	H7500	H7500S
吸水率(23℃浸渍 24h)(%)	D570	0.25	0.25	0.25	0.10	0.11	0.10
热变性温度(0.45MPa)/℃	D648	110	106	99	128	127	127
线膨胀系数(20~80℃)×10^{-3}/K^{-1}	D696	9.5	9.0	9.9	8	8	8
拉伸强度(23℃)/MPa	D638	52	54	35	49	51	44
伸长率(23℃)(%)	D638	120	120	100	250	210	218
弯曲强度(23℃)/MPa	D790	86	86	60	76	79	66
弯曲模量(23℃)×10^4/MPa	D790	2000	2000	1700	2100	2100	2700
缺口冲击强度(δ=3.2mm)/(J/m)	D256	800	720	850	800	740	890

研究表明，PC/PBT 合金中 PBT 含量高时，耐药品性提高，而热变形温度和冲击强度降低。这些性能在 PC 成分的含量在70%~80%以下时发生急剧变化，PC中ET 合金也有同样的倾向。因此，为兼顾耐热性、耐药品性等多种性能，PBT 成分的比例以20%~30%为宜。冲击强度降低的问题可以通过添加弹性体作为第三成分加以解决。作为冲击性能改良剂添加的弹性体对 PC/PBT 合金的各种特性（特别是低温冲击强度与外观）也会有很大影响。最近，PC/PBT 合金中添加的冲击性能改良剂主要采用具有核壳结构的弹性体。这种弹性体由橡胶质和玻璃质聚合物组成。橡胶质构成中心层，其外围是玻璃质层，玻璃质层外部又包围一层橡胶质，形成多层核壳结构。

PC/PBT 塑料合金注射成型保险杠具有高刚性、焊接性和涂装性等优点，在国外汽车上的用量越来越多。

除 PC/PBT 合金可用于保险杠外，PC/ABS 合金也可用于保险杠。由于 PC/ABS 合金具有 PC、ABS 两者的优良性能，并改善了各自的不足，而且在性能价格比上有优势，因此被广泛应用于很多领域。美国 GE 公司开发的牌号为 Cycoloy800 的 PC/ABS 合金具有较好的冲击性能、挠曲性能、刚性、耐热性，而广泛用做汽车保险杠。

PC 的溶解度参数为 $39.8 \sim 41.0(J/cm^3)^{1/2}$，ABS 的溶解度参数为 $40.2 \sim 41.9(J/cm^3)^{1/2}$，两者比较接近，PC 与 ABS 具有一定的相容性。但由于 ABS 具有两相结构，其中包括分散相 PB 和连续相 SAN，而 PC 与 PB 的相容性很差，因此当 ABS 中橡胶含量较低时，PC 与 ABS 相容性较好，而当 BS 中橡胶含量较高时，两者相容性较差。总的说来，PC 与 ABS 的相容性不是太好，而且受两组分的型号、配比及加工工艺等因素影响很大。为了提高两者的相容性，最有效的办法是在共混体系中加入相容剂，用于增容 PC/ABS 共混体系的相容剂有 ABS 的接枝物、SMA 和 PE 的接枝物、MBS 及双组分相容剂等。

采用接枝共聚的方法是在 ABS 上接上具有一定反应性的官能团，其活性官能团与 PC 的端烃基或端羧基反应，在共混过程中形成 PC-g-ABS 接枝物起到增容作用。用马来酸酐接枝 ABS(ABS-g-MAH)来增容 PC 和 ABS 的共混物，添加适量 ABS-g-MAH 增容后的 PC/ABS 合金的缺口冲击强度为未加相容剂的 PC/ABS 合金的 1.5～2.5 倍。

采用 SMA 作为相容剂，其酸酐官能团能与 PC 的端羟基或端羧基反应形成 PC-g-SMA 接枝物，其苯乙烯链段与 ABS 具有较好的相容性，从而改善共混组分的相容性，共混物的缺口冲击强度可提高两倍，断裂伸长率增加三倍。

PE 的接枝物也可用来增容 PC/ABS 共混体系。研究表明，在 PC/ABS 共混体系中加入 LLDPE-g-MAH 后，体系相容性增加，共混物的耐热性明显提高，冲击强度、抗拉强度和断裂伸长率均显著提高，但弯曲强度略有下降。

3) 保险杠设计的相关标准

与保险杠设计相关的汽车行业标准有 ISO 2985《道路车辆——轿车的外部防护》、欧洲标准 ECENO 42《关于车辆及其前后防护装置(保险杠等)认证的统一规度》、美国标准 PART 581《汽车保险杠标准》、日本标准 JASOB 102—1987《汽车保险杠高度》等，在产品设计中应贯彻这些标准。

国家标准《轿车前、后端保护装置》中规定：保险杠的基准高度为 455mm，基准高度是通过碰撞器基准线的水平面的高度。汽车无论处于"整车装备质量"时或者是处于"加强试验车质量"时，保险杠均应具有有效的保护作用。日本标准 JAS OB102—1987《汽车保险杠高度》中对各种类型的汽车前后保险杠有效接触区域给出了明确规定，并规定在前后端应连续遮挡汽车总宽度的 70% 以上，其中轿车保险杠，上端最小高度大于 480mm，下端最大高度小于 470mm，并对大型车辆下端最大高度和小型车辆上端最小高度做出规定，以此来保护汽车外部装置免受低速行驶时发生的轻微碰撞的损伤。在具体的产品设计过程中，在满足了高度标准要求的条件下，对于小型车辆，保险杠应尽可能升高；对于大型车辆，保险杠应尽可能降低，以使不同类型汽车保险杠高度尽可能接近。

另外，保险杠标准中对结构设计也提出了相应要求。针对灯具、外装件的保护要求，如在与汽车纵向中面相平行的任意铅垂面内保险杠有效接触区的最外面应高出灯具等重要的零部件和被保护的外装件的任何部分，安装到保险杠上的灯具表面应低于与保险杠相邻的表面(后保险杠顶部车牌号灯和按客车车身标准制造的前转向灯除外，JAS OB102—

1987)。

对保险杠外部形状的要求：不应有尖锐凸起及突出的旋转部分等妨碍交通安全的危险形状，如保险杠的端部不允许有勾挂行人衣服等危险性结构，轿车的后保险杠（限于其端部位于车身后部侧面附近的保险杠）应安装在车身凹入部分内，与车身之间的间隙超过20mm，但用直径100mm的球体同时接触车身和保险杠时，凡不能同时接触的，都得将保险杠端部附近的部分向车身侧弯曲（日本安全标准第18条第1项第3号）。

对汽车外部凸出物的要求：车身外表面不得由于其形状、尺寸、朝向、硬度等因素而刮伤、撞伤人体或加重被撞者的伤势，车身外表面上亦不得有致使发生上述事故的尖锐零件或凸出物。这些同样适用于保险杠设计，保险杠两端应向车身表面弯曲，保险杠组件所有额外的刚性表面的曲率半径不得小于5mm。

6.5.2 其余应用简介

1. 内饰件

汽车内饰件使用塑料的比例占到50%，由于汽车内饰件对采用的塑料触觉、舒适度、手感和美观都有一定的要求，如所采用的塑料不会产生反光、没有其他异味、不会导致汽车玻璃变模糊、塑料容易去污、抗高温和阻燃性良好等。在汽车的仪表板、车内门板、座椅中PVC被其他塑料取代，而车门内手柄、杂物箱和其他饰条使用改性PP、ABS、SMC和其他塑料合金等。

1）仪表板

汽车上的仪表板可分为软仪表板和硬仪表板。轻小型车、大货车和客车经常使用硬仪表，它通过PP、PC、ABS、ABS/PC一次性注射成型。仪表板尺寸较大，没有蒙皮，且表面有花纹，对仪表板的表面质量要求较高，同时要有良好的抗高温性能，耐湿和刚度适中不容易产生变形等特点。由于硬仪表板通常是注射成型，经常产生流痕和粘接痕，并会出现色差不均匀，所以需要对仪表板进行涂装处理且最好使用亚光漆涂装。通常软仪表板由表皮、骨架材料和缓冲材料等构成。而斯太尔王7001型产品采用钢板骨架，其他产品也有用ABS、改性PP、FRP制作骨架；福特、宾利、捷达等都是采用PVC/ABS或者PVC制作表皮材料，并且附带皮纹，它首先把表皮进行真空吸塑处理成型，再将处理好的表皮进行修剪，放入发泡模内，然后安装上骨架，并注入缓冲类发泡材料直到成型。

2）车门内板

车门内板的构造和仪表板大体相同，也是由表皮革、发泡和骨架共同组成。奥迪和红旗轿车的车门内板的骨架部分都是由ABS注塑，再经过真空成型处理，把衬有PU发泡材料的针织涤纶表皮复合在骨架上形成一体，如图6.14所示。另外，开发一种低压注射-压缩成型的方法，在未凝固的聚丙烯毛坯上将表皮材料放好，并通过压缩加工后变成车门内板（图6.15）。表皮材料为衬有PP软泡层的车门内板，这样使得门板易于回收。对于档次较低的轿车，可以将改性PP填入木粉形成简单门板结构，省去发泡缓冲材料。在美国，采用ABS或PP注塑制作门内饰板；国产卡车——斯太尔王也采用了类似的材料制作门内饰板。

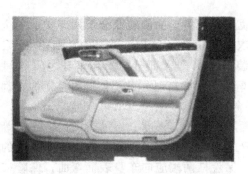

图6.14 经ABS注塑成型的车门内板

图6.15 表皮材料为衬有PP软泡层的车门内板模型

3）座椅

一般采用软质PU发泡制作座椅和靠背，软质高弹PU作为座椅的缓冲材料。座椅缓冲垫都是通过冷硫化来生产，出于对座椅舒适性的考虑，可以对缓冲垫的密度做适当调整，使得其软硬度符合用户的需求。

2. 外饰件

1）散热器格栅

散热器格栅是用来冷却汽车发动机而设置的部件，在车身的最前面，汽车铭牌也镶嵌在其中，也是显示汽车风格的一个重要部件。一般采用ABS或者PC/ABS合金作为散热器格栅的材料，ABS的耐热性较差，一般要加入能够助耐热的黑色助剂。小红旗的格栅是采用ABS/PC合金材料制作而成，并采用了喷漆处理。也可以采用耐热性能好的ASA材料通过注塑成型，并且表面也不需涂装。

2）翼子板

当汽车在行驶过程中，使用翼子板来防止砂石和泥浆飞溅到车身底部。翼子板使用的材料要求具有良好的耐老化作用，并能够通过工艺加工而成。桑塔纳在左右车轮上方都有2个重约1.8kg的翼子板，增强韧性PP通过注射成型为翼子板。翼子板的材料大多是PU类材料构成，也有翼子板采用树脂构成，PA/PP合金材料制造翼子板也是将来的一个重要发展方向。

3. 功能件

1）暖风机、空调

在汽车中也必须有暖风机和空调，其主要由塑料经过注塑形成。斯太尔王采用的暖风机、空调，塑料部件质量达6.4kg，其壳体是由PP+20%的玻璃纤维通过增强注塑制成，通过LDPE吹塑制造暖风管，暖风管内壁的臂、转动板、齿轮和拨叉等部件是由PA66注塑形成。

2）燃油箱及燃油管

汽车中的一个重要燃油箱也采用了塑料作为材料，一般具有单层或者双层的复合材料结构，具有耐腐蚀、抗寒、耐热、防止开裂和老化等特性，可以采用HMWHDPE作为塑料管的基材，并加上具有阻隔性能的塑料，在燃油箱内壁也要进行表面处理防止漏油。

3）烟灰缸和盖板等部件

烟灰缸、盖板等部件首先要能够阻燃、耐高温，一般可以使用 PC、PF、PBT 或者 PC/ABS 注塑形成，其中黄河王子采用 PC，斯太尔王采用 PBT、PC/ABS 注塑形成。

6.5.3 汽车用塑料的发展趋势

关于将来汽车工业对各种塑料聚合物的需求应从两方面来考虑：第一，目前已采用的材料将继续被采用；第二，现在汽车工业用塑料的明显趋势在今后十年将继续下去，这表现在以下几方面。

（1）努力采用改性热塑性塑料。
（2）扩大采用耐高温材料。
（3）扩大已采用的零件。
（4）减轻质量。
（5）降低成本。

从这些趋势中可以看出，汽车用零部件正向大型、刚性好和耐高温方向发展，但又要求不增加成本。

6.6 汽车塑料件的成型新技术

6.6.1 异型中空管的 3D 挤吹成型

汽车工业对形态复杂输送管件的需求增加，推动了 3D 挤吹异型中空管设备的发展。3D 挤吹异型中空管成型工艺是，型坯被挤出后，被预吹涨并贴紧在一边模具壁上，挤出头或模具按成型编制的程序进行 2 轴或 3 轴的转动，当类似肠形的型坯充满模膛时，另一边模具闭合并包紧型坯，使之与后续的型坯分离，这时整个型坯被吹胀并贴紧在模膛的壁上成型。我国也引进了 3D 异型中空管吹塑设备。沈阳金杯汽车股份有限公司引进了 SIG Blowtec 水平 3D 挤吹异型中空管塑料成型机，制造汽车进气管。杜邦公司用 3D 异型中空管的 3D 挤吹成型为大众汽车生产矿物增强尼龙的进气部件与一台谐振器结合成一体的部件，减轻了振动及降低了噪声。意大利 Uniloy Milacron 公司在 K 2010 展会上，推出了 UMA 12 全电动二层共挤出吹塑机，应用制造 3D 汽车通风管，为同行业首创。挤出塑化、型坯挤出均为交流伺服电动机驱动，配备了适合机械手取制品的无拉杆的 12t 合模力的合模装置。机头配有 Radial Parision Variation 装置来控制非对称的型壁厚度。通过位置传感器和闭环运行的伺服电动机，机头能够自动精密定位，生产高质量 3D 通风管。

3D 异型燃油管向高阻隔性的多层共挤方向发展。纳米高阻隔性能应用于多层复合汽车燃油管，降低燃油管的汽油、甲醇、有机溶剂渗透率，进一步提高了阻隔性能，以符合越来越严格的对汽车燃油挥发泄漏量的标准，多层高阻隔性共挤出燃油管越来越得到应用，成为燃油管的发展方向。意大利 Fiat 汽车公司用 PA 纳米复合材料作为燃油管阻隔材料替代原来的 PVDF 阻隔材料，多层燃油管包括 PA12 外层、PA6/PA12 共聚物粘结层、含 2% 纳米黏土的 PA6/PA66 共聚物阻隔层、PA66 内层，对汽油的阻隔性高三倍，燃油管全都由 PA 材料组成，以便于回收特点。

6.6.2 特种管材的可熔型芯注射中空成型

可熔型芯注射中空成型利用低熔点的金属作为注射模具的型芯来生产内外表面形状复杂并且要求光洁以及内部尺寸要求精确的中空塑料制品。可熔型芯注射中空成型的基本原理是，先用低熔点合金铸造成可熔型芯，然后把可熔型芯作为该件放入模具中进行制件从模腔中取出，再加热将可熔型芯熔化。

这种技术的关键是：塑料注射时，型芯不得熔化；制作型芯的金属的熔体以及用来熔化型芯的介质不会腐蚀塑料；在熔化型芯的温度下，制件不会发生变形。

可熔型芯注射中空塑料成型可用于在注射结构上难以脱模的全塑多头集成进气管、燃油管、汽车水泵等部件的成型。

可熔型芯注射中空成型管，内壁光滑，减少了液体/气体的流动阻力，降低了能耗。管子各部位的壁厚可根据强度要求进行设计，不仅设计空间大，而且有利于降低塑料原料的消耗量，达到进一步减轻质量及降低成本的目的。

德国福吕登伯格公司可熔型芯注射中空成型汽车发动机罩下(即发动机室内)BMC 材料的进气歧管，歧管内表面十分光滑，有助于空气流入，发动机的效率比用金属歧管高15％，且歧管质量减轻 1kg。

6.6.3 高性能制件的低应力注射成型

普通注塑件在高压下成型，内应力高，内应力在制件使用过程中释放，使制件变形，破坏原有的装配精度，缩短使用寿命。降低注塑件的内应力达到提高汽车安全系数的目的。

1. 低内应力振动型注射成型

振动型注射成型是把金属振动铸造工艺原理运用到塑料注射成型领域。振动注射使模腔内熔体产生振动剪切流动，从而增加剪切取向的作用和效果，达到提高其力学性能、振动注射产生周期性的压缩增压和释压膨胀的作用，有效地防止了缩孔、裂纹等缺陷，明显提高了熔接线的强度，降低了制品内应力。振动型注射成型主要有三种形式：两点进料振动型注射成型、双螺杆推-拉振动型注射成型、螺杆注射振动成型。

1) 两点进料振动型注射成型

两点进料振动型注射机的振动装置由两个油缸与其本体组成，本体进料为单一进料口，本体内部及出料（融熔料进入模具浇口）为双通道，每一个油缸活塞杆与一个出料通道连通。在喷嘴与模具之间安装振动装置。

工作原理：融熔料在高压注射下经喷嘴进入振动装置进料口，融熔料在振动装置内部分两路进入模具型腔，在保压过程中，其两个油缸的活塞反复交替工作，把振动传入模腔内，引起模腔内的熔体产生振动剪切流动。

2) 双螺杆推-拉振动型注射成型

双螺杆推-拉振动型注射成型的工作原理：双螺杆同时把融熔料分两个浇口进入模腔，在即将注满模腔时，A/B 螺杆继续向前注射，而 B/A 螺杆在融熔料压力下相应后退，这样，两根螺杆相应交替反复工作（如同两点进料振动注射），在模腔内产生振动剪切流动场。研究表明，这种振动注射玻璃纤维增强的 LCP 制品，与常规的注射成型相比，其抗拉强度和弯曲模量分别提高了 420% 和 270%。

3）螺杆注射振动成型

螺杆注射振动成型的工作原理：给注射油缸提供脉动油压，使注射螺杆产生往复移动而实现注入模腔融熔料产生周期性振动，一直至模具浇口封闭时为止。研究表明，螺杆振动注射的 PP、HDPE、PS 制品的抗拉强度分别提高了 18.3%、22%、16%。

2. 低内应力注射压缩成型

注射压缩成型不是依靠螺杆向型腔传递压力，而是通过压缩行为来压实制品，使得制品表面具有均匀的压力分布，制品内部分子取向分布均匀，保证了成型制品的尺寸精度高且稳定。注射压缩成型特别适应壁厚 2～5mm 的大面积薄壁件的加工。二扳注塑机的液压合模机构是注射压缩成型的最佳合模机构。

3. 低内应力超高压注射成型

注射压力达到 460MPa，制品内应力趋于零。超高压注射，对螺杆、机筒的强度和刚度的设计理论必须做进一步开发，常规的设计理论已不适用；常规的结构设计也已不适用，开发新颖的注射塑化结构达到超高压注射性能。

6.6.4 特种功能件的 MuCell 微发泡注射成型

MuCell 微发泡不同于反应发泡，主要采用物理介质，如超临界 CO_2，成核气泡为微泡沫。微发泡部件较轻、残余压力较少，尺寸精度和尺寸稳定性卓越，材料消耗较少，成型周期也较短。当采用纤维增强部件时，弯曲性较小。极宽温度范围内表现出极高的尺寸精度和尺寸稳定性。日本马自达汽车公司开发超临界流体（SCF）发泡技术与核心反向扩展成型工艺相结合，可生产多层部件，并能更好地控制泡沫结构，改进塑料的热绝缘和声学性能。该技术让超临界流体与塑料在分子层面上相混合，提高其流动性，从而使其在模具中更快地扩散，达到减少原材料用量的目的。所用的超临界流体（SCF）可从惰性氮气或二氧化碳气体制取。与常规发泡技术相比，应用新技术制造的部件更容易回收利用，且应用范围广。该技术可以使汽车轻量化，减少对树脂的消费量，其节约增产率高达 30%。该公司 2011 年车型的汽车开始采用这一技术，用于生产宽温度范围的汽车零部件。该技术已与核心反向扩展成型工艺结合在一起而申请了专利。

6.6.5 表面高质量件的高光无痕注射成型

高光无痕注射成型技术利用蒸汽炉产生的蒸汽或者高温水和冷却水，通过快速的交换来控制一个成型周期内模具的温度，消除产品表面溶接线、溶接痕、波纹及银丝纹，彻底解决塑料产品的表面缩水现象，并使产品表面粗糙度达到镜面水平，几乎可以完全再现模具的表面状态，达到无痕的效果，并可使塑件免去后续喷涂工艺，是一种环保型注射成型新技术。此外，高光注射成型还可解决加纤产品所产生的浮纤现象，从而使产品品质更加完美。在薄壁成型中，在高温下注进熔融树脂有助于达到 100% 的填充率，避免浇不足和困气等缺陷。而且通过成型后的速冷，也可以降低收缩应力。高光无痕注射成型技术包括高光泽塑料材料、高光注塑模具、模温温控设备以及注塑机和注塑工艺。高光无痕注射成型可应用于汽车液晶显示器、汽车内饰件、车灯等。高光无痕注射成型车灯的电镀表面质量可达到镜面水平，通过高光电镀，进一步提高光反射效果。高光无痕注射成型汽车内饰件的内应力小，能长期保持现状。

习 题

1. 塑料加工的工艺过程包含哪些主要工序？
2. 塑料成型的方法主要有哪些？各用什么设备来完成？
3. 塑料成型所用模型的设计要点有哪些？
4. 简述汽车保险杠的成型方法及工艺。

第 7 章 机械加工

教学提示

机械加工的特点是在公差允许范围内进行单一品种的大量生产，其大量生产技术在近年来取得快速发展，目前已进入实用化、定型化阶段。在汽车工业的机械加工方面，常常划分为不同的加工区域，并需要从切削方面进行分析，确定切削条件和切削液。

教学目标

了解机械加工生产线设计方法，了解自动机的组成、种类及节拍等有关知识，学习本章介绍的两种自动化装置，掌握工序内检验设备的机能及分类，掌握具体汽车零件的加工方法。

7.1 概 述

7.1.1 大量生产加工法概要

在汽车制造工业中，机械加工的主要对象有发动机、变速器、传动轴、差速器、前后轴、转向器等重要部件。作为制造工业的骨干，机械加工的特点是，在公差允许范围内进行单一品种的大量生产。机械加工的大量生产技术在近十年来取得快速进展，目前在生产过程自动化方面是以机械自动化为代表，已进入实用化、定型化阶段。其发展过程是：首先进行工夹具、机床与测量仪器的改进；其次，通过对设备平面布置与加工工艺过程的调整，使之合理化；进而引进专用机与连续自动工作机，采用自动测量仪器，向着系统化的方向发展。

机械加工生产线由机床(包括夹具)、测量仪器、机械自动化装置、附属设备、工序管理装置等部分构成。在使之系统化的发展过程中，下列五项因素起着重要的作用。

(1) 机床与测量仪器的精密化与自动化。提高产品的精度与劳动生产率，节省劳动力。

(2) 提高机械设备的寿命与可靠性。提高设备的开动率，降低运转费用，稳定质量精度，提高系统化程度。

(3) 切削加工技术的进步。提高切削速度，简化切屑处理过程，缩短工具更换时间，提高劳动生产率。

(4) 控制方式与附属设备的改进。加工系统的高效化，切屑和切削液处理的简易化。

(5) 工艺管理技术的进步。产品质量、产量与设备维修等加工体制的综合化与效率化。

在上述各项特性有机结合的基础上，已发展了能够满足质量、产量、成本与节省人力的大量生产技术，且已定型化。

今后生产系统的动向是：从人类工程学方面考虑操作人员和维修人员的工作条件；从环境保护方面考虑振动、噪声和排出物的处理；节省资源、节省能源等生产技术的开发；为了适应产品改型、需求量增减与生产程序变更等情况，提高了对设备可调性要求，为此应重新分析设备与生产线现状，并从长远观点研究产品质量自动管理系统、生产管理系统与监控系统，使之与电子计算机有机结合，以达到生产系统自控水平的高度化。再从经济性和生产性两方面做出评价，逐渐淘汰其不适应部分，使得整体水平不断提高。

7.1.2 切削工具与切削液

在汽车工业的机械加工方面，为了确保单一品种的大量生产与产品质量，常常划分为不同的加工区域，并将它们结合为整体，组成一条生产线。划分区域时，也要从切削方面进行分析，确定切削条件，并根据质量要求、刀具寿命与切屑排除条件确定切削液。此外，为了缩短刀具更换时间，便于工人操作，减少刃部形状的差异，应对不重磨刀片、刀具预装方式等进行研究，以提高设备开动率。

1. 不重磨刀片与刀具预装方式

图 7.1 所示为按所加工的主要部件和刀具类别区分的切削工具用量百分比。图 7.2 所示为装有不重磨刀片刀具举例。最近，沟槽车刀、螺纹车刀也采用不重磨刀片结构。不重磨刀片容易更换，且在更换后往往无需调整，而且刀体与刀片也容易标准化。不重磨刀片也常装在铰刀和铣刀上。

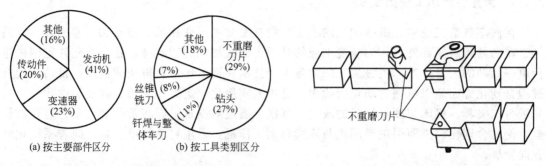

图 7.1　工具用量百分比举例　　　　图 7.2　不重磨刀片刀具

图 7.3 所示为刀具预装方式。这种方式是预先将切削工具装在托架上，再以定位规校正基准面至刀刃间为相对位置。由于连同托架一起更换，大大缩短了换刀时间。这种预装方式也用在钻头、铰刀、丝锥上。为了便于刀具装卸，逐渐采用了快换托架结构。

2. 切削用量与最近切削工具的进展

确定用量时，必须考虑加工方法、被加工材料、使用机床、要求精度与经济性等条件。表 7-1 列举了各种切削方法推荐使用的切削用量。在刀具材料方面，各类切削加工都已采用

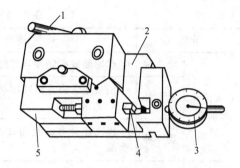

图 7.3　刀具预装方式(表明安装情况)
1—固定手柄；2—定位规；3—千分表；
4—车刀；5—顶装托架

硬质合金刀具。最近出现了硬质合金覆层与高韧性陶瓷刀具，更可进行高速切削并延长刀具寿命。错齿滚刀、滚子式砂轮刀、中高速磨削及其砂轮的采用，乃是刀具与切削方法进步的实例。

表 7-1　各种切削方法推荐使用的切削用量

施工种类	刀具	刀具材料	被加工材料					
			中碳钢 (HB=275～325)		灰口铸钢 (HB=150～190)		铸铝合金 (HB=70～125)	
			切削速度/ (m/min)	进刀量/ (mm/r)	切削速度/ (m/min)	进刀量/ (mm/r)	切削速度/ (m/min)	进刀量/ (mm/r)
车削	车刀(切削深度：0.6mm)	高速钢	26	0.18	41	0.18	240	0.18
		硬质合金	105	0.18	138	0.18	420	0.18
孔加工	钻头(φ12.7)	高速钢	14	0.13	29	0.20	75	0.30
孔加工	铰刀(φ12.7)	高速钢	9	0.2	20	0.25	90	0.30
		硬质合金	0.3	0.2	54	0.25	210	0.30
螺纹加工	丝锥	高速钢	7.5	—	12	—	27	—
孔加工(拉削)	拉刀	高速钢	4.5	—	9	—	9～15	—
平面加工	铣刀(切削深度：0.6mm)	高速钢	32	0.18*	41	0.36*	450	0.36*
		硬质合金	120	0.20*	159	0.46*	无穷大	0.30*

注：* 为单齿进刀量。

3. 切削液

切削液对被加工表面起着冷却和润滑作用，其目的在于延长刀具寿命，提高被加工表面粗糙度和排除切屑。切削液的分类、特征与用途见表 7-2。切削液选择时必须考虑的直接因素有被加工材料、加工方法、刀具材料、切削速度；间接因素有排水处理、臭味、对人体的影响等。切削液使用的体积百分比实例如图 7.4 所示。

表7-2 切削液分类与用途

分类		特性	主要用途
非水溶性切削液	第1种	矿物油或矿物油与脂肪油的混合油	高速轻切削，一般车、铣、钻
	第2种	压高速含有非活性耐高润滑油添加剂(cl、s系)的混合油	钻、铰、铣、滚齿、剃齿
	第3种	压高速含有活性耐高润滑油添加剂的混合油	难削材料的磨削、攻螺纹、深孔加工、拉削
水溶性切削液	W1	以矿物油和表面活化剂为主要成分，加水稀释成白色乳状液	一般钢材的钻削与铣削，有色金属的钻削与铣削
	W2	以表面活化剂为主要成分，加水稀释成透明或半透明状态	一般钢材的车、铣、钻，精密磨削，无心磨削
	W3	以无机盐类为主要成分，加水稀释成透明溶液	一般钢材磨削，高速车削

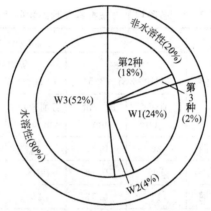

图7.4 切削液使用情况的体积百分比(水溶性切削液的稀释率为50倍)

7.1.3 被加工材料

在机械加工所用材料中以钢、铸铁和铝合金为主，材料的切削性在大量生产中起着重要作用。切削性的判断标准因目的而异，一般以刀具寿命、加工件的表面粗糙度、排屑的难易程度和切削力大小为指标。

近年以来，为了适应设备自动化，缩短加工时间和节约劳动力的需要，广泛使用铅易切钢。由于价格和公害原因，又逐渐改用硫易切钢。作为消除汽车废气公害的措施，采用了耐热钢、不锈钢等难切材料。对于这些材料所引起的刀具寿命、切屑处理和表面粗糙度等问题，正在逐渐得到解决。

7.1.4 质量保证

1. 工艺管理

在大量生产的机械加工生产线上，大量而连续地生产具有重要机能的部件和保证行车安全的部件。为此,在稳定的工艺条件下生产出质量均一的产品,是十分重要的。因此在日常生产过程中,应按图 7.5 所示的工艺管理步骤加强管理,以保证产品质量。其要点是根据异常现象进行管理,因此如何有效地检测异常现象极为重要。其基本方法是:从产品质量来检查工艺,并从工艺本身(原因线索)进行检查。据此,在工艺管理中实际采用的方法有下列几种。

(1) 管理图法。确定管理特性—管理图—管理标准、采用取样—打点—异常现象的发现—措施等循序渐进的方法,并正确运用 $\bar{x}$-R、x-R、P、P_m、U、C 图表,称为管理图法。

(2) 目视管理法。发现异常现象或经过一段时间运转后,将正在工作中的机床停下来,用指示灯发现异常原因和检修的必要性,进而采取必要措施。

(3) 工艺检查图表法。确定检查项目、标准和次数、检查工艺,对不合标准者,及时采取措施。

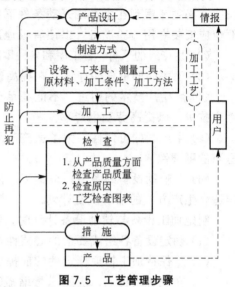

图 7.5 工艺管理步骤

不论使用哪种方法,对异常现象应及时采取纠正措施,并在不断实践过程中,使工艺更加稳定。

2. 检查

为了保证每道工序的质量,除应进行工艺管理外,还要做工序检查。

(1) 首先检查。其规则是:在生产开始阶段先加工出几件产品,检查合格后再开始连续生产。使用这种方法,可以有效地检查设备的调整状况。其统计方法,基本上采用计量抽查法,并与修正管理图相配合。

(2) 巡回抽查。检查员或操作工人定期检查本工序的加工产品,发现不合格品时立即检出,并调整机床设备以达到产品质量标准,这样可防止出现大量的不合格品。至于统计方法,除前段已经提到的方法外,还有连续生产型抽检法。这些方法都已在制造现场中得到适当的应用。

(3) 全数检查。对于那些具有重要机能的产品、保障行车安全的产品,或是在经济上比采用抽检制度更为合理的产品,应进行全数检查。由于人工检查易产生误差,应尽量采用自动检查。

7.2 机械加工设备

7.2.1 加工生产线设计

在指定条件下,尽量使产品的质量、数量、成本和生产节拍符合预定要求,综合考虑设备、工艺、材料、工人等各种主要因素,制定出最适当的工艺计划与设备计划,乃是加工生产线设计的要点。

机械加工生产线的生产方式,按其规模可分为以下三种:批量生产方式(小量生产或多品种生产)、以专用机床为主的流水生产方式(中量生产)、以自动机床为主的流水生产方式(大量生产)。汽车制造工业属于大量生产,通常采用后两类流水生产方式。制定流水生产方式的工艺计划时,应该注意下列事项。

(1) 工艺管理的简易化。生产线的流程与设备布置应尽量单纯化,并力求缩短生产线长度,必须考虑到在生产线开动条件下易于进行各种管理。此外,在自动化生产线的适当部位应安装专用检验设备,以便有效地进行产品精度管理。

(2) 生产线的平衡。各工序和各种零部件的生产能力之间应力求平衡,尽量消除浪费现象。

(3) 工序间的最佳储存量。在提高设备开动率的前提下,保持工序间的最佳储存量。

(4) 新生产技术的引进。不能满足于已经掌握的加工技术,而应积极研究或引进新的生产技术,以提高劳动生产率。

(5) 生产线的可调性。为了适应产品设计的改动和生产计划的变更,生产线必须具备适当的可调性。

(6) 对辅助设备的考虑。根据工厂内外环境保护对噪声、油烟和废物处理的要求,制定适合生产方式的辅助设备计划。

制定加工设备与辅助设备计划时,除应考虑上述要求外,还应注意下列各点。

(1) 确定设备各组成要素的必要性,去掉不适当的结构。

(2) 从保持加工精度稳定性的前提出发,分析机床刚度与加工基准。

(3) 在设备结构上,应能尽量缩短刀具更换时间以提高设备开动率,便于维护修理,便于工人操作,并且经久耐用。

(4) 设计控制部分与运动部分时,必须充分考虑其安全性。

(5) 注意节省资源与能量,尽量提高设备效率。

(6) 在设备结构上,应易于通过更换某些部件进行改装,以适应产品设计变型的要求,从而在生产任务改变时,设备仍具有高的可用价值。

(7) 设备结构应尽量轻巧紧凑,但应具备必要的刚度。

7.2.2 专用机床

专用机床(图 7.6)是为完成特定零件的特定加工而设计制造的,具有加工精度稳定与工作效率高等优点,在大量生产类型的汽车工业中广泛使用。在专用机床上进行加工的工序主要有打中心孔、钻孔、铰孔、攻螺纹、镗孔与铣削加工等。

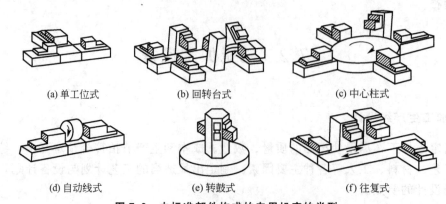

图 7.6 由标准部件构成的专用机床的类型

专用机床的床身与部件很少是每次进行个别设计制造的，通常是由专用机床制造厂生产出自己的标准部件，将其组合成专用机床。图 7.7 表示各种标准部件的常用名称与装配方式。进给机构由图示的标准部件所组成，并在滑台底座上装有各种动力头。构成标准部件的各组成单元多采用钢板焊接结构，以缩短加工时间，降低加工费用。滑台的驱动方式有油压驱动与丝杠机械驱动等两种。油压驱动装置容易制造、调整，目前使用较广，但从加工精度的稳定性、防止公害和节省资源考虑，机械驱动装置正重新受到重视。

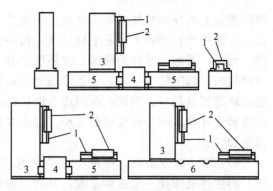

图 7.7　标准部件的组合示例
1—滑台底座；2—滑台；3—立柱；4—中心底座；5—底座；6—共用底座

专用机床的必备条件是：高效率并适用于大量生产；加工精度能稳定在所需要的公差范围内；能减少加工费用，降低产品成本；对其不熟悉的工人也能操作；容易保养维修，维修费用低；被加工工件的形状与尺寸改变时，容易采取相应措施。

最近，由于把单能通用机床也当作组合机床的一种标准单元，以求专用机化，从而制造出许多价格便宜的专用机床。

7.2.3　自动机(线)

自动机是各种专用机床单元的集合体。在自动机的每一定间隔处设置具有特殊机能的工位，按其机能可分为加工工位、测量工位、清洗工位、姿势变换工位和储备工位。加工工位具有专用机床的功能。被加工工件由各种运输装置在各工位之间同步或异步的自动搬运，以完成预定的加工过程。

在自动机上进行加工的种类很多，除进行机械加工工序外，近来还积极建立包括滚轧、热处理、检查、装配等工序在内的自动机(线)，以及包括发动机与差速器等部件装配的自动机(线)。由于在生产性、经济性与质量稳定性等方面，自动机都是一种适合在大量加工生产线上使用的设备，所以正被汽车零部件加工生产线积极采用。特别是近年以来，由于搬运技术与切削技术的进步，被加工材料切削性的提高，产品设计也更有利于自动化，因而越发促进了加工设备的自动机化。

1. 自动机的组成

自动机的组成要素有中心底座、侧面底座、立柱、滑台底座、进给装置、安装工件装置、工件搬运装置、工件姿势变换装置、电气控制装置、油压气压控制装置等。上述诸要素虽可任意组合，形成各种类型的自动机，但是，实际上却受下列条件的限制：应使切屑的处理方式相同，应该使用同种切削液，所需要的加工时间应该大致相同，工序间的划分应合宜(便于发现加工精度超差等缺陷)。根据上述条件，选择自动机组成的适当要素。

2. 自动机的种类

自动机可以大致区分为联运型(同步搬运型)和独立型(异步搬运型)两大类。

(1) 联运型自动机。联运型自动机又可划分为托板式和直送式两种。托板式联运型自动机是以托板为搬运被加工零件的辅助工具，一般用于形状复杂、不易平稳放置的工件，消除搬运上和在满足加工精度要求上的困难。直送式联运型自动机无需搬运零件的辅助工具，一般用于在形状上容易平稳放置，而在搬运和保持加工精度方面又不致发生困难的零件。此外，被加工零件的搬运方式还可细分为滑合式、托架式、机械手式等数种。在设备占地面积、加工精度管理、设备维修和设备费用等方面，直送式联运型自动机往往优于托板式联运型自动机。因此，在制造自动机时，尽可能采用直送式联运型自动机。近来，由于夹具设计技术和搬运技术的进步，过去在托板式自动机上加工的零件也改在直送式自动机上加工。

（2）独立型自动机。一种类型是在通用机床上采用专用工具，并备有装料和卸料装置，将这些机床按一定距离布置，其间以存储型输送机相互连接。另一种类型是采用装配自动机和一部切削自动机，在各加工工位间以存储型输送机相互结合（也称自动流通型）。

这些都是着眼于各加工工位生产节拍的差异和开动率的差异，通过在各加工工位之间配置存储型输送机，掌握作为生产节拍与开动率相乘效果的各加工工位的生产量，求得各工序间的平衡，以最大限度地提高自动机整体的开动率。

3. 自动机的节拍

自动机的节拍包括切削加工所需要的时间和工件搬运、定位、夹紧、拆卸等辅助动作的时间。目前，辅助动作时间多为 6~9s。切削加工时间则根据生产规模和加工生产线的设计方法而选择。节拍时间一般多取 30~60s。

7.2.4 自动化装置

自动化装置是使由专用机床和自动机床组成的机械加工生产线，成为自动加工生产线的必要设备。自动化装置可大致区分为以输送机为主的机床间搬运装置，被加工零件的储存、分配、供应、姿态变换等装置，在自动化设备出入口等处使用的装料、卸料装置，以及机械人（手）等数种。

1. 机床间搬运装置

机床间通用的搬运装置有链式输送机、辊道输送机、带式输送机等数种，多按被搬运零件的形状来合理选用，此外，也常常根据特定零件的形状，制成专用的搬运装置。选用搬运设备的主要条件有：被搬运零件的形状与质量、所需要的搬运速度与停止精度、被搬运零件表面划伤的允许程度、向其他设备上的移载条件等，应按使用目的来选择。机床间的操运装置，有的只有搬运的机能，有的则兼有搬运和存储的机能。后者被用为工序间被加工零件的蓄积装置。表 7-3 列举了机床间搬运装置的用途与机能。

表 7-3 机床间搬运装置的用途和机能

名称	主要参数	用途（按工件形状分）				机能				
		大件	长件	小件	圆件	工件储存	工件划伤	搬运速度	搬运可靠性	停止精度	移载容易性
链式输送机						×	○	◎	○	○	○
驱动辊道输送机						×	○	△	○	○	◎
辊道支撑运输机						◎	△	○	○	×	△

(续)

名称	主要参数	用途（按工件形状分）				机能					
		大件	长件	小件	圆件	工件储存	工件划伤	搬运速度	搬运可靠性	停止精度	移载容易性
辊道链板运输机				○		◎	△	○	○	×	△
辊道运输机						○	△	○	×	×	○
升降输送机						×	◎	△	◎	◎	◎
升降装置						◎	○	△	○	◎	◎
步进运输机						×	△	○	○	○	○
悬链运输机		○		○	○	△	○	○	○	○	○
振动运输机		○				○	○	○	△	×	△
锯齿运输机		○	○			○	△	×	○	×	○
转鼓运输机		○	○		○	○	○	○	×	△	○
带有附属装置的链式运输机		○	○			×	◎	◎	◎	○	○
梭式输送机		○	○	○		×	◎	△	◎	◎	○
升降装置						○	○	×	○	○	○
振动运输机 B				○		○	○	○	○	△	×
振动运输机 C				○		○	○	○	○	△	×
双列旋链输送机				○	○	△	○	○	○	○	○
镰形(crescent)链式输送机				○		○	△	○	○	○	○
滚轴式输送机			○	○		○	○	○	×	○	○
带式输送机				○		×	○	◎	○	○	△
带刷输送机				○		○	○	○	△	×	×
平板输送机				○		△	○	○	○	○	○
滑道				○		○	△	◎	○	×	○

注：1. 在用途栏内，"○"表示适用范围。
2. 在机能栏内，"◎"表示优，"○"表示良，"△"表法合格，"×"表示不合格

2．机械人（手）

被加工零件在专用机床、自动机床、加工生产线蓄积装置处的安装与拆卸，通常使用装料装置与卸料装置。这类装置的设计与制造都是以特定的零部件为对象，所包含的通用因素少。近来，这些装卸料装置已逐渐为包含通用因素多的机械人所代替。机械人按其控制方法、功能和动作方式可分为若干类型，具有各种各样的名称。机械人手臂的基本动作有前后动作、上下动作、水平旋回动作、手部回转动作、爪的开闭动作等数种。此外，机

械人整体还可具有在前后、左右方向行走运动的能力。

7.2.5 检验设备

1. 工序内检验设备的机能

机械加工工序内的检验设备具有下列两种机能：保证产品质量的优劣鉴别机能，预防生产不合格品的产品质量情况反馈机能。检验设备的设置位置也分为"加工后测量"和"加工中测量"等两种，一般与上述两种机能存在着相互对应的关系。例如，由于对保证汽车行驶安全的零部件检查和加工精度的提高都存在困难，当采用从成品中挑选合格品的检查方法，不论在技术上和成本上均有利时，主要利用检验设备的第一种机能，至于在连续生产工序内出现不合格品时，发出警报以防止发生大量不合格品，并向前道工序发出调整信号，则主要使用检验设备的第二种机能。

本来，大量生产过程中所用检验设备的追求目标应该是，具有"反馈机能"并能保证产品质量，亦即以加工中测量来防止加工过程中出现不合格品，而以加工后测量来保证产品质量。因此，在制定检验设备计划时，应该根据上述机能并充分考虑加工过程的需要，确定符合使用目的的恰当的设备规格。

为了适应大量生产工艺的需要，设备本身必备的特性是：测量精度稳定，测量迅速，容易调整，可靠性高，容易保养维修。其结果是出现了许多高度专用化的设备。

2. 工序内的检验

检查项目可区分为尺寸与形状、压漏性、平衡、质量、表面缺陷、淬火层深度、硬度等。

（1）尺寸检验。尺寸检验多用于发动机车间与变速器车间，以进行选配零件的级别选定、标记和优劣选择。常用的检测仪器有反压式空气测微仪和差动变压器式电动测微仪等数种。近年来，使用了提高检测器稳定性的零点漂移补偿装置和计算机，可以演算测量结果，提供质量情报，可以作为工艺管理和质量管理的一种手段。

（2）压漏检验。压漏检验多用于发动机车间，检查铸件、压铸件的漏水、漏油情况。检查方法可采用向被检查工件内部输入压缩空气，并在水中进行有无气泡发生的目测检验，或是与标准样品比较，测定两者压差，以进行自动检验。所用检测仪器有各种压力变换器和流量变换器。

（3）平衡检验、质量检验。平衡检验用于检验零件旋转时的动平衡情况，使被检验零件在自由振动台上回转，以电磁型自动检测器测定不平衡量及其位置，然后在下道工序内加以修正，达到平衡。质量检验以连杆大小头的质量分配检查为对象，进行质量选分和去重平衡。采用差动变压器式测量仪作为检测器。

（4）表面与内部的缺陷、淬火层深度、淬火硬度等项的工序内检验。一般以保证汽车行驶安全的零部件为对象，在无损检测仪上检查。所用设备的实例有以荧光磁粉或超声波进行检查的磁力探伤机或超声波探伤机，也有利用电磁感应原理进行淬火层深度和淬火层硬度检查的设备。

3. 工序外的检验

工序外检验设备是指进行抽样检验、精密检验或其他特性检验所使用的设备，与工序内检验设备结合使用，以保证并提高产品质量。所用设备的实例有三维空间测定仪、线轮廓圆度测定仪、表面粗糙度测定仪等高通用性设备，也有凸轮外形测定仪、活塞外形测定仪、差速器壳校准测定仪等专用设备。此外，还有材料试验机、X射线透视仪等特殊理化仪器。当产品质量发生问题时，用来进行分析研究。

7.2.6 辅助设备

机械加工过程中使用的辅助设备有工序间搬运装置、排屑装置、切削液处理装置、集尘集雾装置、生产管理装置等数种。这些装置与作为加工设备主体的机床组成生产线。

1. 切削液处理装置

金属材料加工过程中所使用的切削液起着消除切削摩擦热、提高加工精度、延长刀具寿命的作用，并作为液态运送载体，起着运送并排除屑的作用。切削液处理装置的任务在于维持切削液的功能，亦即从排放出来混有切屑的切削液中，将切屑分离，并将清洁的切削液输送至加工部位。

可将加工相同材料的数台乃至数十台专用机床或自动机床使用的同一种类的切削液，在集中处理装置上一同处理。这种集中处理的优点是：便于运行与维护管理，提高了过滤性和加工精度，减少设备布置面积，延长切削液使用寿命，容易进行切屑排除处理，降低处理费用。其缺点在于服务机床的数量多，一旦发生故障，将造成影响生产线全局的大事故、大损害，为此必须严格进行运行的维护管理。

目前，汽车工业中常用的切削液集中处理装置的过滤方式有重力式、电磁式、滤芯式、离心分离式、真空式、压力式、非压差式、衬套缝隙式。实际上这些方法常被综合使用。最近，为了防止切削液附着在切屑上被带走，以及为了防止在切屑搬运过程中将车间污染，也可装设切屑脱液装置。

2. 切屑排除装置

机械加工过程中所用的排屑装置，有的属于单台机床，规模较小，有的为数台机床所共用，规模较大。排屑装置的类型有刮板式、拖板式、鱼叉往复运动式、振动式、水压式、气压式等数种，根据切屑材料、形状、数量和干燥度合理选用。此外，也可将排屑装置与破碎机及压力机相连接，形成切屑处理线。

7.3 汽车零件加工举例

7.3.1 气缸体

气缸体加工乃是多工位加工，包括平面切削、镗、钻、攻螺纹、珩磨等许多加工内容。根据零件形状，多采用线型直进式自动机床加工。机床间运输使用以各种输送机为主体的自动化装置，形成一条全自动加工生产线。

1. 平面切削机床

平面切削机床有铣削及拉削两种加工方法，一般多采用前者。由于气缸体本身的刚度好,在高效率生产场合下,缸体上平面、下平面、曲轴轴承半圆孔等处加工可采用平面拉床。在这类设备中有双动平面拉床,其主滑枕驱动可分为油压式与电动机械式两种,加工时间为30~40s。最近,随着铸件薄壁化倾向的增加,低刚度的气缸体加工多采用高速铣削方式。自动铣床乃是大量生产用的铣削设备,在这样一台自动机上能完成全部平面的铣削加工。

2. 钻孔、攻螺纹机床

气缸体左面、右面、上面、下面、前面、后面和其他面上各种螺纹底孔的加工,清砂孔在装配闷盖前的钻孔加工,以及装配基准孔等的底孔加工,都应该根据加工情况设计孔加工自动机床。此外,攻螺纹与孔的精加工,也常结合切削液和刀具的使用情况,设计自动机。

3. 镗床

重要的镗孔加工有气缸内径、凸轮轴孔、曲轴孔、分电器装配孔等数种。缸径镗孔分为粗加工与精加工两类,精加工应严格保证其圆柱度与垂直度。在同轴心镗孔精加工工序中,为了使各孔之间相对距离精度和同心度保持高水平,应设计特殊专用机床,进行同时加工。

4. 缸径珩磨机

缸径珩磨的目的在于得到能承受活塞上下激烈运动并保持适当临界润滑状态的精加工面。珩磨加工乃是以圆周上装有磨石的形磨头做回转运动与上下运动,对缸径表面进行精加工。通过调整回转运动与上下运动的速度,得到所需要的珩磨网纹,保证适当的润滑性能。磨石扩张机构有油压式和机械式两类,前者为等压珩磨,后者为等余量珩磨。多缸发动机缸径珩磨使用多轴珩磨机床,布磨头的扩张机构以各轴独立控制为宜,容易保证加工精度。

7.3.2 曲轴

曲轴加工乃是轴类加工中难度最大的一种。其加工工艺包括车、磨、钻及其他工序,常采用特殊专用机床。本节将详细地介绍曲轴的加工工艺过程。

1. 曲轴的功用

曲轴是活塞式发动机中的一个重要零件。曲轴和连杆、活塞等一起组成曲柄连杆机构。发动机工作时,活塞向下的推力,经连杆传到曲轴,由曲轴将活塞的往复运动转变为曲轴绕其本身轴线的旋转运动,并向外输出功率,经汽车的传动系驱动汽车。

曲轴由三部分组成:曲轴前端;由若干个连杆轴颈、曲柄臂及主轴颈组成的曲拐;曲轴后端。如图7.8所示,曲轴由其自身的主轴颈安装在发动机上,其连杆轴颈上装有连杆。曲轴的前端装有驱动凸轮轴的正时齿轮或链轮、消除曲轴扭转振动的扭转减振器;另外还有带动冷却风扇、水泵、气泵和交流发电机的带轮及启动爪;有的还装有带动液压泵和制冷压缩机的附加带轮,用来驱动液压转向机构和空调机工作。

曲轴的后端装有飞轮,使发动机能均匀地输出功率,并保证工作平稳。飞轮外圆有齿圈用来启动。飞轮上还装有离合器。

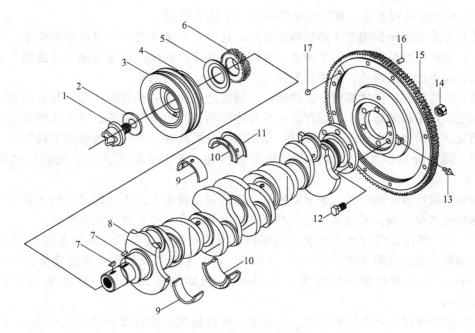

图 7.8 曲轴飞轮组分解图

1—启动爪;2—启动爪锁紧垫圈;3—扭转减振器;4—带轮;5—挡油片;6—正时齿轮;
7—半月键;8—曲轴;9—主轴承上、下轴瓦;10—中间主轴承上、下轴瓦;11—止推片;
12—螺栓;13—直通滑脂嘴;14—螺母;15—齿环;16—圆柱销;
17—第一、六缸活塞压缩上止点记号用钢球

2. 曲轴的结构特点和技术要求

发动机工作时,其活塞每秒钟要往复 100~200 个行程。一台行驶 16 万千米的汽车发动机大约完成做功行程 2 亿次。曲轴的转速可达到 6000r/min。发动机每个工作行程都有很大的燃气压力通过活塞、连杆突然作用到曲轴上。这种很大的瞬间燃气压力,以 100~200 次/s 的频率反复冲击曲轴。另外曲轴还受到往复、旋转运动的惯性力及力矩的作用。这些周期性变化的载荷在曲轴的各部分产生弯曲、扭转、剪切、拉压等复杂的交变应力,同时也造成曲轴的扭转振动和弯曲振动。在一定的条件下,扭转振动和弯曲振动会产生很大的附加应力。

曲轴的形状较为复杂,其横断面沿轴线方向急剧变化,因而应力分布极不均匀,尤其在曲柄臂和轴颈的过渡圆角部分及油孔附近会产生严重的应力集中。曲轴经长期工作运转,在应力集中区会产生疲劳破坏。弯曲和扭转疲劳断裂是曲轴的主要破坏形式,尤其是弯曲疲劳断裂最为常见。曲轴的连杆轴颈、主轴颈及其轴承副在高比压下高速相对旋转,容易造成磨损发热和烧损。

为了保证发动机长期可靠地工作,对曲轴提出了很高的要求。

(1) 足够的强度。主要是弯曲疲劳强度、扭转疲劳强度和功率输出端的静强度。
(2) 足够的刚度。目的是减少曲轴挠曲变形,提高曲轴的自振频率。
(3) 良好的润滑性,高的耐磨性。
(4) 良好的平衡。

(5) 以上的各项要求，都应该在轻的结构重量下实现。

曲轴上的连杆轴颈偏置于曲轴的轴心线，这种不平衡状况，如果没有平衡重，当曲轴旋转时，会产生严重的振动。平衡重一般都设置在连杆轴颈的相反方向上。曲轴上有钻通的油孔，润滑油经过油道，从主轴颈流到连杆轴颈，进行润滑。

曲轴的结构有整体式和组合式两种，一般发动机的曲轴都为整体式。其特点是：强度高，刚性好，结构紧凑。而当连杆大头为整体式的某些小型汽油机、或大功率柴油机及采用滚动轴承作为曲轴主轴承的发动机，则采用组合式曲轴。组合式曲轴加工较简单，即先将曲轴各部分分段加工，然后再组合成整体曲轴。图 7.9 所示为六缸汽油机曲轴结构简图。

曲轴形状特殊，刚性差，要求精度高，机械加工难度大。为了保证曲轴正常工作和约束曲轴制造的全过程，对曲轴规定了严格的技术要求。主要有以下几个方面。

(1) 尺寸精度方面的技术要求。主轴颈和连杆细颈的直径尺寸精度通常为 IT6～IT7 级；主轴颈的宽度极限偏差为 +0.1～+0.36mm，连杆轴颈的宽度极限偏差为 ±0.05～+0.15mm；曲轴半径极限偏差为 ±0.05mm；曲轴的轴向尺寸极限偏差为 ±0.15～±0.50mm。

(2) 形状精度方面的技术要求。主轴颈、连杆轴颈的圆柱度公差为 0.005～0.01mm；曲轴后端法兰的平面度公差为 0.1mm。

(3) 位置精度方面的技术要求。连杆轴颈轴线对主轴颈轴线的平行度，每 100mm 长度上不大于 0.02mm；轴颈母线间的平行度不大于 0.015mm；连杆轴颈相位角偏差不大于 130′；中间主轴颈在以前后主轴颈为基准时的径向圆跳动不大于 0.015mm（曲轴长度为 1.5m 以内时）；曲轴后端法兰面的径向圆跳动不大于 0.06mm；止推面对主轴颈轴线的垂直度一般为 0.012～0.017mm。

(4) 表面粗糙度方面的技术要求。曲轴的连杆轴颈和主轴颈的表面粗糙度为 $Ra0.4\sim0.2\mu m$；曲轴的主轴颈、连杆轴颈与曲柄臂连接处圆角的表面粗糙度为 $Ra0.4\mu m$。

(5) 其他技术要求。曲轴必须经过动平衡。各种曲轴所要求的平衡精度取决于发动机的用途、轴颈数目和每分钟转数；曲轴的主轴颈、连杆轴颈等表面，大部分都要求表面强化。机械强化方面一般进行喷丸处理和滚压圆角。滚压圆角的冷作硬化深度要求达到 0.0025～0.0125mm。在热处理方面，一般要求曲轴调质、轴颈表面淬火、氮化等。根据发动机结构和曲轴材料的不同，其热处理后的硬度一般为 46～62HRC；曲轴油道孔的清洁度要求，曲轴加工完毕后必须清洗外表面和油道孔。特别是油道孔清洗的好坏，将直接影响轴瓦的寿命。一般油道孔的清洁度标准为 2.5～50mg；轴裂纹的技术要求，对曲轴的横向裂纹要求很严格，不允许有横向裂纹存在。允许有小的轴向裂纹存在，但曲轴各部位所允许存在的裂纹也不相同。其磁痕长度从 3.2～22.2mm 不等；精加工曲轴时，应符合曲轴旋转方向的规定。目前国外的许多汽车制造厂在精加工曲轴的连杆轴颈和主轴颈时，对曲轴的旋转方向在产品图上都有明确的规定。

精磨主轴颈和连杆轴颈及精加工止推面时，曲轴的旋转方向应与其在发动机中工作时的旋转方向相反。

抛光主轴颈和连杆轴颈以及挤压或抛光止推面时，曲轴的旋转方向应与其在发动机中工作时的旋转方向相同。

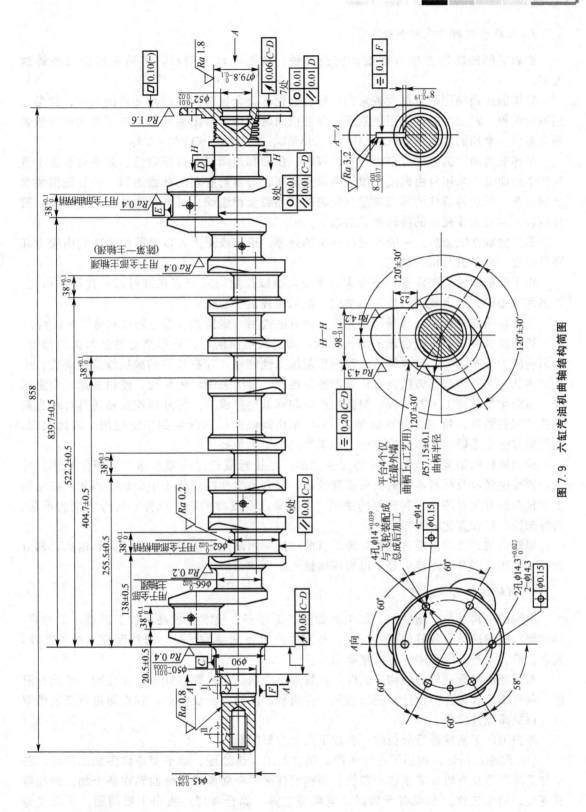

图 7.9 六缸汽油机曲轴结构简图

3. 曲轴的材料与毛坯制造

曲轴毛坯的制造方法有锻造和铸造两种。锻造毛坯为钢材，铸造毛坯以球墨铸铁为多。

整体锻造曲轴用钢有优质碳素钢、低合金铜、合金钢等。根据发动机的负荷、种类选用不同钢种。汽油机曲轴多用碳素钢；柴油机曲轴多用低合金钢；重型汽车发动机曲轴多用合金钢。常用的材料有 45 钢、40Cr、40MnB、35CrMo、QT60-2 等。

整体锻造曲轴的方法有自由锻造、模锻、扭锻和连续纤维挤压锻造。其中只有在小量生产中的曲轴才采用自由锻造。模锻曲轴强度高，可得到有利的纤维组织，并且能按要求合理分布，可获得最佳的截面模量和紧密的细晶粒金相组织。另外锻造曲轴尺寸紧凑，质量较轻。但是形状复杂的曲轴很难锻造。

锻造曲轴在锻造后，一般均进行一次热处理、退火或正火，以消除金属中的内应力和降低硬度，便于进行机械加工。

由于锻造曲轴所需设备十分庞大、昂贵，所以长期以来一直在进行以铸代锻的研究。高强度球墨铸铁的出现，为铸造曲轴的广泛采用提供了前提。

整体铸造曲轴目前以球墨铸铁为主，也有的选用可锻铸铁、合金铸铁和铸钢等材料。

铸造曲轴可以获得较合理的结构形状，如椭圆形曲柄臂、桶形空心轴颈和卸荷槽等，从而使应力分布均匀。整体铸造曲轴的切削加工性能好，并有较好的减振性及耐磨性；生产成本低。尤其是球墨铸铁具有优良的铸造性能，适于采用精密铸造，使机械加工余量减少，可简化机械加工工艺过程，提高生产率和降低生产成本。另外球铁曲轴还具有相当高的扭转疲劳强度，所以，球铁曲轴自 1949 年出现以来，逐渐得到广泛应用。以铸代锻，还可以省去重型锻压机床，这对中、小型发动机尤为重要。

球墨铸铁曲轴经正火处理后的力学性能，已接近或超过一般中碳钢，但伸长率、冲击、弹性模量以及材料本身的疲劳强度较低，综合力学性能仍低于中碳钢。因此，在结构上球铁曲轴有较粗的轴颈和较厚的曲柄，并要采用全支撑曲轴，以补偿抗弯刚度的不足。另外球铁曲轴校直比较困难。

球铁曲轴铸造后，须进行热处理。目前广泛应用高温完全奥氏体化正火和退火、部分奥氏体化正火以及等温淬火等，以提高球铁的塑性和韧性。

4. 曲轴的工艺性分析

曲轴的结构复杂，刚性差，加工表面多，工序多，技术要求高，加工困难，工时多，因此要求曲轴应具有较好的结构工艺，这对生产准备周期的长短，采用新技术的可能性，实现优质、高产、低成本等具有重要意义。

要保证曲轴有良好的结构工艺性，从管理上应做到工艺提前介入。在曲轴初步设计阶段，就有工艺人员参与设计、提出意见。在曲轴产品的初步设计后，就立即进行工艺性审查，以提高设计质量。

对曲轴的工艺性进行分析时，有以下几个主要问题。

(1) 曲轴的制造，包括了毛坯生产、切削加工、热处理、动平衡等许多加工阶段，各个加工阶段都是有机地联系在一起的。结构设计必须全面考虑，使曲轴在各个加工阶段都具有良好的工艺性。如果有矛盾时，应统筹安排、综合考虑，找出主要问题，予以妥善解决。

(2) 先进工艺和新的加工技术的不断出现在一定程度上影响着曲轴的变化。所以，曲轴结构要考虑采用新工艺、新技术的可能性。

(3) 曲轴的结构设计应便于组织生产，尤其要注意大批量生产的工艺性，要尽量使工艺便于采用通用标准刀具和采用标准的热处理工艺。例如，曲柄和轴颈连接处的过渡圆角的几何形状、尺寸、表面质量等对曲轴的应力分布有很大的影响。为了减小圆角部位的应力集中，设计了变曲率过渡曲线，如图 7.10(a)所示。但这种曲线要求对磨圆角的砂轮进行专门的修整，工艺复杂，如果修整不准确，可能会适得其反。有的曲轴采用曲轴沉割圆角；将过渡圆弧移到曲柄里，形成组合内凹圆角，如图 7.10(b)所示，从而大大简化了工艺，方便加工。

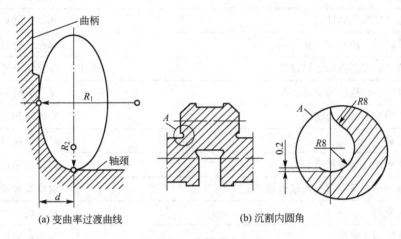

(a) 变曲率过渡曲线　　(b) 沉割内圆角

图 7.10　曲轴圆角处理

(4) 曲轴的结构和尺寸应考虑采用成组加工工艺的可能性。对于在多品种生产线上加工的曲轴，其结构、尺寸等应尽量标准化、系列化、通用化。主要尺寸应尽量统一。这样可减少机床的调整，减少和简化生产线、自动线的设备，减少刀具、量具、夹具等工艺装备的数量和种类，缩短生产准备周期，增加应变能力，提高生产率。

5．曲轴加工工艺过程概述

表 7-4 是大量生产六缸汽油机曲轴的工艺过程，材料为 45 钢，模锻，160～190HB。

表 7-4　大量生产六缸汽油机曲轴的工艺过程

序号	工序内容	设备
1	铣端面钻中心孔	铣钻组合机
2	粗车第四主轴颈	曲轴主轴颈车床
3	校直第四主轴颈摆差	油压机
4	粗磨第四主轴颈	双砂轮架外圆磨床
5	车除第四主轴颈以外的主轴颈	曲轴主轴颈车床
6	校直主轴颈摆差	油压机
7	粗磨第一主轴颈与齿轮轴颈	双砂轮架外圆磨床

(续)

序号	工序内容	设备
8	精车第二、三、五、六、七主轴颈油封轴颈和法兰	曲轴车床
9	粗磨第七主轴颈	双砂轮架外圆磨床
10	粗磨第二、三、五、六、主轴颈	双砂轮架外圆磨床
11	在第1、12曲柄上铣定位面	曲轴定位面铣床
12	车六个连杆轴颈	曲轴连杆轴颈车床
13	清洗	清洗机
14	在连杆轴颈上锪球窝	球形孔钻床
15	在第二、六连杆颈上钻油孔	深孔组合钻床
16	在第二、五连杆颈上钻油孔	深孔组合钻床
17	在第三、四连杆颈上钻油孔	深孔组合钻床
18	在主轴颈上油孔处倒角	交流两用电站
19	去毛刺	风动砂轮机
20	高频率淬火部分轴颈表面	曲轴高频淬火机
21	高频率淬火另一部分轴颈表面	曲轴高频淬火机
22	校直曲轴	油压机
23	精磨第四主轴颈	双砂轮架外圆磨床
24	精磨第七主轴颈	双砂轮架外圆磨床
25	车回油螺纹	曲轴回油螺纹车床
26	精磨第一主轴颈与齿轮油颈	双砂轮架外圆磨床
27	精磨带轮油颈	双砂轮架外圆磨床
28	精磨油封油颈与法兰外圈	双砂轮架外圆磨床
29	精磨第二、三、五、六、主轴颈	双砂轮架外圆磨床
30	粗磨第六个连杆轴颈	曲轴磨床
31	精磨第六个连杆轴颈	曲轴磨床
32	在带轮轴颈上、齿轮轮轴颈上铣键槽	键槽铣床
33	加工两端孔	两端孔组合机
34	检查曲轴动不平衡量	曲轴动平衡自动线
35	在连杆轴颈上钻去重孔	特种去重钻床
36	去毛刺	风动砂轮机
37	校直曲轴	油压机
38	加工轴承孔	曲轴轴承专用车床

(续)

序号	工序内容	设备
39	精车法兰端面	端面车床
40	去毛刺	风动砂轮机
41	粗抛光主轴颈与连杆轴颈	曲轴油石抛光机
42	精抛光主轴颈与连杆轴颈	曲轴砂带抛光机
43	清洗	清铣机
44	最后检查	

各种曲轴加工过程的不同,主要由以下原因造成。

(1) 在大批量生产中,按工序分散原则安排工艺过程。单件小批量生产时,尽可能使工序集中。在表 7-4 中,主轴颈精磨分别在工序 23、24、26、29 四道工序中完成。而单件小批量生产时,曲轴主轴颈的精磨则在一道工序中完成。

(2) 在生产批量相同时,采用不同的加工方法。如表 7-4 所示,主轴颈加工采用车削。先在工序 2 中完成粗车第四主轴颈,然后在工序 5 中完成其他主轴颈(包括带轮轴颈、齿轮轴颈、油封轴颈与法兰)粗车。若采用大直径盘铣刀铣削主轴颈时,则在铣床上一次安装完成全部主轴颈的粗加工。而带轮轴颈、齿轮轴颈、油封轴颈与法兰的粗加工则另外进行。

(3) 毛坯材质不同。钢曲轴在加工过程中,塑性变形比较大,弯曲程度也大;铸铁曲轴在加工过程中塑性变形比较小,弯曲程度也小。所以,在制定曲轴的机械加工工艺过程时,钢曲轴校直的次数多于铸铁曲轴的校直次数。

(4) 毛坯的技术条件不同。当曲轴主轴颈与连杆轴颈的毛坯精度比较高时,只进行一次车削。在毛坯精度比较低时,要进行两次车削,即粗车后再进行一次车削。

(5) 各种曲轴在结构上存在差别。如单缸曲轴与多缸曲轴的加工工艺过程就有很大差别。

(6) 各种曲轴的技术要求不尽相同。如对曲轴的动平衡要求比较高时,需要对曲轴进行两次动平衡去重。

(7) 有些工序的顺序变动,对曲轴的加工过程和加工质量没有影响,因此,这些工序在不同曲轴加工中的顺序可能有所不同。表 7-4 中第 15~17 三道工序的顺序,可能在不同的工艺过程中有变动。

6. 曲轴机械加工工艺分析

1) 定位基准选择

(1) 精基准的选择。曲轴与一般的轴类零件相同,最重要的精基准是中心孔。

曲轴轴向上的精基准,一般选取曲轴一端的端面或轴颈的止推面。但在曲轴的整个加工过程中,定位基准要经过多次转换。

曲轴圆周方向上的精基准一般选取曲轴两端曲柄上的定位平台或法兰上的定位孔。

(2) 粗基准的选择。曲轴的毛坯一般都呈弯曲状态,为保证两端中心孔都能钻在两端面的几何中心上,粗基准应选靠近曲轴两端的轴颈。为保证其他轴颈外圆余量均匀,在钻中心孔后，应对曲轴进行校直。

对于不易校直的铸铁曲轴，在轴颈余量不大的情况下，为保证所有轴颈都能加工出来，粗基准应选距曲轴两端约为 1/4 曲轴长度的主轴颈。

由于大批量生产的曲轴毛坯精度高，曲柄不加工。所以轴向定位基准一般选取中间主轴颈两边的曲柄。因为中间主轴颈两边的曲柄处于曲轴的中间部位，用做粗基准可以减小其他曲柄的位置误差。

2) 加工阶段的划分与工序顺序的安排

曲轴的主要加工部位是主轴颈和连杆轴颈，次要加工部位是油孔、法兰、曲柄、螺孔、键槽等。除机械加工之外，还有轴颈淬火、探伤、动平衡等。在加工过程中还要安排校直、检验、清洗等工序。

(1) 加工阶段的划分。曲轴的机械加工工艺过程，大致为：加工定位基准面；粗加工主轴颈和连杆轴颈；加工润滑油道等次要表面；主轴颈和连杆轴颈热处理；精加工主轴颈和连杆轴颈；加工键槽和轴承孔等；动平衡；光整加工主轴颈和连杆轴颈。

曲轴的主轴颈和连杆轴颈的技术要求都很严格。所以各轴颈表面加工一般安排为粗车—精车—粗磨—精磨—超精加工。

对多缸发动机的曲轴进行粗加工时，一般都以中间主轴颈为辅助定位基准。所以，基本都是先粗加工和半精加工中间主轴颈，然后再加工其他主轴颈。而连杆轴颈的粗、精加工，一般都要以曲轴两端主轴颈定位，所以连杆轴颈的粗精加工部安排在主轴颈加工之后进行。

在表 7-4 中主轴颈的粗车安排在工序 5。连杆轴颈的粗加工，则安排在工序 12。此时，主轴颈已经过粗磨，有利于多支承车削连杆轴颈。经高频淬火后的曲轴，进入主轴颈和连杆轴颈的精加工阶段。通过工序 23~29 精磨全部主轴颈，然后以主轴颈定位，在工序 31 精磨连杆轴颈。为了达到图样所要求的粗糙度，还需要经过工序 41、42 进行抛光加工或研磨加工。

(2) 工序顺序安排。油道孔的进出口都在曲轴的轴颈上；所以安排在轴颈淬火前加工。钻油道孔时，用粗加工过的轴颈定位，可以保证其位置精度。

主轴颈是连杆轴颈的设计基准。所以，主轴颈与连杆轴颈的车削（铣削）和磨削，一般都先加工主轴颈，后加工连杆轴颈。

在精磨主轴颈的过程中，先精磨第四主轴颈，这样再精磨其他主轴颈和带轮轴颈、油封轴颈等轴颈时，就可以第四主轴颈为辅助支承团，因而可以大大降低曲轴精磨后的弯曲变形。

在最后检查曲轴时，以曲轴两端的主轴颈为测量基准，测量其他轴颈的径向跳动。这时，曲轴两端主轴颈的径向跳动(以中心孔为测量基准)转换为与其相连轴颈的径向跳动，与其两边相连轴径的径向跳动矢量相减。主轴颈的径向跳动超过要求时，可以通过校直进行纠正。带轮轴颈、齿轮轴颈、油封轴颈的径向跳动超过要求时，则无法纠正。为此，要求曲轴前端主轴颈的径向跳动，与带轮轴颈、齿轮轴颈的径向跳动矢量相减后，绝对值要最小。另外，钢曲轴在加工过程中，轴颈产生径向跳动的原因之一是，曲轴经加工后内应力重新分布，从而造成变形。所以，在曲轴前端主轴颈的精磨工序之后，应接着安排齿轮轴颈、带轮轴颈的精磨工序。在末端主轴颈的精磨工序之后，应紧接着安排油封轴颈的精度工序，以免内应力重新分布，造成过大的影响。同时，为了避免曲轴刚度降低，造成这些轴颈磨削后径向跳动增大,其他主轴颈的精磨要放在这些轴颈精磨之后进行。

校直对曲轴的疲劳强度有着不利的影响,在制定曲轴的机械加工工艺过程中,应尽量减少曲轴的校直次数。为保证余量均匀,减少变形的影响,在关键工序上,如第四主轴颈加工前、淬火后、动平衡去重后等仍然安排校直。

曲轴各轴颈的表面粗糙度要求较高,所以把各轴颈的超精加工放在最后进行。如果在超精加工后再安排其他加工工序,则有可能破坏已经加工好的轴颈表面。

3) 曲轴主要表面的加工

(1) 曲轴中心孔的加工。铣端面钻中心孔,是曲轴加工的第一道工序。因为中心孔是以后加工工序的主要工艺基准。它的精度将对后续工序产生很大的影响。特别是对动平衡工序的影响和各加工表面余量分布的影响更大。

曲轴有两个轴线(几何轴线和质量轴线),如在普通铣端面钻中心孔机床上,以曲轴两端主轴颈外圆定位,钻出的中心孔是几何中心孔,被广泛采用,所形成的轴线就是曲轴的几何轴线。而曲轴的质量轴线是自然存在的。如果在动平衡——钻中心孔机床上先找出曲轴的质量轴线,再按其轴线所处的位置钻出中心孔则是质量中心孔。目前使用得较少,原因是机床的价格太高。

曲轴如用几何中心孔定位加工,由于几何轴线往往偏离质量轴线,所以在工艺过程中必须安排曲轴动平衡工序。而用质量中心孔定位加工曲轴,可以大大减少机械加工后平衡和去重的工作量,也有利于减少机械加工中机床的磨损。

在小批量生产中,曲轴的中心孔一般在普通车床上加工。在大批量生产中,曲轴几何中心孔的加工一般在专用的铣端面钻中心孔机床上进行。加工质量中心孔在质量中心钻床上进行。

(2) 曲轴主轴颈的粗加工。小批量生产时,一般在普通车床上进行车削。大批量生产时,在多刀半自动车床上采用成形车刀车削。由于这种车削属于多刀车削,切削条件差。为了提高主轴颈的相对位置精度,一般采用两次车削工艺。第二次精车时,主要保证轴颈宽度和轴颈相对位置。为了减小曲轴加工时的扭曲,机床采用两端传动或中间驱动,如图 7.11 所示。切削时随着车刀的径向进给,在曲轴转速不变时,切削速度将下降。而且由于锻造毛坯的模锻斜度、铸造毛坯的拔模斜度的影响,端面的切削余量及切削力将逐渐增大。所以,专用的曲轴车床在加工过程中,曲轴的转速应能自动增加;而车刀的每转进给量又能自动逐渐减小,以便达到恒速切削,从而更好地发挥设备的效率和提高加工质量。

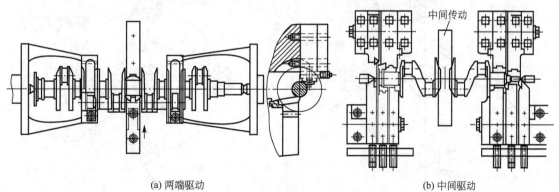

(a) 两端驱动　　　　　　　　　　　(b) 中间驱动

图 7.11　车削曲轴时的驱动方式

为了减少切削时径向切削力引起的曲轴变形，车削主轴颈时，刀具按图7.12布置。图中刀具宽度的关系为 $a=2b$。为保证各主轴颈的相对位置尺寸，机床顶尖对曲轴的顶紧力不能过大，并又要保持稳定。在车削过程中，曲轴受热而膨胀弯曲，应考虑加强冷却。

采用大直径盘铣刀或立铣刀铣削曲轴主轴颈，是在专门设计的铣床上进行的。铣床上的左右两个卡盘分别夹持曲轴的两端，铣刀径向切入，进给至主轴颈的规定尺寸，曲轴低速绕其主轴颈回转一周，主轴颈即加工完毕。当曲轴很长时，需将中间主轴颈事先加工，用以安放中心

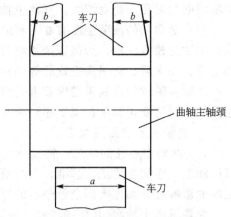

图7.12 主轴颈车削刀具布置图

架，以提高曲轴的刚度。曲轴主轴颈的铣削分外铣与内铣两种。铣削所用的刀盘和刀片精度要求很高。铣削与车削相同，也存在温升引起的曲轴变形问题，也应尽量加强冷却。

(3) 连杆轴颈的粗加工。小批量生产时，连杆轴颈的粗加工在普通车床上进行，以连杆轴颈的中心线为回转中心线进行车削。加工时，需在夹具上装夹平衡块，以平衡曲轴的重量。当无法依靠加平衡块来解决问题时，常采用专用机床，曲轴不动，而由刀架旋转进行加工。

在大批量生产中，连杆轴颈的粗加工可以采用多种工艺方法，主要有车削法和铣削法。

在两端传动的车床上顺次加工位于同一轴线上的连杆轴颈。安装曲轴时应使待加工的连杆轴颈和车床主轴的回转轴线重合。夹具可使曲轴主轴颈的轴线，相对于机床主轴的回转轴线偏移一个曲柄半径的距离。这种方法加工连杆轴颈的优点是可以在改装过的普通车床上进行。缺点是无法同时加工多个连杆轴颈，生产率低。在成批生产的工厂里常采用这种加工方法。

在专用车床上同时车削所有的连杆轴颈。这种车床的刀架数与被加工的连杆轴颈数相等。

由于切削力很大，在车削时应将曲轴的主轴颈支撑在机床的中心架上。加工时，曲轴绕主轴颈转动。车床上有两根标准的曲轨靠模，它们与被加工的曲轴同步旋转，并带动刀架运动(因刀架安装在靠模曲轴的连杆轴颈上)对连杆轴颈进行切削，如图7.13和图7.14

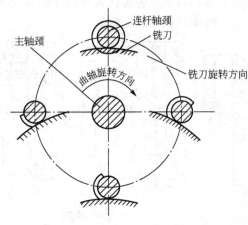

图7.13 外铣连杆轴颈加工示意图

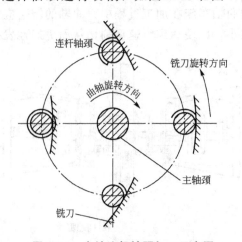

图7.14 内铣连杆轴颈加工示意图

所示。为了减小曲轴的扭转变形，机床采用两端驱动。这种机床生产率很高，适用于单一品种大批量生产。由于切削力很大，若中心架刚性不够，则容易失去精度。如中心架维修不及时，连杆轴颈加工的精度会大大下降。

连杆轴颈的铣削加工分为内铣与外铣，两种都用于多品种大批量生产。

外铣：以曲轴两端主轴颈径向距定位，轴向定位用止推面。高速旋转的铣刀径向进给到连杆轴颈规定的直径尺寸后，曲轴低速绕主轴颈轴线旋转一周，铣刀跟踪曲轴连杆轴颈铣削，即可完成连杆轴颈的加工。加工原理如图7.13所示。

内铣：连杆轴颈内铣有曲轴旋转和曲轴不旋转两种。曲轴旋转时，定位夹紧与外铣大大致相同。高速旋转的内铣刀径向进给到连杆轴颈规定的尺寸后，曲轴低速绕主轴颈轴线旋转一周，铣刀跟踪连杆轴颈做切向进给运动，以完成一个连杆轴颈的加工。加工原理如图7.14所示。

工件不旋转时，内铣加工所用的铣刀不仅绕自己的轴线自转，还绕连杆轴颈公转一周。

4) 曲轴轴颈加工工艺发展方向

曲轴轴颈的粗加工正在由车削向铣削发展。而铣削工艺中，又由外铣向内铣方向发展。

曲轴在车削时，采用多刀成形加工，切削力大，加工精度较低。铣削则因为是小切削截面的高速切削，切削力小一些，加工精度要高一些。采用数控曲轴铣床，可以补偿因曲轴在其圆周的各个方向上刚度不一致而引起轴颈粗加工后的圆度误差。

曲轴车床是加工对象比较单一的高效车床，而曲轴铣床适应多品种生产的能力很强。生产效率也很高。一台数控曲轴外铣床，可用来加工主轴颈、连杆轴颈。

5) 曲轴轴颈外铣与内铣对比

通常希望铣刀盘直径大一些，这样对切削有利。但是增大铣刀盘的直径，铣刀的主轴直径也必须随着增大。造成铣床外形庞大，造价提高。而内铣刀的驱动直径比铣刀直径大，所以铣削时内铣比外铣平稳得多。内铣时刀具所承受的力，相当于外铣的 1/4~1/8。因此，内铣刀的寿命高，进给速度也可相应提高。

6) 曲轴轴颈的车-拉加工

车-拉切削加工是20世纪80年代发展起来的新型加工技术，目前已在曲轴加工中得到应用。它能在一道工序中同时加工出多缸发动机曲轴的全部主轴颈、连杆轴颈、曲柄臂平面、台肩和沉割。其优点是加工工时短，效率高，热负荷和机械负荷低；刀具寿命长；机床传动功率小；加工精度高，表面粗糙度小；可取消粗磨轴颈工序；对大、小批量和多品种生产均适用。

车-拉加工实际上是车削和拉削加工的结合。在车-拉加工时，除了工件做旋转运动以外，刀具也做运动：在直线式车-拉中，刀具在工件运动的切线方向做直线运动，并依靠刀具的齿升 d 完成切入进给。其工作原理如图7.15所示。

在旋转式车-拉中，刀具做旋转运动。根据刀齿径向切入进给方式的不同，旋转式车-拉可分为采用螺线形刀具和圆柱形刀具两种。其工作原理如图7.15中的(b)、(c)所示。

采用螺线形刀具时，工件与刀具轴线之间的距离保持不变，刀具的径向切入进给是靠刀具上刀齿的高度各不相同，形成阶梯式齿升 f_z。采用圆柱形刀具时，靠机床的数控装置使刀具做径向切入进给。

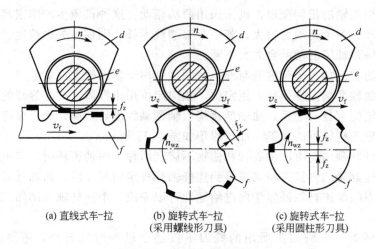

(a) 直线式车-拉　　(b) 旋转式车-拉　　(c) 旋转式车-拉
　　　　　　　　　（采用螺线形刀具）　（采用圆柱形刀具）

图 7.15　车-拉加工原理图

d—曲柄臂；e—连杆轴颈；f—刀具；f_z—齿升；n—曲轴转速；
n_{wz}—刀具转速；v_c—切削速度；v_f—进给速度

由于总的切削余量是被分配给多个依次进入的刀齿切除的，因此切削力较小，而且每个刀齿在开始切入时，切入厚度均为零。随着刀齿进入，切削厚度逐渐增加直至最大值，然后切削厚度又减小，直至切出工件表面降为零。因此，切入切出柔和，加工平稳性好。此外，在一次切削中每个刀齿仅切削一段时间，刀齿的散热条件较好，有利于延长刀具使用寿命，而且不需要切削液。在一次加工中能进行粗切和精切。粗、精切刀具分别布置，有利于采用各自最佳的刀刃几何形状、容屑空间、刀具材料和切削用量。例如，粗切刀齿用涂层硬质合金，而精切刀齿则用陶瓷材料。通过刀齿的配置能加工出复杂的工件形状。图 7.16 所示为一曲轴轴颈及曲柄平面加工时的刀齿配置及切削分配。切削是从最大的工件直径即曲柄臂外径开始的，靠已确定的齿升值和相应的刀片把曲柄臂平面上的余量切除。此时仅在左右两边进行切削。当达到轴颈毛坯表面时，刀齿再往轴颈宽度上布置。图 7.16 中曲轴精切台肩、沉割和轴颈外圆的形状和尺寸是靠最后的刀齿来得到的。因此，在精加工以后可以得到较高的尺寸精度和形状精度。

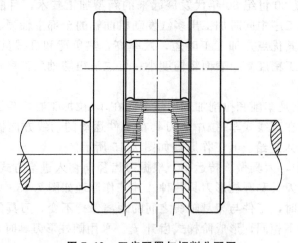

图 7.16　刀齿配置与切削分配图

另外,由于车-拉机床及刀具的适应性好,也很适应小批量多品种的生产。例如,采用计算机辅助设计的螺线形刀具,车-拉加工"切诺基"吉普车发动机曲轴,机床的电动机功率仅 3kW,直径公差达到 ±0.03mm,对图样所要求的 ±0.1mm 是绰绰有余的。包括手工上下料、定位、夹紧、松开在两道工序中加工全部四个连杆轴颈的循环时间仅为 90s。

与传统加工方法相比,车-拉能达到较高的加工精度:主轴颈宽度为 ±0.05mm,轴颈直径为 ±0.05mm,表面粗糙度为 $Ra0.8\mu m$,径向圆跳动为 0.05mm。

7) 主轴颈与连杆轴颈的磨削

磨削曲轴的主轴颈与连杆轴颈时,砂轮只做切入进给。为防止磨削力与曲轴自重作用下的变形,被加工轴颈应支撑在中心架上,如图 7.17 所示。

磨削曲轴轴颈大部分是在半自动磨床上进行的。使用量仪进行主动测量和进给过程的控制。达到规定尺寸之后,自动停止进给,进行光磨,消除弹性恢复的余量。磨削工序也常采用手动进给,使用百分表卡规进行主动测量。轴颈的磨削余量视其磨削前的精度而定。一般粗磨余量半径上为 0.2~0.4mm,精磨余量半径上为 0.1~0.15mm。

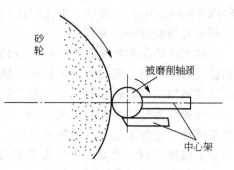

图 7.17 被磨削轴颈支撑在中心架上

磨削主轴颈,可采用单砂轮磨削,也可采用多砂轮磨削。当要求轴颈两侧面,轴颈外圆、圆角一起磨出时,常采用单砂轮磨削。而当曲轴主轴颈两侧面的尺寸精度与粗糙度要求不高(止推面除外),圆角精度要求不高,可以不磨时,常采用多砂轮磨削。为保证磨削后轴颈尺寸的一致性,则要求所有砂轮外围尺寸要一致。为此,同一组砂轮的批号要一致,并能进行自动修整。采用多砂轮磨削可以提高生产率和降低成本。

磨削连杆轴颈时,同时将轴颈两侧面和圆角一起磨出。一般采用下面的几种方法。

(1) 用单砂轮磨床,砂轮顺次磨削全部连杆轴颈。这种磨削方法为大多数工厂所采用,适用于大批量和多品种生产。

(2) 用单砂轮磨床,组成一条生产线,采用几台磨床,依次将所有连杆轴颈磨出。相位角不易保证。每台磨床磨削一个连杆轴颈,有几个连杆轴颈就几种磨削方式,适用于大批量生产,但连杆轴颈的相位角不易保证。

(3) 用单砂轮磨床或双砂轮磨床,组成一条生产线。曲轴在一台磨床上,将同相位用的连杆轴颈都磨出来。

8) 止推面的加工

止推面位于曲轴中间主轴颈的两侧,为两个圆环面。也有在其他主轴颈侧面的。对止推面的技术要求较高。一般规定止推面要平整且垂直于主轴颈;表面不允许有烧伤,两止推面之间的距离公差为 0.05~0.08mm。

一般止推面的加工过程为:车削主轴颈时,将止推面车出;精磨主轴颈时将止推面磨出;抛光曲轴轴颈时,对止推面抛光。

采用上述加工过程最困难的是磨削工序。磨削时采用成形砂轮切入磨削,止推面的宽度大,一般为 7.5~10.5mm。为保证其精度,砂轮的消耗非常大,并且止推面极易烧伤,质量不稳定,加工费用很高。为此,各国都在研究新的加工工艺。有的采用精车加金刚石挤压;有的采用对置斜砂轮加磨床,用两个砂轮在两个方向成形切入磨削,其工艺尚需进一步完善。

9) 轴颈的超精加工

曲轴轴颈的超精加工,一般都在专用机床上进行。采用超精研磨或抛光工艺,同时加工所有的主轴颈和连杆轴颈。

超精研磨时,使用带研磨头的油石架。磨块由研磨头夹持着。油石架安装在两个靠模轴上。靠模轴与被加工的曲轴同步旋转并带动油石架运动。油石架上的弹簧以 100~150N 的力将研磨块压在被加工的轴颈上,研磨头沿着轴线摆动,每分钟摆动 800~900 次,曲轴以 250~300r/min 旋转。加工时使用煤油和透平油的混合油冷却,冲刷轴颈。超精研磨轴颈的直径余量一般为 0.01mm。

抛光轴颈采用粒度为 240~300 的砂布带或砂纸带,并用煤油冷却。曲轴除旋转外还做往复运动。抛光架的数目与被加工轴颈的数目相同。加工连杆轴颈的抛光架,依靠靠模曲轴或被加工的曲轴获得运动。抛光的加工费用较超精研磨低,生产率比超精研磨高。

但要获得好的表面粗糙度($Ra0.4\mu m$ 以下),则超精研磨比抛光更为可靠。超精研磨的平磨块只能加工正圆柱形轴颈表面。而抛光机的软砂带能压到轴颈的圆角部位,使各个部位都能加工到。大量生产中为了提高生产率和加工精度,往往先对轴颈进行超精研磨,再进行抛光。单件生产时,超精加工可在普通车床上进行。

10) 轴颈精磨与超精研磨加工时曲轴的旋转方向

精磨主轴颈和连杆轴颈以及精加工(精磨或精车)止推面时,曲轴的旋转方向应与其在发动机中的旋转方向相反,超精研磨和抛光主轴颈、连杆轴颈以及挤压(或抛光)止推面时,曲轴的旋转方向应与在发动机中的旋转方向相同。

精磨轴颈时,在轴颈表面产生图 7.18(a)所示的毛刺。

精研磨和抛光轴颈时,在轴颈表面产生图 7.18(b)所示的毛刺,但同时又产生了新的毛刺。其毛刺的方向和精磨时产生的毛刺方向相反,也更细小。

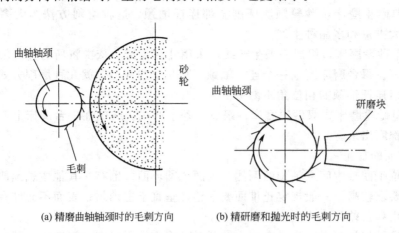

(a) 精磨曲轴轴颈时的毛刺方向　　(b) 精研磨和抛光时的毛刺方向

图 7.18　轴颈的毛刺方向

超精加工后的曲轴因其加工时的旋转方向和在发动机中的旋转方向相同,毛刺方向顺且细小,可以大大降低轴瓦的损坏。

11) 油道孔加工

曲轴的油道孔属斜深孔。钻削时,容易发生钻头引偏、发热、折断和切屑不易排除等问题，因此多用深孔钻床或组合机床。钻削采用高强度麻花钻，分级进给。为了解决钻头引偏和出口位置误差大的问题，在钻油道孔之前，先钻一个半圆形的凹坑，使钻头不致引偏。出口处钻一个垂直的盲孔，使油道孔在盲孔底部接通。由于普通深孔钻床，在钻削时要采用分组进给，刀具也很少采用硬质合金，这样就难以进行高速钻削以获得较高的加工精度，为此便改用枪钻来加工油道孔。

图 7.19(a)所示为加工小孔径时采用的"半月形"枪钻，钻尖只有一个切削刃（切削刃用硬质合金制造），装在管状的刀杆上，管内通入高压切削液。切削液和切屑流动路线如图 7.19 所示；图 7.19(b)为普通枪钻头部示意图。这种枪钻不仅能高速切削，而且能在一次进给中加工完油道孔，大大提高了生产率。油道孔精度和粗糙度均能达到要求，尤其是油孔的直线度误差是麻花钻的 1/10。目前已有标准型的枪孔钻床和枪钻，可以广泛应用于大量生产中。

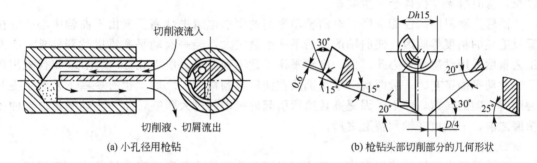

(a) 小孔径用枪钻　　　　(b) 枪钻头部切削部分的几何形状

图 7.19　枪钻加工示意图

7. 其他重要工序

1) 曲轴的动平衡

曲轴在工作时，它的各个质点都有离心惯性力。理想的情况是这些惯性力都能在曲轴内互相平衡，不能传递到支承上，而引起有害的振动。但由于种种原因，使曲轴的质量分布不均匀，旋转时离心惯性力不能平衡，也就是说，曲轴的不平衡现象，是以主轴颈轴线为中心的质量分布不对称所引起的惯性力所致。曲轴的不平衡，破坏了发动机的平稳运转，产生振动和噪声；加剧磨损，从而影响发动机的工作和使用寿命。为此必须对曲轴进行动平衡。

曲轴的动平衡包括两个部分：不平衡量的测量和不平衡量的修正。

不平衡量的大小及相位的测量一般是在曲轴动平衡机上进行自动测量。

不平衡量的修正方式有去重和加重两种。对于中、小型发动机来说，多数采用自动去重方式。自动去重方式有钻削去重、铣削去重和激光氧化去重等方式。加重方式因平衡质量差和生产率低，故使用不多。

曲轴动平衡工艺布置有以下几种方式。

(1) 单机式：曲轴的不平衡量的测量、修正、检验都在一台机床上进行。设备简单但效率低。

(2) 多机式：由两台曲轴动平衡机和两台修正机组成的动平衡自动线，包括上下料均自动进行。效率高而且质量好。

动平衡机的结构有框架式与摆架式。框架式结构是把两个独立的摆架连成一体，使之成为一个整体的框架结构。这两种结构的区别如图 7.20 所示。

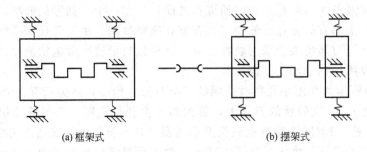

(a) 框架式　　　　　　　　(b) 摆架式

图 7.20　动平衡机结构简图

与摆架式动平衡机相比,框架式动平衡机测量误差小,曲轴装卸方便。但测量时间比较长,有时框架与机体会产生共振。

随着发动机向高性能发展,对曲轴动平衡的要求也越来越高。又由于曲轴中心孔的位置及毛坯的精度等原因,使曲轴的原始不平衡量较大,经一次动平衡难以达到要求。有些工艺虽然采用钻质量中心孔,但一次动平衡还达不到要求。所以在 20 世纪 60 年代末出现了二次动平衡工艺。一般两次动平衡都放在曲轴轴颈精加工之后。也有一些工艺为了提高磨削时曲轴的转速,而不受因提高转速所引起的振动的过大影响,将一次动平衡放在曲轴精磨之前,一次放在轴颈精磨之后。

2) 曲轴的去毛刺与清洗

为了保证发动机的使用寿命,各厂家对清除曲轴的毛刺和提高曲轴的清洁度都极为重视。

去毛刺的方法有下列几种。

(1) 手工去毛刺。这种方法劳动量大,油道孔内部的毛刺不好清除。在去毛刺的过程中还容易碰伤轴颈表面,生产率也低。

(2) 机械去毛刺。这种方法采用多工位去毛刺机,清除油道孔口、键槽等处的毛刺,生产率高,但也存在油道孔内部毛刺清除不到的情况。

(3) 电解去毛刺。这种方法采用多工位同时进行去毛刺。去毛刺的质量高,生产率也高。

曲轴的清洗包括外表面清洗和油道孔清洗,一般有下列几种方法清洗油道孔。

(1) 采用旋转的螺杆状尼龙刷子清洗油道孔,并用油冲洗油道孔。

(2) 采用高压清洗液冲洗油道孔。

(3) 采用超声波清洗。

从目前的情况来看,采用高压清洗液清洗油道比较适宜。

3) 校直

校直有热校直和冷校直。曲轴制造中主要采用压力机对曲轴进行冷校直。其方法是用两个支承块支撑曲轴,在曲轴的弯曲部位施加压力,使曲轴产生稳定的塑性变形,达到校直的目的。但是,因曲轴形状复杂,校直后的机械加工又在不断地改变着曲轴的形态和应力分布状态,从而使曲轴产生新的弯曲变形,所以校直往往达不到预期的目的。另外,曲轴经多次校直后,其疲劳强度会有不同程度的下降。故国外有的厂家已不对曲轴进行冷校直,在曲轴机械加工的全过程中,仅在轴颈表面淬火后,从回火炉中取出曲轴,在保持

200℃的状态下，进行热校直。

8. 曲轴的强化处理

曲轴的强化处理，是在不改变曲轴材料和结构的前提下，用物理法、化学法，使曲轴得到强化，以提高曲轴各项力学性能的一种工艺。

曲轴的强化工艺有三种：机械强化（喷丸和圆角液压）、物理强化（锻造淬火、调质、正火、表面中高频淬火、激光淬火、等温淬火）、化学强化（氮化、软氮化、低温氰化、渗碳等）。各种强化方法，在实际应用时一般很少单一采用，而是根据曲轴的具体情况和技术要求，综合采用两种以上的复合的强化工艺。

曲轴的强化处理，在曲轴的全部制造工艺流程中可分为前期强化处理、中期强化处理和后期强化处理。

曲轴的前期强化处理，是指曲轴在毛坯期间，尚未进行机械加工阶段所进行的强化处理，也叫毛坯子处理。此阶段所采用的强化处理方法，多结合毛坯的制造、清理等同时进行。主要方法有喷丸、锻造淬火、正火、调质等。

曲轴的中期强化处理，是指曲轴在粗加工和半精加工完毕，精加工之前所进行的强化处理。此阶段的强化方法多采用表面高频淬火、圆角淬火、圆角滚压、调质等工艺方法。由于以上几种强化方法会造成曲轴整体变形，对各轴颈表面影响较大，所以多安排在轴颈精加工之前，以便在精加工阶段加以消除。

曲轴的后期强化处理，一般安排在曲轴各轴颈精加工完毕之后进行。所以此阶段所采用的强化工艺，要求在强化处理后基本不变形，对轴颈表面基本不产生或只产生微量影响，由于离子氮化、软氮化等强化工艺的处理温度低，曲轴变形小，对轴颈表面影响很小，所以曲轴的后期强化处理，多采用此类工艺。

综上所述，曲轴的前期强化处理，是对曲轴整体进行处理，目的在于得到较好的综合力学性能，消除内应力，改善材料的金相组织。而曲轴的中、后期处理，主要集中对曲轴各轴颈表面、圆角等部位进行处理，目的在于提高轴颈表面的硬度，增加耐磨性，消除应力集中，强化曲轴的薄弱部位，提高曲轴的疲劳极限。

目前，曲轴的前期、中期强化处理应用较多，而后期处理由于受工艺、装备等影响，应用较少。

下面介绍曲轴的圆角滚压强化工艺。

曲轴的圆角滚压工艺是一种在曲轴的曲柄和轴颈过渡圆角等应力集中部分，用机械的方法，对圆角表面进行滚压，使其表面产生冷加工硬化，从而形成残余压应力表面层，并消除亚微观裂纹，从而提高曲轴疲劳强度的一种工艺方法。

圆角滚压工艺有以下一些特点。

（1）工艺简单，生产周期短，生产成本低。

（2）适应范围广，可以滚压所有材料的曲轴。

（3）能显著地提高曲轴的疲劳强度。

（4）表面粗糙度下降1级，可达 $Ra0.8\sim0.1\mu m$，硬度由30HRC提高到55HRC。

（5）采用沉割圆角液压可减少磨削时间，提高砂轮的寿命。

（6）可消除表面显微裂纹和针孔、气孔等铸造缺陷。珠光体球墨铸铁曲轴的圆角滚压效果最明显。

(7) 液压硬化层的深度和最大残余应力值,取决于滚压力、滚轮形状、尺寸,以及曲轴材料。

曲轴圆角滚压有以下几种形式。

1) 连杆轴颈加工

连杆轴颈加工通常包括车—磨—超精加工等工序。

(1) 车削加工。在特殊的连杆轴颈多刀车床上对全部轴颈一次加工成形。连杆轴颈以主轴颈为中心回转,刀具也做相应运动进行加工。刀具运动是由和被加工曲轴同一规格的标准曲轴所驱动的。

(2) 磨削加工。磨削加工使用连杆轴颈特殊磨床,可分为每次磨削一个轴颈的单砂轮磨床和每次磨削两个轴颈的双砂轮磨床。当采用双砂轮磨床加工四拐曲轴时,需要两台磨床,是一种特殊用法。由于双砂轮磨床的生产率极高,设备昂贵,特别适用于大量生产。此外,轴颈间距离是选定双砂轮磨床的重要因素,过于窄小就不宜选用。轴颈磨削时,两端圆角(R)的形状难以确保。对此,各磨床制造厂正在研究砂轮的各种整形方法,在保证圆角(R)的形状上下工夫。横向进给滚子砂轮修整法和纵向进给砂轮修整法容易保证圆角形状。单点式砂轮修整法难于保证圆角形状,使用这种方法需要高度熟练的技术,不适于用在大量加工生产线上。

2) 主轴颈加工

主轴颈和连杆轴颈的加工工序相同。车削工序使用多刀特殊机床。为了对全部主轴颈多刀切削一次加工成形,以曲柄为基准面夹持之后,在两顶针间加工。普通以立刃刀头从两个方向进刀切削。磨削加工是在多砂轮磨床上对全部主轴颈同时加工。这种方法在精度和效率上都有利。

3) 油道深孔加工

为了润滑连杆轴颈,从主轴颈处钻通一个直径为 4~6mm 的深孔油道。由于受轴颈表面限制,孔径不能过大,因而加工困难,可采用深孔麻花钻头分级进给加工或深孔钻加工。

4) 不平衡修正

加工曲轴平衡时,不平衡去重位置受曲轴形状限制。不平衡修正机通常由不平衡量的测定部分(平衡机)和不平衡量的去重加工部分(修正机)所组成。修正机是根据平衡机的测定结果,自动控制修正位置和修正量,以钻削方法切除不平衡部分。经上述平衡加工后,所允许的残余不平衡量,对轿车发动机曲轴的要求是 10~20cm。工艺设计时,应该注意选用不平衡量极小的加工方法和工艺措施。例如,以质量定心法加工作为基准用的中心孔,就是一种有效的方法。

5) 表面精加工

连杆轴颈与主轴颈的表面粗糙度一般应控制在 $0.8\mu m$ 以下,可采用磨块超精加工,或采用砂带研磨加工。磨削加工的要点在于不超出形状公差而对表面进行精加工。为此,应将加工余量降至必要的最小限度之内。此外,还必须注意保证端部圆角(R)的形状。

6) 圆角滚压

圆角滚压目的在于提高连杆轴颈与主轴颈圆角部位的强度,主要用于加工铸铁曲轴,可分为制槽与滚压两道工序。制槽加工的目的在于防止滚压时发生金属隆起的现象。滚压加工形成压缩残余应力,提高曲轴的疲劳强度。铸铁曲轴经圆角滚压强化后,强度值增加 1.8~2.8 倍。

7.3.3 连杆

连杆与活塞销的装配方式可分为压配式与全浮式两种。它们的加工工序虽有若干差异，但通常多采用下列顺序：大头孔、小头孔两端面加工；小头活塞销孔加工；大头接合面、侧面、半圆孔拉削加工；细油孔加工；螺栓孔加工和螺栓孔平面加工；衬套压入（用于全浮式）；连杆盖装配；大、小孔端面精加工；大、小孔精镗加工；重量分组、尺寸分组。

端面加工可分为铣削加工和平面磨削加工两类。后者适用于大量生产，常使用转台式平面磨床。接合面、侧面、半圆孔的拉削加工，可采用立式平面拉床或卧式连续拉床。后者适用于大量生产的工厂。当以连杆螺栓确定连杆及连杆盖的相对位置时，对螺孔直径与齿距的精度要求高，孔加工应采用钻、扩钻、铰三道工序。

7.3.4 变速器壳

近来，变速器壳的加工正从专用机床转向以直进式自动机床为主体的自动化生产线。例如，普通灰铸铁制箱形变速器壳的加工工艺过程如下。

（1）第一工序。对搬运基准面与孔、加工基准面与孔进行铣、钻、粗铰加工。

（2）第二工序。前后端面的粗铣与精铣，侧面的铣削，前后端面钻孔与粗铰孔。

（3）第三工序。下部孔的钻、攻螺纹与检验，壳体内倒挡齿轮、中间轴齿轮安装相关面的铣削加工。

（4）第四、五工序。清洗，壳体内倒挡齿轮、中间轴齿轮安装相关面宽度的自动检测。分级与标记铭刻。

（5）第六工序。以多轴加工方式对前后端轴承孔、轴孔进行粗镗与精镗。

（6）第七工序。轴承孔自动检测。

（7）第八工序。侧面与顶面上各种孔的钻、攻螺纹、铰与检测。

（8）第九工序。换挡叉轴的钻、镗、铰加工。

（9）第十、十一工序。清洗与铭刻各种标记。

加工的基准孔一直要使用到精加工工序，所以应该特别注意选择基准孔的位置，不致妨碍各种加工过程。此外，进行平面度要求极严的平面铣削时，对于具有精度偏差的夹紧面，应采用特殊的夹持方法，以使工件保持精确位置，并防止加工过程中发生振动。轴承孔精镗采用多轴同时加工方式，以确保各孔间严格的相关位置。由于此工序的加工周期长，为了生产线上节拍的平衡，多采用两台设备同时加工。

7.3.5 齿轮

变速器的直齿轮与斜齿轮、差速器的伞齿轮、各类花键轴的加工多采用下列工序：齿坯加工—齿形粗加工—齿形精加工—热处理—外径、内径与端面磨削，齿面精磨与形磨。根据使用条件，有些花键轴与伞齿轮不进行精加工与淬火，有的齿轮不做机械加工，而是在冷态精密锻造后或粉末冶金成形后使用。

1. 直齿轮、斜齿轮与花键轴类加工

直齿轮与斜齿轮的齿形粗加工有滚齿加工与刨齿加工。热处理前的齿形精加工有剃齿加工与齿形轧制加工。若有特殊需要，热处理后还可进行齿形研磨与珩磨加工。花键类加工除可采用滚削与刨削方法外，也常常以铣削或轧制加工成形。

1) 齿轮轧制

齿轮轧制是一种大量生产的加工方法。在很短时间内（约为0.3min）可得到表面微观平面度在1μm以内的齿面。通常采用的冷轧工艺，有下列两种方法：一种是像花键类加工那样，直接以成形工具与齿坯啮合轧成齿轮，而无需预先进行铣齿粗加工。齿形轧制工具有齿条式、齿轮式和辊轮式等数种。另一种是把经过齿形粗加工后的齿轮与两个齿形轧制工具相啮合，进行齿形精加工，这种方法适用于大模数齿轮。由于很难使轧制工具获得最佳形状，轧制齿轮一般还需再经剃齿加工。

2) 剃齿

剃齿加工可在0.3~1.0mm内获得优良而稳定的齿形精度。图7.21所示为齿轮式剃齿刀的齿部形状，齿面上具有由桅状沟槽所形成的切削刃，与被加工齿轮无间隙啮合（轴间交叉角为5°~12°），进行剃削。加工量为0.02~0.05mm。剃齿加工除可提高齿轮精度外，其重要目的之一还在于加工成鼓形齿与齿形修正。最近，德国研制成横向进给剃齿加工法，与原来剃齿法相比较，加工时间缩短了1/3，加工精度可提高1至2级。这种方法正在逐渐普及。

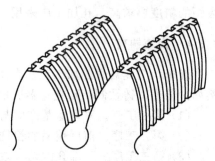

图7.21 剃齿刀的齿面

3) 珩齿

珩齿加工在热处理之后，是一种去除齿面毛刺、修正齿形与热处理变形的加工方法。与剃齿加工相同，将被珩磨齿轮与齿轮式珩磨轮或辊轮式珩磨轮啮合，进行加工。珩磨的加工余量小，不可能修正过大的热处理变形。

2. 伞齿轮加工

(1) 主动齿轮。螺旋锥齿轮可分为主动锥齿轮与从动锥齿轮。主动齿轮的热处理前工序包括：钻中心孔，车削，螺纹加工，花键轧制，磨削，齿形粗加工，倒角，前进面齿形精加工，后退面齿形精加工。几年前，在大量生产线上，这些工序之间已用装料机和运输装置连成自动生产线，以减少工人数量。齿形精加工是使切齿刀与被加工件保持一定的回转比，进行范成切齿。加工时，必须根据热处理前后的齿面接触区测量值，考虑到热处理变形量，控制热处理前齿形，以使热处理后齿面接触区的位置与长度都保持在公差范围之内。

(2) 从动齿轮。其加工工序有：齿坯车削，内径精加工，钻孔，攻螺纹，齿形粗加工，齿形精加工，已经形成自动生产线。由于从动齿轮的热处理变形靠着从与之啮合搭配的主动齿轮方面来调整，所以当采用复数切齿工艺时，应根据预定的齿面接触区情况，周密调整切齿机程序。切齿加工几乎都采用的方法是：使被加工工件在切削过程中静止，在工件上加工出与刀具齿形相同的齿形。

(3) 齿轮的选配与研磨。经热处理后的主、从动齿轮进行选配检验，根据每齿配合情况分级，以确定在哪种设备上进行研磨加工。在大量生产线的研磨机上，为了使齿轮热处理变形所发生的齿面接触区的微小变化，经过研磨后达到与齿面接触区均匀一致，应该根据选配时齿面接触区的级别进行研磨。

（4）半轴齿轮、行星齿轮。半轴齿轮与行星齿轮都是直齿伞齿轮，从毛坯加工到切齿加工都已实现自动化。最近，由于齿轮锻造技术的提高，代替了习用的切齿加工，部分采用以锻造齿形为基准进行机械加工的精密锻造齿轮。

7.3.6 后桥壳

通常，后桥壳如图7.22所示，是由冲压件焊接本体和两个端部构成的。焊装后，对差速器装置接合部（图7.22中的5、6、7三处）、油封孔与轴承装配部位（图7.22中的1、2、3、4四处）进行机械加工。

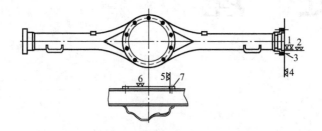

图7.22　后桥壳机械加工的主要部位
1、2—轴承孔与油封口；3—制动器底板安装部；4—轮毂安装部；
5、6—差速器壳安装部；7—差速器壳装配螺孔

大量生产车型的后桥壳在自动机上加工，中等批量以下产量的车型的后桥壳在几台专用机床上加工。任何情况下，都应特别注意后桥壳在加工机床上的装夹方法。所采用夹具的夹持方法不应使后桥壳变形，并能承受强切削力的作用。两端外径以主夹持装置夹紧，并作为车轴中心基准。此外，为使中间部位在切削力作用下不致变形，分几处夹持。中间部位夹持采用工件原位固定的特殊方法。在自动机上加工时，先进行后桥壳两端部平面、锤、钻、倒角等六个工位加工，然后将装有工件的夹具翻转90°，进行差速器壳装配部位的平面、锤、钻、攻螺纹等六个工位加工。后桥壳完成加工并从自动机上取下后，放在多喷头清洗机内彻底洗净内部切削与切削油剂。

1. 选择切削液时必须考虑的因素有哪些？
2. 在工艺管理中实际采用的方法有哪几种？
3. 工序内、工序外检验的设备各有哪些？
4. 试分析大量生产六缸汽油机时曲轴的工艺过程。
5. 试写出普通灰铸铁制箱形变速器壳的加工工艺过程。

第 8 章 热 处 理

教学提示

热处理在机械制造中具有重要的作用，如何选择符合零件性能要求的材料与热处理方法，并使零件质量保持稳定，是摆在热处理工作者面前的重要课题。根据热处理的目的、钢种与产品形状，可确定热处理的方式与条件。

教学目标

了解毛坯件的几种热处理方式，理解渗碳淬火及高频淬火机理，了解热处理新技术及各新技术的特点。了解几种适用于现代大量生产的热处理设备，了解加工线检验的几种热处理项目。

8.1 概 述

钢的热处理是通过钢在固态下的加热、保温和冷却，以改变其内部组织，从而获得所需性能的工艺方法。

热处理在机械制造中具有重要的作用。它能提高金属材料的使用性能，节约金属，延长机械的使用寿命。此外，热处理还能改善金属材料的工艺性能，提高生产率和加工质量。据统计机床中要进行热处理的零件占60%～70%，汽车、拖拉机中占70%～80%，而各种工具、量具和模具等则100%要进行热处理。

热处理过程一般分为加热、保温和冷却三个阶段，如图8.1所示。加热温度通常要超过临界点，如对共析钢要加热到Ac_1以上，使珠光体向奥氏体转变。奥氏体晶核最容易在铁素体和渗碳体的交界面上产生，由于珠光体片层比较细密，交界面上产生的晶核很多，所以刚生成的奥氏体晶粒总是比较细小的，这就是通过加热可以细化晶粒的原因。但加热温度不宜过高，否则奥氏体晶粒会长大，使工件冷却后的力学性能降低。钢

在加热到规定的温度后，需要进行一段时间保温，目的是把工件热透，使其心部和表面的温度趋于一致，并且获得均匀一致的奥氏体组织。钢的冷却是热处理过程的关键阶段。生产中常采用不同的冷却方法，如炉冷、空冷、油冷、水冷等，以便在冷却过程中获得不同的组织和性能。

钢的热处理工艺主要有退火、正火、淬火、回火和表面热处理等。

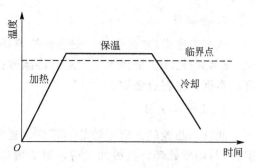

图 8.1 热处理一般过程

8.1.1 热处理概要

制造高强度汽车零件的合金结构钢，虽在成分上已和普通结构钢有所区别，还应利用钢的相变特性，以各种速度加热与冷却，进行处理——热处理，这样才能获得所需要的硬度、韧性与耐磨性。

近年来，随着热处理技术的发展，日益追求使用廉价材料并减轻零件质量。面对着这两种相互矛盾的要求，摆在热处理工作者面前的重要课题是，如何选择符合零件性能要求的材料与热处理方法，并使零件质量保持稳定。

8.1.2 汽车制造与热处理

热处理一般可区分为机械加工前（毛坯件的热处理）与机械加工后（机械加工件的热处理）两大类。毛坯件的热处理包括正火、淬火、回火、退火等工序。一般采用正火（或退火）与调质（正火—淬火—回火的连续工艺），以匀化组织，提高切削性，消除残余应力，提高硬度、韧性与疲劳强度。此外，还有辅助工序酸洗与喷丸，进行表面清理，去除氧化物，并收到喷丸强化与保持尺寸精度等效果。机械加工件的热处理有渗碳热处理、高频淬火等表面强化处理，以提高表面硬化部位的强韧性、耐磨性与疲劳强度。

应根据热处理目的、钢种与产品形状，确定热处理的方式与条件。一般采用下列各工序，其要点如图 8.2 所示。

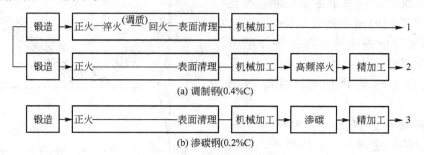

图 8.2 热处理工序概要
1—连杆类；2—曲轴类；3—齿轮类毛坯件热处理机械加工件热处理

1. 毛坯调质件

要求强韧性的汽车零件，其锻件毛坯可施以调质处理。属于这类的零件有连杆、前轴、后半轴与转向节臂等数种，一般由含碳量为 0.4% 左右的碳素钢与合金钠（调质钢）制成。

2. 渗碳件

汽车齿轮类（差速齿轮、变速齿轮等）零件要求具有强韧性与耐磨性，其锻件毛坯经正火（或退火）处理，机械加工后进行渗碳淬火表面强化。一般渗碳钢的含碳量在0.2%左右，有碳素钢，也有合金钢。

3. 高频淬火件

曲轴、凸轮轴、后半轴等类零件，通常以强韧钢（调质钢）制造，锻件毛坯经正火（或退火）与调质处理，机械加工后，对必要部位施以高频淬火表面硬化，以提高其耐磨性与疲劳强度。

8.2 毛坯件的热处理

热锻毛坯的晶粒过于粗大，硬度与组织的变动也大，强度低。这些缺点可通过各种热处理方法加以消除。与热处理操作的悠久历史相比较，热处理理论研究乃是近代的事情。经过改进后的铁碳合金状态图，已成为当前热处理工艺的基本指针。在热处理实践中，应该灵活运用钢的组织转变理论，妥善进行正火、退火与调质处理。毛坯件热处理，可按其在机械加工后是否还需热处理而加以区分。机械加工后还应热处理（渗碳、高频淬火等）的调质钢、渗碳钢毛坯件，可先经正火或退火处理，调质钢也可先经调质处理。机械加工后不再经热处理的毛坯件，主要是调质钢件，应进行调质处理。

8.2.1 正火

1. 正火工艺及应用

正火是将钢加热到Ac_3或Ac_1以上30~50℃，保温足够时间，然后在空气中冷却的热处理工艺。图8.3所示为碳钢的正火加热温度范围。

正火不仅可以作为预备热处理，而且可以代替中碳钢的调质处理（淬火加高温回火），为随后的表面淬火等工序作组织准备。对于要求不太高的结构零件，还可以用正火作为最终热处理，获得使用性能。

将锻件加热至奥氏体化温度（850~930℃）并保持一定时间，随后气冷，得到铁素体、珠光体组织。正火目的在于匀化组织并改进切削性，可作为淬火、回火前的预处理，或在正火后直接进行机械加工。

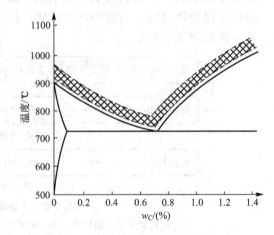

图8.3 碳钢的正火加热温度范围

2. 正火与退火的工序位置

退火和正火（再结晶退火和去应力退火除外）在零件的加工工艺路线中，一般应安排在铸、锻、焊等工序之后，机械加工（粗加工）之前。如用 45 钢制造某车床主轴，在锻造之后，粗车之前，安排一次正火工序：

下料—锻造—正火—粗车—……

8.2.2 淬火

1. 淬火工艺

淬火是将钢加热到 Ac_3 或 Ac_1 以上 30～50℃，保温后在水或油中冷却的热处理方法。

淬火的加热温度根据钢的含碳量而定，对亚共析钢为 Ac_3 以上 30～50℃，对过共析钢为 Ac_1 以上 30～50℃，如图 8.4 所示。

淬火操作必须保证快速冷却。一般情况下，碳钢在水中冷却，合金钢在油中冷却。钢在如此快速冷却条件下，产生极大的过冷度，因而奥氏体的转变温度很低。由于碳原子无法进行扩散，奥氏体不可能转变为珠光体，只是 γ 铁转变成 α 铁，碳全部保留在 α 铁中，形成碳在 α 铁中的过饱和固溶体称为马氏体。因为 α 铁中溶解了过量的碳，使晶格发生畸变，增加了塑性变形的抗力，所以马氏体具有很高的硬度，可达 65HRC。

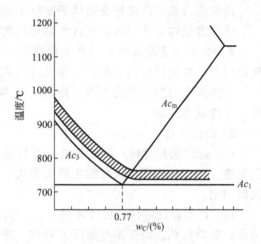

图 8.4 淬火加热温度范围

马氏体是一种不稳定的组织并存在较大内应力和脆性。为了消除淬火钢的内应力，降低脆性，并获得所需的力学性能，淬火后必须进行回火。目的在于阻止图 8.3 所示的平衡状态下的 A_1 转变，以获得硬的马氏体组织。其法是将已正火零件重新加热至奥氏体状态（800～850℃），保持一定时间后，在水或油中急冷。完全淬火状态下的马氏体硬度决定于其中碳含量，碳含量越高则越硬，如图 8.5 所示。然而，由于材料的质量效应，零件直径过大，内部将不能得到淬火组织。质量效应随材料而异，碳素钢的质量效应大，含有 Cr、Mo 等元素合金钢的质量效应小。图 8.6 所示为 S45C 碳素结构钢的淬火硬度与试棒直径的关系。

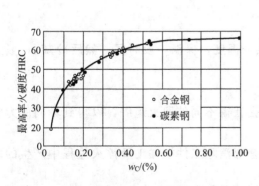

图 8.5 钢中含碳量与淬火最高硬度的关系

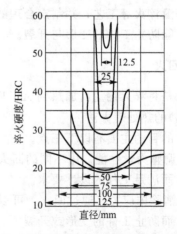

图 8.6 试棒直径与淬火硬度的关系（S45C）

最近采用的锻造余热淬火法,是在锻造后直接淬火。这样做,不仅可提高热效率,容易实现机械化、自动化操作,并可增加低淬透性钢的淬火层深度,而且还能保持良好的韧性与切削性能。只是对淬火温度必须进行严格管理。

2. 淬火变形与开裂

变形与开裂是最常见、最严重的淬火缺陷。

1)产生原因

变形与开裂是由淬火应力引起的。淬火应力包括组织应力和热应力。

组织应力是马氏体转变时体积膨胀不均匀而造成的内应力。

热应力是淬火冷却时,工件各部分温度不均,冷却不一致而造成的内应力。

在 M_s 点以上冷却时,只产生热应力,而不产生组织应力;在 M_s 点以下冷却时,既有热应力又有组织应力。所以,淬火应力在 M_s 点以下出现最大值。

当淬火应力超过钢的屈服极限时,工件会产生变形;当淬火应力超过钢的强度极限时,工件就会开裂。

2)防止方法

(1)合理选择材料。形状复杂,容易变形、开裂的零件,应尽量选用淬透性高的合金钢制造。由于高碳钢淬火时的组织应力大,故在满足性能要求的前提下,尽量选用含碳量较低的钢。

(2)合理设计零件。设计零件时,应力求做到形状对称,厚薄均匀,过渡圆滑,避免尖角,减少密孔。对于某些形状不对称、厚薄不均匀的零件,为减少淬火变形,可在机械加工时留出足够的加工余量或相应的工艺敷料,然后在淬火时切除。图 8.7 所示的零件,在淬火前留出工艺敷料——筋板,在淬火后将筋板切除。

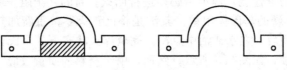

图 8.7 零件

(3)合理制定工艺。淬火前进行低温退火、球化退火等预备热处理;淬火时采用分级淬火、等温淬火等工艺,并制定合理的淬火工艺,进行正确的操作;淬火后立即回火、时效等,都能防止工件的变形与开裂。

8.2.3 回火

回火是将淬火钢重新加热到 Ac_1 以下的某一温度,保温一段时间,然后冷却(一般空冷到室温)的热处理方法。

回火的目的主要有以下三点。

(1)调整力学性能。用不同的回火温度,去获得不同的回火组织,以得到不同的力学性能,从而满足工件的设计要求。

(2)消除内应力。通过回火,可以部分或全部消除工件在加工及淬火过程中产生的内应力,从而防止工件的变形或开裂。

(3)稳定工件组织。淬火后的组织是不稳定的,必须通过回火使其转变为较稳定的组织,从而防止工件在使用过程中发生尺寸变化。

钢经过退火、正火或淬火等热处理后,其硬度随冷却速度加快而增加。但回火后钢的硬度,一般不取决于冷却速度,而是随加热温度升高而降低。

根据加热温度不同,回火可分为低温回火、中温回火和高温回火三种。

(1) 低温回火。加热温度为 150~250℃。淬火钢经低温回火后,可以消除内应力,降低脆性,并保持其高硬度和耐磨性,适用于各种工具、刃具和量具等。

(2) 中温回火。加热温度为 350~500℃,适用于弹簧、锻模等。

(3) 高温回火。淬火钢经中温回火后,提高了弹性和屈服强度,加热温度为 500~650℃。淬火钢经高温回火后,可以获得强度、硬度、塑性和韧性等都较好的综合力学性能,适用于受力情况复杂的重要零件,如主轴、齿轮、连杆等。生产上习惯把淬火后高温回火的热处理称为调质处理。

由于马氏体组织硬而脆,淬火状态的零件不能立即使用。回火目的在于获得硬度低而韧性高的索氏体组织,是将淬火零件加热至 A_1 点以下(500~650℃),保持一定时间后水冷或气冷。回火冷却过程中并无组织变化,但应注意有些钢种回火缓冷变脆(韧性下降),即发生回火脆化现象。

完全淬火后回火与不完全淬火后回火相比较,当其硬度相同时,前者具有较高的伸长率、冲击韧性与疲劳强度。

8.2.4 退火

退火是将钢加热到高于或低于临界点,保温适当时间,然后在炉内缓慢冷却,使组织接近平衡状态的热处理方法。

在零件的加工工艺中,退火主要用来处理毛坯或半成品件,其目的是为以后的加工工序做组织和性能的准备,因此,通常称为预备热处理。退火有时也作为工件的最终热处理,主要用于对性能要求不高的工件。

生产中经常采用的退火工艺方法有完全退火、不完全退火、球化退火、扩散退火、再结晶退火和去应力退火等。

目的在于降低锻件硬度,提高切削性,去除冷、热加工应力,细化、匀化晶粒,使碳化物球化,提高冷压力加工性能。根据使用要求,退火方法有很多种。近年来,为了提高渗碳钢的切削性,采用了等温退火,是将奥氏体化的钢材急冷至等温转变图的珠光体转变温度范围内,完成恒温转变。此法可防止发生普通退火的粗大铁素体、珠光体组织与带状组织,以形成比较细小均匀的铁素体、珠光体组织。

1. 完全退火

将钢加热到 Ac_3 以上 30~50℃,保温足够时间,然后随炉缓冷的工艺叫完全退火。

完全退火主要应用于亚共析钢的铸、锻件,如挖掘机底座、镗床镗杆等。加热温度为 Ac_3 以上 30~50℃,保温一段时间,使钢的原来组织全部转变为单一均匀的奥氏体然后在缓慢冷却中,使奥氏体转变为铁素体和珠光体以达到细化组织、降低硬度和消除内应力的目的。

过共析钢不能采用完全退火。因为加热到 Ac_m(碳在奥氏体中的溶解限度线)以上退火后,二次渗碳体呈网状析出,使钢的力学性能显著降低,并易在淬火时开裂。

2. 不完全退火

将钢加热到 Ac_1 以上 30~50℃，保温足够时间，然后随炉缓冷的工艺叫不完全退火。

由于不完全退火是在两相区加热，组织不能完全重结晶，铁素体的形态、大小与分布不能改变，晶粒细化的效果也不如完全退火。所以，不完全退火主要用于晶粒并未粗化，铁素体分布正常，只是锻、轧终止温度过低，或冷却过快的亚共析钢件，以降低硬度，消防内应力，改善组织。

3. 球化退火

球化退火主要用于共析钢和过共析钢，以获得类似粒状珠光体的球化组织（因不一定是共析成分，故称为球化组织），从而降低硬度，改善切削加工性，并为淬火做组织准备。

球化组织不仅比片状组织有更好的塑性和韧性，而且硬度稍低。在切削加工具有球化组织的工件时，刀具可以避免切割硬而脆的渗碳体，而在软的铁素体中通过（图 8.8），因而延长了刀具的使用寿命，提高了钢的切削加工性。

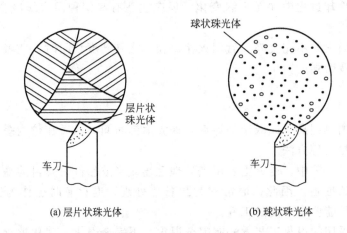

(a) 层片状珠光体　　　　　　　(b) 球状珠光体

图 8.8　切削加工性比较示意图

此外，以球化组织作为原始组织进行淬火加热时，奥氏体晶粒长大的倾向小，从而减小了淬火冷却时的变形与开裂，并提高了淬火钢回火后的力学性能。

因此，许多共析和过共析成分的钢件，如轴承、量具、模具、刃具等，都以球化退火作为预备热处理。甚至一些低、中碳钢的冷变形件，为改善冷成形性，也采用球化退火工艺。

球化退火的工艺方法有多种，但关键在于严格控制加热温度与保温时间，使奥氏体中存在大量未熔的碳化物质点，并存在碳浓度的不均匀性，这样才能在冷却转变时形成球化组织。因此，经常采用在 Ac_1 附近的温度低温短时加热，然后进行缓慢冷却，或在稍低于 Ac_1 温度等温分解的工艺。

具有网状渗碳体的过共析钢难以球化，因此，应先进行一次正火，以消除网状渗碳体。

4. 扩散退火

将钢加热到 Ac_3 以上 150~250℃，长时间保温（10~20h），然后缓慢冷却的工艺方法叫扩散退火。

扩散退火主要用于合金钢铸锭和铸件,通过原子扩散,消除结晶过程中产生的枝晶偏析,使成分均匀。

扩散退火后如不进行热压力加工,还须进行一次完全退火,以细化晶粒。

以上退火,既可采用连续冷却,也可采用等温冷却。采用连续冷却,是通过控制冷却速度来控制退火后的组织与性能,难免出现偏差和不均匀现象;而采用等温冷却,是通过控制等温温度来控制退火后的组织与性能,较为准确、均匀。同时,对于等温转变图很靠右的钢,采用等温冷却可以缩短退火时间。因此,生产中采用何种冷却方式,应根据实际情况而定。

5. 再结晶退火

再结晶退火又称中间退火,主要用于消除冷变形件的加工硬化,以利于继续变形加工。再结晶退火有时也作为冷变形件的最终热处理。

因钢的再结晶温度为450℃,故再结晶退火温度为600~700℃,保温1~3h后,随炉冷至550℃,出炉空冷。

6. 去应力退火(低温退火)

去应力退火主要用于消除铸件、锻件、焊接结构在切削、冲压过程中产生的内应力,防止工件在使用中发生变形。另外,也可以在一定程度上降低硬度,改善切削加工性。

去应力退火加热温度在 Ac_1 以上100~200℃,一般为500~650℃,保温足够时间后缓慢冷却。由于加热温度低于 Ac_1,工件原来组织未发生变化,只是在缓慢冷却过程中,使各部分均匀冷却和收缩,从而消除内应力。

碳钢的各种退火加热温度范围如图8.9所示。

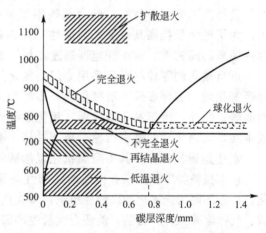

图8.9 碳钢的各种退火加热温度范围

7. 表面清理

为了清除毛坯热处理件的表面氧化皮而施以喷丸处理。这种方法不仅起着清理作用,而且还能得到轻度的表面硬化效果(喷丸效应)。此外,还进行零件的压印与校直。

8.3 渗碳淬火

以上介绍的正火、淬火、回火及退火,一般都是使工件的整体性能发生变化,属于整体热处理。但生产中有些零件要求表面与中心具有不同的性能。例如,汽车变速器的高速齿轮,为减少长期运转后的磨损,要求轮齿表面有高硬度和耐磨蚀而在起动、紧急制动时有较大的冲击载荷作用,又要求轮齿心部具有良好的韧性。要满足上述要求,仅从选材方面去解决是很困难的,如选用高碳钢,淬火后硬度虽然高了,但心部韧性不足;如选用低碳钢,虽然心部韧性好,但淬火后硬度达不到要求。在这种情况下,生产上广泛采用表面热处理方法。

常用的表面热处理方法有表面淬火和化学热处理两种。

表面淬火是将钢表面迅速加热到淬火温度,不等热量传至中心,即快速冷却的热处理方法。加热表面的方法可采用火焰加热或感应电流加热(根据电流频率又有高频、中频和工频三种)。进行表面淬火的零件材料是中碳钢或中碳合金钢。工件经表面淬火及低温回火后,使表面具有高硬度,而心部仍保持原来的韧性。机床中的齿轮、内燃机中的曲轴轴颈等常采用表面淬火。

化学热处理是将钢放在含有某种化学元素的介质中加热和保温,使该元素的活性原子渗入到钢表面,从而改变钢件表层的成分、组织和性能的热处理方法。任何化学热处理都由分解、吸收、扩散三个基本过程所组成。

分解:通过一定的化学反应从介质中分解出具有活性的元素原子。

吸收:活性原子吸附在工件表面,并进入铁的晶格,形成固溶体或形成化合物。

扩散:渗入工件的元素原子,由表面向心部扩散,从而形成一定厚度的渗层。

根据渗入元素的不同,化学热处理有渗碳、氮化和氰化等方法。

进行渗碳的零件材料一般为低碳钢或低碳合金钢。钢经渗碳后,表面层变为高碳组织,为了进一步提高其硬度和耐磨性,尚需进行淬火及低温回火;而心部仍为低碳组织,保持原来的高韧性。汽车变速器高速齿轮、机床离合器等常采用渗碳处理。

进行氮化的零件材料要采用专门的氮化用钢(钢中含有 Cr、Mo、Al 等合金元素)。零件经氮化后,表面形成一层氮化物,不需淬火便具有高的硬度、耐磨性、耐蚀性和抗疲劳性能等。此外,由于氮化温度低,氮化后零件变形不大,但氮化层薄,生产周期长,氮化成本高,高速传动的精密齿轮、镗床镗杆、磨床主轴等常采用氮化处理。

氰化是碳氮共渗,其中高温氰化以渗碳为主,低温氰化以氮化为主。

汽车齿轮类零件要求有很高的强韧性与耐磨性,可采用渗碳钢,经渗碳淬火后表面硬化,而心部则为未硬化的强韧性组织,常在这种状态下使用。渗碳方法有固体渗碳、液体渗碳、气体渗碳三种。目前,能适合大量生产需要并保持质量稳定的气体渗碳,居于主流。

8.3.1 渗碳气氛与渗碳机理

以丙烷、丁烷等碳氢化合物在镍基催化作用下所发生的含有 CO、H_2、N_2 等混合气体为载体气通入炉中,并加入适量的丙烷、丁烷为富化气,以提高气氛碳势而进行渗碳。通常,碳势通过测定载体气中微量水蒸气的露点来控制(露点法)。近来,一般已采用红外线吸收测定微量 CO_2 的方法。表 8-1 为载体气的成分,图 8.10 所示为碳势与露点的关系。

表 8-1 载体气的成分

成分 气体	载体气成分(体积分数,%)				
	CO_2	CO	H_2	CH_4	N_2
C_4H_{10}	0.0	24.5	32.1	0.4	余量
C_8H_8	0.0	24.0	33.4	0.4	余量

气体渗碳的最大优点是能够控制零件表面碳浓度。在实际渗碳过程中所采用的工艺是，先提高渗碳气氛的碳势，提高表面碳浓度，以加速扩散，最后，在渗碳末期，降低气氛碳势，以获得所需要的表面碳浓度。渗碳层深度主要决定于渗碳温度与渗碳时间，其关系如图8.11所示。

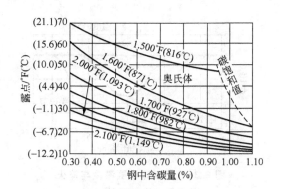

图8.10 吸热式气氛露点与平衡碳势的关系

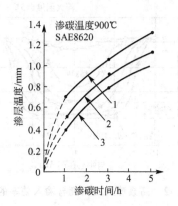

图8.11 渗碳层深度与渗碳时间和渗碳温度的关系

1—碳势(1.2%C)；2—碳势(0.7%C)；
3—碳势(0.4%C)

8.3.2 渗碳热处理条件

渗碳层深度在1mm左右时，渗碳温度常取900～930℃。这是因为温度低于900℃，渗碳时间将延长，温度高于930℃，内部组织又将显著粗化。淬火温度因材料与零件形状而异，通常介于800～850℃之间，并以60～80℃的油为冷却剂。此外，对于薄壁零件，在防止铁素体析出的前提下，为了适当降低心部硬度，并防止热处理变形，也可采用100～120℃热油淬火法。

处理差速器主、从动齿轮时，必须将变形量控制在最小范围内，以防噪声。为此，应采用加压淬火法。

渗碳淬火后应进行回火。为了不降低表面硬度又尽量消除残余应力及稳定组织，回火宜采用150～180℃加热，保温4小时。

8.4 高频淬火

渗碳热处理是一种使含碳量为0.2%渗碳钢的表面硬化的方法，而高频淬火则是一种将含碳量为0.35%～0.55%的调质钢表面加热、淬火的表面硬化方法。渗碳热处理以提高耐磨性为目的，高频淬火除此目的外，还可提高零件的疲劳强度。

8.4.1 高频淬火原理

以高频电流输入感应器，在工件表面产生涡流使之急速加热，随后喷水急冷而硬化。淬火层深度主要随电流频率、输入功率、加热时间等参数变化，对之必须严格控制。此外，应使感应器形状与被处理件的形状相适应，以提高加热效率。

一般来说，加热层深度随电流频率的增加而减薄。图 8.12 和图 8.13 所示为高频淬火层深度与输入功率、淬火层深度和保温时间的关系。使用上的区分是：浅层淬火目的在于提高零件的耐磨性，深层淬火目的在于提高零件的疲劳强度。

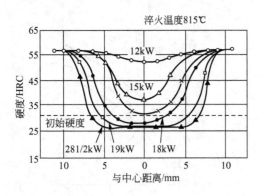

图 8.12　高频淬火层深度与输入功率的关系

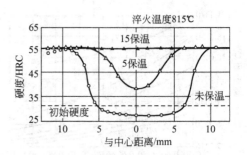

图 8.13　高频淬火层深度与淬火温度和保温时间的关系

8.4.2　高频淬火的组织

为了适应高频淬火快速加热的特点，要先将工件进行调质处理，得到均匀的索氏体组织。因为索氏体组织比铁素体、珠光体组织更易奥氏体化。此外，高频淬火的硬度高于普通淬火，一般认为这是由于马氏体细化和表面残余压缩应力的缘故。

8.5　热处理新技术简介

8.5.1　可控气氛热处理与真空热处理

一般的热处理，由于在空气中加热，不可避免地要造成工件的氧化和脱碳。这不仅造成了钢材的损耗，而且使工件的力学性能，特别是疲劳强度显著降低。采用可控气氛热处理和真空热处理，可以有效地防止工件的氧化和脱碳，提高工件的力学性能。

1. 可控气氛热处理

可控气氛热处理是现代先进的热处理技术，我国汽车零部件中的齿轮和轴类件以及大部分标准件，除部分感应加热淬火之外，均采用了在可控气氛中进行气体渗碳、碳氮共渗和加热淬火等工艺方法进行处理。在可控气氛渗碳工艺和碳氮共渗工艺不断发展的同时，已有两大技术被广泛采用：

（1）预氧化处理工艺。由一汽热处理厂首创的 500℃ 预氧化处理工艺在连续式气体渗碳自动化上的应用，解决了长期存在的渗碳层不均匀的质量难题并取得明显效果。

（2）氧探头和渗碳过程的模拟控制新技术。随着可控气氛设备自动化程度的逐渐提高和渗碳过程模拟控制系统的成功应用，国产热处理可控气氛设备已成为汽车工业热处理主要生产设备，如连续式气体渗碳自动生产线、密封箱式渗碳炉生产线、转底炉和网带炉等，其功能和控制精度已接近或达到国际先进水平。

2. 真空热处理

真空热处理是指工件在真空度为 $133.32\times(10^{-1}\sim10^{-6})$Pa（即 $10^{-1}\sim10^{-6}$mm/Hg）的物质空间中进行的热处理。一般钢件多采用 $133.32\times(10^{-2}\sim10^{-3})$Pa 的真空度。

真空热处理具有以下优点。

(1) 无氧化加热。由于真空中氧气分子稀薄，氧的分压很低，故氧化作用被抑制，从而实现无氧化加热。

(2) 净化工件表面。工件表面附着的油污或氧化物，在真空中加热时，油污和氧化物将发生挥发，并由真空泵排出，从而使工件表面净化。

表面洁净的工件，不仅光亮美观，而且对提高耐磨性和疲劳强度有明显的效果。

(3) 脱气作用。工件在真空中加热时，溶入工件的气体将会向工件表面扩散，并从工件表面逸出，然后由真空泵排出。这种脱气作用，对于因吸氢量过多，容易造成导致断裂的合金钢工件特别有益。

(4) 变形小。工件在真空中的加热主要依靠热辐射，加热速度缓慢，工件的截面温差小，故热处理变形小。

8.5.2 强韧化热处理

强韧化热处理是使钢获得强度和韧性更好地配合的性能，或获得比普通热处理有更高强度或韧性的工艺方法。

1. 亚温淬火

按通常概念，亚共析钢为避免在淬火组织中出现铁素体，要求淬火加热温度超过 Ac_3。但近年来，对亚共析钢采用在 $Ac_1\sim Ac_3$ 两相区加热的亚温淬火，却可以提高钢的室温韧性，降低临界脆化温度，抑制高温回火脆性。

2. 快速加热淬火

对于原始组织细小、均匀的高碳钢或渗碳钢（渗后表面相当于高碳钢）采用比普通淬火更快的速度加热，即短时保温的快速加热淬火工艺，可以提高其强度和韧性。

3. 形变热处理

形变热处理是将钢的形变强化与相变强化结合起来的一种复合强化的热处理工艺。

形变热处理可以使钢获得强而韧的性能，其原因主要有以下几点。

(1) 形变热处理细化了奥氏体晶粒，从而获得细小的马氏体。

(2) 形变热处理使位错密度大幅度增加，并在马氏体中形成强化效果极大的胞状亚结构。

(3) 形变热处理使碳化物以高弥散状态析出，并与位错发生交互作用，使强度大幅度提高。

(4) 形变热处理因高温加热，可使钢中板条马氏体量增加。

8.5.3 表面镀覆超硬层工艺

有许多零件及工具，其表面要求有极高的性能，而对其整体并无特殊要求，因而可以采用普通的材料通过表面处理来满足其性能要求。表面镀覆超硬层的工艺方法，就是为了满足某些零件，特别是工模具对表面高硬度、高耐磨性、抗咬合性等要求而发展起来的。它与一般渗碳、氮化的渗层相比，超硬层的硬度可高达 1500～4000HV，且耐磨、耐蚀、抗咬合性十分优良，因而可以大幅度地提高工模具的使用寿命。目前在国外，表面镀覆超硬层的工艺方法已成功地用于工模具制造，在国内，对这种工艺的研究、应用也日趋广泛。

镀覆超硬层的工艺方法分为化学沉积法和物理蒸镀法两大类。

1. 化学沉积法

化学沉积法是将工件置于通有某种气体的炉中或某种盐浴炉中，通过化学反应使气体或液体中的某些物质沉积在工件表面上，形成超硬层。例如，工件在四氯化钛（$TiCl_4$）与碳氢化合物的混合气体中加热，形成 TiC 或 TiN 超硬层。

这种方法设备简单，镀覆层与基体的结合牢固，不易剥落，因而应用较广泛。

2. 物理蒸镀法

物理蒸镀法是在充满离子化蒸发物质的放电空间里进行的镀覆超硬层的工艺，主要有真空溅射法、离子镀法、离子注入法。

8.5.4 激光热处理

利用激光作为热源的热处理叫做激光热处理。

激光热处理有以下特点。

（1）加热速度极快并可自冷淬火。由于激光具有很高的能量密度，可以使工件迅速加热（在 10^{-3}～10^{-2}s 内达到所需温度）。而由于热量来不及传导给周围金属，故停止激光照射后，周围的冷金属立即对加热点冷却淬火。

（2）工件质量高。由于加热速度极快，不仅工件晶粒细小，而且不产生氧化、脱碳，热处理后的变形量也极小。

激光热处理后的工件表面光洁，不需再进行表面精加工。

（3）可进行局部的选择性淬火。由于激光的方向性强，故可以对异形零件，如微孔、沟槽、拐角、盲孔等部位，进行局部淬火。

（4）可进行表面合金化处理。通过用激光照射经过涂覆的表面，可以得到不同性能的合金化表层，同时也可以在同一零件不同部位得到不同的合金化表层。

（5）无工业污染，节省能源。但是经过机械加工的金属表面，对激光有较强的反射能力，其吸收率极低（10%左右）。为了提高吸收率，可在工件表面涂敷一层能大量吸收激光的物质，如墨汁、炭黑等。

目前激光淬火多采用 CO_2 激光器，其功率可达数十千瓦，激光淬火的硬化层深度一般小于 0.75mm，宽度小于 1.2mm，而硬化效率可达到 80～85mm^2/min。

8.5.5 感应热处理

由于感应热处理工艺具有加热速度快、生产效率高、节省能源、不氧化脱碳、不污染环境、易于机械化和自动化的优势，以及安装在生产线上与上下道工序衔接并实现同节拍生产等诸多优点，符合现代化工业生产的 3S 标准。因此，感应热处理技术在汽车工业热处理中得到迅速发展。应用在中、轻型载货汽车和轿车的生产上，就有近 200 种零件需要感应加热淬火处理。感应加热淬火零件的形状和尺寸繁多。随着感应淬火技术的不断发展，感应淬火的零件已上升到占全部热处理零件的 50% 左右。据有关数据表明，在我国的汽车工业中，感应热处理的应用正进入世界先进水平的行列。

8.5.6 精密热处理

以汽车齿轮零件的热处理为例，精密热处理包含了渗碳层的组织、硬度、有效硬化层深度、残余应力以及齿形、齿向等指标的质量分散度。汽车产品不断追求的可靠性和舒适性，也给零件的精密热处理提出了更高的要求。零件的精密热处理需要的基本条件如下。

（1）要求材料具有良好的成分和组织的均匀性，即保证材料淬透性的一致性。

（2）不断改善温度场和各种流体场（包括渗碳、氮化、碳氮共渗的气流场和淬火的液态流体场）是保证零件精密化的最重要条件。

8.6 热处理设备

适用于现代大量生产的设备有以下几种。

8.6.1 毛坯件热处理设备

1. 热处理炉

通常使用连续式炉，工件从加料门连续装入，通过炉膛，从出料门连续卸出。一般常用的炉内传送方式是，将工件载于耐热钢导轨上，以步进式移动梁或推杆移送。近年来，逐渐采用耐热钢制输送带运料的方式。这样一来，热处理操作更加合理化，大大增加了热处理过程自动化和无人管理的可能性。图8.14和图8.15所示为输送带式连续调质炉与步进式连续调质炉。

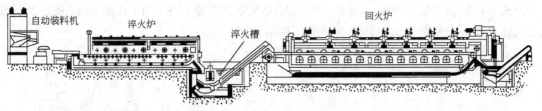

图 8.14 输送带式连续调质炉

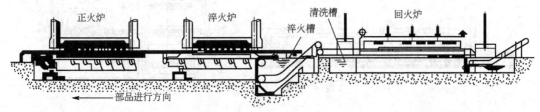

图 8.15 步进式连续调质炉

2. 冷却设备

淬火冷却时，必须注意选择适当的淬火介质和带有精确控温装置的淬火设备。淬火设备的必备条件（装置）有：淬火液的搅拌装置，淬火工件的加料、卸料装置，淬火液的冷却、加热装置、淬火液的储存槽、消防设备等。应该根据热处理炉的类型与容量，合理选定上述条件。必须特别注意淬火介质的温度调节，并加以充分控制。通常，油的使用温度范围为60~80℃，水（包括水溶性淬火介质）的使用温度范围为15~40℃。

3. 精整设备

热处理后的工件还需进行清理与校直。

1) 表面清理

热处理件表面的氧化铁皮可用抛丸机清理，其方法是使从高速回转叶轮中抛出的钢丸射向工件表面，除去氧化铁皮。根据零件形状，可选用滚筒式抛丸机、台式抛丸机、输送带式抛丸机或悬链式抛丸机。

2) 尺寸校正

后半轴与连杆类零件，对挠曲度和厚度有严格规定，必须校直与厚度精整。

8.6.2 机械加工件的热处理设备

1. 气体渗碳炉

气体渗碳炉有连续式炉、密封箱式炉和井式炉等类型。连续式炉的生产能力比其他炉型的生产能力，可高出数倍。密封箱式炉用于小批量生产。井式炉是新型、节能、周期作业式热处理电炉，主要供钢制零件进行气体渗碳，由于选用超轻质节能炉衬材料和先进的一体化水冷炉用密封风机，该种渗碳炉炉温均匀、升温快、保温好，工件渗碳速度加快，碳势气氛均匀，渗层均匀，在炉压提高时，也无任何泄漏，提高了生产效率和渗碳质量。

由于渗碳炉内充满可燃性气体，必须具备严格的气密性。因为万一空气进入炉内，就有爆炸的危险。为此，还应备有各种安全装置。例如，可用辐射管间接加热，并在炉门处装设火帘，以便在装出料时，将炉内气氛与大气完全隔断。图8.16和图8.17所示为连续式气体渗碳炉与密封箱式气体渗碳炉的结构示意图。

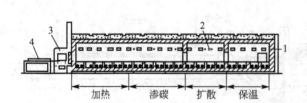

图8.16 连续式气体渗碳炉
1—气氛入口；2—辐射管；
3—前室；4—推料机

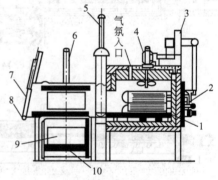

图8.17 密封箱式气体渗碳炉
1—渗碳零件；2—辐射管；3—排气管；
4—风扇与电动机；5—炉门提升缸；
6—升降器油缸；7—前室门；
8—火帘；9—淬火油槽

2. 高频淬火装置

高频淬火除如前述必须选用适当的频率与功率外,还应从表8-2中的高频发生装置中,选用最适当的。

表8-2 高频发生装置

类型 项目	高频发电机 (电动机-发电机机组)	真空管振荡器 (真空管振荡式)
频率/kHz	1~10	10~5000
最大功率/kW	15	100
加热范围(淬火层深度)	深	浅

高频淬火时,如何将感应器形状设计成零件所要求的形状是个重要问题。但是零件设计有时也应该考虑到感应器。此外,应该注意感应器与高频装置的装配精度,必要时还应研究淬火液的温度调节问题。

8.7 热处理质量检验

热处理件大都属于保证行车安全的重要零件,热处理又关系到钢的切削性与零件的加工精度,所以必须稳定热处理条件,保证达到预期的质量标准。为此,应该严格控制热处理温度(加热、保温、冷却等过程的温度)与炉内气氛的成分。此外,炉料批量管理也很重要。总之,基本点是以工艺来保证质量。热处理并清理后的工件,经过加工线的质量检验后,才能交付下道工序。通常,加工线检验的项目有下列几种。

1. 硬度检验

热处理后立即进行。通常使用布氏硬度计。进行断面硬度分布、渗碳淬火层深度、高频淬火层深度等精密测量时,使用洛氏硬度计与维氏硬度计。

2. 形状与尺寸检验

使用卡尺、量规与测量仪器进行检验。精密测量时,也可用划线器划线检查。

3. 外观检验

目的在于发现并消除零件表面裂纹及其他有害缺陷,常用磁力探伤法。按磁化方式,磁力探伤法可分为向工件直接通入电流的直接磁化法,或以感应器磁化的间接磁化法。此外,还可分为磁化与磁粉喷洒同时进行的连续法,以及磁化后喷洒磁粉的剩磁法。对于非磁性材料,或是作为一种磁力探伤的代用方法,也可进行渗透探伤,即以渗透性良好的液体浸入微细裂纹,经表面清理后,以显现外部缺陷。

4. 内部缺陷检验

材料冶金缺陷(偏折、缩管等)应在入厂时全面检查。冷、热加工所形成的内部缺陷,应在锻造或热处理后检查。通常采用超声探伤法。超声探伤通常利用频率为10^6Hz的超声波的良好指向性，通过收集从缺陷处反射回来的超声波波形，检测缺陷。

8.8 汽车典型零件的热处理加工工艺

8.8.1 后半轴

汽车后半轴是传递扭矩的一个重要部件，由发动机传递出的转动力矩，经过多级变速和主传动器，传递给后半轴，再由半轴传到后轮上，推动汽车前进。由此可见，后半轴要承受很大的冲击扭转作用。因此，设计和选材时，必须首先考虑后半轴的抗拉强度和抗扭强度。此外，汽车在起动时，特别是在半坡起动时，扭矩很大，在紧急制动时，以及行驶在不平坦的道路上都可能遭受到复杂应力的作用。因此，对后半轴的性能除要求有足够的抗拉强度和抗扭强度外，还需要有较高的疲劳强度和韧性。

根据汽车后半轴的工作条件要求，后半轴具有高的强度和良好的韧性，显然对后半轴进行调质处理较为合适。调质处理即是淬火和高温回火，获得回火索氏体组织，这种组织使钢的强度和塑性之间有良好的配合。对调质用钢的要求主要是淬透性，以保证零件的强度均一，此类钢为含碳量0.35%～0.60%的优质碳素结构钢和合金结构钢。后半轴加工工艺路线如下：下料—锻造—预备热处理—机械加工—最后热处理（调质）—喷丸—校直、探伤—涂漆—磨光键—装配。

锻造后的零件毛坯常存在着组织不匀、硬度过高，锻件内部存在较大的内应力等问题。有时因锻造不当还会出现晶粒粗大和带状组织，这些都不利于切削加工和最后热处理。为了改善组织便于切削加工和最后热处理，需要进行预先热处理。40MnB钢后半轴毛坯锻造后采用正火工艺，加热到900～950℃（推杆式连续加热炉），保温后风冷，目的为消除锻造后的带状组织，晶粒度控制在5～8级，获得均匀的细珠光体组织。正火后硬度为197～207HB，宜于切削加工。

40CrMnMo钢中合金元素较多，加热呈奥氏体后空冷，不能获得完全珠光体型组织，硬度不小于340HB，不宜于切削加工。因此，对40CrMnMo钢就不能采用正火来调整硬度，而采用加热到860℃，保温后空冷，然后再在650～670℃高温回火，使具有回火索氏体组织，硬度不大于250HB，宜于切削加工。也可用退火方法来改善40CrMnMo钢制后半轴毛坯的组织，退火是在870℃加热，经保温后冷至550℃出炉空冷，同样可使硬度不大于250HB。由此可见，零件预备热处理的目的在于细化锻造中形成的粗大晶粒及消除锻造后产生的带状组织和内应力，为最后热处理做好组织准备；同时，调整硬度便于切削加工。对于碳钢一般采用正火，有时含碳量较高的也进行退火；对于合金结构钢锻造后选择正火或退火；而对于高合金钢则需采用正火加高温回火或者退火，才能使硬度降到宜切削加工范围。为使后半轴达到性能要求，在机械加工后必须进行调质处理。

根据上述选用的钢种，调质淬火得到马氏体组织，为保证回火后钢的力学性能，规定后半轴淬火硬度应大于45HRC，高温回火后得到回火索氏体，硬度为37～44HRC（341～415HB）。调质淬火加热温度高于Ac_3以上30～50℃，保温一段时间以超过临界冷却速度骤冷下来，使奥氏体转变成马氏体。淬火温度的确定，还要考虑零件的形状和尺寸，通常对于形状复杂的零件，采用降低淬火温度或预冷的方法，以防止变形过量和开裂。同时，还需考虑设备的生产方式(是连续式还是周期式炉)和装料量。一般连续式生产温度取上限,周期式生产选用温度要偏低一些。

根据后半轴技术要求,为得到高的综合力学性能,在保证细晶粒的情况下,应选择较高的淬火温度以提高淬透性。由于后半轴调质后都要校直,故变形是次要的。为了进一步提高后半轴疲劳强度,目前,已有采用半轴调质后再对杆部或花键表面进行感应加热表面淬火的工艺,这样在良好的综合力学性能之下又具有耐磨的表面,并提高了疲劳强度。实验证明,汽车后半轴经表面淬火处理后,疲劳强度可提高 4.9 倍。因调质工艺比较复杂,周期长,成本高。所以,目前正在研究汽车后半轴进行正火,然后再进行表面淬火的新工艺来代替原来的调质处理。

8.8.2 齿轮

齿轮是汽车传动系统中的重要部件,在传动系统中起着传递动力及改变速度和方向的作用。由于汽车齿轮的工作条件复杂,汽车工业生产中要求齿轮既具有优良的耐磨性,又具备高的抗接触疲劳和抗弯曲疲劳性能。

众所周知,齿轮质量在很大程度上取决于齿轮材料及其热处理工艺,热处理是齿轮质量控制过程中的一个关键工序,齿轮的许多重要特性都要通过热处理来实现,热处理的质量直接影响齿轮的使用寿命。下面介绍几种具有广阔应用前景的汽车齿轮热处理新工艺。

1. 激光淬火

激光淬火具有工件变形小、淬火区晶粒细小且均匀、工作环境洁净、处理后不需要磨齿等精加工工序的特点,对提高齿轮的力学性能具有独特效果。为提高对激光的吸收率,常在处理前对齿轮表面进行黑化处理,国内外研制出了不少光束变换系统以获得均匀的淬火带。目前,激光淬火已广泛应用于汽车、冶金、重型机械等众多工业领域。

2. 低压真空渗碳

低压真空渗碳不仅使工件表面不被氧化,对环境无污染,而且与气体淬火相结合时变形有所改善,通过提高渗碳温度可减少处理时间,并降低气体消耗和能量消耗。通过炉子技术改进以及工艺参数的优化,可以消除真空渗碳后产生的炭黑破坏绝缘和均匀性不足等问题。该工艺在发达国家的汽车行业中逐步得到应用,如奥地利欧宝汽车公司引进低压真空渗碳热处理生产线,已应用于 F17、M20-32 变速器开发生产。

3. BH 催渗工艺

BH 催渗工艺通过改变渗碳剂的裂解过程,破坏气膜层的形成,使渗碳剂在裂解过程中产生一定数量的正四价碳离子和微量的活性氮原子,促进渗碳剂在较低温度下充分裂解,从而使零件表面活化,增加零件对碳的吸收而得到广泛推广。目前,该工艺需要进一步解决的问题是管道堵塞和渗碳层的碳化物形态控制。

4. 稀土共渗技术

稀土共渗技术使稀土渗入钢的表面层内,起微合金化作用,细化组织并提高性能,具有良好的催渗节能,提高生产效率的效果,当碳势 $CP>1$ 时,催渗作用更加明显。生产实践表明,稀土共渗技术可以在很大程度上提高组织成分的均匀性,延长模具的使用寿命,采用该技术生产的齿轮符合齿轮金相检验标准,合格率明显提高,用户退货率明显降低。

5. 液体氧氮化表面强化处理技术

液体氧氮化表面处理技术是世界最新金属盐浴表面强化改性技术,能大幅度提高齿轮表面硬度、耐磨性、耐蚀性,并使齿轮具有抗疲劳和无变形的卓越性能。近几年,该技术已在工业中较广泛应用,涉及汽车、机车齿轮等多个行业。

8.9 汽车零部件热处理加工的发展趋势

汽车轻量化的发展趋势,使提高零部件强度的技术受到重视。由于汽车零部件大多使用高强度和耐磨的材料,所以以发动机、驱动系统为主的部件多数采用渗碳淬火、高频淬火和氮化热处理。驱动系统齿轮一般采用以减少渗碳异常层、提高韧性为目的的高强度渗碳钢,为减少残留压应力进行喷丸强化。目前,通过采用高浓度渗碳技术和碳氮共渗的最优化来提高表面疲劳强度,该强化方法被作为提高轴承寿命的手段而广泛使用。解决热处理变形是热处理技术的永恒课题,尤其是从降低齿轮噪声和简化精加工工序的角度来解决热处理变形。虽然用油淬火法可解决部分热处理变形,但采用气体冷却技术却更加有效,而最有前途的是热处理模拟技术。通过模拟技术可以进行冷却控制,分析气体冷却流向,进行冷却气室设计、变形预测等,目前已取得了很多成果。另外,作为解决热处理变形的手段之一,科学地运用氮化处理是发展方向。氮化处理不进行淬火,所以热处理变形很小,但是由于强度不够,使用上会受到限制。然而可以通过添加 Ai、Ti 及 V 等氮化物来加强其强度。这项技术已被广泛地应用到齿轮和钢板部件上。在流程管理上,为了缩短渗碳处理的生产周期,正在努力开发高 CO 渗碳、高温渗碳、真空渗碳等技术,并进行批量化生产。尤其是真空渗碳,既清洁又强度高,很有发展前途。

习 题

1. 什么是淬火?淬火的目的是什么?淬火时容易产生的淬火缺陷及防止方法有哪些?
2. 什么是退火?什么是正火?两者的特点和用途有什么不同?
3. 锯条、大弹簧、车床主轴、汽车变速器齿轮的最终热处理有何不同?
4. 简述生产中经常采用的退火工艺方法。
5. 钢在淬火后为什么要回火?三种类型回火的用途有何不同?汽车发动机缸盖螺钉要采用哪种回火,为什么?
6. 热处理新技术有哪些?
7. 热处理检验的项目有几种?

第 9 章 电镀工艺

教学提示

随着科学技术与生产的发展,电镀工业发展日益迅速。目前,金属镀层的应用已遍及经济活动的各个生产和研究部门,在生产实践中有着重大意义。为使汽车能在任何环境下正常行驶,还要求电镀具有高的质量。电镀一般由前处理、电镀、后处理等工序组成。

教学目标

了解电镀的分类方法及每类电镀的特点。掌握电镀零件的制造工序和每道工序的注意事项,学会电镀质量检验方法。

9.1 概 述

汽车为了要达到装饰、美化的目的,防止零件锈蚀和赋予零件某些特殊的功能,经常要借助电镀这门技术来得以实现。除了油漆之外,电镀可以说是汽车最重要的表面处理技术。

电镀是一种表面加工工艺,它是利用电化学方法将金属离子还原为金属,并沉积在金属或非金属制品的表面上,形成符合要求的平滑致密的金属覆盖层。其实质是给各种制品穿上一层金属"外衣",这层金属"外衣"就叫做电镀层,它的性能在很大程度上取代了原来基体的性质。

随着科学技术与生产的发展,电镀工业所涉及的领域越来越广,人们对镀层的要求也越来越高。目前,金属镀层的应用已遍及经济活动的各个生产和研究部门,如机器制造、电子、仪器仪表、能源、化工、轻工、交通运输、兵器、航空、航天、原子能等,在生产实践中有着重大意义。根据需要,概括起来,进行电镀的目的主要有以下三点。

(1) 提高金属制品的耐腐蚀能力，赋予制品表面装饰性外观。

(2) 赋予制品表面某种特殊功能，如提高硬度、耐磨性、导电性、磁性、钎焊性，抗高温氧化性，减小接触面的滑动摩擦，增强反光能力，防止射线的破坏和防止钢铁件热处理时的渗碳和氮化等。

(3) 提供新型材料，以满足当前科技与生产发展的需要，如制备具有高强度的各种金属基复合材料，合金、非晶态材料、纳米材料等。

9.1.1 电镀零件与质量要求

汽车上电镀件的种类繁多。电镀层除可起装饰、防锈、耐磨等作用外，还可起润滑磨合、导电与软钎焊等作用。表9-1列举了汽车工业所用的主要电镀类别及其适用实例。为使汽车能在任何环境下正常行驶，要求电镀具有高的质量。对于电镀质量的规定，按其功能类别虽有差异，但镀层外观、耐蚀性、镀层厚度、附着性、硬度等项乃是质量的主要内容。

表9-1 适用于汽车零件生产的主要电镀类别

电镀类别	目的	镀层最小厚度/μm	适用零件举例
镍、铬	装饰	总计15～20	保险杠、轮罩
铜、镍、铬	装饰	总计20～30	前照灯灯圈、格栅（塑料件）
锌	防锈	5	螺钉、螺帽、垫圈
锌	防锈	8	挡板护圈、罩壳
铜	耐制动油侵蚀	3～8	制动油管内壁
铜	防渗碳	7.5～2.5	渗碳零件
锡	润滑跑合	1～5	活塞、轴承合金
铬	耐磨	20～40（≥750HV）	活塞杆、气缸衬套
阳极氧化	防锈	3～6	格栅、装饰件

9.1.2 电镀工艺概要

电镀一般由前处理、电镀、后处理等工序组成，对于装饰电镀与要求耐磨性的电镀，通常还包括研磨工序。各工序细节因电镀种类而异，表9-2列举了典型电镀生产线上的工序实例。电镀条件实例见表9-3。

表9-2 电镀工序实例

序号	装饰镀铬（铁基）	镀锌（铁基）	阳极氧化着色（铝）	装饰镀铬（墨料）
1	PR电解脱脂	碱水脱脂	脱脂	化学侵蚀
2	水洗	水洗	水洗	水洗（四次）
3	碱水脱脂	碱洗	硝酸浸洗	中和
4	温水洗	水洗	水洗	水洗（四次）

(续)

序号	装饰镀铬（铁基）	镀锌（铁基）	阳极氧化着色（铝）	装饰镀铬（墨料）
5	水洗	电解脱脂	化学研磨	催化处理
6	酸洗	水洗	水洗	水洗（两次）
7	水洗（两次）	碱水洗	阳极氧化	催化处理
8	酸洗	水洗	水洗	水洗（两次）
9	水洗（两次）	镀锌	钝水洗	化学镀镍
10	酸洗	水洗	着色	水洗（两次）
11	水洗（两次）	铬酸盐钝化处理	水洗	触击镀铜（copper strike plating）
12	平光镀镍	水洗	封闭处理	水洗（两次）
13	水洗（两次）	热水洗		硫酸浸洗
14	光亮镀镍			水洗（两次）
15	水洗（两次）			光亮镀铜
16	触击镀镍			水洗（三次）
17	水洗（两次）			硫酸浸洗
18	镀铬			水洗
19	水洗（两次）			（以后工序与铁基装饰镀铬的第 12～20 工序相同）
20	热水洗			

表 9-3 电镀条件实例

作业条件	镀钢	镀镍	镀铬	镀锌	阳极氧化
镀槽成分/(g/L)	焦磷酸铜 70～100 焦磷酸钾 250～400 氨水 2～5 添加剂适量	硫酸镍 240～300 氯化镍 40～45 硼酸 35～45 添加剂 10～30	铬酸 200～250 硫酸 2.5	氯化锌 80～120 氯化铵 160～200 添加剂 20～40	硫酸 100～200
pH	8.0～9.0	3.6～4.2		3.0～5.0	
温度/℃	50～65	50～60	45～60	20～30	20～30
电流密度/(A/dm²)	3～6	2～5	30～50	2～7	1～2

9.2 电镀的种类

电镀层有各式各样的分类方法，可以按照镀层的使用目的来分类，也可以根据在金属腐蚀过程中镀层与基体间的电化学关系来分类，还可以根据镀层的结构来分类。

汽车上的电镀可大致分为三类：防护装饰性镀层、防护性镀层、功能性镀层。

第一类为防护装饰性镀层,其镀层有银白色、仿金、亚光或全黑色等,如汽车标志、水箱面罩、保险杠、门手柄、窗框、车轮毂或烟灰盒等,数量虽然不多,但是作为汽车的标志和装饰,要求电镀后外观亮泽,色调均匀协调,加工精美,而且还要求耐蚀性好,对于轿车的防护装饰性能层要在 5~10 年内不变色和不锈蚀。这比其他行业诸如电子、机械、五金、轻工等的电镀要求都要高。

第二类为防护性镀层,又称耐蚀性电镀,它对外观要求不像防护装饰性镀层那样十分苛刻,但要求零件本身具有良好的耐蚀性。它包括有镀锌、镀镉、镀铅,还有锌合金和铅合金等。防护件镀锌层占汽车电镀总面积的 70%~80%,汽车上的中小冲压件,甚至还有个别大的冲压件、标准件几乎都是镀锌,它是汽车电镀行业中一个重要的镀种。镉镀层的特点是氢脆性小。耐盐雾能力尤其是耐海洋气候的腐蚀远远优于锌镀层,但耐工业大气的腐蚀,镉镀层不如锌镀层。自 20 世纪五六十年代在日本发现骨疼病之后,究其原因,主要是镉离子污染了水,人在食用含有镉离子的水或动植物后,镉进入人体取代骨骼中的钙而引起的。至此以后,环境保护部门对镉的污染极其重视。因为镉污染给环境带来严重的恶果,所以在国内镉镀层绝大部分被锌镀层所取代或者采用其他的表面处理方法替换。此外,与蓄电池接触的零件需耐硫酸的腐蚀,零件表面必须镀铅或铅合金镀层。由于对汽车防护性镀层的耐蚀性要求逐年提高,锌镀层已满足不了目前汽车发展的需要,而陆续开发出锌-镍、锌-铁、锌-钴等锌合金镀层,锌合金的耐蚀性大大超过单一的锌镀层,致使锌合金镀层在 20 世纪 80 年代中期,在国外发展很迅速,而采用锌合金镀层的绝大部分是汽车行业,它促使电镀行业向新的方向发展。

第三类是功能性镀层,第二次世界大战时德国首先提这种分类,这类镀层很广泛,汽车上所应用的功能镀层只是其中的一小部分。例如,改善零件表面焊接性有锡镀层、铜镀层、铅-锡镀层;提高金属表面硬度和耐磨性有硬铬层、松孔铬层铝硬质氧化、厚镍镀层、镍磷合分解;修复零件尺寸有铁镀层、铬镀层;提高金属导电性有银镕层;提高轴瓦走合和自润滑性有铅-锡镀层、铅-锡-铜镀层;防止渗碳的有铜镀层,除上所述外,钢铁氧化、铝及铝合金氧化、模具电镀、塑料电镀、金属表面着色、烫印真空溅射等表面处理技术在汽车上都有体现,汽车自身需要一个零件具备多种功能以满足汽车自身的需要,所以汽车上的电镀种类也格外多。

功能性镀层是利用镀层金属的各种力学、物理、化学性能来满足各类场合的需要,根据镀层的性能,又可将它们分为以下主要的几类。

1. 耐磨和减摩镀层

耐磨镀层主要是靠提高制品的表面硬度来增加其耐磨损能力,在工业上多采用镀硬铬,如各种轴和曲轴的轴颈、印花辊的辊面、发动机的气缸内壁和活塞环、冲压模具的内腔等。

减摩镀层多用于滑动接触面。在这些接触面上电镀一层能起固态润滑剂作用的韧性金属(减摩合金),就可以减少滑动摩擦。这种镀层多用在轴瓦和轴套上,如镀锡、Sn-Pb 合金、Sn-Pb-Sb 三元合金等。

2. 抗高温氧化镀层

不少技术部门需要使用高熔点的金属材料制造特殊用途的零部件,但这些材料有可能在高温下被氧化(高温腐蚀),而使零部件损坏。为解决此问题,可在零件表面镀高温抗氧化层。例如,转子发动机内腔需用镀铬防护,喷气发动机转子叶片也可采用铬合金镀层。在特殊情况下,甚至可采用 Pt-Rh 合金镀层作为高温抗氧化层。

3. 导电性镀层

在电子工业中需要大量使用能提高表面导电性能的镀层。在一般情况下,可以镀铜或镀银。既要求导电性能好,同时还要具有一定的耐磨性时,则应镀以 Ag-Sb、Ag-Ni、Au-Sb、Au-Co 合金等。银与 La_2O_3 等微粒形成的复合镀层具有较强的抗电蚀能力,可用它来取代整体纯银制备电触头,用于开关、继电器等装置。另外在高频波导管的生产中,大都采用具有镜面光泽的镀银层。

4. 磁性镀层

在电子计算机设备中的磁环、磁鼓、磁盘、磁膜等储存部件,均需使用磁性材料。目前多采用以电镀法形成的镀层来满足这方面的要求。通过改变电镀工艺参数,还可以调整镀层的磁性能参数。常用的电沉积磁性合金有 Ni-Fe、Fe-Ni、Co-Ni 和 Co-Ni-P 等。

5. 热处理用镀层

为了改善机械零件的表面物理性能,常常需要进行热处理。但是,如果零件的某些部位,在热处理时不允许改变它原来的性能,就需要把这个部位局部地保护起来。例如,防止局部渗碳需镀铜,防止局部氮化则应镀锡。

6. 修复性镀层

一些重要的机械零部件,如各种轴、花键、齿轮及压辊等,在使用过程中被磨损,或在加工过程中磨削过度,均可用电镀法予以修复,使其重新发挥作用。可用于修复尺寸的镀层金属有铜、铁、铬等。

7. 可焊性镀层

一些电子元器件组装时,需要进行钎焊。为了改善它们的焊接性能,需要镀以锡、银或 Sn-Pb 合金等。

8. 其他功能镀层

在生产实践中应用的其他功能镀层还有很多。例如,为了增强钢丝与橡胶热压时的黏合性,可以在钢丝上镀黄铜(Cu-Zn 合金);为了抵抗硫酸及铬酸的腐蚀,可以镀铅;为了增加反光能力,可以镀铬、银或高锡青铜;为了消光或吸收光能转变为热能,可镀黑镍、黑铬等。

汽车行业的电镀还区别于其他行业的电镀,是因为汽车电镀的一些零部件关系到产品安全性和可靠性。为了汽车自身的安全而确定一些零部件为保安件,如汽车的转向部分、拖挂部分、车轮、安全带等,上述零部件一旦某个零件发生断裂或损坏,产生的后果难以想象。另外,发动机、后桥差速器、变速器等总成是由许多零件组装而成,其中某个零件发生故障,虽说不影响汽车的安全,但直接影响汽车的性能或者使汽车抛锚。因而将组成上述总成的零件作为重要件或关键件。除保安件、关键件外,还有一些高强螺栓、弹簧类零件等,所有这些零件需要进行电镀时,在电镀的过程中就伴随渗氢的过程,渗氢后的零件韧性下降,脆性增加,一旦受到外力的冲击,很易发生断裂,有时严重到镀后稍受力就发生断裂,处于这种情况就必须对电镀后的零件进行驱氢处理,一般是把零件加热到一定温度下保温数小时,把零件中大部分氢去除掉以恢复零件自身的性能。电镀时除赋予零件一些性能和功能外,还应考虑零件电镀后的安全性,汽车行业电镀既有其他行业电镀的共同性,又有其自身的特殊性,在此主要讨论与汽车相关的电镀或表面处理技术。

9.2.1 装饰镀铬

铬镀层具有闪烁略带蓝色的银白色,显得格外洁净、高雅。铬镀层的硬度高,抗擦伤、耐磨损性极佳。在大气中铬表面生成一层极薄而透明的钝化膜,具有良好的抗硫、抗变色性能等,因此在防护装饰性镀层体系中铬镀层独具魅力,总是处在防护装饰性镀层中的最外层。

现行的镀铬工艺,绝大多数采用六价铬镀铬工艺。现代医学查明:Cr^{6+}是一类致癌物质,对环境与人体都有较大的危害。装饰性镀铬电流效率低(13%~17%)、电镀时间短,零件携带量大,工作温度较高,因此对环境污染相当严重。添加稀土、卤素、有机阴离子等的新型低温、低浓度、较高电流效率及良好电镀性能的镀铬工艺和毒性较小的Cr^{3+}镀铬工艺及Sn-Co、Sn-Co-Zn代铬工艺,已经开始用于生产。

装饰镀铬除要求外观质量外,还要求具有耐蚀性。为此,先施以两层或三层不同性质的镀镍。所采用的两层或三层镀镍法,是使在上层保护阴极作用下,保护下层,并在表面镀上一层具有无数微细裂纹或小孔的铬层,这就是广泛采用的腐蚀分散型显微裂纹和微孔镀铬法。图9.1所示为镀镍层的腐蚀模型。

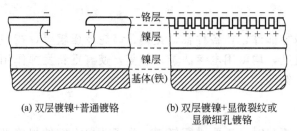

(a) 双层镀镍+普通镀铬   (b) 双层镀镍+显微裂纹或显微细孔镀铬

图9.1 镀镍层的腐蚀模型

(1) 显微裂纹镀铬。显微裂纹镀铬法的镀铬层比普通装饰镀铬的厚,利用镀铬层自身的应力形成裂纹,其耐蚀性虽好,但外观质量较差。

(2) 显微细孔镀铬。这种镀铬方法是使在非导电性微粒和浮游触击镀镍所形成的微粒发生共析的基础上,进行普通镀铬,形成显微细孔。这种镀铬层的外观良好,但耐蚀性则不如显微裂纹镀铬法稳定。

(3) 触击镀镍。最近,为了弥补上面两种方法的缺点,采用了触击镀镍法。此法是在光亮镀镍之后进行高应力的触击镀镍,并在其上进行普通镀铬,以形成裂纹。

9.2.2 防锈电镀

一般来说,镀锌后进行铬酸盐钝化处理,价格低而防锈力强,用途颇广。此外,根据使用条件,也采用镀锌、镀镍、镀铜、镀铬等方法,但其用途有限。

目前,乘用车使用镀锌钢板的部位为最易遭受腐蚀的汽车底盘、外覆盖件、前机舱、行李箱、车门等部位,采用的镀锌钢板厚度为0.5~3.0mm,其中车身覆盖件多用0.6~0.8mm的镀锌钢板。德国奥迪轿车的车身部件绝大部分采用镀锌钢板(部分用铝合金板);美国别克轿车采用的钢板80%以上是双面热镀锌钢板;上海帕萨特车身的外覆盖件采用电镀锌板,内覆盖件内部采用热镀锌板,车身防锈蚀保质期长达11年。长城汽车新开发的两款车及国内合资品牌轿车镀锌钢板使用比例见表9-4。

表9-4 长城汽车新开发的两款车及国内合资品牌轿车镀锌钢板使用比例

车型	镀锌板比例（%）	镀锌板种类	使用部位
宝来	60	GI	轮罩内板、地板、行李箱内板件
帕萨特	100	GI	车身全部使用镀锌板
花冠	80	GA	外板件及部分内板件
卡罗拉	80	GA	外板件及部分内板件
GHK011	50	GI	轮罩及车门内板、地板、前机舱内板及全部外板件
GHB011	50	GI	轮罩及车门内板、地板、前机舱内板及全部外板件

9.2.3 铝的氧化处理

铝质软而耐磨性不佳，为了提高其耐磨性与耐蚀性，施以阳极氧化处理。在此处理之后，还可以染料着色，或自然成色。

9.2.4 塑料电镀

塑料电镀是随着塑料的广泛应用发展起来的一种电镀工艺。它不仅能节省大量的金属材料，减少繁杂的加工工序，减轻设备质量，还能有效地改善塑件的外观及电、热等性能，提高其表面机械强度等，因此在电子工业、国防科研、家用电器乃至日用品上获得了日益广泛的应用。

塑料电镀是在塑料基体上通过金属化处理的方法沉积一层薄的金属层，然后在这层薄的导电层上再进行电镀加工的方法。所以最终得到的产物是由塑料相金属组成为复合材料。它具有美丽的金属外观，质量轻，强度高，硬度大，耐候性好，耐热性佳，耐蚀性优良，耐水性好，造型容易，成本低，经济效益高等许多优点，这就是塑料电镀很有吸引力的原因。要在不导电的塑料上获得光亮、整平和结合力优良的金属镀层，这是一件很不容易的事，它要解决许多理论和工艺问题。所以，塑料电镀的发展，实际上是材料科学、化学镀、光亮电镀和合金电镀技术发展的产物。它的发展又推动了整个表面处理技术的发展。

汽车塑料零件具有体积较大、形状复杂（如散热器面罩等）、使用环境恶劣等特点。

车身表面上的塑料零件，随着汽车在广阔的地域高速行驶，要长期经受烈日暴晒，风霜雨雪的洗涤，要承受高速飞来的砂石、泥浆的冲击等，因此要求汽车外饰零件的塑料镀层具有良好的附着性和耐蚀性。

由于塑料电镀制品兼有塑料的质量轻、易成形和金属镀层的漂亮外观的特点，因而被广泛用于汽车、摩托车、家用电器的零部件和水暖器材的生产。现代汽车、摩托车日趋轻量化且豪华美观，其塑料电镀发挥了重要作用，如车门拉手、商标、反光镜、转向盘、轮壳罩等装饰，大量采用塑料电镀制品。增加塑料配件的用量是降低车体质量的有效措施，但是若没有电镀金属作为其表面装饰和防护，是不现实的，所以要通过在零件表面的镀层来达到装饰、耐腐蚀、耐磨等目的。塑料电镀在一定程度上不仅能够代替贵重的有色金属，还能节约机械加工工时，简化加工工艺，改善零件外观，提高劳动生产率，减轻产品质量和降低产品成本。电镀级ABS塑料在汽车上主要用于散热格栅、饰牌标牌、装饰饰条、饰框、把手和各种开关旋钮等（图9.2）。

图9.2 电镀级 ABS 塑料在散热格栅及饰牌标牌中的应用

使塑料具有金属外观的方法有下列两种：电镀法和真空蒸镀法。电镀法是使 ABS、聚丙烯等材料具有化学导电性之后，进行装饰电镀。此法不仅用在内饰件，也用于处理格栅与前照灯灯圈等大型零件。真空蒸镀法是在塑料上进行铝的真空蒸镀之后，涂以透明的保护膜，多用于处理要求使用寿命长的内饰件，特别是仪表和仪表箱框之类的零件。

9.3 电镀工艺与设备

9.3.1 电镀车间平面布置

电镀零件的制造工序大致为：以冲压或其他方法使零件成形—磨抛—电镀—后处理。通常，进行电镀车间布置时，应该考虑零件的生产流程。对于保险杠等大型零件，也有的将冲压车间与磨抛、电镀车间置于同一建筑物内。图9.3 所示为电镀车间的平面布置图。

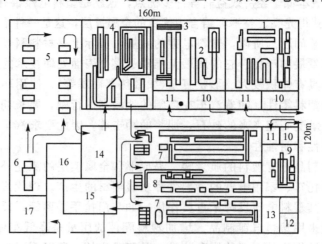

图9.3 电镀车间的平面布置图

1—镀锌生产线；2—涂漆生产线；3—塑料电镀生产线；4—磨抛生产线；5—冲压生产线；
6—落料生产线；7—装饰镀铬生产线(提升式)；8—装饰镀铬生产线(升降机式)；
9—镀硬铬生产线；10—成品库；11—材料库；12—化验室；13—后方工段；
14—冲压件、铬制品库；15—电镀成品发送地；16—冲模存放处；17—卷料存放处

必须在研磨工作地点设置收集研磨粉尘的装置，在电镀工作地点设置排除电镀槽所产生的气体和烟雾的装置和清洗塔，以确保工人的安全。

9.3.2 磨抛

为使装饰电镀件的表面光亮，或者为使耐磨电镀件的表面平滑，都应先进行磨抛加工。磨抛加工有多种方法，汽车电镀件大都采用抛光轮抛光或带抛光。一小部分零件，为了去除毛边，采用滚筒抛光。目前所用的抛光轮主要是由棉布叠合制成，并在轮缘涂敷磨料，称为金刚砂抛光轮。最近还使用琼麻抛光轮等，获得了良好结果。

此外，为了节省人力，可采用自动磨抛机。自动磨抛虽适于单品种大量生产，但形状复杂的零件，仅仅靠自动磨抛还不能达到要求，往往需要以人手转动工件，加以辅助。随着磨抛的自动化，在研磨剂方面，除固态研磨剂棒外，也常常采用喷枪喷射液体研磨剂的方法。图 9.4 所示为保险杠的自动磨抛实例。

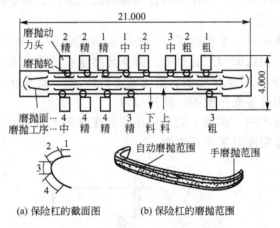

图 9.4 保险杠的自动磨抛实例

9.3.3 前处理

电镀缺陷的原因大都和前处理有关，所以前处理是一道重要的工序。因此，为了保证电镀质量，必须进行各种前处理。对于抛光轮屑之类的油脂性污物，可先以三氯乙烯等有机溶剂或碱性乳化液等脱脂剂进行预备脱脂，进而在碱性脱脂液中电解脱脂之后，进行酸洗，以得到电镀所必需的清洁的活性表面。很难对电镀基底上污物的种类与程度做出规定，所以在制定前处理工艺时应留有足够的安全度。例如，装饰电镀时，推荐采用电解脱脂——酸洗交换进行两次的"双重清洗"的前处理工艺。

日产汽车公司（日本）一位高级专家说过这样一句话："清洁度就是我们的生命。"一语道出了汽车生产过程中，零部件清洗的重要性。如果汽车的零部件在装配时，带有污物，就可能发生汽车油路堵塞、发动机拉缸等事故。

尤其对那些需要进行电镀的零件，其清洗与表面准备的要求就更加严格，因为电镀是在被镀零件与镀液接触界面上发生的电化学反应。

汽车零件清洗与表面准备的主要目的：清除零件表面上的残砂，热处理的熔盐，氧化皮、氧化膜及机械加工中的毛刺、飞边、油污、锈蚀、焊渣，精饰表面，以获得一个符合下道工序要求的清洁表面。

零件的清洗与表面准备一般可分为以下几项。

(1) 机械处理：包括喷丸、喷砂、机械磨光、抛光、振动饰光、滚光等。

(2) 化学处理：包括化学除油、化学浸蚀、化学抛光等。

(3) 电化学处理：包括电化学除油、电化学浸蚀、电解抛光等。

(4) 超声波处理：包括超声波除油、超声波浸蚀等。

1. 表面整平

1) 喷砂

喷砂分为干喷砂与湿喷砂两种。干喷砂是在净化的压缩空气作用下，将干砂流通过喷砂机的喷嘴高速喷向零件表面，借助砂流对零件表面的强力冲击，将零件表面的熔渣、毛刺、氧化物等污物除去，并呈现粗糙度均匀的表面。由于气流的搅动，干喷砂过程粉尘很大。一般使用的砂粒粒径较大，多在环形自动喷砂机上进行。该法用于工具、刃具热处理后去熔盐、氧化皮和毛刺。

湿喷砂又称为液体喷砂。工作原理是以磨液泵和压缩空气为动力，通过喷枪将磨液高速喷射到工件表面，达到修饰加工的目的。磨液是用掺有"缓蚀剂"的清水与一定粒度的磨料(按被加工材质不同，可用氧化铝、碳化硅等磨料)按一定配比混合而成的，放置在机体下部的储箱中，使用时应充分搅拌，使其均匀。

液体喷砂在汽车生产中，多用于活塞环和高强度弹簧镀前处理和镀后处理上。图 9.5 所示为活塞环卧式液体喷砂机工作系统图。

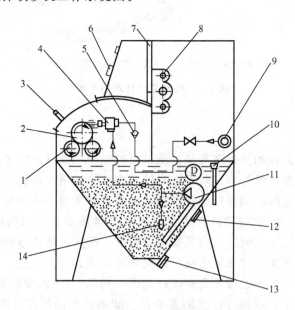

图 9.5 活塞环卧式液体喷砂机工作系统图

1—传动胶棍；2—工件；3—弧形门；4—喷枪；5—单向阀；6—仪表、电器；
7—消声排气；8—传动架；9—压缩空气；10—液流口；11—磨液泵；
12—排水口；13—清渣口；14—搅拌喷嘴

活塞环液体喷砂工艺及效果：活塞环镀铬前采用含 220～240 目氧化铝磨料 10～12g/L

的砂浆；镀铬后采用280目氧化铝磨料砂浆进行液体喷砂处理，代替传统的镀前酸碱液浸蚀工艺和镀后的松孔处理。可防止铸铁活塞环表面石墨裸露，提高镀铬层的结合力，见表9-5。

表9-5 两种不同镀前处理后镀层的结合力

试样	酸碱处理			液体喷砂处理		
	F/N	S/mm^2	$F/S/(N/mm^2)$	F/N	S/mm^2	$F/S/(N/mm^2)$
1	14700	314	46.8	50000	314	159.2
2	18200	314	57.9	29600	314	94.3

注：F/S为单位面积上使镀层拉脱的力，单位为N/mm^2；F表示镀层与基体的结合力。

镀铬后为了改善活塞环与气缸套的初期磨合性及储油性，提高活塞环的使用性能与寿命，常在镀铬后进行松孔处理。但松孔处理往往会降低镀铬层硬度，由于网纹分布不均匀，造成应力集中。电镀铬过程因为晶格的转变和渗氢，铬镀层的张应力很大，采用液体喷砂，则可降低张应力并在镀铬层表面获得较理想的均布小凹坑，起着储油及初期磨合作用，而且可使镀层形成较大压应力和硬度，从而提高了活塞环的疲劳强度，同时液体喷砂还可以清除镀铬层表面轻微的毛刺、飞边等缺陷，见表9-6。

表9-6 不同处理的镀铬层硬度

处理工艺	硬度值/HV			
	1组	2组	3组	4组
液体喷砂	1132	1149	1114	1131
松孔处理	1002	988	1017	1002
镀硬铬未处理	1048	1081	1097	1075

注：试验条件——加载100g，时间15s。

2) 滚光

滚光是将零件和磨料、滚光液一起装入滚光桶中，由于滚光桶的转动，使零件与零件、零件与磨料、零件与桶壁互相摩擦、撞击，加上滚光液的化学作用，除去零件表面的油污、锈迹、毛刺，并整平金属表面。

滚光桶一般为木质或钢板焊接而成，形状有圆形、六角形和八角形。滚光常用的磨料有钉角、皮革碎块等。

滚光液根据加工零件的表面状态加以选择。主要用于除油目的的滚光液，一般由碳酸钠、皂镁粉等碱性物质组成，俗称"滚碱液"。当以除去零件表面氧化皮为主要目的，一般使用稀硫酸，俗称"滚酸液"。

零件在滚光桶中的运动状况，与滚光桶的大小、转速及零件与磨料、滚光液的装载量等有关。在滚光过程中，零件被封闭在滚桶中，无法随时检查其工作状况（磕碰等）。因此，滚光在对零件精度有较高要求的汽车工厂中，很少采用。

3) 振动光饰

工作原理以图9.6所示的立式振动光饰机为例加以说明。

立式振动光饰机的振动轴与水平垂直，容器与振动源连成一体，并支撑在弹簧上，振动轴上下两端有偏心块，它们在水平面上的投影互成一角度。当振动轴高速旋转时，偏心

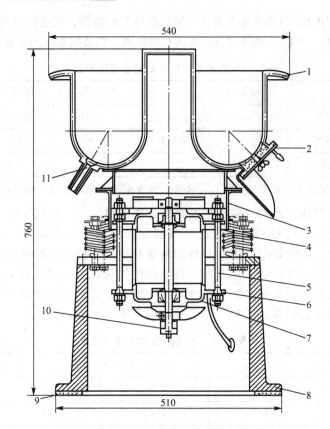

图 9.6 ZL-25 型立式振动光饰机结构图
1—容器；2—卸料口；3—法兰盘；4—弹簧；5—长螺栓；6—夹板；
7—电动机；8—底座；9—橡皮垫；10—偏心块；11—出水口

块产生离心力和倾倒力矩，并通过弹簧作用，使容器产生周期性的振动。由于容器底部为圆环形状，各点的受力和振幅不同，而使容器中的磨料和工件既围绕容器中心圆柱公转，又围绕圆环中心翻滚，其合成运动为环状螺旋运动。磨料与工件在运动时相互磨削，对工件进行均匀加工。

振动光饰过程，是在开启状态下工作的，因此可随时对零件的工况进行观察和处理。振动光饰机的工作效率比滚光机要高出 10 倍，尤其新型的流动式光饰机效率更高，而且零件磕碰伤情况比液光机轻，因此在汽车生产中，采用振动光饰进行零件表面去毛刺、氧化皮，提高粗糙度是比较多的。

4）磨光

磨光是粘有磨料的磨轮在高速旋转下，除去零件表面毛刺、砂眼、焊疤、氧化皮和各种宏观缺陷，提高表面平整度的一种机械处理方法。

(1) 磨轮及转速。磨光所用的磨轮多为弹性轮。一般采用皮革、毛毡、棉布各种纤维织品等制成，它们的刚性依次降低，磨轮的刚性与所用材料性质及其缝制方法有关。对于硬度较高、形状简单的制品，粗糙度大。切削量大的制品，应采用较硬的磨轮，反之，应采用较软的(弹性较大)磨轮。因为软磨轮的弹性，可使压向制品表面的切削力减弱，从而可防止零件变形，使得表面更加光滑。

磨光效果还与磨轮的旋转速度有关。圆周速度越高，磨削效率越高，对磨轮的损坏也越快。一般在粗磨和磨削形状简单、硬度较高的制品时，宜选用转速较高的磨光工艺。磨光不同金属材料时磨轮的最佳圆周速度见表9-7。

表9-7 磨光不同金属材料时磨轮的最佳圆周速度

被加工的金属材料	最佳的圆周速度/(m/s)
铸铁、钢、镍、铬	18～30
铜及其合金、银、锌	14～18
铝及其合金、铅、锡	10～14

磨轮圆周速度计算公式：

$$D=\frac{\pi dn}{60}$$

式中　D——磨轮的圆周速度(m/s)；
　　　d——磨轮的直径(m)；
　　　n——磨轮轴的转速(r/min)。

(2) 磨料。粘在磨轮上的磨料，其硬度、脆性、形状、粒度大小，以及与磨轮的粘结力等都会影响磨光的质量及效率。常用的磨料为人造刚玉(Al_2O_3)、人造金刚砂(SiC)、石英砂(SiO_2)等。人造金刚砂的硬度较高，莫氏硬度为9.2，但脆性大，容易碎裂，用于硬度较高的工具钢、高强度钢和铸铁的磨光。人造刚玉的硬度为9.0，韧性较好，用于淬火钢、可锻铸铁等。石英砂的莫氏硬度为7～8，用于一般黑色及有色金属。

磨料依其粒度大小，分为若干等级，即磨光颗料(10～90号)、磨光粉末(100～320号)和磨光细粉(320～600号)。生产中根据金属制品的表面状态和加工后的表面质量要求，选用磨料的粒度，一般先用粗磨粒进行粗磨，然后依次加大磨料的号码进行中磨和细磨，最后采用油轮(在用旧了的、磨料基本脱落的细磨轮上涂抛光膏)进行压光。一个零件的磨光最好按同一个方向进行。这样磨光后粗糙度比较好。在磨光带有孔、沟槽的零件时，在磨至孔、沟附近应减轻压力，防止零件变形。

5) 抛光

机械抛光的目的是清除制品表面的细微不平，使制品获得镜面般的外观，主要用于镀后与中间镀层的精加工。

机械抛光通过装在抛光机上的抛光轮的高速旋转，使之与相接触的制品表面摩擦产生高温，产生金属表面塑性变形，填平表面的微凹处，同时由于高温，金属表面在空气中迅速地形成一层氧化膜被抛光轮抛去，露出的基体金属又马上被氧化。这样周期地变化，直到获得镜面般的光泽外观，抛光与磨光相似，都采用弹性轮，但抛光轮比磨光轮更加柔软，转速更高。在抛光轮上涂抹的是粒度更细的抛光膏。抛光轮是由棉布、亚麻布、丝绸、无纺布等缝制而成的。

为了使抛光轮具有足够的柔软性，缝线与轮边应保持足够大的距离。

抛光膏由金属氧化物粉末与硬脂、石蜡等混合，并制成软块状。根据氧化物种类，一般将抛光膏分为白膏、绿膏和红膏三类。白膏适用于软质金属的抛光和多种镀层(如镀铜、镀铜锡合金层)的精抛光。红膏适用于钢铁制品的抛光，也可用于细磨。绿膏多用于硬质合金钢及铬镀层的抛光。

抛光轮的圆周速度，也因被抛光材料不同而不同。例如，抛光铁、钢、镍和铬时，宜采用 30～50mm/s；抛光银、铜及其合金时，宜采用 22～30mm/s；抛光锌、锡、铅、铝及其合金时，宜采用 18～25mm/s。

磨抛光工序是一项劳动强度很大，又有一定危险性的工作。近年来随着光亮镀层的出现，抛磨工作量有所下降，但是对于高档汽车的装饰电镀零件来说，不能由此而轻视磨抛工作，而是应该加强它。试验证明，制品优良的磨抛光质量，不但提高制品的装饰性，而且也提高镀层的耐蚀性。国外非常重视电镀前的表面质量，如欧洲磨削制品协会标准，磨料粒度达 400、500、600 号，甚至 800、1000、1200 号。美国 Crand Junctien 公司采用喷砂→抛光→镀铜后再次抛光→镀双层镍套铬的电镀工艺，进行轿车车轮的电镀。而国内 CA141 的车头锁，采用的是 240 号磨轮磨光后，一步法电镀双镍套铬工艺。这也许就是我国与国外电镀质量上差距所在之一。

2. 汽车零件除油

1) 汽车零件上的工业污染

汽车零件在机械加工、热处理、磨抛光等工序中，都会粘附上各种油脂。由于灰尘、污物、金属碎屑的吸附，以及零件在储运过程中受周围环境介质的浸蚀，发生锈蚀等，构成了汽车零件上的工业污物。

汽车工厂清除零件上工业污物的工作，分别在机械加工车间的清洗机与电镀车间的除油、浸蚀工段来完成。

2) 除油

(1) 油脂的分类。随着当代机械加工技术的发展，加工润滑油、淬火油、防锈油的成分也越来越复杂。而且，那些粘附在零件上的油脂和污物，在加工过程中，还会与周围介质发生反应，使得其成分更加复杂。尽管如此，人们还是习惯将各种油脂，按可皂化油与不可皂化油进行分类。

可皂化油即含有脂肪酸酯的动植物油，可与碱发生皂化反应，生成甘油与肥皂。不可皂化油即含有烃、烷类的矿物油，它们不能与碱发生皂化反应。

(2) 有机溶剂除油。有机溶剂无论对可皂化油，还是不可皂化油都有较大的溶解能力，而且对金属没有腐蚀作用，因而广泛地在生产中得到应用。

但是由于有机溶剂价格高，易燃、有毒。而经有机溶剂除油的零件，在溶剂挥发干燥过程中，依然会有一层薄薄的油迹留在零件表面上，因此有机溶剂除油只能作为对油污严重的零件的粗除油，或装配前清洗。对于要进行电镀的零件，还必须再用其他除油方法进行补充处理。同时在采用如汽油、苯等蒸汽压低，挥发速度快的溶剂清洗零件时，还会因溶剂的快速挥发，造成零件表面降温，出现凝露，发生锈蚀的现象。因此有机溶剂除油的应用，在许多地方已经被氯代烃类溶剂或水溶性溶剂所代替。

下面是汽车工厂工序间零件清洗的几个典型实例。

石油溶剂清洗：常用的石油溶剂清洗剂有 120 号汽油和 200 号（白醇）汽油。含铅的汽油因有毒、有腐蚀性，不宜做清洗剂用。汽油用于钢铁及有色金属产品的清洗，清洁后工件表面由于汽油挥发而吸收热量，工件表面温度下降，在湿度大的环节中易发生凝露，以致引起产品锈蚀，防止的方法可在最后一次清洗用的汽油中加入少量 2%～5% 置换型防锈油或防锈剂，例如：

石油磺酸钠1%，1%苯骈三氮唑酒精溶液1%；

司苯-80 1%，蒸馏水2%；

十二烷基醇酰胺1%，200号汽油94%。

此清洗液比汽油清洗力强，对汗液、无机盐和油脂都能去除，对钢和钢合金等有短期防锈作用，主要用于精密零件超声波清洗。

煤油或轻柴油：无腐蚀作用的煤油或轻柴油均可做清洗液。由于其燃点比汽油高，所以相对比汽油安全。其挥发性也没有汽油大，清洗后干得慢，而且常留下微量油迹，所以不易引起零件锈蚀。煤油在汽车工厂的清洗工序中被广泛采用。例如，汽车备件在涂防锈油前，采用二次煤油清洗，在第二次煤油清洗中加入2%～5%置换型防锈油以提高其清洗和防锈性。

氯代烃与有机烃类不同，具有性质稳定，挥发性小，不易燃烧，对油脂的溶解和载油能力大的特点。生产中经常使用的有三氯乙烯、四氯乙烯、三氯乙烷、二氯甲烷。其性能见表9-8。

表9-8 氯代烃的物理化学性质

项目	三氯乙烯	四氯乙烯	三氯乙烷	二氯甲烷
分子式	$CHCl=CCl_2$	$CCl_2=CCl_2$	$ClCH_2CHCl_2$	CH_2Cl_2
分子量	131.4	165.9	133.4	84.9
密度/(g/mL)	1.465(20℃)	1.631(4℃)	1.443(20℃)	1.326(4℃)
沸点/(℃)	87.1	121.2	113.7	39.8
黏度/mPa·S	0.58(20℃)	0.88(20℃)	1.20(20℃)	0.430(20℃)
蒸汽压/mmHg	58.6(20℃)	14.4(20℃)	16.2(20℃)	350(20℃)
蒸汽密度/(g/mL)	4.5	5.83	4.6	3.32
燃点	无	无	无	无
比热容/[J/(g·K)]	0.227(20℃)	0.205(20℃)	0.270(20℃)	0.280(20℃)
汽化热/(cal/g)	57	50.1	60.6	79.8
表面张力/(dyn/cm)	约29(30℃)	32.3(20℃)	33.6(20℃)	28.2(20℃)
工作场地允许最高浓度(%)	200×10^{-4}	100×10^{-4}	10×10^{-4}	500×10^{-4}

注：1cal(卡)=4.1868J；1dyn(达因)=10^{-5}N。

CA141汽车轴瓦，背面是SPCC低碳钢板，正面是由Cu-Pb粉末冶金烧结层组成的双金属材料，在轴瓦的成形过程中，粉末冶金层的微孔中，吸入的油污，采用一般除油方法很难除去，是造成镀层起泡、产生针孔等疵病的主要原因。国外这类零件全部采用三氯乙烯除油工艺。国内一汽热处理厂轴瓦电镀工艺为：三氯乙烯除油—上夹具—电解除油—水洗—活化—水洗—电镀Pb-Sn二元合金—水洗—烘干—卸夹具。

汽车零件的油污多为性质各异的各种污物组成的复合污物。因此选用单一的溶剂进行除污，有时收不到理想的效果。如何选择最佳的溶剂，工程上往往采用日本学者藤田穆先生创立的"有机概念图"进行选择。

(3) 化学除油。化学除油是利用热碱溶液对可皂化油膜的皂化和乳化剂对不可皂化油脂的乳化作用，除去零件表面油污的方法。

化学除油的特点是设备简单，操作容易，生产成本低，除油液无毒，不易燃烧。同时由于化学除油兼有电化和乳化作用，因此能同时除去两类（皂化与非皂化）油脂。但是化学除油也存在着除油所需时间较长、除油不彻底等缺点，因此只能作为镀前预除油工序。

(4) 电化学除油。汽车工厂电镀生产的特点是大批量、快节奏，多采用自动线生产。化学除油因其效率低，除油时间长不能适应这种生产方式。在汽车工厂电镀自动线上普遍采用的是电化学除油。

所谓电化学除油，是在碱性溶液中，将金属制品作为阴极或阳极，将铁板作为辅助电极。通以直流电进行除油的方式。

在电解条件下，阴极和阳极产生极化，随着电极的极化，制品表面的电荷逐渐增多，电荷密度加大，表面电荷越大，金属与溶液之间的界面张力越小，溶液对金属的润湿性越强，使油膜与金属粘附力降低，最终将油膜剥离，分散到溶液中去。这种由于电极极化而引起的乳化作用，只要电极极化存在，将永远存在下去。

(5) 超声波除油。在除油槽液中，设置超声波发生器震源，利用超声波产生的"空化"效应，强化除油过程。

当超声波作用于液体时，反复交替地产生瞬间负压力和瞬间正压力。在产生负压的半周期内，液体中产生真空空穴。液体蒸汽或溶解于溶液中的气体进入空穴，形成气泡。接着在正压力的半周期，气泡被压缩而破裂，瞬间产生强大的压力（高达上千个大气压）。另一方面，超声波在密度不同的异相界面处，会产生显著的反射作用，由于这个反射声压，使界面上溶液激烈地发生搅动，形成强大的冲刷制件表面油污的冲击力，从而实现强化除油过程。

使用超声波清洗的主要优点：使用超声波清洗时，除油液的浓度可以减少，所以水洗的工序可以减少，废液的处置也随之减少；使用超声清洗可以缩短除油时间，提高生产效率，可以使除油工序在自动线内进行生产。

(6) 固体除油。固体除油是利用物质的热膨胀与吸附原理，将零件表面微孔中的油脂吸净的特殊除油方法。

对于像粉末冶金类，表面充满了无数微孔的零件，在机械加工过程中，在孔隙中总是要吸附一定量的油脂。采用有机溶剂、化学除油、电化学除油都很难将孔隙中的油脂彻底清除。在电镀过程中，吸附于孔隙中的油脂会慢慢地从孔中选出，并较长时间地停留在孔口，造成孔隙附近沉积不上镀层或镀层结合力下降。对于这类零件的除油，曾有采用高温火焰焙烧的方法，但易造成零件退火或熔化。对于低熔点金属，根本不能采用。

(7) 清洗机清洗工艺。汽车生产过程，零件表面上的油污，需要及时地清除，为下一道工序提供一个满足工艺要求的清洁表面。这类清洗都是依靠安装在生产线上的清洗机来完成。

清洗机的工作原理是依靠布置在清洗室和漂洗室内上下、左右密集排列的喷嘴，将经过泵加压的清洗液和漂池水从不同角度喷射清洗输送带上的零件。零件清洗后，喷淋清水进行漂洗，进入吹干室经压缩空气吹干。清洗后的回液通过过滤和油水分离装置循环使用。根据喷射压力，清洗可分为低压清洗（压力≤2MPa）和高压清洗（压力≥5MPa）。发动机零件清洗工艺见表9-9。

表9-9 发动机零件清洗工艺

清洗零件名称	材料	清洗剂	%(m/m)	$t/℃$
曲轴	45钢	Na_2CO_3	1~2.0	60~80
气缸体总成	铸铁	YX-03	1~2.0	30~40

对于装配尺寸有严格要求的零件，不允许采用热清洗，只能采用复合清洗剂低温清洗，防止尺寸变化，影响装配。对于普通零件，一般采用Wa%（质量百分比浓度）=1~2的碳酸钠热溶液清洗工艺。从上述工艺的参数中，可以看出这类清洗液的除油能力并不高，主要依靠机械的冲刷力进行除污，复合清洗剂成分主要由碳酸钠、磷酸钠等碱性物质和低泡表面活性剂、防霉剂和防锈剂构成。

部分汽车零件清洁度的标准见表9-10。

表9-10 部分汽车零件清洁度标准

零件名称	检查方式	允许清洁度标准/mg
曲轴		50~70
减振器		80
后桥壳		400
后桥总成	不解体	900
后桥总成	解体	2500
缸体		50
发动机总成	不解体	1500
发动机总成	解体	4000

清洗机正常工作时，应定期抽检清洗液的工作温度、浊度和清洗剂的浓度。

9.3.4 电镀

电镀设备的种类和形式往往根据不同的零件、技术要求、工艺、产量而有所不同。根据电镀零件的装载方法可分为滚镀与挂镀两类。滚镀是将工件装入滚筒中，然后注入电镀溶液，或是将滚筒浸入镀槽溶液中，滚筒一道回转、一边进行电镀。因为滚镀不像挂镀，无需把工件吊在挂具上，成本较低，但工件间相互接触，难于进行装饰电镀。滚镀适于螺钉、螺帽、垫圈之类小零件的防锈电镀，其他零件则采用挂镀。

1. 镀槽

电镀基本上是在图9.7所示的设备中进行的。镀槽由钢板制成，内部装以耐蚀衬套，其形状与尺寸决定于电镀件与装置的类型。

2. 电源

多以电压为10~20V的硒、硅等半导体整流器作为电源的整流装置。电流容量决定于链槽内零件的表面积与电流密度。镀铜、镀镍时，每安培电流密度对应的镀液量一般为2~4L，镀铬时为0.6~1.0L。

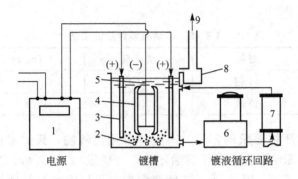

图 9.7　电镀装置的组成

1—整流器；2—搅拌空气进气孔；3—阳极；4—工件；5—挂具；6—过滤器；
7—热交换器；8—排气罩；9—气体洗濯塔（通向排气鼓风机）

3. 镀液量与温度调节

光亮电镀时，镀液应稳定过滤，所用过滤装置的单位时间循环里，常为镀液量的 2～6 倍。镀液多以空气搅拌，空气必须保持清洁，防止镀液被污染。镀液的温度调节多采用外热式热交换器，也有采用槽内安装蛇形管的。

4. 电镀装置的操作方式

电镀装置由人手操作或采用纸带程序控制，其类型一般可分为移动吊挂式——将吊装工件从一个处理槽移入另一个处理槽，以及升降式——装置本身具有升降与横行机构等两种。吊挂式电镀装置的通用性好，可根据零件形状控制电镀电流的密度。当生产能力相同时，其占地面积比升降式大 30%。升降式电镀装置难于按每种零件调整电镀参数，适用于单一品种或形状类似零件的大量生产。

5. 挂具与辅助电极

挂具主要由铜或铜合金制成，除接触点外，全部包覆绝缘层。挂具对生产率和电镀质量有很大影响，电镀质量主要由镀膜厚度来保证。在镀膜厚度变动较大的情况下，为了确保最低膜厚，必须加大镀膜的平均厚度，从而提高了生产成本。为此，在不易获得均匀镀膜的零件附近安放辅助极或隔板，尽量得到均匀的镀膜。辅助极与隔板的使用情况如图 9.8 所示。

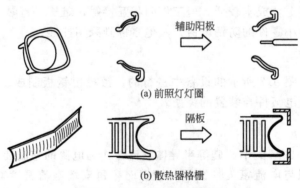

图 9.8　辅助极与隔板用例

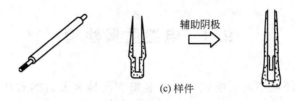

(c) 样件

图 9.8 辅助极与隔板用例(续)

9.3.5 后处理

(1) 镀锌件的铬酸盐钝化处理。镀锌后一般进行铬酸盐钝化处理,以保护镀层,提高耐蚀性,并改进外观质量。

(2) 螺钉、螺帽的脱氢处理。对于螺钉、螺帽、弹簧等在前处理和电镀过程中发生氢脆性问题的零件,电镀后加热至 180~200℃,保温 1h 以上,进行脱氢处理。

(3) 铝的封闭处理。铝经阳极氧化后,在沸水中煮或用加压蒸汽蒸,进行封闭处理,形成完整皮膜。

(4) 装饰镀铬的防锈处理。随着对装饰镀铬质量要求的提高,例如,对于最近出现的保险杆内面的防锈问题,多采用石蜡类防锈剂进行防锈处理。

9.3.6 废液处理

在电镀车间的有害废水中,特别成问题的是镀锌、镀铜等氰盐槽和前处理槽中的氰根离子,以及镀铬和铬酸盐钝化处理槽中的铬酸根离子。除去氰离子的主要反应是以氯气等进行的氧化反应,除去铬酸根离子的主要反应是以硫酸亚铁等进行的还原反应。为了解决日益严重的公害问题,最近已采用不使用有害物质的电镀装置,或是虽使用有害物质,但这些物质在电镀过程中可以回收再利用,这种所谓封闭系统的设计方案已基本形成,除前处理所用的酸槽、碱槽外,已经出现封闭系统电镀装置的实例。

9.3.7 电镀管理

在电镀质量检验方法中,除外观质量检查外,都属于破坏试验。为此,必须在制造过程中确保产品质量。特别是自动化电镀设备,一旦发生异常现象,就有出现大量不合格品的危险,所以设备管理、镀液管理十分重要。表 9-11 列举了主要的管理项目。

表 9-11 电镀主要管理项目

设备与操作	镀液
1. 电镀电流	1. 镀液成分与浓度
2. 电镀时间	2. 镀液温度
3. 镀液搅拌情况与过滤循环量	3. pH
4. 水洗用水的流量	4. 杂质浓度
5. 挂具触点磨损程度	5. 添加剂浓度

9.4 电镀质量检验

汽车行驶在各种环境中,而电镀件又在装饰方面具有极高的附加价值。为此,特别对于保险杆之类外饰件的装饰镀铬,有着最严格的质量要求。关于电镀质量的规定,一般有外观、耐蚀性、镀层厚度、附着力、硬度等几项内容。

9.4.1 外观检验

外观检验是在 500lx 均匀光照度下,于 50cm 远处对检测面进行观察。对比标准样件,判定待检工件的外观质量。必须注意应使检查员充分了解设计者的意图,否则会有使检查失之过严或过宽的危险。特别是装饰电镀,对于与使用寿命没有太大关系的磨抛质量的要求,应该从整车状态考虑,确定适当的标准。外观检验的不合格率因零件形状与材料而异,一般为 0.5%~2.0%,外观不合格项目见表 9-12。

表 9-12 电镀外观不合格项目

外观不合格项目	与寿命关系	不合格原因
剥离	大	1、3
膨胀	大	1、3
漏底	大	1、3、5
漏镀	大	4、5
气孔	小	5、6
凹痕	小	5、6
划痕	小	2、7
凹凸	无	1、2
磨抛纹	无	2
磨抛塌边	无	2
变形	无	2、7
烧伤(烧焦)	无	5、6
暗斑	无	5、6
红斑	无	5、6
麻点	无	4、6

注:1—原材料;2—磨抛;3—前处理;4—电镀工艺、设备;5—电镀操作;6—镀液管理;7—搬运及其他。

9.4.2 耐蚀性试验

测定耐蚀性,可采用盐水喷雾试验(JIS Z2371)、油封试验(JLSD 0201)、人工老化试验(JISD 0201)等促进腐蚀的试验。但是,单纯进行这些试验,还难于得到充分可靠的判据,且试验时间也长。因此,对于比较容易迅速测定,测定值可靠性高,又能反映出工艺条件的镀层厚度做出规定,多用来作为工艺管理的代用特性指标。

9.4.3 硬度试验

耐磨电镀的硬度测定,多采用显微硬度试验法(JIS 22244)。除外观检查外,所有上述各种试验方法都属于破坏性试验,并不能直接判定出厂产品的质量。所以将代用特性控制在管理范围之内,以保证电镀质量的方法,也就是工艺保证的方法显得特别重要。此外,为了得到质量优异的产品,除工艺保证外,尤为重要的是,在产品设计阶段就应考虑电镀的特性。图9.9所示为各种形状产品上的镀层厚度分布举例。设计产品时,使零件形状适合电镀要求,这样做不仅可提高电镀质量,并且可以大幅度地降低电镀成本。

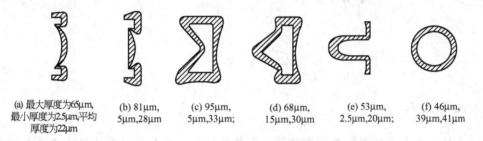

(a) 最大厚度为65μm,最小厚度为2.5μm,平均厚度为22μm (b) 81μm, 5μm,28μm (c) 95μm, 5μm,33μm; (d) 68μm, 15μm,30μm (e) 53μm, 2.5μm,20μm; (f) 46μm, 39μm,41μm

图9.9 在各种形状工件上镀层厚度分布举例

1. 电镀的目的有哪些?
2. 汽车上的电镀大致可以分为几类?
3. 电镀质量检验项目有哪些?

第10章 涂　　漆

教学提示

涂漆对汽车车身具有防腐蚀保护作用和装饰作用，对有专门用途的汽车还具有标志作用。根据汽车产品的特性，要求涂漆质量具有极高的水平。汽车涂料一般是指制造新汽车用的涂料及辅助材料和车辆修补用的涂料。

教学目标

了解评价涂漆质量的方法，了解汽车漆的特性。掌握汽车车身涂漆各工序的目的与作业内容。了解几种常见的涂漆方法，掌握外貌不佳缺陷发生的原因与保证质量的措施。了解国内外汽车车身涂装工艺的三个基本体系。

涂装是指将涂料均匀涂覆在车身覆盖件表面上并干燥成膜的工艺。

车身涂料涂覆在车身表面时，能生成坚韧、耐磨、附着力强、具有各种颜色和防锈、耐潮湿、耐高温等多种功能的涂膜。某些特殊涂料还能起防振、消声、隔热作用。汽车越来越高档，用户在选购汽车时，除了要求汽车造型美观外，还要求流行色化和与汽车流行式样相适应的多样化色彩，同时要求涂膜能提高汽车的使用寿命。车身涂装对汽车车身具有防腐蚀保护作用和装饰作用，对有专门用途的汽车还具有标志作用。涂料工业的发展水平在一定程度上反映了一个国家的国民经济发展水平；高产值、高附加值的汽车涂料，又代表着涂料工业的最高水平和发展方向。美国、日本和西欧是全球涂料工业最发达的国家和地区。以日本为例，从1996年起，年产涂料总量为200万吨左右，汽车用涂料虽只占20%，但其产值、利润所占的比例却非常大。汽车涂料已成为一类专用涂料。汽车外观涂料不仅要求漂亮鲜艳，而且耐候性要优良。也就是说，外观装饰性、光泽、颜色、鲜映性（D. O. I）要好。耐久性则主要指涂层的耐腐蚀性和耐老化性。

10.1 概　　述

为了防止金属制品、木制品及其他制品受腐蚀和破坏，可采用各种保护涂层：金属的和非金属的涂层。

金属涂层是用喷镀法、电镀法或氧化（处理）法、烧蓝法、磷酸盐处理法（也就是化学处理法）以及其他方法涂装于制品的表面上。

非金属的油漆涂层比其他各种保护涂层有特殊的便利，就是其价格便宜，保护作用可靠。因此它们被广泛地应用于国民经济中。对于所有金属制品，大约有60%是采用各种油漆涂层（即熟油、清漆和色漆）来保护的。上述这些涂料涂饰在制品的表面时，在干燥情况下能形成一种细薄的漆膜，以防制品受大气、光、湿气和化学试剂的影响。同时油漆涂层还可赋予各种制品以美丽的外观。

在制品表面上形成漆膜是由于熟油、清漆及色漆的组成中存在有成膜物质，属于这种成膜物质的有纯粹的干性油，以及油类、树脂、沥青、纤维树脂及在有机溶剂里的某些其他产品等的溶液。

10.1.1 涂漆质量与要求

油漆涂饰形成透明（清漆）和不透明两种，评价涂饰质量从以下几个方面进行。

(1) 涂层外观颜色，采用透明涂饰，外观颜色应鲜明均匀，木纹清晰。

(2) 漆膜表面形状应平整光滑，没有流存流挂、缩孔、涨边、鼓泡、皱皮等涂饰缺陷。

(3) 亮光装饰抛光表面应有镜面般光泽且不留研磨缺陷，严亚光装饰表面应符合要求的消光程度。不透明装饰要求与透明装饰一样，只是不显露木纹，色漆漆膜形成的外观颜色应均匀纯正。

(4) 漆膜应达到一定厚度，具有很高的附着力，耐磨、耐寒、耐温差。

作为汽车车身与一般零部件最终精加工工序的涂漆，其目的与一般的涂漆相同，在于防锈与美观。然而，根据汽车这种产品的特性，要求涂漆质量具有极高的水平。特别是车身外护板的涂漆质量，要求在任何环境中长时间连续使用时，漆膜不破坏，基体金属不生锈，而且该膜的光泽与色彩无明显下降，仍然相当美观。

根据这些特点，要求汽车漆具有下列特性。

(1) 漂亮的外观。要求漆膜丰满，光泽华丽柔和，鲜映性好，色彩多种多样，并符合潮流。现在轿车上多使用金属闪光涂料和含有云母珠光颜料的涂料，使其外观看上去更加赏心悦目，给人以美感。

(2) 极好的耐候性、耐腐蚀性，要求适用于各种温度、曝晒及风雨侵蚀，在各种气候条件下保持不失光、不变色、不起泡、不开裂、不脱落、不粉化、不锈蚀。要求漆膜的使用寿命不低于汽车本身的寿命，一般为大于10年。

(3) 极好的施工性和配套性。汽车漆一般是多层涂装，因为靠单层涂装一般达不到良好的性能，所以要求各涂层之间附着力好，无缺陷。并要求涂料本身性能适应汽车工业现代化的涂装流水线。

（4）极好的力学性能。适应汽车的高速、多振和应变，要求漆膜的附着力好，坚硬柔韧、耐冲击、耐弯曲、耐划伤、耐摩擦等性能优越。

（5）极好的耐擦洗性和耐污性。要求耐毛刷、肥皂、清洗剂清洗，与其他常见的污渍接触后不留痕迹。

（6）良好的可修补性。

10.1.2 涂漆工艺概要

车身涂漆工艺因汽车级别而异。例如，货车与轻便汽车进行底漆、面漆两次涂漆，而轿车则常需头道底漆、二道底漆、面漆三次涂漆。图10.1所示为轿车车身涂漆工艺。

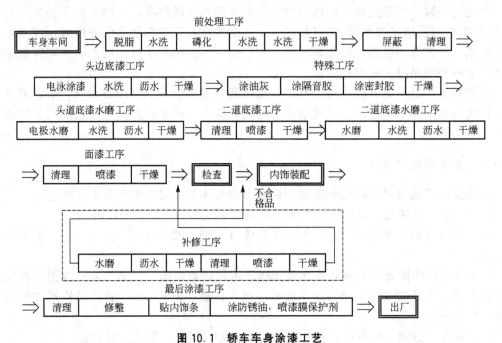

图 10.1 轿车车身涂漆工艺

10.1.3 涂料

汽车涂料就是指涂装在轿车、吉普车、大客车、载货汽车等各种类型的汽车车身及零部件上的涂料，有时也包括一些农机产品如拖拉机、联合收割机和摩托车用涂料，一般是指制造新汽车用的涂料及辅助材料和车辆修补用涂料。

1. 汽车漆的主要类型

按涂装对象的不同，汽车漆可分为新车原装涂料和汽车修补漆。

按在汽车上的涂层由下至上分类：汽车用底漆，现多为电泳漆；汽车用中间层涂料，即中涂；汽车用底色漆（包括实色底漆和金属闪光底漆）；汽车用面漆，一般指实色面漆，不需要罩光；汽车用罩光清漆；汽车修补漆。

按涂料涂装方式分类：汽车用电泳漆；汽车用液体喷漆；汽车用粉末涂料；汽车用特种涂料，如PVC密封涂料；涂装后处理材料（防锈蜡、保护蜡等）。

按在汽车上的使用部位分类：汽车车身用涂料；货厢用涂料；车轮、车架等部件用的耐腐蚀涂料；发动机部件用涂料；底盘用涂料；车内装饰用涂料。

2. 汽车用底漆的特点及常用品种

汽车用底漆就是直接涂装在经过表面处理的车身或部件表面上的第一道涂料，它是整个涂层的开始。

根据汽车用底漆在汽车上的所用部位，要求底漆与底材应有良好的附着力，与上面的中涂或面漆具有良好配套性，还必须具备良好的防腐性、防锈性、耐油性、耐化学品性和耐水性。当然，汽车底漆所形成的漆膜还应具有合格的硬度、光泽、柔韧性和抗石击性等力学性能。

随着汽车工业的快速发展，对汽车底漆的要求也越来越高。20世纪50年代，汽车还是喷涂硝基底漆或环氧树脂底漆，然后逐步发展到溶剂型浸涂底漆、水性浸涂底漆、阳极电泳底漆、阴极电泳底漆。目前比较高档的汽车尤其是轿车一般采用阴极电泳底漆。阴极电泳底漆经过20多年的发展，同时也经过引进先进技术和工艺，现在已经能很好地满足底漆所要求的各项力学性能、与其他涂层的配套性，尤其是现代的流水线涂装工艺，目前轿车用底漆几乎已全部使用阴极电泳底漆。

汽车用溶剂型底漆主要选用硝基树脂、环氧树脂、醇酸树脂、氨基树脂、酚醛树脂等为基料，颜料一般选用氧化铁红、钛白、炭黑及其他颜料和填料，涂装方式有喷涂和浸涂两种。

电泳漆是在水性浸涂底漆的基础上发展起来的，它在水中能离解为带电荷的水溶性成膜聚合物，并在直流电场的作用下泳向相反电极（被涂面），在其表面上不沉积析出。采用电泳涂装法要求被涂物一定是电导体。根据所采用的电泳涂装方式的不同，电泳底漆可分为阳极电泳底漆和阴极电泳底漆。电泳底漆使用的成膜聚合物是阴、阳离子型树脂，中和剂为无机碱、有机胺或有机酸，颜料一般选用钛白和炭黑等。

3. 汽车用中涂漆的特点及常用品种

汽车用中涂也称二道浆，就是用于汽车底漆和面漆或底色漆之间的涂料。要求它既能牢固地附着在底漆表面上，又能容易地与它上面的面漆涂层相结合，起着重要的承上启下的作用。中涂除了要求与其上下涂层有良好的附着力和结合力，同时还应具有填平性，以消除被涂物表面的洞眼、纹路等，从而制成平整的表面，使得涂饰面漆后得到平整、丰满的涂层，提高整个漆膜的鲜映性和丰满度，以提高整个涂层的装饰性；还应具有良好的打磨性，从而打磨后能得到平整光滑的表面。

腻子、封闭漆和二道底漆都是涂料配套涂层的中间层，即中涂。腻子是用来填补被施工物件的不平整的地方，一般呈厚浆状，颜料含量高，涂层的力学性能强度差，易脱落，所以目前大量流水线生产的新车已不再使用腻子，有时仅用于汽车修补。封闭漆是涂面漆前的最后一道中间层涂料，涂膜呈光亮或半光亮，一般仅用于装饰性要求较高的涂层中（如汽车修补），这种涂层要求在涂面漆之前涂一道封闭漆，以填平上述底层经打磨后遗留的痕迹，从而得到满意的平整底层。目前新车原始涂装一般采用二道底漆作为中间涂层。它所选用的基料与底漆和面漆所用基料相似，这样就可保证达到与上下涂层间牢固的结合力和良好的配套性。该二道中涂主要采用聚酯树脂、氨基树脂、环氧树脂、聚氨酯树脂和粘结树脂等作为基料；颜料和填料选用钛白、炭黑、硫酸钡、滑石粉、气相二氧化硅等。二道中涂一般固体分高，可以制得足够的膜厚（大约40μm）；力学性能好，尤其具有良好的抗石击性；另外还具有表面平整、光滑，打磨性好，耐腐蚀性、耐水性优良等特点，对汽车整个漆膜的外观和性能起着至关重要的作用。

4. 汽车用面漆特点及常用品种

汽车用面漆是汽车整个涂层中的最后一层涂料，它在整个涂层中发挥着主要的装饰和保护作用，决定了涂层的耐久性能和外观等。汽车面漆可以使汽车五颜六色，焕然一新。

汽车用面漆是整个漆膜的最外一层，这就要求面漆具有比底层涂料更完善的性能。具体要求如下。

(1) 外观装饰。保证汽车车身具有高质量的、优美的外观，具有光彩亮丽的外观装饰性。

(2) 硬度和抗崩裂性。面漆涂膜应坚硬耐磨，以保证涂层在汽车行驶中经受路面砂石的冲击和在擦洗车身时不产生划痕、裂纹。

(3) 耐候性。按有关标准，要求汽车用面漆涂层在热带地区长期暴晒不少于12个月后，只允许极轻微的失光和变色，不得有起泡、开裂和锈点。

(4) 耐潮湿性和防腐蚀性。涂过面漆的工件浸泡在40～50℃的温水中，暴露在相对湿度较高的空气中，面漆应不起泡、不变色或不失光。整个涂装体系具有较强的防腐蚀性。

(5) 耐药剂性。面漆涂层在使用过程中，若与蓄电池酸液、润滑油、制动液、汽油、各种清洗剂和路面沥青等直接接触，擦净后接触面不应变色或失光，也不应产生带色的印迹。

(6) 施工性。在大量流水生产中，面漆的涂布方法多采用自动喷涂或静电喷涂，烘干温度一般为120～140℃，时间为30～40min为宜。在装饰性要求高时，面漆涂层应具有优良的抛光性能，这样能满足汽车在使用中对漆面光泽度翻新的要求。

随着汽车工业的飞速发展，汽车用面漆在近50年来，无论在所用的基料方面，还是在颜色和施工应用方面，都经历了无数次质的变化。20世纪三四十年代主要采用硝基磁漆、自干型醇酸树脂磁漆和过氯乙烯树脂磁漆，至八九十年代采用氨基醇酸磁漆、中固聚酯磁漆、热塑性丙烯酸树脂磁漆、热固性丙烯酸树脂磁漆和聚氨基耐污性等都有了显著的提高，从而大大改善了面漆的保护性能。与此同时，汽车用面漆在颜色方面也逐渐走向多样化，使汽车外观更丰满、更诱人。进入20世纪90年代以来，为执行全球性和地区环保法，减少汽车用面漆挥发分的排放量，开始研究探索和采用水性汽车用面漆。目前一些西方发达国家的新建汽车涂装线上，已采用了水性汽车用面漆，国内基本上还处于溶剂型汽车用面漆阶段。

如上所述，汽车用面漆的主要品种是磁漆，一般具有鲜艳的色彩、较好的力学性能以及满意的耐候性。汽车用面漆多数为高光泽的，有时根据需要也采用半光的、锤纹漆等。面漆所采用的树脂基料基本上与底层涂料相一致，但其配方组成却截然不同。例如，底层涂料的特点是颜料分高，配料预混后易增稠，生产及储存过程中颜料易于沉淀等。而面漆在生产过程中对细度、颜色、涂膜外观、光泽、耐候性方面的要求更为突出，原料和工艺上的波动都会明显地影响涂膜性能，对加工的精细度要求更加严格。

汽车车身用面漆的种类很多，按其成分主要有表10-1所示的几大类。

表 10-1 汽车车身涂装常用面漆

型号	名称	组成	性能	施工注意事项	应用
B01-10	丙烯酸清烘漆	甲基丙烯酸酯、丙烯酸酯、甲基丙烯酸、β-烃乙酸、二聚氰胺甲醛树脂、增韧剂、苯、酮类溶剂	漆膜有较好的光泽、硬度、丰满度，以及防湿热、防盐雾、防霉变的性能，保色保光性极好	供 B05-4 面漆罩光用	用于轿车车身
B05-4	各色丙烯酸烘漆	加颜料，其余与丙烯酸清烘漆组成相同	热固性漆，烘干后漆膜丰满，光泽和硬度良好，保色保光性极好，三防性能好	用 B05-4 烘漆并掺入质量分数为 50%~70% 的 B01-10 清烘漆喷涂罩光，作为最后工序	用于光泽要求高及三防性能好的轿车车身
A01-10	氨基清烘漆	氨基树脂、三羟甲基丙烷醇酸、丁醇二甲苯	漆膜坚硬，光泽平滑，耐潮及耐候性好	作为 A05-15 面漆罩光用	用于轿车室外金属表面罩光
A05-15	各色氨基酸烘漆	氨基酸树脂、三羟甲基丙烷、脱水蓖麻泊、醇酸树脂、有机溶剂	漆膜硬度高，光亮度好，漆膜丰满、耐候性优良，附着力好，抗水性强	与电泳底漆，环氧树脂底漆配套，进入烘干室之前，应在常温下静置 15min	用于中级轿车车身
C04-49	各色醇酸磁漆	植物油改性醇酸树脂、颜料、加少量氨基树脂、催干剂、二甲苯	较好的耐候性，附着力、耐水、耐油性也较好	加少量氨基酸树脂起防皱作用，故可一次喷的较厚，烘干 120~130℃，时间 30min	用于汽车驾驶室表面涂布
Q04-31	硝基磁漆	低黏度硝化绵、有机硅改性、椰子油醇酸树脂、氨基树脂、增韧剂溶剂（酯、醇、苯）	漆膜光亮平滑，坚硬丰满，耐磨、耐温变及机械强度较好，户外耐久性好	面漆总厚度层控制 100μm 以内，在 100~110℃ 烘 1h，可提高耐温变性	中高级轿车车身

目前高档汽车和轿车车身主要采用氨基树脂、醇酸树脂、丙烯酸树脂、聚氨酯树脂、中固聚酯等树脂为基料，选用色彩鲜艳、耐候性好的有机颜料和无机颜料如钛白、酞菁颜料系列、有机大红等。另外还必须添加一些助剂，如紫外吸收剂、流平剂、防缩孔剂、电阻调节剂等来达到更满意的外观和性能。

5. 汽车用金属闪光底色漆的特点及主要品种

所谓金属闪光底色漆就是作为中涂层和罩光清漆层之间的涂层所用的涂料。它的主要功能是着色、遮盖和装饰作用。金属闪光底漆的涂膜在日光照耀下具有鲜艳的金属光泽和闪光感，给整个汽车添装诱人的色彩。

金属闪光底漆之所以具有这种特殊的装饰效果，是因为该涂料中加入了金属铝粉或珠光粉等效应颜料。这种效应颜料在涂膜中定向排列，光线照过来后通过各种有规律的反射、透射或干涉，最后人们就会看到有金属光泽的、随角度变光变色的闪光效果。溶剂型金属闪光底漆的基料有聚酯树脂、氨基树脂、共聚蜡液和CAB树脂液。其中聚酯树脂和氨基树脂可提供烘干后坚硬的底色漆漆膜，共聚蜡液使效应颜料定向排列，CAB树脂液主要是用来提高底色漆的干燥速率，提高体系低固体分下的黏度，阻止铝粉和珠光颜料在湿漆膜中杂乱无章地运动和防止回溶现象。有时底漆中还加入一点聚氨酯树脂来提高抗石击性能。

目前国内汽车涂装线一般采用溶剂型闪光底色漆，而在一些西方发达国家已经大量使用水性底色漆。典型闪光底色漆配方组成见表10-2。

表10-2 典型闪光底色漆配方组成

基料	15%～20%丙烯酸-聚氨酯-氨基树脂，用胺进行水稀释 11%～13%聚酯-氨基树脂混合物
溶剂	10%～15% 水、乙二醇、醇；70%～90%酯、脂肪烃
颜料	1%～20%铝粉、珠光粉、着色颜料；1%～10%铝粉、珠光粉、着色颜料
增稠剂	<1%pH 控制增稠剂；1%～5%没有真的增稠剂，但有控制排列效果的原料
助剂	<1%润湿剂、消泡剂、快干剂；<1%润湿剂

6. 汽车用塑料涂料的主要品种

随着塑料产品质量的调整发展，性能的不断提高，汽车工业已经越来越多地采用工程塑料来代替各种金属材料。因为塑料的密度低，耐腐蚀性能好，力学性能也不低于金属材料，这样就可实现汽车的轻量化。目前汽车生产企业所用的塑料主要是PP/EPDM（聚丙烯/乙烯-丙烯-二烯三元共聚物）混合塑料（用做保险杠）、PP和ABS混合塑料（用做其他车内部件如阻流板、气闸等）、聚醚醚酮（PEEK）、聚砜（PSF）等。

这些塑料部件，特别是用于车体外部的需要涂装涂料，涂装塑料部件的原因很多，主要包括：与整个车身外观一致；着色并达到所要求的光泽；遮盖未精饰模制件的缺陷和流痕，减少表面的孔隙和凹槽；提高耐磨性和耐化学品性；提高耐紫外光性；保护底材，赋予耐燃性、耐润滑油性和抗划伤性。

汽车生产一般使用耐热性相对较低的热塑料，因而就不可能在这些底材上使用要求较高烘烤温度（大于100℃）的涂料，所以一般汽车漆体系都很难应用于很柔韧的塑料部件，它适应不了金属件涂料所需的较高的温度，所以塑料部件必须在线外施工，但仍要求该汽车塑料部件具有优异的耐候性、耐化学品侵蚀性以及与车身完全一致的良好的外观。因此必须注意塑料部件应使用与金属件颜色和光泽相匹配的、无缺陷的、性能一致的汽车塑料涂料。

汽车塑料涂料与其他金属部件用涂料相似，也分为底漆、底色漆、清漆或面漆（面漆用来代替底色漆/清漆体系）。

底漆可直接涂在经表面处理过的塑料底材表面上，一般要求膜厚30μm左右，以完全覆盖部件表面的流痕和缺陷。环氧-聚酰胺双组分塑料底漆主要用于汽车前后保险杠上，因为保险杠一般是聚丙烯的，该底漆中还加入了少量氯化聚丙烯作为基料以提高底漆的附着力。另外还有溶剂型单/双组分聚氨酯底漆用于汽车保险杠和其他塑料部件上。

底色漆一般多采用与金属部件用底色漆组分相同的体系，膜厚一般为 $10\sim15\mu m$。

清漆主要是溶剂型双组分聚氨酯体系，即将聚丙烯酸酯及聚酯类与多异氰酸酯结合，其漆膜能达到所需的柔韧度，还具有高耐化学品性和良好的力学性能。清漆膜度一般要求约 $35\mu m$，以提供色饱和度，并能达到与车身一致的光泽。塑料单色面漆也是采用双组分聚氨酯体系来达到与车身一致的外观和性能要求。各种汽车塑料涂料的烘烤温度均在 80℃ 左右。

7. 汽车用阻尼涂料的特点及主要品种

随着我国汽车、特别是旅行车及轿车向高档化发展，对保温、防振、消声涂料的性能提出了更高的要求。这种涂料用来提高密闭性、降低振动、减少噪声、提高汽车的舒适性和车身缝隙间的耐腐蚀性。车底涂料是在车身底板下表面，尤其是易受石击的轮罩、挡泥板表面，增涂的 $1\sim2\mu m$ 厚的耐磨(具有抗石击性)涂层，它可以提高车底部件的耐撞击性和耐冲刷性，提高其耐腐蚀能力和汽车的使用寿命。防声涂料是为减轻因振动产生的噪声而涂装的涂料。20 世纪 50 年代，阻尼涂料一般采用仿苏牌号 580，是沥青石棉纤维厚浆型阻尼涂料，后又开发了溶剂型合成树脂阻尼涂料，但都不太理想。最近几年来，汽车阻尼涂料一般采用以聚氯乙烯树脂(即 PVC)为主要基料制成的一种无溶剂的 PVC 系列涂料，其固体分一般可达到 100%。这种 PVC 涂料有较好的硬度、伸长率、抗剪强度和抗拉强度，能很好地满足阻尼涂料的性能要求。

8. 汽车用粉末涂料的特点及主要品种

粉末涂料是以固体树脂和颜料、填料及助剂等组成的固体粉末状合成树脂涂料。和普通溶剂型涂料及水性涂料不同，它的分散介质不是溶剂和水，而是空气。它具有无溶剂污染，100% 成膜，能耗低的特点。粉末涂料有热塑性和热固性两大类。热塑性粉末涂料的涂膜外观(光泽和流平性)较差，与金属之间的附着力也差，所以在汽车涂装领域中应用极少，汽车涂装一般采用热固性粉末涂料，热固性粉末涂料是以热固性合成树脂为成膜物质，在烘干过程中树脂先熔融，再经化学交联后固化成平整坚硬的涂膜。该种涂料形成的漆膜外观和各种力学性能及耐腐蚀性均能满足汽车涂饰的要求。

汽车用粉末涂料的制造一般采用干法(干混法和熔融混合法)，工艺流程为干混合(树脂、固体剂、颜填料、助剂)熔融混合—冷却—粗粉碎—细粉碎—分级—成品。

施工方法主要采用静电喷涂。汽车用粉末涂料一般有环氧粉末涂料、聚酯粉末涂料、丙烯酸粉末涂料、环氧/聚酯混合型粉末涂料和聚酯/聚氨酯粉末涂料等。粉末涂料目前可广泛地用于汽车的各种零部件(如汽车底盘、车轮、车轴等)和汽车内、外部装饰。

粉末涂料自 20 世纪 70 年代初期开始应用于汽车领域以来，已经取得了很大的成功，特别是近年来获得了飞快的发展。它一方面大大减少了 VOC 排放量，另一方面又大大提高了涂料的利用率。但目前汽车粉末涂料的应用主要在欧洲和北美，而在我国，汽车用粉末涂料水平还远远落后，实际应用也很少，绝大部分限于铝轮毂的涂料，但发展前景十分广阔。

粉末涂料用于汽车的研究已进行了 30 多年，但由于汽车用涂料要求高耐候性、高耐腐蚀性、高耐磨性，以及耐热、保光、保色等高性能，并需要卓越的装饰性，开发研究有相当的难度，难以在短时期内取得突破性进展。粉末涂料开始仅用于汽车零部件、汽车底漆、抗石击底漆等，直到20世纪90年代末期才批量用于轿车用面漆和罩光面漆，成为真正意义上的车用涂料。目前世界5大车用涂料公司都在进一步开发汽车用粉末涂料，年增长率在12%以上，其中增长最快的是车身整体用粉末涂料。

我国目前汽车涂装中粉末涂料的应用还不多，大多主要在汽车零部件方面，包括汽车发动机、车底盘、车轮、滤清器、操纵杆、反光镜、刮水器和喇叭等零部件的涂装，但基本上都是黑色，在该领域已经可以用粉末涂料代替液体涂料。

现代轿车涂漆一般采用烤漆，其标准工艺为三道涂漆。部分货车与轻便汽车为两道涂漆，而高级轿车也有采用四道涂漆的。表10-3列举了典型的三道涂漆工艺所用的涂料。表10-4为新型的防公害涂料。

表10-3 汽车涂漆所用涂料

	涂料	涂漆法	主要成分	目的	备注
车身外护板	头道底漆涂料	电泳	①马来油；②聚酯；③环氧；④水溶性聚丁二烯	钢板结合部、箱型构造内部的防锈	应做废水处理
		喷涂	①环氧改性醇酸；②酚醛改性醇酸	与机体金属紧密结合、防锈	应做溶剂排气处理
	刮腻子	刮涂	①环氧；②醇酸；③聚酯；④聚氨酯	机体金属修整	
	二道底漆涂料	喷涂	①三聚氰胺胺醇酸；②环氧改性醇酸；③酚醛改性醇酸	改进面漆质量与一般漆膜性能	应做溶剂排气处理
	面漆涂料	喷涂	①三聚氰胺胺醇酸；②丙烯酸树脂；③聚氨酯同上		同上
底盘零件	底盘各部涂料	喷涂；刷涂	①邻苯二甲酸酐；②二聚氰酰胺醇酸	车的底部防锈	
	防声涂料（胶）、防振涂料（胶）	喷涂	①塑料溶胶；②沥青	底部的防声、防振、耐冲击	
其他	自然干燥型补修用涂料	喷涂；刮涂；刷涂	①高固体份漆；②丙烯酸漆；③聚氨酯	补修	烤漆补修用上述面漆涂料
	防锈剂	喷涂；刷涂	①石蜡；②各类树脂	车的底部和箱型构造的防锈	
	漆膜保护剂	喷涂；刷涂	①石蜡；②粉剂	漆膜保护	
	密封胶	以特殊喷枪充填	塑料溶剂	钢板锁合处的防尘、防水、防锈	

表10-4 新型的防公害材料

涂料	主要成分	备注
粉末涂料	① 氧化乙烯树脂; ② 环氧; ③ 聚酯; ④ 聚乙烯; ⑤ 聚丙烯; ⑥ 尼龙; ⑦ 聚四氟乙烯; ⑧ 其他	一种不使用溶剂的完全无公害涂料,必须使用新的涂漆设备,烤漆温度高
水性涂料	各种树脂类涂料: ① 乳化性; ② 胶化性; ③ 水溶性	以水为溶剂,不易得到较厚漆膜,易受温度、湿度影响
NAD	各种树脂	使用无公害有机溶剂
溶剂置换型涂料	各种树脂	使用无公害有机溶剂

10.2 涂漆工艺与设备

10.2.1 涂漆工艺设计

设计涂漆工艺时,在充分理解各工序目的与作业内容的基础上,必须设计出符合产品质量要求的涂漆工艺。以下着重介绍汽车车身涂漆各工序的目的与作业内容。

1. 涂漆前处理

汽车在涂漆之前,不论是零部件、大件工件或整车,都要先将金属表面的油污、锈蚀等杂物彻底清除干净后,方可涂头道底漆(即有防锈作用的底漆),这样才能使漆膜直接附着于金属表面,起到防锈作用,提高漆膜的附着能力,使漆膜真正起到防锈和保护金属的作用。对于2mm以下的金属工件,如型材、蒙皮等,除应先除油、除锈外,还必须再经过磷化,使表面形成一层薄而均匀细致的磷化膜,方可涂头道底漆。反之,由于金属工件较薄,不经磷化就涂底漆,很易使漆层下面的金属产生锈蚀,日积月累,锈蚀不断扩大,最后顶破漆膜,使漆层失去保护金属的作用。严重时会蚀透金属层,损坏制件,大大缩短制件的使用寿命。

涂漆前处理是在车身金属基体表面上形成磷化膜,以提高其防锈能力及其与底漆的结合能力。前处理工序包括脱脂、磷化、清洗等内容,如图10.2所示。

对于汽车涂装来说,根据中华人民共和国运输部(简称交通部)对汽车生产厂或改装厂等的涂装要求,凡汽车用的金属零部件、客车的

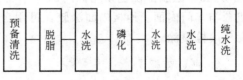

图10.2 前处理工序

整车的外壳件、载重汽车的驾驶室等金属件，其厚度在2mm以下的，必须先经过磷化处理后方可进行涂漆。根据这一规定，各种汽车制造或改装所用厚度在2mm以下的型材、蒙皮等金属制件，都应先经过磷化处理，才能进行涂漆。而对厚度在2mm以上的金属制件，如底盘（大梁）、前后金属保险杠等，可不经过磷化处理，只要将表面的锈蚀、油污等清除干净，可直接进行涂漆。现在汽车行业常用的磷化处理工艺有高温磷化工艺、中温磷化工艺、低温磷化工艺、超低温磷化工艺、简易磷化工艺、"四合一"磷化工艺、磷化蘸漆流水线工艺、磷化喷漆流水线工艺、磷化电泳涂漆工艺等。

一般采用喷淋方式，也有和浸渍移动方式并用的。采用磷化喷漆流水线生产时，其除油、除锈、水洗、磷化等过程，均应采用喷淋方式，以获得较好的处理效果。但采用手工机械方式进行生产时，由于生产节拍的不等，如除油、除锈、磷化的时间较长，而水洗的时间又很短，所以，采用浸漆方式比较适宜。但工件经前处理后，进入涂漆工段时，一般采用喷涂方式比较适宜。例如，客车的六大件（即客车的大顶件、前后围件、左右侧件和底架），在磷化后进入涂漆（指底漆）工段时，可用人工进行喷涂，即大件通过涂漆工段时，每侧分别用2到3人使用手动喷枪，迅速将工件的两侧面和上下面喷涂均匀，喷涂时两侧的工作人员应密切配合，先后交替错开进行喷涂，而不能对脸同时喷涂，以防相互污染。

磷化膜可分为磷酸锌系与磷酸铁系，后者虽具有处理费用低，与涂料的结合力强，表面质量好等优点，但其防锈能力差。由于汽车覆盖件以防锈为主要目的，因而多采用前者。

2. 前处理的沥水干燥

一般在循环热风炉内使前处理后的水分蒸发干燥。干燥条件应使车身表面水分充分蒸发去除，炉温一般为80~120℃，干燥时间一般为10~30min。关于前处理是否需要干燥，虽然众说纷纭，通常认为，水分充分烘干有助于电泳涂漆，漆膜性能也好。

3. 电泳涂漆

作为头道底漆的电泳涂漆，其目的在于防锈。与喷涂相比较，电泳涂漆可使钢板接合部与车身各处都有漆料附着，显著提高防锈能力。此外，漆膜厚度也可通过调整通电时间和电压来控制。

4. 烘干电泳

涂漆后必须烘干。烘干条件虽因涂料种类而异，但一般高于面漆烘干温度，常为150~170℃，保温30min。

5. 涂防声胶

涂防声胶的目的在于缓和汽车行驶时从发动机与路面上发生的振动与噪声，防止从路面上带起的沙砾、石块、水、泥、尘埃、热气等对车身造成撞击与侵袭。胶膜厚度一般为2~3mm。涂胶部位包括地板内面、车轮上方拱形地板、翼子板内面等，有时也包括发动机罩与车门内面。地板内面涂胶，可用自动喷涂装置，其他部位则使用手提式空气喷枪或无气喷枪喷涂。

6. 刮、喷腻子

以腻子填平并修整车身外护板上的凹坑、锉纹与划痕，可用刮与喷两种方式。对于程度特别严重的缺陷，应先以砂轮或锉刀修整。

7. 涂密封胶

汽车车身上有许多钢板接合缝和间隙，对这些部位应涂上密封胶，防止汽车行驶时水、风、尘埃侵入车内。此外，还可将钢板接合缝遮盖起来，增进车身的美观。二道底漆或面漆不宜在涂密封胶之后立刻进行，应待密封胶烘干之后再喷涂。

8. 二道底漆喷涂

在喷漆线前面的准备室内，用压缩空气吹掉附着在车身上的灰尘，并以抹布揩拭，用汽油喷洗车身表面。二道底漆的喷涂目的，在于防止面漆涂料被头道底漆吸收。涂漆方法则采用自动静电空气喷涂。

9. 烘干

喷漆终了后停放 10min 左右，再送入烘干炉中。若不经停放立即入炉烘干，容易产生气孔、流淌等涂漆疵病。烘干炉一般多为热风循环炉，烘干温度常为 140~150℃，保持 30min。

10. 二道底漆水磨

水磨是以砂纸、转动砂轮或摆动砂轮研磨涂漆表面，以去除尘粒和其他附着物，而使表面平整；此外，并可在漆膜表面上留下微细划痕，增加了表面积，提高了面漆的附着能力。也有简单地采用干磨方法的，货车即常用此法。

11. 沥水干燥

在炉温为 100~120℃ 的热风烘干炉中，保持 10~15min。

12. 面漆喷涂

面漆喷涂乃是车身涂漆的最终工序，一般多用空气喷涂，也有采用静电涂漆以及自动化涂漆的实例。涂金属漆时，为了保持金属光泽，防止铝粉变色，有时未等金属涂漆干燥，即在其上再涂一层透明漆，称为湿碰湿(wet on wet)法。

13. 烘干

与二道底漆的烘干工艺相同，烘干温度为 140~150℃，保持 30min。

14. 成品车的防护涂漆

涂漆目的在于对向用户运送或保管中的成品车加以短期保护，所用的涂漆方法有空气喷涂和无气喷涂等两种。

10.2.2 涂漆车间平面布置

进行涂漆车间平面布置时，应该充分考虑到未来车型变化，使之具备适当规模。此外，还应充分考虑生产的流水化和自动化倾向，以及对劳动环境改善和防止产业公害等要求。一般来说，大量生产的涂漆生产线采用悬架方式或合车方式的输送机系统，各工序间也以分支输送机和叠式储存器联系，以达到自动化。此外，不要忘记设置车辆修整用的返回线，以及适应工艺特性和对生产变动起着缓冲作用的储存线。图 10.3 所示为轿车车身涂漆车间平面布置的实例。

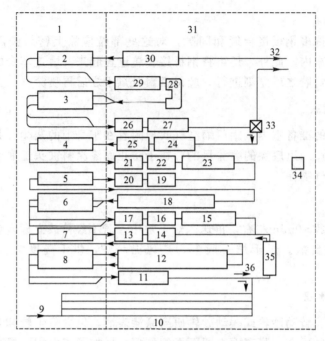

图 10.3 涂漆车间平面布置

1—烘干炉区；2、5、7—沥水干燥；3、4、6、8—烘干；9—内饰装配；10—储存线；11—最终检验；12—面漆喷涂线；13、20—沥水；14、19—水洗；15、23—水磨；16、22—选择研磨；17、21—检验；18—工道底漆喷涂线；24—涂密封胶；25—喷腻子；26—涂腻子；27—涂防声胶线；28—水洗线；29—电泳线；30—前处理线；31—作业区；32—车身车间；33—升降器；34—自动化工序；35—补修水磨；36—不合格品

10.2.3 前处理装置

一般在大量生产条件下，零件涂漆表面的脱脂、清洗、防锈等前处理，多采用浸渍式和喷淋式的前处理自动线。喷淋式磷酸锌处理规范的实例见表 10-5。处理装置的剖面图如图 10.4 所示。

表 10-5 喷淋式磷酸锌处理规范的实例

工序名	处理时间/min	温度/℃	压力/(kg/cm^2)
预备清洗	1.0	50~55±3	1.2
脱脂	2.0~3.0	55±3	1.5~2.5
第一次水洗	1.0	室温	1.0~2.0
磷化	2.0~3.0	55±3	1.5 以下
第二次水洗	1.0	室温	1.0~2.0
第三次水洗	1.0	室温	1.0~2.0

10.2.4 喷漆室

喷涂时，使雾化的喷漆涂料在零件表面上形成液态皮膜。与此同时，那些从涂漆表面上溅出和未能到达涂漆表面的涂料微粒，在喷漆室内集结成涂料云雾。这种云雾必须迅速排除，并应控制喷漆室的温度与湿度，除去尘埃，这样才能得到良好的漆膜外观质量，并保证工人的健康。表10-6为喷漆室的设计标准，设计的要点是空气的供应与废气的净化。必须具备充分的排气能力，其垂直气流风速应为$0.3 \sim 0.6 \text{m/s}$。例如，长40m、宽5m的喷漆室的净化空气供应量应为$2.5 \times 10^5 \text{m}^3/\text{h}$，而且全部空气应从喷漆室上部均匀输入，这点特别重要。

图10.5给出喷漆室内的气流流线与空气流速。气体中的涂料粒子在排气前应先经分离清除，否则将有占总量30%～50%的涂料经排风装置排至室外大气内。目前通用的湿式分离方式有喷嘴喷水式(图10.6)、无泵式(图10.7)、Venturi式(图10.8)三种。

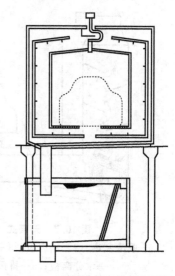

图10.4 磷酸锌处理装置剖面图

表10-6 喷漆室设计标准

项目	标准
进气温度	底漆喷涂：夏季，30℃以下；冬季，20℃以上 面漆喷涂：夏季，28℃以下；冬季，22℃以上
室内温度	夏季，85%以下；冬季，40%以上
排风量	每平方米面积为$0.45 \text{m}^3/\text{s}$以上，轴流式鼓风机静压大于28mm水柱
进风量	较排风量大5%，准备间及自干间的进风量较喷漆间大10%
喷嘴给水量	每米120L/min以上
屏幕给水量	每米180L/min以上
给水压力	1.5kg/cm^2以上
照度	喷漆间500lx以上，准备间300lx以上，自干间100lx以上

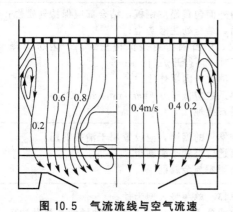

图10.5 气流流线与空气流速

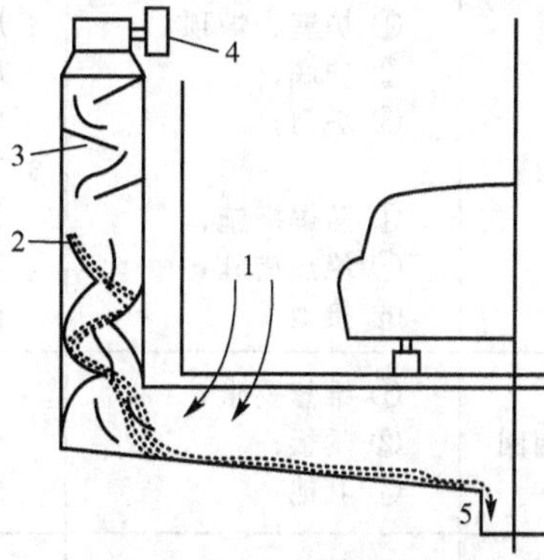

图10.6 喷嘴喷水式
1—喷漆室内；2—喷嘴；3—水分离板；
4—排风装置；5—排水口

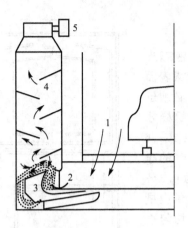

图 10.7 无泵式
1—喷漆室内；2—锯齿板；3—涡流卷板；
4—水分离板；5—排风口

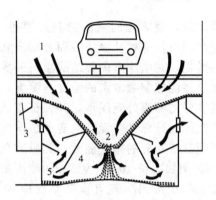

图 10.8 Venturi 式
1—喷漆室内；2—汾丘里间隙；3—排水口；
4—水分离板；5—出水口

10.2.5 烘干炉

涂料的干燥条件可分为常温干燥型与烘烤干燥型两大类。从提高生产效率出发，前者也采用强制干燥。目前，汽车工业所用的涂漆烘干炉有红外线炉、远红外线炉和热风炉等数种，它们在炉温条件（升温速度、最高温度、温度分布）、设备费用、热源费用、炉内气氛、操作性能、安全性能等方面各具优点与缺点，应该充分分析所用涂料的性质，被涂工件形状、生产规模等条件，合理选用。表 10-7 为烘干炉的设计标准。以下概述几种烘干方式。

表 10-7 烘干炉设计标准

项目		标准
热源	① 位置； ② 种类	从炉子结构方面考虑； 确定红外线、远红外线或热风的单用或合用
位置	位置场所	不应靠近仓库、动力机械设备、办公室或食堂
结构	① 炉壁、炉顶； ② 炉底； ③ 炉门； ④ 防爆措施； ⑤ 绝热措施； ⑥ 接地	应在绝热材料外面包覆黑皮钢板，结合部应保持气密性； 应为水平平面，结合处注意防尘； 两侧交互设置，用石棉密封条保持密封。炉内压力降至 $3.5 kg/cm^2$ 以下时，再打开炉门； 设置通气孔，消除炉内爆炸压力； 装配板的导热系数应低于 $0.5 kcal/m^2 \cdot h \cdot ℃$； 炉子框架应妥善接地
烟道与烟囱	① 维修要求； ② 闸板； ③ 其他	对于有可燃物堆积的烟道，应设置用于清扫的门； 伸至室外的烟道应设置平衡闸板； 烟囱上安装防雨帽与金属网
气密与前室	① 鼓风机； ② 轴承； ③ 排气量	气密用，以单幅、单吸入型为佳； 90℃以下用滚珠轴承，90～200℃用滚珠轴承与热抛油环； 溶剂蒸发量应保持在爆炸下限 25% 以内

(续)

项目		标准
换气	① 换气，排气； ② 安全性； ③ 最小安全换气量	使用各自的鼓风机； 新鲜空气供应与排气闸完全关闭时，仍可安全换气； 每升挥发物质，在周期式炉为 $28m^3/min \cdot 20℃$，在连续炉为 $75m^3/min \cdot 20℃$
安全装置	① 自动停止； ② 不完全燃烧； ③ 过热	排气扇停止时，传送带也同时停止； 燃料供应的自动停止装置； 设置过热报警装置

1. 红外线炉

目前所使用的红外线热源大都是钨丝灯泡，其放射能量的90%为红外线，可见光约为10%。红外线的波长范围介于 $0.77\sim400\mu m$ 之间，透过灯泡玻璃射到被加热工件上的波长为 $4\mu m$ 左右。其反射吸收效率因被加热物体的材料、形状、颜色、反射率等因素而异。红外线炉的构造可分为开放式与密封式两类，应根据工件形状、尺寸与生产规模来选用。在汽车车身涂漆方面，红外线烘干炉主要用在公共汽车、各种变型车等少量生产的车辆上，以及漆膜的强制烘干。

2. 热风烘干炉

所用热源有城市煤气、天然气、液化气、煤油、重油等燃料，以及蒸汽、电热等能量。加热方式有直接加热式与间接加热式等两类。生产方式则可分为使用输送机连续作业的隧道式、驼峰式，以及周期作业的开闭炉门式。

1) 直接加热式

将油或煤气等燃料燃烧的气体和炉内循环空气混合，输入炉内。这类炉型的结构简单，建造费用低，热损失少，其热效率可达90%以上。缺点在于所用重油、轻油、煤油等燃料于炉子启动时，发生油烟，而且当管理不当时，所形成的不完全燃烧气体将恶化炉内气氛，引起漆膜开裂、变色等缺陷。图10.9所示为炉子加热部分的构造。

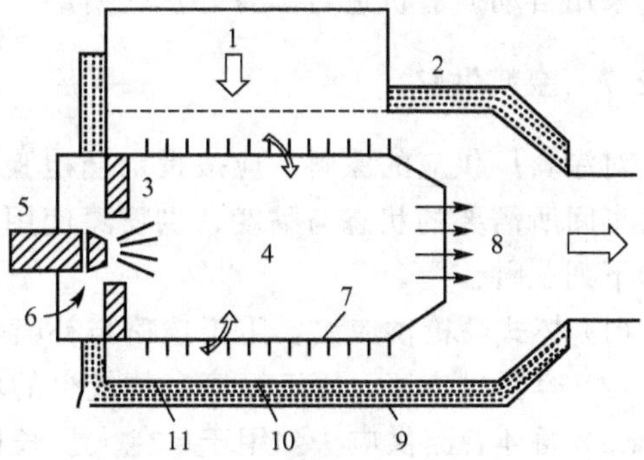

2) 间接加热式

将已燃气体送至热交换器内，用之加热炉内的循环空气。由于已燃气体不直接送至炉内，不致发生因炉内气氛与煤烟所引起的漆膜缺陷。与直接加热式相比较，其热效率降低虽无法避免，也应注意燃烧室与热交换器的设计。炉子加热部分的构造如图10.10所示。

图 10.9 直接加热式炉
1—从开口部位进气；2—烟道；3—耐火材料；4—燃烧室；5—烧嘴；6—空气；7—不锈钢板；8—已燃气体；9—薄钢板；10—保温层；11—钢板

3. 远红外线炉

远红外线炉是一种在热风干燥炉本体内部装设辐射板，使炉内工件同时受到热风和辐射线加热的炉型。辐射板是以热风、电热体、蒸汽为热源，加热至 $150\sim350℃$，发射出波长为 6~8μm 的热辐射线。这种远红外线加热的特征是：能量分布均匀，使工件均匀加热；辐射波长较长，不受工件表面组织和颜色的影响，皆可均匀加热；能进行辐射效率与热效率高的表面烘干，减少漆膜起皱，并可缩短除尘时间；由于大部分热量是由辐射板直接供给漆膜表面，所需的热风量小，尘埃发生与工件进出口处的热量损失也少。一般最常使用的以热风或燃烧气体加热的远红外线炉的构造如图 10.11 所示。

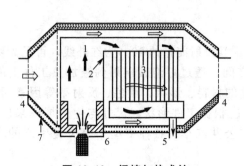

图 10.10　间接加热式炉
1—已燃气体；2—不锈钢板；3—钢管；
4—烟道；5—排气；6—耐火砖；7—保温材料

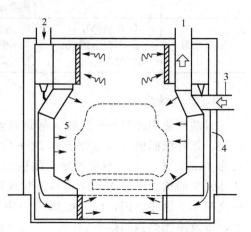

图 10.11　热风远红外线炉
1—热风输出烟道；2—热风输入烟道；
3—送风机；4—铝板；5—辐射板

10.2.6　研磨工序

水磨工序不需要特殊设备，但是为了能够确切判断前道工序的疵病并加以修整，需要配备足用的照明装置。在干磨场地应设置排气装置，以使粉尘不致伤害工人。大量生产时，采用自动研磨机进行车身外护板研磨。

10.2.7　涂料供应

对涂料厂供应的涂料，应按批定期检验黏度、不挥发性、色彩与漆膜性能，并调配成涂漆车间所需要的状态与黏度，供喷漆使用。所采用的供应方法，因涂料的用量而异，可分为下列三种。

(1) 杯式喷枪供应法：用于选喷与补喷等车身局部喷涂。

(2) 容器供应法：用于涂漆台数较少的场合。漆箱容量有 10L、20L、50L 等数种。

(3) 循环管路供应法：用于单色大量长期涂漆，循环方式可分为终端式(图 10.12(a))与全循环式(图 10.12(b))两类。

10.2.8　涂漆车身储存线

车身在涂漆前后工序与涂漆内部各工序中，并不总是能够按照已定的程序运行。例如，一旦运输设备或机械设备发生故障，或是在某些工序上发生缺陷，产品需要返回时，生产周期就应做出相应的变动。此外，由于工件若在前处理工序与电泳涂漆工序的中途停顿放置，将对涂漆质量发生恶劣影响，所以在工休时或假日之前应先将这些工序停下来。

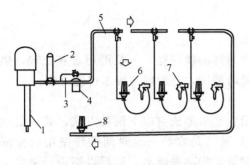
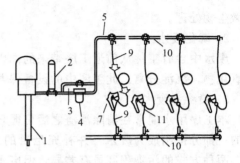

(a) 终端方式　　　　　　　　　　　(b) 全循环方式

图 10.12　循环方式示意图

1—泵；2—缓冲罐；3—阀门；4—滤清器；5—总管；6—调节器；
7—喷枪；8—调压器；9—软管；10—支管；11—涂料压力调节器

为了解决上述问题，应在涂漆前后工序间与涂漆内部工序间设置相应的储存线。涂漆完成后的储存线一般称为涂漆车身储存线，其规模(车身储存量)决定于生产数量、涂漆不合格率与设备开动率，一般多按数小时所生产的台数计算。

10.2.9　辅助设备

在涂漆车间排放的物质中，有些已成为限制的对象。为此，就应选用那些没有成为限制对象的表面处理剂与涂料。当不得不排出限制物质时，必须安装处理设备，将其含量控制在规定限度之内。涂漆车间排出物中应加限制的主要物质见表 10-8。

表 10-8　涂漆车间排出物中的限制物质

	限制物质	主要限制指标
废水	脱脂废水； 脱脂清洗废水； 磷化处理废水； 喷漆线废水； 电泳涂料废水； 水磨废水	pH　n-Hex　COD　BOD； pH　n-Hex　COD　BOD； pH　n-Hex　Fe　　Zn； pH　n-Hex　COD　BOD　SS； pH　n-Hex　COD　BOD　SS　Cr； pH　SS
排气	涂漆线排出的溶剂蒸气； 烘干炉排出的溶剂蒸气	有机溶剂蒸气量(特别是光化学活性溶剂)； 同上

注：n-Hex—正己烷值；COD—化学耗氧量；BOD—生化需氧量；SS—浮游物质。

1. 废水处理

1) 脱脂废水与脱脂清洗废水

脱脂工序的限制指标主要是从油分中萃取的物质正己烷(以排水中含有的较难挥发的烃、烃的衍生物、润滑脂、油状物质等为主)。油分在水中的存在状态有乳浊液或浮游油两种形式。所用的处理方法是，先以油分离器按相对密度差异加以分离，除去浮油，再以铁或铝中和乳浊液中油分的电荷、疏水化，进行凝集处理。由于脱脂剂中含有界面活性剂，收集处理后的化学耗氧量(在排水中的被氧化物质内，以有机物为主的耗氧量)与生物需氧量(水中好气性微生物繁殖、呼吸所用的需氧量)可能还有问题，可再进行活性炭吸附或微生物处理。

2) 磷化废水

废水中含有工件从前道工序带来的油以及铁与锌的磷酸盐，一般可用石灰处理，生成氢氧化物，沉淀分离。此工序中的设备保养需短时酸洗，这种酸洗废水也应处理。

3) 喷漆室废水

本工序用水通常在清除浮渣之后可循环使用。废水形成有以下两种方式：其一是循环水的一部分排出成为废水，并补充足量的新水；其二是水经一定时期循环使用后全部更新。两种方式的污染程度虽有差异，但废水处理皆是先除去浮渣，而后以铝进行凝集，靠沉淀或浮上处理除去所含涂料中颜料与树脂的大半部分和一部分界面活性剂。在处理后的水中残存着一部分树脂与溶剂，化学耗氧量与生化需氧量仍显示高值，应再经活性污泥处理、臭氧处理与微生物处理。

4) 电泳涂料废水

电泳涂料废水主要是作为清洗水被排出，含有水溶性有机物与颜料。在一部分涂料的颜料中含有 Cr^{+6} 离子，这种离子必须经过处理。电泳涂料废水的处理方法有铝盐凝集浮上和凝集沉淀处理。Cr^{+6} 离子则利用还原反应，进行沉淀处理，近年来，为了不使清洗用水作为废水被排出并回收涂料，采用了超过滤装置，使废水量极少。然而这种超过滤液的化学耗氧量与生化需氧量较高，必须注意这种液体的处理。图 10.13 所示为电泳涂料废水沉淀处理工艺流程。

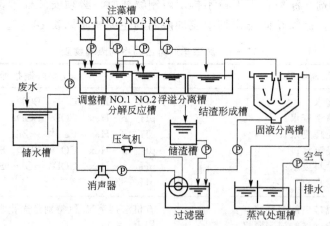

图 10.13 电泳涂料废水沉淀处理工艺流程

5) 水磨废水

水磨废水是漆膜水磨工序中产生的废水，含有漆膜的细粉与细砂，其污染度虽低，但会出现浮游物质问题。其处理方法是以铝盐与高分子凝集辅助剂并用，进行沉淀处理。

2. 排气处理

1) 吸附法

以活性炭为吸附剂，除去排气的臭味与有机溶剂。吸附塔的式样有圆筒形、小室形、平置形等数种。一般而言，小型吸附塔为直立式，大型吸附塔为平置式。通常，这种吸附处理方式适用于小排气量，当用于处理大排气量时，由于压力损失增加和受吸附剂吸附容量的限制，并不适当。

2) 燃烧法

将含有机物的排气送入锅炉或燃烧炉中,使可充分燃烧,形成 H_2O、CO_2、H_2 等无害、无臭化合物,是一种氧化处理法。通常在 650~800℃ 高温加热 0.5s 以上,使之完全燃烧。由于经不完全燃烧的排气还可能带有臭味,所以在确定燃烧装置时,必须充分研究,以保证排气经过充分燃烧。

3) 其他处理法

其他处理法包括以铂和钴为触媒,使排气在低温完全燃烧的触媒氧化法,以及使有害气体与水等吸收液接触而被吸收的吸收法等数种。

10.3 涂漆方法

1. 空气喷涂

空气喷涂是一种最常使用的方法,是以压缩空气将涂料雾化进行喷涂。对于喷漆量、漆束形状、漆束直径、漆粒大小、空气压力等参数,必须根据涂料的种类与黏度加以适当调整。其优点在于:能够任意选择喷漆条件,比较容易操作,适于重视喷涂质量的工件。其缺点是:涂料利用率低,空气中容易携带水与油。

2. 无气喷涂

无气喷涂是一种对涂料自身施加压力,使之从特殊喷嘴中喷出雾化的方法。其优点在于:超喷少,涂料损失小;排气装置简单;一次喷涂即可得到较厚的漆膜;漆雾散射量小,环境卫生好。无气喷涂可分为冷态无气喷涂和热态无气喷涂等两种方式。前者只对涂料施压,使之从特殊喷嘴喷出,涂料输送压力与二次压力之比设计成 1:20~1:16,后者对涂料加热并施加压力,涂料较冷态无气喷涂者易雾化,涂料输送压力与二次压力之比为 1:10~1:8。

3. 自动喷涂

自动喷涂是使上述空气喷涂与无气喷涂自动进行的方法,具有提高劳动生产率,减少工人数量,稳定涂漆质量等优点。但是,对于汽车车身这类形状复杂的涂漆件,自动喷涂后,还应以手工喷涂修整。

4. 淋涂

淋涂是将被涂工件由输送机运至装有许多涂料喷嘴的涂漆室内,涂料由喷嘴喷出,沿工件表面流淌,形成漆膜。滴下的过剩涂料,由滴料槽回收,并循环使用。这种方法的优点是:不需要像浸涂方式那样的大容量槽,也不必装入大量的涂料;涂料无超喷且能循环使用,损耗少;不致像浸涂那样,因空气排出受阻而发生浸不上漆的现象。汽车车身地板的里面涂漆常用此法。

5. 浸涂

浸涂是将被涂工件浸入涂料内,取出后使过剩涂料受重力作用滴落,而在工件表面形成漆膜。在汽车工业中,这种方法适用于不要求外表美观的部分和车身地板的防锈涂漆。其优点是:比喷涂的涂料损失少;实现连续作业后,可提高效率,节省人力;涂漆质量不因操作而异,容易稳定均匀。其缺点是:不适于处理那些在结构上能滞留涂料的零件,或那些具有许多不能浸漆部位的零件;容易出现流淌痕迹之类的缺陷,不适于处理有外观要求的工件;锐角部位容易发白,闭合断面难以涂漆;必须一次购进大量涂料。

汽车工业大量生产中的浸漆主要使用水溶性涂料。其理由是:降低涂料成本,不散发有害溶剂蒸气,无火灾危险。其适当的条件是:黏度低,不挥发成分高;在与空气的界面上不形成皮膜;颜料沉淀量少;长期使用时质量稳定。

浸漆的辅助装置包括消除滴淌痕迹的离心除滴装置或静电除滴装置,以及使浸漆槽中涂料均匀化的搅拌器或循环装置。

6. 静电涂漆

其方法是对空气喷涂或无气喷涂雾化的涂料微粒施加 60000V 左右的高电压,使之带电,以将接地的工件涂漆。在静电效应作用下,提高了涂料的微粒化程度与漆膜涂敷率,并可减少喷漆尘雾,改善涂漆环境。然而,由于采用高压电,不仅被涂工件,而且操作者及其四周器物也都需要采取接地等充分的安全措施。

7. 电泳涂漆

电泳涂漆是一种巧妙地利用高分子电解质的电泳运动与析离现象的涂漆方法。其方法是以被涂工件为阳极,悬挂在被碱中和的稀释水溶性涂料中,而以电泳槽为阴极或另设阴极。通电后,在电泳现象作用下,漆膜成分在阳极上沉积,进而在析离现象作用下脱去漆膜中水分,形成不溶水的漆膜,水洗、干燥后即可,涂层质量均匀。表 10-9 列举了这种涂漆方法的优点,图 10.14 所示为车身电泳涂漆的工艺过程。

表 10-9 电泳涂漆的特性与优点

特性	优点
选择适量的涂料与涂漆条件,可以保证漆膜的良好附着力	在形状复杂的工件上,也可得到厚度均匀的漆膜。通过调整电流的强度,可以改变漆膜厚度; 可使接缝、焊缝与闭合段面内部涂漆; 在尖端、边缘部位,也可形成厚的漆膜
可得到没有表面缺陷的漆膜	没有浸漆漆膜那种流淌痕迹
涂料利用率极高	涂料浓度低,被工件带走的损失少涂料可完全回收
使用水溶性涂料	无火灾、中毒危险

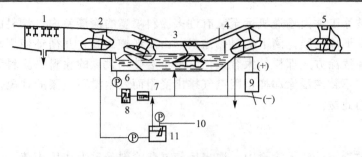

图 10.14 车身电泳涂漆工艺过程

1—水洗;2—滴漏;3—电泳涂漆;4—接触极杆;5—电极安装;6—溢流槽;
7—热交换器;8—滤清器;9—电源;10—涂料补充;11—溶解槽;12—排水

从表 10-9 所列举的优点可知：这种涂漆方法正广泛用于汽车车身及其他部件的底漆涂漆。电泳涂漆工艺实例见表 10-10。

表 10-10 电泳涂漆工艺内容

涂漆工艺		备注
脱脂与化学被膜生成处理	脱脂处理； 磷酸盐处理； 纯水清洗； 烘干	在金属基体上生成锌系或铁系磷酸盐膜(薄膜型)； 100～130℃，10～15min
装辅助极与夹具； 短路试验； 电泳涂漆； 烘干		通电方式　电流输向槽内； 电　源　电压150～350V，电流2000A； 电　极　电泳槽或另设电极(不锈钢板)； 涂料温度　25～30℃(±1℃)； 涂料搅拌　每小时 3 个循环以上； 极间距离　300～700mm； 热风烘干　150～170℃，30min； 膜　厚　(25±5)μm

消除因电泳现象所生成并在槽内聚集的碱性中和剂的方法有离子隔膜渗析法和酸性涂料补给法，有机氨络合物是目前应用颇广的碱性中和剂。最近也有使用在低电压下涂料仍保持良好附着性(电镀能力)的不挥发性强碱(苛性钾)的。

8．粉末涂漆

粉末涂漆是使合成树脂呈粉末状态，进行涂漆。其优点是：可使用高分子合成树脂，可得到厚的漆膜，省掉自干停放时间，边缘部位的被覆性好，涂料可回收。其缺点是：薄层涂漆困难，漆面的平滑性较差，烘干温度高。汽车车身粉末涂漆可采用静电涂漆方式。

9．电子束漆膜硬化法

电子束漆膜硬化法是一种利用电子束能量硬化漆膜的方法。所用涂料是将不饱和聚酯树脂或乙烯树脂等溶解在苯乙烯、醋酸乙烯、甲基丙烯酸甲酯等聚合单体内形成的。这种方法的特点是：反应可在以秒为单位的时间内完成，设备以紧凑为宜；触媒(游离基引发剂、反应促进剂)稳定，涂料的适用期长；无加热工序，温度上升得少，不易发生气泡、微细裂纹、皱纹等缺陷；不使用溶剂，不存在太多污染的问题。

10.4　涂漆质量保证

10.4.1　外貌不佳

如前所述，汽车涂漆时对美观的要求非常高，而在涂漆质量中，外貌不佳又对漆膜美观有很大影响。外貌不佳的缺陷可能发生在制造过程中，也可能发生在成品车保管或使用过程中。表 10-11 和表 10-12 列举了其发生原因与保证质量的措施。

表 10-11 制造时发生的外貌不佳与措施

不佳项目	发生原因	防止措施
流淌痕迹	漆膜过厚； 涂料过稀； 环境温度高	工艺标准化； 涂料黏度管理； 温度管理
麻点	空气中灰尘； 被涂面清洗搽拭不完全； 涂料或喷涂空气中含灰尘； 从涂漆设备落下灰尘	空气调节； 工艺标准化； 涂料、空气过滤器的管理； 设备保养
光泽不足	稀释剂不足； 被涂面清洗搽拭不完全； 漆膜厚度不足； 烘干过度； 底漆吸收过度	改变稀释剂成分； 工艺标准化； 膜厚管理； 烘干温度与时间管理； 底漆涂料分析
泛白	涂漆间温度高； 稀释剂蒸发快	温湿度管理； 改变稀释剂成分
遮盖力不足	涂料过稀； 膜厚不足； 涂料搅拌不匀	黏度管理； 膜厚管理； 工艺化标准
橘皮皱纹	稀释剂的蒸发速度快； 涂料黏度高； 喷枪移动速度快； 喷涂气压低； 喷涂间距大； 喷漆间温度过高； 喷漆室内风速过快； 底漆水磨不足	改变稀释剂成分； 涂料黏度管理； 喷漆操作管理； 温度控制； 调整鼓风机； 水磨操作管理
褶皱	底漆烘干不足； 底漆漆膜粘着不良； 底漆漆膜耐溶剂性欠佳	烘干温度、时间管理； 金属基体调整作业管理； 涂料分析
气孔、针孔	底漆气孔； 自干时间不足； 烘干升温过快； 漆膜过厚； 稀释剂不当	金属基体调整作业管理； 自干时间管理； 烘干炉温度控制； 工艺标准化； 改变稀释剂成分
花脸	涂面上附着水与油； 附着硅油； 喷漆灰尘附着	喷涂空气净化管理； 搽拭用料、底漆用料检验； 调整空气调节器
变色	涂料搅拌不匀； 膜厚不匀； 调色不匀； 烘干不匀	工艺标准化； 工艺标准化； 色相检验； 烘干温度、时间管理

（续）

不佳项目	发生原因	防止措施
超涂	稀释剂蒸发速度快； 喷涂空气过量； 涂漆时间过长； 换气不良	改变稀释剂成分； 调整喷涂气压； 调整涂漆操作； 调整空气调节器
磨痕	水磨砂纸粒度过大； 水磨方法不当； 面漆漆膜厚度不足	使用砂纸的标准化； 工艺标准化； 膜厚管理
起泡	底漆漆膜玷污	防止污垢附着

表 10-12 保管、使用时发生的外貌不佳与措施

不佳项目	发生原因	防止措施
褪色、变色、光泽降低	面漆漆膜的耐候性差； 紫外线作用下颜料分解	（制造时） 根据 JISK 5400 与 JASO 6525—T2 检查涂料质量，进行彻底的工艺管理； （保管时） 涂抹漆膜保护剂； （使用时） 除去洗车时的污染物； 涂石蜡轻轻搽拭； 不要把汽车放在污染环境中
斑点、变色	酸、碱等药品的附着； 煤烟、虫鸟排泄物、花粉、化妆品、汗、沥青微粒、水泥粉粒等污染物质的附着	
生锈	金属底漆处理不好； 底漆漆膜的防锈能力差； 漆膜不全； 漆膜划伤； 铁粉附着； 道路防冻剂、海水附着； 含有亚硫酸气体等排气的腐蚀	
开漆	漆膜的耐候性差； 漆膜过厚； 受紫外线作用漆膜分解	
粉化	漆膜的耐候性差； 紫外线、水分引起的风化	
起泡	漆膜的耐候性差； 底漆漆膜上有污染物附着； 雨水长期浸泡、潮润	

10.4.2 质量管理

漆膜质量检验，除漆膜外貌与厚度外，还应进行破坏性试验。在涂漆过程中验证质量是困难的。因而，保证产品漆膜质量的方法是，严格执行设计阶段所制定的工艺条件，并对用相同工艺制成的试样进行破坏性试验，作为质量验证试验，而加以补充。漆膜质量验证试验的主要方法见表 10-13。

表 10-13 质量验证试验法

试验项目		试验仪器	检查法、测定法
非破坏性试验	颜色	目视检查法	对比标准样板，目测颜色偏差及均匀性
		色差计	根据光学的 L、a、b 色度图与 X、Y、Z 色度图，将颜色组成因素数据化，并加以测定，与基准板数值做对比再根据色计算式计算色差
	光泽	镜面反射式光泽计	以光学方法测定表面反射率
		像清晰度测定仪	其测定方法是，根据根据光学原理在漆膜表面成像，并以数值显示各种映像的变形程度；另一种测量方法是移动与漆膜表面保持一定距离的膜射光线，并以数值表示因表面凹凸不平而使光线反射角发生的变化
	干燥度、硬度	铅笔硬度试验法	以 6B～9H 的各种铅笔涂画漆面，观察划伤情况
		振子漆膜硬度计	测定在漆膜面上往返运动振子的减振率
	膜厚	电磁测厚仪	将内藏交流电磁线圈的探测头放在漆面上，由电感变化测定厚度
破坏性试验	耐候性	室外暴露试验	将涂漆面南向，与水平面倾斜 45°、35°、0°，在室外暴露，观察光泽变暗、褪色、生锈、开裂、膨胀等各种性能的恶化情况
		老化仪	除紫外线照射外，按照预订程序人工改变温度、湿度、降水、结露等气候条件，测定漆膜的恶化情况
		恒温器	将漆膜钢板反复放在 39℃酷暑和 -18℃严寒的环境中，测定漆膜发生裂纹和附着性的恶化情况
	耐蚀性	盐雾试验器	将划有交割网络的漆膜置于 5% 的食盐水雾中，测定生锈进行情况
		其他方法	包括在上述条件下加入醋酸的腐蚀箱实验方法、盐水浸渍法、在 100% 湿度环境中进行试验的湿润实验法、在亚硫酸气氛中进行试验的亚硫酸气实验法等
	耐水性、耐油性、耐药品性	恒温水槽	或是将涂漆钢板浸入水、硫酸苛性钠、挥发油等物质中，或是将这些物质涂于漆面上，测定漆膜软化、生锈、变色、剥落膨胀等情况
	柔韧性	弯曲试验仪	在 2～9mm 直径的各种芯棒上做 180°弯曲
	耐冲击性	杜邦冲击试验仪	以 (1/8″)～1″ 的各种冲击头，对漆膜施加各种冲击载荷，观察漆膜剥落情况
		敲击试验仪	用压缩空气吹 10mm 大小石块敲击漆膜，观察剥落情况
	附着性	交错划线试验器	在漆膜上刻画纵横相距 1mm 的网纹，粘上塑胶带，随后揭下，观察漆膜的剥落情况
	耐磨性	刷洗试验器	向漆面上淋水，并用刷子、毛毡擦拭，观察漆面划伤与磨耗情况
		落砂试验器	向漆膜上撒砂粒，测定其耐磨性

10.5 汽车车身涂装的典型工艺

汽车涂装属于多层涂装。由于各种汽车的使用条件及外观要求不一样，涂装工艺也各不相同。国内外汽车车身涂装工艺可以分为以下三个基本体系。

1. 涂三层烘三次体系/涂层总膜厚 70～100μm

碱性脱脂→锌盐磷化［有的涂装线采 Ro Dip - Technology（全旋反向浸渍输送技术）］→干燥(120℃，10min)→底漆涂层［喷涂溶剂型环氧树脂底漆，膜厚 15～25μm，烘干(150℃，30min)］→干或湿打磨→干燥→中间涂层［静电自动喷涂溶剂型三聚氰胺醇酸树脂漆，膜厚 20～30μm，烘干(150℃，30min)］→湿打磨→干燥→面漆涂层［喷涂三聚氰胺醇酸树脂系面漆（金属闪光色用丙烯酸树脂系），膜厚 35～45μm，烘干(130～140℃)，30min］。

外观装饰性要求高的乘用车车身一般都采用这一涂装体系。

2. 涂三层烘两次体系/涂层总膜厚 70～100μm

碱性脱脂→锌盐磷化→干燥(120℃，10min)→底漆涂层［电泳底漆，膜厚 15～25μm，不烘干(仅晾干水分)］→中间涂层［静电自动喷涂与电泳底漆相适应的水性涂料，膜厚 20～30μm，烘干(100℃，10min)(预烘)；(160℃，30min)(与底漆一起烘干)］→面漆涂层［喷涂三聚氰胺醇酸树脂系面漆（金属闪光色用丙烯酸树脂系），膜厚 35～45μm，烘干(130～140℃)，30min］。

对于外观要求不太高的旅行车和大客车车身及轻型载货汽车的驾驶室等一般采用这一涂装体系。

3. 涂两层烘两次体系/涂层总膜厚 55～75μm

碱性脱脂→锌盐磷化→干燥(120℃，10min)→底漆涂层［电泳底漆，膜厚 20～30μm 烘干(160℃，30min)］→干或湿打磨→干燥→面漆涂层［喷涂三聚氰胺醇酸树脂系面漆（金属闪光色用丙烯酸树脂系），膜厚 35～45μm，烘干(130～140℃)，30min］。

中、重型载货汽车的驾驶室一般采用这一涂装体系。

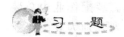 习 题

1. 涂漆质量的要求是什么？对汽车漆具有哪些特性要求？
2. 汽车漆的主要类型有哪些？
3. 简述汽车车身涂漆的各个工序。
4. 常用的涂漆方法有哪些？
5. 国内外汽车车身涂装工艺有哪些体系？

第 11 章 装配工艺

教学提示

在汽车制造过程中，装配作业的任务在于将汽车各个部分装成整车。装配生产方式，因所装汽车的种类、生产量和厂址条件等因素而异，各具特点。

教学目标

了解汽车装配工序与车间平面布置方法，学习装配工作法，学会车辆检查、整修方法，掌握车身安装特征、生产方式等，了解车身安装质量保证的几大要点。

11.1 装配生产方式

在汽车制造过程中，装配作业的任务在于将动力-传动系统部分、车内总成部分、车外总成部分，以及近年来从轿车开始采用的电子装置部分等，装成整车。装配作业由总装配线和车辆行驶性能检查调整线等两部分组成。表 11-1 和表 11-2 所列分别为装配作业的组成和各装配部分的代表实例。

表 11-1 装配作业的组成

总装配线				整车检查调整线
车内总成部分	动力-传动系统部分	电子装置部分	车外总成部分	

表 11-2 总装配线上转配的代表性部件的名称

部件名称	代表性部件名称
车内总成部分	仪表板、座椅、加热与冷却装置、车顶内饰件、车门内饰件

(续)

部件名称	代表性部件名称
动力-传动系统部分	发动机、变速器、传动轴、前悬架系统、后悬架系统、转向系统、散热器、车轮
电子装置部分	电子燃料喷射装置、OK检测系统、电子防滑控制器、电子自动变速器、座椅安全联锁装置
车外总成部分	散热器护栅、前照灯、风窗玻璃、门窗玻璃、保险杆、后组合灯、反射镜、标示器等

装配生产方式，因轿车、货车、客车、特种用途车等所装汽车的种类，以及生产量和厂址条件等因素而异，各具特点。因产量关系，轿车装配多采用同型车辆专用生产线的方式。由于同型轿车拥有多种不同规格，总装配线上待装部件的种类繁多，为此采用电子计算机以发出装配部件的指示，并同步供应装配汽车所需要的各类部件。此外，这种装配线的特征是，变动装配车辆的投入顺序，可使不同规格汽车的装配时间达到平衡。

货车、客车与特殊用途车的装配，根据产量，常采用多种车型混合生产的方式，即在一条生产线上，装配不同型式的各种车辆。这种生产方式的特征是，能够根据车型变动来供应部件，所用设备的附件也能共用或相互交换。

11.2 装配工艺与设备

11.2.1 装配工序与车间平面布置

1. 汽车装配工序

装配工序包括总装配工序与性能检修工序两部分。总装配工序一般采用流水作业方式，由各种输送机构成的主装配线及其附属的分装配线所组成。性能检修工序的作用在于检查、调整车辆，使之具备各种行驶性能，通常是一条由各种检查机器按工艺顺序排列的生产线。

图11.1所示为常用的装配工艺过程图。由于受到装配车间空间和车辆装配流动方向的

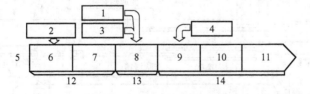

图11.1 装配工艺过程图

1—发动机变速器分装线；2—仪表盘分装配线；3—车轴分装线；4—座椅分装线；5—主装配线；6—除地板外车内总成部分的装配工序；7—除前部外，车外总成部分的装配工序；8—地板以下部位的动力-传动系统部分的装配工序；9—地板部位车内总成部分的装配工序；10—前部车外各总成部分的装配工序；11—性能综合调整工序；12—前内饰线；13—车轮部分装配线；14—后内饰线

限制，地板下面动力系统部分的装配，有时先于车外前部总成部分的装配。此外，基于同样理由，也可将车外前部总成部分的装配工序与性能调整工序相混合。电子装置部分的装配一般分散到各工序之内，而在作为总装配最后工序的性能综合调整工序内，接通全部线路。

2. 汽车装配车间的平面布置

装配车间平面布置决定于厂址条件、生产能力、部件供应方式、车辆构造等因素。因此，根据装配作业内容，装配车间可由前内饰线、车轮部分装配线、后内饰线，以及附属于它们的分装线和检查调整线组成，如图11.2所示。布置车间时，还应考虑车辆装配的流动方向、部件的供应方法、车间外面各种油脂类储罐的配置等情况，然后加以确定。货车装配车间的特点是车轮部分装配线较长，以适应车辆构造的要求。货车装配车间平面布置举例如图11.3所示。

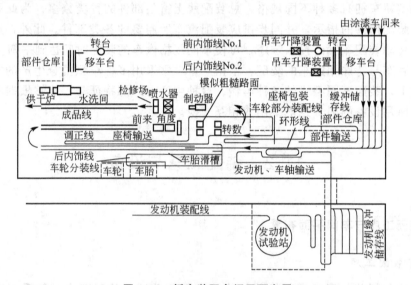

图11.2 轿车装配车间平面布置

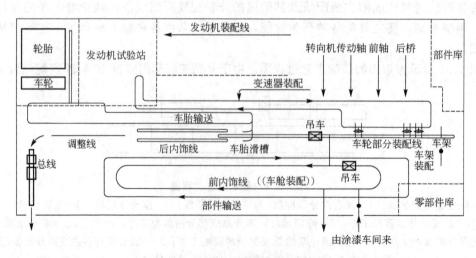

图11.3 货车装配车间平面布置

11.2.2 装配工作法

1. 螺钉紧固法

螺钉、螺帽连接是部件装配的基本方法，可使用图 11.4 所示的各种气动套筒扳手。此外，为了使紧固扭矩保持稳定，多使用螺帽拧紧器。如果在许多部位上同时安装螺帽，可以使用装有多点螺帽拧紧器的工具。对于那些因安全和性能需要必须保证一定紧固力的部位，应以扭力扳手将螺帽拧紧。

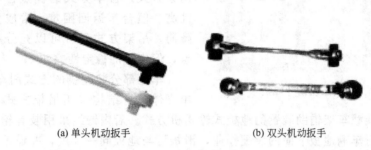

(a) 单头机动扳手　　　　　　　(b) 双头机动扳手

图 11.4　各类机动扳手

近年来，一种能使紧固扭矩保持稳定的机动套筒扳手，已为装配工艺所采用。例如，可在图 11.4(a) 所示机动扳手的前端装一个由扭力杆起滑动机能的接头，这种接头可根据所需扭矩的大小来选择。通过不同规格的接头，即可用同一机动扳手，得到各种不同的扭矩。

2. 粘结法

车内总成部分多使用乙烯基类人造革和填料，这些材料可用粘结剂贴牢。粘结乙烯基人造革时，由于加工后的形状受加热温度的影响，应该使用红外线灯或单元加热器升温。使用高压空气泵压送，而以喷枪涂敷粘结剂。

近年来，开始采用将风窗玻璃直接粘到车身上的方法。此法乃是将由两三种高分子材料按固定比例混合成的粘结剂，呈串珠状涂敷在玻璃上，然后把玻璃紧压在车身上。经过一定时间，即可把玻璃粘牢。粘结处可保持橡皮那样的弹性。这种粘结方法所用的设备有压送材料的空气泵、计量材料比率的测量计、混合材料用的混合机和涂敷材料用的喷枪。

3. 液体注入法

液体注入法是指装配时注入发动机油、变速器油、汽油、散热器冷却液、制动液等各种液体的方法。为了能够定量注入发动机油与变速器油，使用油脂类定量供给装置。由于汽油注入时易起火，应使用气控启闭注入阀的加油枪。冬季，散热器中应注入防冻液，采用定比混合供给装置，按固定比率供应水和防冻液。注入制动液时使用真空泵，以加速排气过程。

4. 动力-传动系统部分安装法

这部分的安装方法因车身构造不同而异。对于有车架的车辆，可用起重机将后桥、发动机等部件安装在车架上，然后再将车身装上车架。对于无车架单壳体车身结构的车辆，先将前悬架系统、发动机、后桥等部件一同装在气动或油压驱动的升降机上，而后将这个整体部装件从地板下方安装到车身上。图 11.5 所示为油压驱动升降机的一个例子。

11.2.3 内饰装配线

前内饰装配线的输送机有两种方式：一种是将车身装在台车上，台车则由地板式输送机运载，称为台车方式；另一种是将车身挂在吊架上，吊架由高架输送机运送，称为吊架方式。台车方式的优点在于作业的稳定性高，但台车返回困难，常成为部件供应的障碍。吊架方式具有可以充分利用空间的优点，但作业的稳定性差。

车轮部分装配线的方式因车身结构而异，单壳体车身结构采用吊架方式，有车架车身

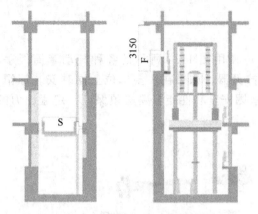

图 11.5　油压驱动升降机

结构采用具有装载车架辅助装置的地板式输送机方式。后内饰线采用装有轮胎的双滑板输送机。为了进行车辆地板下面的装配作业，滑板可与地板同一高度，并设置检修坑，也可不设检修坑，而提高输送机的高度。后面这种方式的设备费用高，但可提高部件堆放场地的利用率，并可改善在车辆下面操作工人的劳动条件。

根据所装部件的具体情况，分装线分别采用辊道链板输送机、输送带、辊道输送机等种种装置。此外，根据分装总成的情况，也可形成闭环式分装线。图 11.6 即为载有前悬架系统的升降机按等距分布组成的闭环式分装线。

车架装配线通常采用装有辅助装置的辊道链板输送机。先在倒置的车架上安装前悬架总成和后悬架总成，而后翻转为正置状

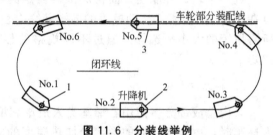

图 11.6　分装线举例
1—前悬架总成；2—装上发动机及变速器总成；
3—将前悬架总成装在车身上

态。在车身翻转前后的装配线上，使用装有辅助装置的辊道链板输送机。车架翻转使用平衡锤(块)和起重机。

11.2.4 车辆检查、调整线

对于总装配线上装配完了的汽车，根据《公路运输车辆安全标准》所规定的项目，检查其主要性能与机能，并做必要的调整。图 11.7 所示为车辆检查、调整线的组成。车辆检查线上的检查项目与试验机如下述。

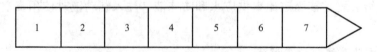

图 11.7　车辆检查、调整线的组成
1—前轮定位(前束、前轮外倾)；2—转向角；3—前照灯；
4—粗糙路面模拟；5—转鼓；6—制动力；7—防雨性

1. 前轮定位

把前轮装在转鼓上，使之具有与行驶中相同的回转状态。随着车轮定位的改变，车轮在转鼓上将发生侧滑。根据侧滑量可以测定前束与前轮外倾角。由此可求得包括车胎扭转角在内的平均定位值，以确定转向盘的正确安装位置。

2. 转向角

在每只前轮上装一个转盘，以检查转向角，并以主销后倾角规检查主销后倾。

3. 前照灯焦点

在车前一定距离处设置光屏，其上开有上、下、左、右四个受光口。旋转调整对光螺钉，使前照灯焦点恰好位于受光口处。此后，进一步检查光照度是否符合规定值。

4. 模拟粗糙路面与转鼓

把汽车装在转鼓试验台上，以汽车本身的动力驱动转鼓，进行不改变车辆位置的行驶试验。在转鼓上施加相当于受试汽车惯性的等值惯性矩。通过这项试验，可以检查在各种车速下速度计读数的精度，并可测定加速度值，测定从某一速度开始至停车时的滑行时间。测定各车速噪声，观察变速器的状况。

5. 制动力

把车轮放在两只滚轮上转动，通过踏力计，按规定的踏力操作制动器，检查制动力。

6. 防雨性

从车辆的上下、左右方向喷水，检查车辆在暴雨环境中的漏水情况。应将车辆装在输送机上向前移动，以使汽车各处都受到水柱喷射。在喷水区前后设空气帘幕，防止水花飞溅到车内部。

11.2.5 车辆修整、出厂线

应将在车辆检查、调整线上发现的不合格车辆，送至车辆修整、出厂线。此处设有冲洗间及烘干炉，可以进行包括涂漆在内的各种修整工序。在出厂线上，把由外协厂供应的等待安装的毛毯和轮罩等零部件，装在车辆上。

11.2.6 部件搬运机械

一般来说，只向装配线送交所需数量的部件。当部件生产工厂临近总装配线时，可以及时得到需要数量的部件。如果两地相距过远，此点不易办到，则应先储存在部件库内，再用吊运输送机、输送器、拖车、台车、铲车等运到装配线旁。部件供应应根据控制室的搬运指示进行。

发动机、车轴、变速器等大型总成，以及轮胎、座椅等大型零部件，皆由专用输送机运至装配线旁。至于小型零部件，应视需要量与线旁堆放面积，用铲车或牵引车搬运到所要安装的装配线旁。

11.3 车身安装工艺

车身安装一般是指在汽车制造厂所生产的货车底盘上，安装适应不同用途车身的工序。装好车身的成品车可大致区分为以下两类：一类是运输一般货物用的普通车厢货车或大篷货车；另一类是安装特种车身、器具的特殊用途车，或是装有特殊机械具有其他功能的特殊装备车。普通货车的车厢大都是在专门的车身（厢）制造厂内安装的。此外，从广义上说，客车也属于车身安装的范围。

11.3.1 车身安装的特征

随着汽车运输的近代化和汽车用途的扩大，近年来对特种用途车或特殊装备车的需要量急剧增加，其种类与型式也日益增多。

1. 大量生产的困难性

尽管车身安装厂在大量生产化的方向上做过种种努力，但在许多方面，至今还不得不按指定规格生产的方法实行。其原因在于：用户强烈要求适合使用情况的专用特种规格车，必须适应各底盘制造厂所生产的种类繁多的底盘结构，自动倾卸车与搅拌车等必须装备动力输出机构，用户对漆色与公司名称标牌等细节也常做出规定。为此，通常采用多品种少量生产的方式。

2. 与底盘制造厂的联系

最近，从货车底盘设计阶段开始，汽车制造厂就致力于如何生产出方便车身安装的底盘，以提高汽车的性能。此外，还在安全与公害问题方面，采取必要措施。由于装好车身的汽车必须符合《道路运输车辆法》等法规的规定，底盘制造厂与车身安装厂之间的紧密联系日益重要。

3. 标准化的努力

在设计与制造方面所进行的合理化努力的过程中，应逐渐做到设计规格与零部件的标准化。例如，陆续制定了各种团体规格并加以标准化，这些规格有：货车车架宽度规格（JASOB101），动力输出口的形状与尺寸规格（JASOE001），客车车身各部分的构造、部件与材料规格（客车车身规格），货车车身小型零件规格（车身工业协会规格）等。

11.3.2 车身安装的生产方式

车身安装的基本工序可大致分为：底盘改装作业，车身的钣金、焊接作业，机构部分的机械加工和装配作业，车身与机构的安装作业，车身涂漆作业五种。这些工序几乎为各种车辆所共有。各工序的生产方式如下所述。

（1）车身安装，一般采用汽车底盘自行走动的流水生产方式。

（2）对于车身与附属装置等可以标准化的部件，尽量进行批量生产（如搅拌车的转鼓，油罐车的油罐、车厢、驱动装置等）。

（3）安装部分必须制成能和各种底盘相适应的形式，这样做有时也会成为装配作业流水化的障碍。

车身安装作业顺序的实例如图 11.8 所示。在大量生产的情况下，预先制成车身与功能部件的总成，等底盘运进并完成改造工作后，即可将这些总成装到底盘上去。这是一种车辆在安装中可缩短停留时间的生产方式。在这种情况下，确保底盘数量及其搬运计划的执行，成为提高工厂生产率的关键。为此，必须进行严密细致的生产管理。

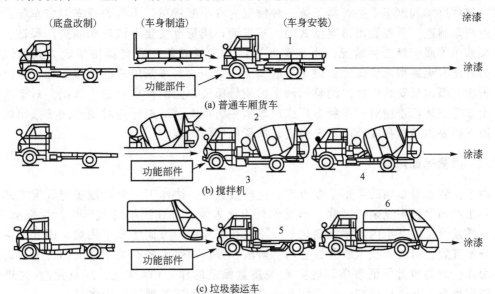

图 11.8 车身安装作业顺序的实例

1—车厢装配；2—转鼓总成装配；3—泵的装配；4—动力输出装置、驱动装置与其他部件装配；
5—动力输出控制装置、副车架装配；6—车身装配

11.3.3 车身安装的生产规模

车身安装生产规模的差异很大，其范围包括：从把车身安装仅仅作为汽车翻造过程的一个组成部分（如小型货车、客车、一部分自动倾卸车等）的产量为 10000 辆/月的生产水平起，直至由汽车制造厂供应底盘的比较大型汽车的车身安装，产量为 50～100 辆/月为止。此外，在一车一样的情况下，由于车身的特殊性，其产量可能每月只有数辆。按车身种类区分，目前车身安装的生产规模概况见表 11-3。在属于大批量生产的厢式货车之类的车辆中，正积极进行车厢的标准化与单一化，以提高其大量生产性，降低生产成本。

表 11-3 各类车辆的生产规模

大量生产	批量生产	少量生产
普通车厢货车； 自动倾卸车； 搅拌车； 油罐车； 起重车； 垃圾装运车； 救护车； 牵引车挂具安装	普通车厢通用车； 散装车； 厢式货车； 冷藏车、冷冻车； 旅游宿车； 混凝土泵车； 拖车	消防车； 各种车身的客车； 电视中继车； 道路清扫车

11.4 车身安装质量保证

在一些情况下，可把车身看成是汽车的一个部分，但在另一些情况下，应把车身作为大型安装件追加到汽车上去。属于第一种情况的有小型货车、小型普通车厢货车等。这些车辆由汽车制造厂单独提出指定型式的汽车申请，质量也主要由该汽车制造厂保证。大型自动倾卸车等属于第二种情况，由汽车制造厂与车身安装厂联名提出指定型式的汽车申请。另外还有无需指定型式的一般车身的车辆，对于这些车辆用户的质量保证，由汽车销售店出面，而包括安装件在内的整部汽车的质量保证，则由汽车制造厂承担。对于车身安装，由车身安装厂直接对汽车制造厂或汽车销售店负责，结果还是对用户间接做出质量保证。以下扼要叙述车身安装厂对车身安装质量保证的内容。

11.4.1 质量保证体制

由于安装车身车辆的类型千差万别，生产数量少，协作工厂多，加工与装配方式多种多样，生产内容极为复杂。因此，质量保证也比大量、连续装配的汽车生产要复杂得多。然而，质量保证的基本内容并无变化，只不过在综合运用方面增添了困难。因此，从商品规划开始直到售出后的技术服务为止的各阶段，都必须明确各有关工作部门、底盘制造厂与各协作企业的质量保证事项，建立有关质量保证的作业（标准化、规范化），并进行教育，指定负责人并进行替理。必须切实建立能够开展上述各项工作的体制。

11.4.2 车身安装质量保证要点

1. 产品规划与质量改进

关于车身安装的改进以及对新产品研制要求的构想极多，在产品规划阶段决定取舍时，市场调查与产品需求预测工作极为重要。这些工作的正确与否，关系到商品规划乃至产品质量保证能否实现。

2. 安装车身成品车的质量保证

不仅应该保证安装车身与安装件本身的质量，还应保证已装车身的成品车的质量。为此，在研究试制阶段，常常在有代表性的底盘上安装车身，并在有代表性的实验场地上进行实际车辆道路试验，以评定其质量。这种试验的要点在于对试验场所的选择、试验条件的掌握与鉴定标准的制定。此外，能否将在代表性底盘上安装车身的车辆试验结果，应用到在其他种类底盘上安装车身的车辆上，是车身安装试验研究过程中最困难的工作。

3. 售出产品的技术服务与对索赔的掌握

在大量生产车辆开始销售后的技术服务阶段，车身安装厂通过自己的一系列服务网与巡回服务班收集产品情报和损坏索赔情报。属于底盘制造厂的索赔情报居多，而有些情报对车身安装厂也是重要的。这项通过售出产品技术服务收集情报的工作，具有重要意义。

4. 与底盘制造厂共同进行质量保证

车身安装厂与底盘制造厂在每个阶段上的通力协作，是保证车身安装质量的关键。协作内容的要点是：在规划阶段，对车辆规格的调整和确定；在试验研究阶段，对设计、试验方面的情报交流，对图面和检查标准的制定，对生产车辆的会同检查等成品检查方式的协商；在售出产品服务阶段，对索赔处理的分担，对补偿零部件的处理，以及对损坏索赔情报的交流等。不言而喻，有关指定型式汽车的申请事项，就法规上所规定的内容，也必须明确与底盘制造厂之间的分担体制。

11.5 汽车装配技术及装配工艺装备的发展趋势

1. 汽车装配技术发展趋势

近年来，随着汽车消费市场需求的个性化和多样化，汽车装配作业也从传统的单一品种、大批量生产向多品种、中小批量转化，装配生产的批量性特点趋于复杂，安装零件的品种、数量进一步增多，对零部件的接收、保管、供给、装配作业指导等都提出了新的要求。市场的变化必将使装配生产方式产生新的变革，逐步向装配模块化、自动化装配技术与柔性装配系统(flexible assembly system，FAS)汽车虚拟装配系统(automobile virtual assembly system，AVAS)发展。

1) 装配模块化

所谓模块，是指按汽车的组成结构将零部件或子系统进行集成，从而形成一个个大部件或大总成。而生产装配模块化即汽车零部件厂商生产模块化的系统产品，整车厂商只对采购的模块化产品进行装配即可完成整车生产。

2) FAS

FAS 是近年才发展起来的一种多品种自动装配系统。它是由计算机控制的具有高度的装配自动化、装配柔性、生产率及较好的可靠性的自动装配系统，是柔性制造系统(flexible manufacturing system，FMS)的一个重要环节。FAS 的发展与装配机器人的迅速发展分不开，是可编程序、可扩展、可更换并具有人机接口系统，由装配机器人系统、物料输送系统、零件自动供料系统、工具(手部)自动更换装置及工具库、视觉系统、基础件系统、控制系统和计算机管理系统组成。从结构上可分为柔性装配单元(flexible assembly cell，FAC)和柔性装配系统(FAS)。FAC 是借助一台或多台机器人按程序完成各种装配工作，采用机械视觉系统、超声波阵列测零件位置及有关参数。FAS 一种是柔性多工位同步系统，由传送机构组成的固定或专用装配线；另一种是组合式结构，由装配机、工具和控制装置组合而成。FAS 能在一条装配线上同时完成多个品种的安装工作。

3) AVAS

AVAS 是利用计算机辅助技术建立汽车零部件主模型。根据主要模型形状特性、精度特性、约束关系，进行计算机模拟装配—干涉分析—模拟装配等，多次反复，以达到预定评价标准的设计过程，并通过产品数据管理(product data management，PDM)将计算机辅助设计(computer aided design，CAD)、计算机辅助工艺规划(computer aided process planning，CAPP)和计算机辅助制造(computer aided manufacturing，CAM)统一集成起来，具有高适应性和高柔性的集成化装配系统。汽车虚拟装配工艺主要包括以下三部分。

(1) 汽车总装产品数据管理。直接来自工具层中 PDM，总装产品数据主要包括产品设计结构数据、产品装配数据。

（2）装配单元划分。它是装配作业均衡的基础，是装配工序的直接来源，也是装配工具选用的依据，主要包括确定装配单元的任务，技术要求，装配工、夹具的选用，装配工序卡。

（3）装配作业均衡。它是解决装配线的平衡问题，达到平均分配作业量的目的，以提高汽车装配的生产效率，降低制造成本。

2. 汽车装配工艺装备发展趋势

随着汽车装配技术的提升，汽车装配工艺装备也随之迅速发展。整车装配线和零部件装配线向模块化、自动化、柔性化和虚拟化方向发展，以满足多品种生产和自动化装配要求；输送设备向柔性输送设备方向发展；加注设备向真空式、自动检漏和自动定量加注方向发展；试验检测设备已大量应用光、机、电一体化技术，并采用计算机测控。有些检测设备具有专家系统和智能化功能，能对汽车技术状况进行检测，并能诊断出汽车故障发生的部位和原因，引导维修人员迅速排除故障，向微机控制、数字化、高精度、智能化、自动化方向发展；螺栓紧固设备向定扭矩-转角的多头螺栓扭紧机方向发展；专用装配设备向高精度、适应性强、自动化方向发展，一台专用机应能适应2至3种产品的生产要求，以适应多品种生产的要求；以静扭扳手和定扭矩电动扳手替代冲击式气动扳手是装配工具的发展趋势；一些产量大、零件数量少的零部件装配线趋于采用全自动装配线；将柔性装配线及其上的各种装配专机及检测设备有机地结合在一起，由同一厂家设计、制造、安装，即"交钥匙"工程，是今后装配设备制造的发展趋势，这样便于保证设备的制造质量，避免扯皮现象，有利于提高装配工艺装备的整体制造水平。

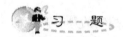

1. 装配工作法有哪些？
2. 简述汽车车身安装的基本工序。
3. 汽车车身安装质量保证要点有哪些？

第 12 章
汽车先进制造工艺展望

教学提示

随着高新技术的日新月异和汽车市场需求个性化与多样化的演变，未来汽车产业的重要特征是向全球化、网络化、虚拟化方向发展。一方面，汽车产业发展对先进制造技术的需求越来越强烈；另一方面，先进制造技术对传统汽车产业的冲击是全方位和颠覆性的。未来汽车先进制造技术正向精密化、柔性化、虚拟化、网络化、智能化、敏捷化、清洁化、集成化及管理创新方向发展。汽车产业发展对先进制造技术（AMT）的需求越来越强烈。

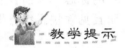

教学目标

了解精益生产的基本概念、特征及模式，掌握精益生产的主要内容。了解敏捷制造的基本概念，掌握敏捷制造的实施方法。了解并行工程的概念、关键要素，以及并行工程在汽车工业中的应用。掌握快速成形的原理，了解快速成形的工艺方法。了解虚拟制造技术的内容、特点，掌握虚拟制造的技术体系。

在现代制造战略的指导下，传统制造技术不断吸取计算机、信息、自动化、新材料和现代系统管理技术，并将其综合应用于产品的研究与开发、设计、生产、管理和市场开发、售后服务，并取得社会经济效益的综合技术，统称为先进制造技术（AMT）。

12.1 精 益 生 产

12.1.1 精益生产基本概念

精益生产又称精良生产，是 20 世纪 50 年代由日本工程师丰田英二和大野耐一根据当时日本的实际情况：国内市场很小，所需的汽车种类繁多，而又没有足够的资金和外汇购买西方最新技术，在丰田汽车公司创造的一种新的生产方式。这种生产方式既不同于欧洲的单件生产方式，也不同于美国的大批量生产方式，它综合了单件生产与大批量生产方式的优点，使工厂的一切投入都大大减少，新产品的开发时间大大缩短，生产出的产品更多，而且质量更好。这种生产方式到了20世纪60年代已经成熟，从而不仅使丰田，而且使整个日本的汽车工业受益匪浅。

进入20世纪80年代，日本产品依靠高质量、低价格、多品种、优性能等优势，势不可挡地进入世界市场，欧美市场面临着严峻挑战。为了探索其秘密，1985年美国麻省理工学院MIT启动了一个具有重要意义的研究计划——国际汽车研究计划。整个计划历时五年，耗资500万美元，参加研究人员116名，他们对世界各地的近100家汽车制造厂经过研究、分析，提出了精益生产(lean production, LP)的概念，并得出一个非常重要的结论：日本经济的腾飞在很大程度上依赖于一种新的生产方式(精益生产)。精益生产的基本概念一经提出，立即在全世界掀起一股研究和推广应用的热潮。研究人员认为，大量流水线的生产方式是旧时代工业化的象征，而精益生产则是新时代工业化的标志。人们普遍认为，精益生产的基本哲理和方法对各种企业都适用，不仅花钱少，而且见效快。精益生产方式对制造业及人类社会都会产生巨大而深远的影响。

12.1.2 精益生产的内涵

1. 精益生产的基本概念

精益生产，英文原意是"瘦型"生产方式。精益生产简练的含义就是运用多种现代管理方法和手段，以社会需求为依托，以充分发挥人的作用为根本，有效配置和合理使用企业资源为企业谋求经济效益的一种新型企业生产方式。

精益生产方式的资源配置原则，是以彻底消除无效劳动和浪费为目标。精益的"精"就是精干(瘦型)，"益"就是效益，合起来就是少投入，多产出，把成果最终落实到经济效益上，追求单位投入产出量。可见，实施精益生产方式要以去除"肥肉"为先导，改进原有的臃肿组织机构、大量非生产人员、宽松的厂房、超量的库存储备等状况。

2. 精益生产方式的思维特点

之所以能产生精益生产方式，是由于精益生产发明人有一套完全与众不同的思维方式做指导。主要的思维方式有下述三点。

(1) 逆向思维方式。精益生产的思维方式大多都是逆向思维、风险思维，很多问题都是倒过来看，也是倒过来干的。例如，我们一般认为销售是生产经营的终点，而精益生产却把销售看成起点，而且把用户看成生产制造过程的组成部分；传统的生产方式一直是"推动式"的，从上到下发指令，从前工序送到后工序。一道道往后推，而精益生产却是由后道工序拉动前道工序；过去总认为超前生产是好事，而精益生产却认为超前生产是无效劳动，是一种浪费。

(2) 逆境中的拼搏精神。精益生产方式是市场竞争的产物，来自于逆境中的拼搏精神。丰田公司在开始13年的轿车累计产量不及福特公司一天产量的40%，在相差这样悬殊的条件下，他们却敢于提出赶上美国，走出一条新路子，经过20年努力，终于把理想变成现实。

(3) 无止境地追求尽善尽美。在思维方法上，精益生产与以往生产经营目标的根本差别在于追求尽善尽美,这是丰田公司的精神动力。大量生产追求的是有限目标,可以容忍一定的废品率和最大限度库存。而精益生产则追求的是完全目标、低成本、无废品、零库存和产品多种多样,而且永无止境地提高,不断奋斗。精益生产认为,允许出错误,错误就会不断发生,所以从开始就不应出错。

3. 精益生产方式的特征

精益生产方式综合了单件生产与大量生产的优点,既避免了前者的高成本,又避免了后者的僵化,在内容和应用上具有如下的特征。

(1) 以销售部门作为企业生产过程的起点,产品开发与产品生产均以销售为起点,按订货合同组织多品种小批量生产。

(2) 产品开发采用并行工程方法和主查制,确保高质量、低成本,缩短产品开发周期,满足用户要求。

(3) 在生产制造过程中实行"拉动式"的准时化生产,把上道工序推动下道工序的生产变为下道工序要求拉动上道工序的生产,杜绝一切超前、超量生产。

(4) 以人为中心,充分调动人的潜能和积极性,普遍推行多机器操作、多工序管理,并把工人组成作业小组,不仅完成生产任务,而且参与企业管理,从事各种革新活动,提高劳动生产率。

(5) 追求无废品、零库存、零故障等目标,降低产品成本,保证产品多样化。

(6) 消除一切影响工作的"松弛点",以最佳工作环境、最佳条件和最佳工作态度从事最佳工作,从而全面追求尽善尽美,适应市场多元化要求,用户需要什么就生产什么,需要多少就生产多少,达到以尽可能少的投入获取尽可能多的产出。

(7) 把主机厂与协作厂之间存在的单纯买卖关系变成利益共同的"共存共荣"的"血缘关系",把70%左右零部件的设计、制造委托给协作厂进行,主机厂只完成约30%的设计、制造任务。

12.1.3 精益生产模式

精益生产要求不仅是在技术上实现制造过程和信息流的自动化及其集成,而更重要的是从系统工程的角度对企业的活动及其社会影响进行全面的、整体的优化。精益生产不仅着眼于技术,还充分考虑到组织和人的因素,在企业的受益者——顾客、职工、顾主(所有者)、供应方和社会五方面的推动下建立其精益生产体系。

通过上述分析可以看出,提高企业的竞争力不仅取决于新技术、新的经营管理模式和组织结构,而且还与能否最大限度地调动和发挥人的作用相关,以人这个最具柔性和潜力的因素为中心,是先进制造技术发展的必然结果。精益生产方式把人作为这个体系的中心,从此取代了过去那种"机器中心论"、"全盘自动化"以及"无人化工厂"的思想。

精益生产实质上是以"尽善尽美"为理想目标,通过精简,促使企业达到更有效的集成,并将企业作为一个有机整体,对其进行持续不断的优化,进而不断提高企业的竞争力。

如果把精益生产体系看作一幢大厦,大厦的基础就是在计算机信息网络支持下的小组工作方式和并行工程,大厦的支柱就是准时生产(JIT)、成组技术(GT)和全面质量管理(TQM),精益生产就是屋顶,如图12.1所示。

准时生产指的是在需要的时候按需求量生产和搬运所需产品的生产方式。避免了因需要的变化而造成的大量产品的积压、贬值，以及由于次品在流水线上未被发现所造成的浪费，消除大量库存，避免无效劳动和浪费，从而达到缩短生产周期、加快资金周转和降低生产成本的目的。看板作为保证准时生产的工具，通过生产指令、取货指令、运输指令来控制和微调生产活动，使生产储备趋向于"零"。准时生产要求工人成为"多面手"，强调集体协作，注重"团队"精神的实现。

图 12.1　精益生产体系结构

成组技术已经成为生产现代化不可缺少的组成部分。成组技术是实现多品种、小批量、低成本、高柔性，按顾客订单组织生产的技术基础。通过采用成组技术就能够组织混流生产，优化车间布置，减少产品品种的多样化，并可以通过产品的模块化、标准化来减少企业复杂度，提高企业的反应能力和竞争能力等。另外，精益管理中的面向过程的团队组织也与成组单元类似。

质量是企业生存之本，全面质量管理是保证产品质量，树立企业形象和达到零缺陷的主要措施，是实现精益生产方式的重要保证。全面质量管理认为产品质量不是检验出来的，而是制造出来的。它采用预防型的质量控制，强调精简机构，优化管理，赋予基层单位以高度自治权力，全员参与和关心质量工作。质量保证不再作为一个专业岗位，而是职工本职工作的一部分。预防型的质量控制要求尽早排除产品和生产过程中的潜在缺陷源，全面质量管理体现在质量发展、质量维护和质量改进等方面，从而使企业生产出低成本、用户满意的产品。

精益生产在组织结构上打破了传统模式。采用工作小组方式，面向任务或项目组建工作小组，即在产品开发和生产过程中将设计、生产、检验等各方面人员集中在一起，形成集成的面向过程的团队组织，从而简化了产品开发与生产的整个过程，简化了组织机构。

并行工程是精益生产方式的基础。它要求产品开发人员从设计开始就考虑产品寿命周期的全过程，不仅要考虑产品的各项性能，如质量、成本和用户要求，还应考虑与产品有关的各工艺过程的质量及服务的质量。它通过提高设计质量来缩短设计周期，通过优化生产过程来提高生产效率，通过降低产品整个寿命周期的消耗，如产品生产过程中原材料消耗、工时消耗等，以降低生产成本。

通过改善团队组织单元间的相互通信、信息交流与共享关系，有助于改善团队中人员之间以及团队之间的合作与协同，消除生产活动中的不协调情况，全面提高整个系统的柔性和生产效率。

12.1.4　精益生产的主要内容

精益生产方式的应用涉及企业的产品开发、制造和经营管理的各个方面，主要是改进企业生产劳动组织和现场管理，彻底消除生产制造过程中的无效劳动和浪费，科学、合理地组织与配置生产要素，增强企业适应市场的应变能力，取得更高的经济效益。

1. 主查制的开发组织，并行式的开发程序

精益生产的产品开发组织是比较紧密的矩阵工作组，由主查负责领导。所谓主查就是

项目负责人。工作组成员是由各部门抽调来的，根据与开发任务的关系分为核心成员和非核心成员。核心成员自始至终不变动，非核心成员在各自部门里，只有在紧急情况下才聚在一起，业务上受主查和所在部门双重领导。精益生产的主查比大量生产的项目经理具有更大的实权，对产品开发所需的一切资源，包括对人力、物力、财力拥有支配权；对产品设计方向和开发计划有决定权和指挥权；对小组成员有评价权、推荐权，并影响其职务及工资的晋升。主查虽不具有行政权力，但绝对应该是权威，由其权威性来左右。主查通过联席会议来协调问题，通报信息。

无论什么样生产方式，汽车开发都要经过概念设计、产品规划、零部件图样设计、样车试制、工艺设计工装和设备设计与制造、批量试生产、正式大批量生产等阶段。问题是如何组织好这些必要的阶段，传统大批量生产采用的是串行式程序。一阶段工作完成之后才进行下一阶段，他们各自独立工作互不协调，整个工作被拖得很长。精益生产采用并行式工作程序，产品开发从一开始设计，相关工艺、质量、成本、销售人员就联手参加有关工作，尽早进行阶段衔接，尽可能地同时工作，从而改变了以往接力棒式的推动做法，而是从后面向前面提出各种各样的要求。在产品设计过程就要确定制造工艺，用工艺保证达到质量标准、生产效率、目标成本和各项指标。

2. 拉动式的生产管理

精益生产组织生产制造过程的基本做法是用拉动式管理代替传统的推动式管理，即每一道工序的生产都是由其下道工序的需要拉动的，生产什么，生产多少，什么时候生产都是以正好满足下道工序的需要为前提。拉动式方法的特点：一是坚持一切以后道工序要求出发，宁可中断生产也不搞超前生产，用拉动式方法保证生产的准时化，即在需要的时候生产需要的产品和数量；二是生产指令不仅是生产作业计划，而且还用"看板"进行微调，即以计划为指导，以"看板"为现场指令。"看板"成为拉动式生产的重要指挥手段。

拉动式方式在生产制造过程中的具体应用，主要表现在几方面：①以市场需求拉动企业生产，即市场需要什么就生产什么，需要多少就生产多少，超前超量生产都是不允许的；②在企业内部，以后道工序拉动前道工序，以总装配拉动总成装配，以总成拉动零件加工，以零件拉动毛坯生产；③以前方生产拉动后方生产，准时服务于生产现场；④以主机厂拉动协作配套厂生产，把协作配套厂的生产看成是主机厂生产制造体系的一个组成部分，尽可能地采用直达送货方式。

3. 以人本管理为根本的劳动组织体制

精益生产方式把雇员看成比机器更为重要的固定资产，在企业中的所有工作人员都是企业的终身雇员，不能随意淘汰。生产工人是企业的主人，在生产中享有充分的自主权，在生产线上的每一个工人在生产中出现故障时都有权拉铃让工区的生产停下来，并立即与小组人员一起查找故障原因，做出决策，解决问题，消除故障。

在精益生产方式中，企业不仅将任务和责任最大限度地托付在生产线上创造实际价值的工人，给他们施加工作压力，而且还通过培训等方式为工人们创造条件，扩大他们的知识面，提高他们的技能，使他们学会作业组的所有工作，不仅是产品加工，设备保养，简单修理，甚至还包括材料的订购。职工在这种既受到工厂重视又能掌握多种生产技能，而且又不是在枯燥无味地重复一个同样动作的情况下，必然会以主人公的态度积极地、创造性地对待自己的工作。

4. 简化产品检验环节，强调一体化的现场质量管理

精益生产方式对产品质量观点是：质量是制造出来的，而不是检查出来的，认为一切生产线外的检查把关及返修都不能创造附加价值，而把保证产品质量的职能和责任转移到直接生产操作人员，要求每一个作业人员尽职尽责，精心完成工序内的每一项作业。由每一个操作工自己保证和检验产品质量，取消了昂贵的检验场所和修补加工区，这不仅简化了产品的检验，保证了产品的高质量，而且节省了生产费用。

5. 总装厂与协作厂之间的相互依存

精益生产方式主张在总装厂与协作厂之间建立起一种相互依存的信任关系，以代替单纯订货式的买卖关系。总装厂与协作厂之间的全部关系除了规定在基本合同文件之外，还组织协作厂协会，协会定期开会，交换意见，沟通信息，帮助协作厂培训干部，提高质量，降低成本，改善经营管理。此外，总装厂还常常派高级经理人员去协作厂任职，对主要的协作厂还采取参股控股办法，建立起资金联合纽带的血缘关系。

协作厂参与总装厂的产品开发，使总装厂与协作厂、协作厂与协作厂之间的技术交流得以实现，有利于保证整机和各个总成的性能，并大大缩短了产品开发时间。

精益生产方式建立了总装厂与协作厂共同分析成本、确定目标价格、合理分享利润的体系，放弃了以势压人、讨价还价的做法。首先由总装厂通过市场预测确定产品的目标价格，然后，与协作厂一起反过来研究如何在这个条件下制造出这种产品，使总装厂与协作厂都能获得利润。

精益生产方式几乎普遍采用直达供应和直送工位的体制。协作厂定时、定量直接将配套件送到总装厂，取消了缓冲环节，这样的供货方式实行起来有很大风险。在日本，协作厂一般就近就地选择，距总装厂很近，大体在50km半径范围内，实行直达供应比较容易。

6. 以顾客为中心的销售策略

精益生产改变了由经销人员在经销点坐等用户上门购买的被动销售方式，而是由经销人员登门拜访，挨家挨户推销的主动销售。例如，丰田公司，每个经销点由多个小组组成，除一个小组留守负责问询工作外，其他小组大部分时间都去挨家挨户推销汽车。了解经销点地区每家基本情况，把信息反馈给产品开发小组；向用户提出最贴切的购车建议，满足用户特定的要求；当用户拿不定主意时，还要带来样车进行演示。总之，用真诚感动用户，为了适应这种登门服务，经销点越来越多地雇用女推销员。此外，通过完善的售后服务培养产品的忠诚用户，建立和培养用户毕生的忠诚。新车卖给用户后，车主便成了经销网络的一个成员，会经常得到经销人员问询服务，保证汽车正常运行。为了保持联系，还给车主寄生日卡，帮助办红白喜事，这样一种忠诚关系，使别的厂家很难打进去。

精益生产极为重视经销人员素质的提高，认为这是精益生产销售方式的原动力。精益生产销售人员的素质包括两个方面：一是思想素质，经销人员要对企业绝对忠诚，端正对工作的态度，树立正确的价值观；培养自我管理的能力和实践能力；妥善安排时间；不间断地学习，具有遇困难不退缩、坚忍不拔的毅力。二是业务素质，不但要掌握销售知识与技巧，还要非常了解产品，懂技术、会修理。如何培养选用经销人员？精益生产销售部门对每年招来的大学毕业新职工，首先在安排工作之前要对其进行六个月基本训练，包括在进行销售业务一般教育后送到工厂去，接受两周的实习教育；接下来是接受老维修人员的维修实习，然后

再进入销售实习,就是到直接销售点进行为期三个月的推销工作。此外,在每次职务晋升之前,还要进行与各自岗位相应的进修。销售部门设立了设施精良、现代化的进修中心。

12.2 敏 捷 制 造

12.2.1 敏捷制造的提出

20世纪六七十年代,随着日本工业经济的发展,日本的各种生产管理技术和理论也在不断地走向成熟,准时生产(JIT)、全面质量管理(TQM)等管理方法与理论陆续提出。这些不断发展的理论又反过来支撑着日本经济,特别是工业经济的飞速发展,将美国等资本主义国家抛在了身后。因此,1991年,由美国国防制造技术计划秘书办公室资助,由美国海军制造技术办公室和美国里海(Lehigh)大学的亚柯卡(Iacocca)研究所签订合同,开展未来制造技术发展战略的研究。为此,由亚柯卡研究所和美国13家大公司的行政首脑组成核心组进行深入研究,并邀请100多家企业和著名的咨询公司参与研讨,历时半年,形成了一份名为"21世纪制造企业发展战略"的研究报告,在其中首次提出了敏捷制造的新概念。其基本的思想是通过把动态灵活的虚拟组织机构(virtual organization)或动态联盟、先进的柔性制造技术和高素质的人员进行全面的集成,从而使企业能够从容应付快速变化和不断变化的市场,获得长期效益。这是一种提高企业竞争能力的全新的制造组织模式。其核心观点是除了学习日本的成功经验外,更要利用美国信息技术的优势,夺回制造工业的世界领先地位。这一新的制造哲理在全世界产生了巨大的反响,并且已经取得了受人瞩目的实际效果。

12.2.2 敏捷制造的内涵

1. 敏捷制造的基本概念

美国工程师学会(ASME)主办的《机械工程》杂志对敏捷制造(agile manufacturing,AM)进行了如下定义:"敏捷制造就是指制造系统在满足低成本和高质量的同时,对变幻莫测的市场需求的快速反应。"

敏捷制造是在无法预测和持续变化的市场环境中保持并不断提高企业的快速反应和竞争能力,通过综合运用在计算机技术基础下迅猛发展的产品制造、信息集成和通信技术,充分利用企业之间以及企业内部的各种资源,结成针对某种产品开发、设计与制造的全球企业动态联盟,并以最快、最经济的方式开发产品,推向市场。

敏捷制造是一种结构,每个公司都能在这个结构中开发自己的产品,并实施自己的经营战略。构成这个结构的基石是三种基本资源:先进的生产技术、先进的管理技术和高素质的人员。敏捷性源于这几种制造资源的最优配置。其中,生产技术包括敏捷的技术支持、工作过程并行化,设计面向产品的整个生命期,在互联网上采用通用的数据交换标准,实现分布式企业集成和分布式并行操作等特点。管理技术包括多变的动态组织结构、动态联盟等领域。敏捷制造强调人的决定性作用,有知识、有技术的人是企业成功的关键因素,因此通过继续教育和激励机制培养企业雇员的丰富想象力、主动性、创造性和专业技能是敏捷制造不断发展的基础。

企业的敏捷性是企业获得竞争优势，进而取得成功，生存下去的综合能力的表现。敏捷制造作为一种战略，它提供了一个基本框架，按照此框架组织的企业具有敏捷性的基本素质；同时，敏捷制造还是一种哲理、一种指导思想，按照此指导思想，企业可进行不断的调整与开拓创新；因此，企业所采取的任何不断增强自身敏捷性的一切活动都可以算作是实施了敏捷制造。

2. 敏捷制造的特点

敏捷制造是美国为重振其在制造业中的领导地位而提出的一种新的制造模式。它的特点可概括为：通过先进生产技术、先进的管理技术和高素质人员的集成，着眼于获取企业的长期经济效益；用全新的产品设计和产品生产的组织管理方法，来对市场需求和用户要求做出灵敏和有效的响应。具体地讲，它具有以下特点。

(1) 对产品开发、设计、制造全过程的要求。敏捷制造采用柔性化、模块化的产品设计方法和可重组的工艺设备，使产品能根据用户的需求进行改变，并借助仿真技术进行产品性能和制造过程仿真，让用户很方便地参与设计，从而很快地生产出满足用户需要的产品。

(2) 多变的动态组织结构。21世纪衡量竞争优势的准则在于企业对市场反应的速度和满足用户的能力。而要提高这种速度和能力，必须以最快的速度与最佳的方式把企业内部的优势和企业外部不同公司的优势组织起来，成为灵活的经营实体，即虚拟公司。

所谓虚拟公司，是一种利用信息技术打破时空阻隔的新型企业组织形式。它一般是某个企业为完成一定项目任务而与供货商、销售商、设计单位或设计师，甚至与用户所组成的经营组织。选择这些合作伙伴的依据是他们的专长、竞争能力和商誉。这样，虚拟公司能把与项目任务有关的各领域的精华力量集中起来形成最佳组合，单个公司是无法比拟的。当既定项目一旦完成，公司即行解体。一旦出现新的市场机会，再重新组建新的虚拟公司。

虚拟公司这种动态组织结构，加速了产品的开发速度与产品更新换代的速度，大大缩短了产品上市时间，产品质量也会大大提高，也能大大降低公司开支，增加收益。虚拟公司不仅已成为企业重新建造自己生产经营过程的一个步骤，而且是企业创新发展与可持续发展的一种手段。

(3) 战略着眼点在于长期获取经济效益。传统的大批量生产企业，其竞争优势在于规模生产，产生规模效益，即依靠大量生产同一产品，以减少每个产品所分摊的制造费用和人工费用，来达到降低产品的成本，使企业具有较好的效益。敏捷制造是采用先进制造技术和具有高度柔性的生产线进行生产，这些具有高柔性、可重组的生产线可用于多种产品，不需要像大批量生产那样要求在短期内收回投资，可在较长的一段时间内获取经济效益，所以它可以使生产成本与批量无关，能做到完全按需生产，充分把握市场中的每一个盈利时机，使企业长期有能力获取经济效益。

(4) 实现技术、管理和人的有效集成。敏捷制造企业需要充分利用分布在各地的各种资源，把这些资源有效地集中在一起，以及把企业中的生产技术、管理和人员有效、相互协调地集成到一起。为此，必须建立新的标准结构来支持这一集成。这些标准结构内容包括大范围的通信基础结构、信息交换标准等硬件和软件。

(5) 充分利用人的因素，强调以"人"为中心。敏捷制造提倡以"人"为中心的管理。有研究表明，影响敏捷制造企业竞争力的最重要因素是工作人员的专业技能和创造力，而不是设备。工作人员的积极性越高，创造和响应能力越强，企业取得成功的可能性就越大。因此，敏捷制造企业为了充分发挥人的主动性和创造性，强调用分散决策代替集中控制，用协商机制代替递阶控制机制。把权力下放到项目组，提倡"基于统观全局的管理"模式，要求各个项目组都能了解全局的远景，胸怀企业全局，明确工作目标和任务的时间要求，但完成任务的中间过程则由项目组自主决定。

12.2.3 敏捷制造的一般实施方法

从系统化的角度看，敏捷制造的一般实施方法由五个层次组成，即企业敏捷制造战略层、企业的敏捷化建设及经营策略变更层、企业技术准备层、敏捷制造系统构建层、敏捷制造系统运行与管理层。

企业敏捷制造战略层的主要任务是进行企业的竞争优势分析与评估，以便确认企业在实施敏捷化工程中的目标体系。

企业的敏捷化建设及经营策略变更层的主要任务是分析企业的过程与功能，以便判断是否及如何对企业资源，尤其是核心资源进行调整，为企业重组提供必要的工程依据。此外，如何建立适应于相应的调整策略的员工培训体系也占据重要位置。

企业技术准备层的主要任务就是完成企业的敏捷化改造。相关的内容包括企业信息化与标准化工作、企业重组、基础信息框架建立、各种使能技术的应用等。

敏捷制造系统构建层的主要任务是从结构化分析与结构化设计的角度出发，进行系统逻辑层面的建模及物理系统的构建，从而形成功能、过程、组织、信息、资源间的交互与集成。

敏捷制造系统运行与管理层的主要任务是控制、调度、管理实际的敏捷制造系统，实现产品的制造及向市场的投放。

图 12.2 展示了上述五个层面所涉及的基本内容以及敏捷制造环境建立的一般流程。

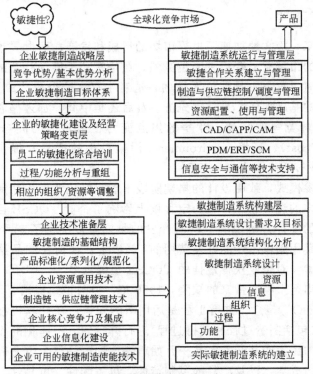

图 12.2 敏捷制造实施的一般流程

12.2.4 敏捷制造对制造业的影响

敏捷制造不是凭空产生的，是制造型企业为适应经济全球化和先进制造技术及其相关技术发展的必然产物，它的基本思想和方法可以应用于绝大多数类型的行业和企业。制造型企业采用敏捷制造策略后，在以下几个方面会引起明显的变革。

(1) 联合竞争。不同行业和规模的企业将会联合起来构造敏捷制造环境。在这个环境下，每一个企业可以扬长避短，可以利用企业外部资源和技术发展自己；可以与工业发达国家企业之间进行合作。在这种形势下，一个企业将无法单独与组成敏捷制造环境的企业集团进行竞争，而导致某些敏捷制造集团将会主导若干行业的技术和产品的发展主流。

(2) 技术和能力交叉。敏捷制造策略将促进制造技术和管理模式的交流和发展，促进各类行业中生产技术的双重转换和多种利用。企业内部的柔性制造单元将不受企业产品类型的限制，可以加工更多的零件，充分发挥各个制造单元的生产能力。

(3) 环境意识加强。企业将采用绿色设计和绿色制造技术，自觉地保护生态环境。

(4) 信息成为商品。在构成敏捷制造支撑环境的计算机网络上会出现各种信息中介服务机构，它们将向企业和顾客提供各种咨询服务。某些中介机构还可以向企业提供标准零件库，进一步就能出现独立的设计服务机构，在获得认可后加入敏捷制造环境，向企业提供各种设计服务。

12.3 并行工程

12.3.1 并行工程的提出

信息时代的到来，极大地加速了世界市场的形成和发展；而世界市场的形成与发展又使得在世界范围内的市场竞争变得越来越激烈。竞争有利于推动社会的进步，使技术得到空前的发展；但同时，竞争也是残酷无情的，适者生存，给企业造成了严酷的生存环境。不论一个企业原来的基础如何，是处于先进、落后还是中间，都遵循着同一竞争尺度，即用户选择原则。随着竞争的激烈，竞争的焦点变为在最短的时间(time)开发出高质量(quality)、低成本(cost)、环境(environment)污染最小的产品并提供良好的服务(service)，即所谓的企业核心竞争力 TQCSE。

传统的串行开发模式，致使设计的早期阶段不能很好地考虑生命周期的各种因素，不可避免地造成了较多的设计返工，在一定程度上影响了企业 TQCSE 目标的实现。对产品的开发成本—周期的统计分析表明，产品开发的早期阶段决定了产品开发成本的83%以上，而这一阶段的费用则仅占产品开发费用的 7% 以下。如何在产品早期阶段就考虑产品生命周期的各种因素，对企业获得最佳的 TQCSE 至关重要。

为改进由于"串行工程"带来的缺陷，1986 年，美国正式提出了"并行工程(concurrent engineering, CE)"概念。并行工程是运用新的知识，在计算机技术支持下，对产品设计及其相关过程(包括制造过程和支持过程)进行并行的、一体化的设计的系统化工作模式。这种工作模式力图使产品开发者从一开始就考虑到产品整个生命周期中的所有重要因素，如产品的质量、成本，以及产品的可制造性、可装配性、可靠性、可维护性。按照并行工程方法，在新产品的设计阶段及时进行仿真评价，包括产品设计及性能仿真、工艺设计及加工仿真、装配设计及装配仿真、检验设计及检验仿真等。这样将产生新产品的一个软原型，软原型经过评估再进入一个新的循环，对软原型进行改进。最后可以得到投放生产一次成功的最终设计。这种并行的思想保证了在产品开发过程的早期就能做出正确的决策，从而有效地减少了设计的修改，缩短了产品的开发周期，降低了产品的总成本，因而受到了世界各国的高度重视，并被越来越多的企业和产品开发人员接受和采纳。

12.3.2 并行工程的内涵

1. 并行工程的概念

并行工程是对产品及其相关过程（包括制造和支持过程）进行并行、一体化设计的一种系统化的工作模式，这种模式力图使开发者从一开始就考虑到产品全生命周期中的所有因素，包括质量、成本、进度和用户需求。图 12.3 和图 12.4 所示为传统串行设计和并行设计的流程图。

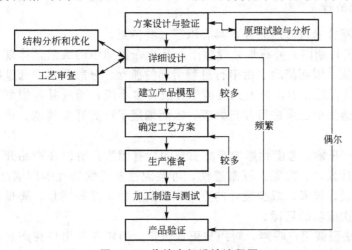

图 12.3 传统串行设计流程图

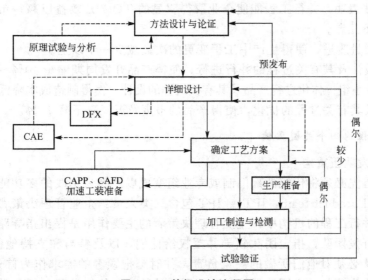

图 12.4 并行设计流程图

并行工程的主要目标是缩短产品开发周期，提高产品质量，降低产品成本，从而增强企业的核心竞争力。并行工程是对传统的串行产品开发模式的一次变革。它对传统的模式冲击主要表现在如下几个方面。

(1) 组织方面。组建多学科小组不但要克服来自传统的按功能划分部门的习惯及狭隘的局部利益等方面的阻力，还要使形成的多学科小组间便于合作，并在此组织结构下获得优化的过程模型，使得产品开发过程具有合理的信息传递关系及短的产品开发周期。

(2) 管理方面。并行工程通过结构重组，将以前不属于同一时间域的问题提前集中到设计阶段考虑，这使得在设计阶段面临了跨时域、跨功能、多目标及需要群决策等冲突。这些都要求新的合作关系及相应的管理方法和手段的支持。

(3) 技术方面。并行工程不仅包含、继承了许多传统的 CIMS 技术，而且还提出了一些新的并行工程技术，如各种并行工程使能工具（如各种 DFX 工具等）及各种集成技术等。进一步完善和发展这些技术是提高并行工程效益的根本保证。

2. 并行工程的特点

采用并行工程技术进行产品开发具有以下一些特点。

(1) 在产品设计期间，并行地处理整个产品生命周期中的关系，体现了小组合作、信任及其共享的价值，因而消除了由串行过程引起的孤立、分散及其"抛过墙"综合征。

(2) 在产品开发过程中，开发人员被划分成许多小组，通过并行规划，这些小组将并行工作最大限度地集中起来进行并行处理，因而缩短了产品开发周期，进而可使产品早日投放市场。

(3) 在设计一开始就考虑到影响产品质量的所有因素。可以在产品开发过程早期发现不同工程学科设计人员、功能、可制造性、可装配性及可维修性等因素之间的冲突关系，最大限度地避免设计错误，减少设计的更改和重复次数，提高质量，降低成本，使得产品开发过程接近一次成功的目标。

(4) 这种方法强调用户呼声，对用户更加负责。销售者与用户在产品设计阶段参与工作，对生产的有关要求在相当早的时期就已提出并明确下来。

大量的实践表明，并行工程能使企业取得明显的 TQCSE 效益以赢得市场竞争，典型的效益包括如下几点。

(1) 设计质量改进，使得生产中工程变更的次数减少一半以上。

(2) 产品设计及其有关过程的并行进行，使得产品开发周期缩短 40%～60%。

(3) 多专业小组一体化进行产品及其有关过程的设计，使得制造成本降低 30%～40%。

(4) 产品及其有关过程的优化，使得产品的报废及返工率下降 75%。

3. 并行工程的四个关键要素

1) 产品开发队伍重构

并行工程首先必须将传统的部门制或专业组变成以产品为主线的多功能集成产品开发团队(integrated product team, IPT)。IPT 包含三类人员：企业管理决策者、团队领导和团队成员。在并行工程的机构中，企业管理决策者的主要作用是提出指导路线、任务和目标，组织产品开发团队，指定团队领导并授权给他们，以及参与和支持他们的决策制定。而产品开发团队必须对他们所做的决策负责，并时刻把顾客的需求作为首先考虑的问题。团队成员的行为应该与整个团队保持一致。团队的数量和他们需要包括的学科由产品的复杂程度及其相应的过程所决定。IPT 的规模一般可以分成如下几个级别。

（1）任务级(task)。小的单一学科的团队，运用不太复杂的过程来开发一个相当简单的产品。这种产品一般来说只有一个主要的部件，几乎没有顾客需求。一个集中的团队就能更好地完成任务。

（2）项目级(program)。中等规模的团队，包含了一个或更多的学科，产品的开发过程由许多任务组成。虽然一个集中的团队也可能是成功的，但是一个分散的、多学科的团队可以改进产品，使之能更好地满足顾客的需求。

（3）工程级(project)。大型的群组，包含了很多学科的成员，产品相当复杂，包含主要部件和许多采用不同工艺的零部件。每一种部件都可能需要一个独立的开发团队。一个分散的、多学科团队最适用于这种复杂的工程。

（4）企业级(enterprise)。有一个非常庞大的人员机构，有多个工程团队，其中还可能包含外部的供应商。产品非常复杂，以至于只能以子系统的方式来描述和开发。

2) 产品开发过程重构

并行工程与传统产品开发方式的本质区别在于它把产品开发的各个活动视为一个集成的过程，从全局优化的角度出发对该集成过程进行管理和控制，并且对已有的产品开发过程进行不断的改进和提高，这种方法被称为产品开发过程重构(product development process re-engineering)。并行工程产品开发的本质是过程重构。企业要实施并行工程，就要对企业现有的产品开发流程进行深入的分析，找到影响产品开发进展的根本原因，重新构造一个能为有关各方所接受的新模式。实现新的模式需要两个保证条件：一是组织上的保证；二是计算机工具和环境的支持。产品开发过程重构的基础是过程模型，并行工程过程模型是实施并行工程的重要基础。

在深入分析企业传统的串行产品开发流程中对 TQCSE 构成障碍的各种因素之后，企业决策者必须下决心对产品开发模式进行改革。它包含市场分析、确定产品开发信息流程和开发进程。过程重构按任务级、项目级、工程级和企业级分层次实施。随着团队规模的增大，过程重构的复杂程度成倍增长。过程重构应当考虑下列因素。

（1）明确责任，划分产品开发数据流程。

（2）产品开发过程由串行改为并行。

（3）对 IPT 成员素质的要求。

（4）不同层次的 IPT 对协同环境的要求。

（5）尽量利用已有的资源。

其主要工作有如下几点。

（1）确定任务规划树。从传统的串行产品开发流程转变到集成的、并行的产品开发过程。将设计任务逐步分解成不同层次上的子任务，形成任务规划树，从实现总任务的功能上划分的子任务之间存在逻辑"与"的关系，它体现了完成产品开发的串、并行工作机制集成，即并行产品开发过程存在着有序性和可并行性。

（2）制定信息流。根据确定的任务规划树，可制定出并行产品开发过程中的信息流程图，以改进过程，使得信息流动与共享的效率更高。

3) 数字化产品定义

其工作内容包括服务于产品整个生命周期诸进程的数字化产品模型和产品生命周期数据管理以及数据化工具集成和信息集成。

(1) 产品数据定义与管理。建立和使用产品数据库是设计过程中的一个关键工作，这些数据库将工作、任务、工具和人员集成到一起。产品数据库中单个元件的规格和说明可以随时提供所有的工具和人员。产品数据管理系统(PDM)已成为一种重要的支持系统。

(2) 工具集成和信息集成。要实现产品并行开发，必须采用各种先进的计算机辅助工具，即广义的 CAD/DFX 数字化工具集，如质量功能配置（QFD）、面向制造的设计（DFM）、面向装配的设计（DFA）、计算机辅助工装设计（CAFD）。这些工具通过统一的产品数字化模型定义，在 PDM 技术的支持下，实现各团队之间的协同工作及各阶段部门之间的过程集成和信息集成。

4) 协同工作环境

协同工作环境是用于支持 IPT 协同工作的网络与计算机平台。它必须支持用于产品开发的特定信息类型和信息容量，把正确的信息在正确的时间以正确的方式传递给正确的人。在一般情况下，任务、工具和人员越多，数据就越多样化，对通信技术的要求就越高。对于不同规模的团队，可以建立不同层次的支持环境。电子邮件系统可以使得集中于任务的每一位团队成员随时得知任务的进展情况。

对于规模较大一些的项目团队，一个有调查和报告能力的数据库将成为通信基本设施的重要组成部分。团队成员和他们的设计工具都应该可以使用这个数据库。这些系统能够将有关设计的信息编译成各种可用的形式。

交互式浏览功能的数据库管理系统(DBMS)将有利于工程级并行工程群组进行信息交换。这个系统应该被团队成员和他们的设计工具用来实现快速、交互的信息存取。比较理想的是，DBMS 应该能够从各个不同的学科所维护的不同的数据库中存取与设计相关的数据。对设计数据的管理应该包含正在使用的和不使用的数据。

包含了设计知识库的、功能非常强的通信基本设施将支持企业范围的并行工程团队。知识库对进行中的产品开发过程提供自动的、交互的决策支持。这种通信设施可以支持团队在任何地方进行设计。

12.3.3 并行工程在汽车工业中的运用

汽车工业是一个技术与资金高度密集的成熟产业，是当今许多高新技术的载体。产品开发是汽车工业技术的核心，其本身也是一项重要的技术。汽车开发是一项复杂的系统工程。它的开发流程包括创意、造型、设计、工程分析、样车实验、工装设计及加工、调试、生产、装配等工作。如果不能很好地协调各环节，汽车开发必然是费时费力的浩大工程。尤其是这几年国内汽车业迅猛发展，各汽车厂竞争空前激烈，汽车开发的周期、质量、成本显得尤为重要。由于对产品研究开发的投入力度不够，新产品开发全过程的实践不够，我国与国外高水平的汽车开发技术相比还有很大差距，特别是在产品开发的组织体系及人员、产品开发工作的组织、产品开发过程等环节上。下面将探讨采用并行工程在汽车的开发过程中如何实现缩短产品开发周期，提高产品质量，降低产品开发成本。

一般来讲，汽车产品开发期共有四个阶段，即策划阶段、设计阶段、样品试制阶段、小批试制阶段。汽车企业实施产品开发并行工程，就应该在这四个阶段运用。

1. 并行工程在策划阶段的运用

在策划阶段，汽车企业决策层首先应该考虑：开发的产品是否能为企业带来经济效益；开发的产品是否具有先进性、可行性、经济性、环保性等优点；开发的产品是否具有潜在市场；竞争对手是否也在开发同类型产品，他们的水平如何；开发产品是否符合国内外法律法规和专利要求等方面的可行性。如果通过论证认为可行，则立即组建产品开发并行工程项目小组。企业应从与产品开发相关的部门，选定有一定技术专长和管理能力的产品设计、产品工艺、质量管理、现场施工、生产管理等人员（如有必要，还可邀请产品的使用客户代表参加）组成并行工程项目小组，同时明确小组成员的工作职责。

2. 并行工程在设计阶段的运用

并行工程要求产品开发人员在制定产品设计的总体方案时就考察产品生命周期中的所有因素，解决好产品的 T、Q、C、S 难题，即以最快的上市速度、最好的质量、最低的成本及最优的服务来满足顾客的不同需求和社会可持续发展的需求。总体方案的设计与论证作为以后详细设计的依据，必须从总体上保证最优，包括优化设计、降低成本、缩短研制周期。

在设计阶段，产品开发并行工程项目小组应根据用户要求确定所开发产品的设计目标。要确保所开发产品能使用户满意，就必须以用户关注的项目开发周期、项目开发成本和预定的最优效果作为所开发产品的设计目标。设计目标是并行工程项目小组的行动纲领，这些目标都是充分研究国内外经济形势、顾客合理要求、市场总体需求、国家法律法规要求和企业内部客观条件，并在全面收集竞争对手有关资料的基础上确定的。设计目标确定后，要采用既合理又简便的方法，根据用户要求，找出关键目标，并将设计目标分解为若干个分类目标。这样，并行工程项目小组就能自上而下地把设计目标层层展开，企业各部门并行地开展工作，并按关键目标要求，对产品开发过程进行评价，得出最优设计结果。

3. 并行工程在样品试制阶段的运用

并行工程在样品试制阶段的工作重点是实现产品各方面的优化。并行工程项目小组应建立典型产品的设计模型。汽车企业进行典型产品设计、可靠性设计和可靠性试验的目的，就是建立典型产品的设计数据库，并通过现代计算机的应用技术，将设计数据实现信息收集、编制、分配、评价和延伸管理，确立典型产品设计模型，并通过对确立的典型产品设计模型的研究，利用信息反馈系统进行产品寿命估算，找出其产品设计和产品改进的共性要求，实现产品的最优化设计。要使开发的汽车产品设计最优化，还必须了解同类产品的失效规律及失效类型，尤其是对安全性、可靠性、耐久性有重要影响的产品设计，要认真分析数据库内同类产品的失效规律及失效类型作用，采取成熟产品的积累数据，通过增加安全系数、降低承受负荷、强化试验等方法，来进行产品最优化设计。

4. 并行工程在小批量试制阶段的运用

并行工程在小批量试制阶段的工作重点是实现生产能力的优化。应按产品质量要求对生产能力进行合理配置。生产过程的人员、设备、物料、资金、信息等诸要素的优化组合，是实现用最少投入得到最大产出的基础，尤其是在产品和技术的更新速度不断加快、社会化大生产程度日益提高的今天，要实现产品快速投放市场，就更需要对工艺流程、工序成本、设备能力、工艺装备有效性、检测能力及试验能力的优化分析，实现生产能力的合理配置。同时对于生产出来的产品，应站在用户的立场上，从加工完毕、检验合格的产品中抽取一定数量，评价其质量特性是否符合产品图样、技术标准、法律法规等规定要求；并以质量缺陷多少为依据，评价产品的相应质量水平，并督促有关部门立即制定改进措施。对于投入试用的产品，还应把用户反馈回来的信息进行分析；针对用户提出的合理和可行的建议，也应拿出改进措施，保证客户满意。另外，由于汽车这个产品对安全要求的特殊性，企业还必须对汽车进行安全可靠性试验。对汽车产品进行安全可靠性试验的目的，主要是考核产品是否达到规定的安全要求。产品设计改进和产品质量改进贯穿于产品寿命周期。

12.4 快速成形技术

12.4.1 快速成形概述

1. 快速成形技术产生背景

随着全球市场一体化的形成，制造业的竞争越来越激烈，产品的开发速度日益成为市场竞争的主要焦点。在此情况下，自主快速开发产品（快速设计和快速工模具制造）的能力，成为制造业全球竞争的实力基础。同时，制造业为满足日益变化的用户需求，又要求制造技术有较强的灵活性，能够以小批量甚至单件生产而不增加产品的成本。因此，开发产品的速度和制造技术的柔性就显得十分重要。从技术发展角度看，计算机、CAD、材料、激光等技术的发展为新的制造技术的产生奠定了基础。快速成形制造技术（rapid prototyping manufacturing，RPM）就是在这种社会背景下，于20世纪80年代后期产生于美国，并很快扩展到日本及欧洲，是近30年来制造技术领域的一项重大突破。

2. 快速成型定义

目前，"rapid prototyping"一词已不能完全表达出各种成形系统、成形材料及成形工艺等所包含的内容。因此，关于什么是"rapid prototyping"，美国制造工程师协会（SME）对RP技术进行了定义："RP系统依据二维CAD模型数据、CT和MRI扫描数据和由三维实物数字化系统创建的数据，把所得数据分成一系列二维平面，又按相同序列沉积或固化出物理实体。"

3. 快速成形原理

首先由三维CAD软件设计出所需要零件的计算机二维曲面或实体模型（也称电子模型）；然后根据工艺要求，按一定的规则将其按某一厚度进行分层，将原来的三维电子模型变成一系列的二维平面信息；再将分层后的数据进行一定的处理，加入合适的加工参数，产生数控代码；最后在微机控制下，数控系统以平面加工方式，连续有序地加工出每个层片，并使它们自动粘接而成形。图12.5所

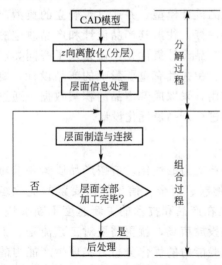

图12.5 快速成形原理框图

示为快速成形原理框图。

12.4.2 快速成形工艺方法

RPM 技术的具体工艺不下 30 余种，最为成熟的有以下四种。

1. 立体印刷

立体印刷（stereo lithography，SL）快速成形技术最早是由美国 3D System 公司开发的，它的工作原理是：如图 12.6 所示，由一个扫描激光头发出紫外激光束，在液态紫外光敏树脂的表层进行扫描，扫描的轨迹及激光的有无均由计算机控制，液态树脂表层受光束照射的那些点发生聚合反应形成固态。成形开始时，工作平台在液面下一个确定的深度，液面始终处于激光的聚焦平面，聚焦后的光斑在液面上按计算机的指令逐点扫描，即逐点固化。当一层扫描完成后，未被照射的地方仍是液态树脂。然后升降台带动平台下降一层高度，已成形的层面上又布满一层树脂，以便进行第二次扫描，新固化的一层牢固地粘在前一层上。如此重复进行，直至三维零件制作完毕。

2. 分层实体制造

分层实体制造（laminated object manufacturing，LOM）快速成形技术最早是由美国 Helisys 公司开发的。该项技术将薄片材料，如纸、塑料薄膜等一层一层地堆叠起来，激光束只需扫描和切割每一层的边沿，而不必像 SL 技术那样，要对整个表面层进行扫描，如图 12.7 所示。它的工作原理是：片材表面事先涂覆上一层热熔胶，加工时，热压辊热压片材，使之与下面已成形的工件粘接；在计算机控制下，CO_2 激光器在刚粘接的新层上切割出零件截面轮廓和工件外框，并在截面轮廓与外框之间多余的区域内切割出上下对齐的网格；激光切割完成后，工作台带动已成形的工件下降，与带状片材分离；供料机构转动收料轴和供料轴，带动料带移动，使新层移到加工区域；工作台上升到加工平面；热压辊热压，工件的层数增加一层，高度增加一个料厚；再在新层上切割截面轮廓。如此反复，直至零件的所有截面粘接、切割完毕，从而得到分层制造的实体零件。

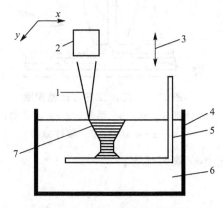

图 12.6 SL 工艺方法原理图

1—激光束；2—扫描镜；3—z 轴升降方向；4—树脂槽；5—升降台；
6—光敏树脂；7—零件

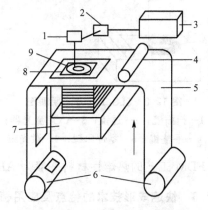

图 12.7 LOM 工艺方法原理图

1—x-y 扫描系统；2—光路系统；
3—CO_2 激光器；4—热压滚筒；
5—原料片；6—原料回收供应卷；
7—工作平台；8—外形机剖面线；9—零件原型

LOM 模型相当坚固，它可以进行机械加工、打磨、抛光、绘制、加涂层等各种形式的加工。目前用于 LOM 技术的箔材主要有涂覆纸、覆膜塑料、覆蜡陶瓷箔、覆膜金属箔等。

3. 选择性激光烧结

选择性激光烧结（selective laser sintering，SLS）技术最早由美国得克萨斯大学开发，并由 DTM 公司将其推向市场。SLS 工艺是利用粉末状材料成形的。其工作原理是：如图 12.8 所示，将材料粉末铺洒在已成形零件的上表面，并刮平；在计算机的控制下，用高强度的 CO_2 激光器在刚铺的新层上扫描出零件截面；材料粉末在高强度的激光照射下被烧结在一起，得到零件的截面，并与下面已成形的部分粘接；一层完成后再进行下一层，循环往复，全部烧结完成后，去除多余的粉末，便得到烧结成的零件。

4. 熔融沉积成形

熔融沉积成形（fused deposition modeling，FDM）工艺由美国学者 Dr. Scott Crump 于 1988 年研制成功。它是一种不使用激光器加工的方法。其工作原理是：如图 12.9 所示，喷头在计算机控制下做 x-y 联动及 z 向运动，丝材在喷头中被加热到温度略高于其熔点，通过带有一个微细喷嘴的喷头挤喷出来。热熔性材料的温度始终稍高于固化温度，而成形的部分温度稍低于固化温度。热熔性材料挤喷出喷嘴后，随即与前一个层面熔结在一起。一个层面沉积完成后，工作台按预定的增量下降一个层的厚度，再继续熔喷沉积，直至完成整个实体零件。

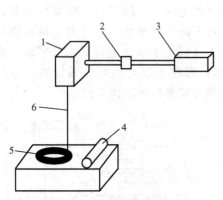

图 12.8 SLS 工艺方法原理图
1—扫描镜；2—透镜；3—CO_2 激光器；
4—平整辊；5—零件原型；6—激光束

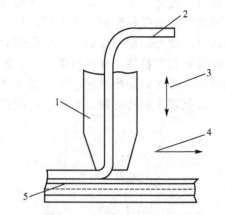

图 12.9 FDM 工艺方法原理图
1—加热装置；2—料丝；3—z 向运动；
4—x-y 联动；5—零件原型

FDM 工艺的热熔性材料一般为 ABS、蜡、聚乙烯、聚丙烯等。

12.4.3 快速成形技术的特点及应用领域

由以上各种工艺的原理可以看出，快速成形技术有一个共同的特点，即先将产品零件做分层处理，然后再一层层地叠加，这决定了快速成形技术有以下特点。

（1）可以加工出任意形状的产品零部件。

（2）可以加工多种材料，以得到不同的力学性能和热特性的工件。

(3) 不需要制造专用的模具、夹具。
(4) 不需要专门设计图样。
(5) 不需要编制工艺文件。
(6) 非常适合于计算机集成制造。
(7) 速度快,传统法失蜡铸造生产四缸发动机铝质缸体,需要 10 个月到 1 年时间,用快速成形机制造失蜡熔模,缸体生产周期缩短到 5 个星期。
(8) 成本几乎与零件的复杂程度和生产批量无关,因此快速成形制造技术适合于小批量零部件,尤其是一些独特的零部件。

由于快速成形技术的特点,它一经出现就得到了广泛的应用,目前已广泛应用于汽车、机械、电子、电器、航空航天、医学、建筑、玩具、工艺品等许多领域。

快速成形制造的第一类用途是最早应用于机械零件或产品整体设计效果的直观物理效果实现,因为只是用来审查最终产品的造型、结构和装配关系等目的,由此,造型材料要求较低。

快速成形的第二类用途是制造用于造型的模型,如陶瓷型精铸模、熔模铸造模、冷喷模和电铸模等。

第三类用途则为应用于最终产品,如采用金属粉直接成形机械零件和压力加工模具等。

最近,快速成形技术因其不可比拟的优势而被用来进行组织工程材料的人体器官诱导成形研究。组织工程材料是与生命体相容的、能够参与生命体代谢并在一定时间内逐渐降解的特种材料。用快速成形技术并采用这种材料制成的细胞载体框架结构能够创造一种微环境,以利于细胞的粘附、增殖和功能发挥。它是一种极其复杂的非均质多孔结构,是一种充满生机的蛋白和细胞活动、繁衍的环境。在新的组织、器官生长完毕后,组织工程材料随代谢而降解、消失。在细胞载体框架结构支撑下生长的新器官完全是天然器官。这一技术将为人们的健康提供更强有力的保证。

快速成形技术经过十几年的发展,已经显示出无限的生命力,成功实现了 CAD/CAM 的集成。该项技术以其不可比拟的优势必将成为 21 世纪占有重要地位的先进制造技术。

12.4.4 快速成形技术的发展趋势

快速成形是面向产业界的高新综合技术,它无疑将继续获得越来越广泛的应用。国外有人预测:快速成形技术将成为一种一般性的加工方法。这一技术在我国许多行业也有巨大的潜在市场。目前,快速成形技术最突出的问题是,所制成形零件的物理性能较差,成形机的价格较高,运行成本较高,零件精度低,表面粗糙度高,成形材料仍然有限。因此从上述 RP 技术的发展现状来看,未来几年的趋势叙述如下。

(1) 提高 RP 系统的速度、控制精度和可靠性,优化设备结构,选用性能价格比高、寿命长的元器件,使系统更简洁,操作更方便,可靠性更高,速度更快。开发不同档次、不同用途的机型也是 RP 系统发展的一个方面。例如,一方面开发高精度、高性能的机型,以满足对制件尺寸、形状和表面质量要求很高或有特殊要求的用户;另一方面,开发专门用于检验设计、模拟制品可视化,而对尺寸精度、形状精度和表面粗糙度要求不高的概念机。

(2) 提高数据处理速度和精度，研究开发用 CAD 原始数据直接切片方法，减少数据处理量以及由 STL 格式转换过程而产生的数据缺陷和轮廓失真。

(3) 研究开发成本低、易成形、变形小、强度高、耐久及无污染的成形材料。将现有的材料，特别是功能材料进行改造或预处理，使之适合于 RP 技术的工艺要求，从 RP 特点出发，结合各种应用要求，发展全新的 RP 材料，特别是复合材料，如纳米材料、非均质材料、其他方法难以制造的复合材料等。降低 RP 材料的成本，发展新的更便宜的材料。

(4) 开发新的成形能源。在前述的主流成形技术中，SLA、LOM 和 SLS 均以激光作为能源，而激光系(包括激光器、冷却器、电源和外光路)的价格及维护费昂贵，传输效率(输出激光能量/输入电能)较低，影响制件的成本。新成形能源方面的研究也是 RP 技术的一个重要方向。

(5) 研究开发新的成形方法。在过去的几年中，许多研究者开发出了十几种成形方法，基本上都基于立体平面化—离散—堆积的思路。这种方法还存在着许多不足，今后有可能研究集"堆积"和"切削"于一体的快速成形方法，即 RP 与 CNC 机床和其他传统的加工方式相结合，以提高制件的性能和精度，降低生产成本。还可能从 RP 原理延伸，产生一些新的快速成形方法。

(6) 继续研究快速制模(RT)和快速制造(RM)技术。一方面研究开发 RP 制件的表面处理技术，提高表面质量和耐久性；另一方研究开发与注塑技术、精度铸造技术相结合的新途径和新工艺，快速经济地制造金属模具、金属零件和塑料件。

(7) 在应用方面，通过对现有 RP 系统的改进和新材料的开发，使之能够经济地生产出直接可用的模具、工业产品和民用消费品；造出人工器官，用于治疗疾病。

(8) 向大型制造与微型制造进军。分析各大公司的产品系列可以发现，原型的制造尺寸呈增大的趋势。由于大型模具的制造难度和 RPM 在模具制造方面的优势，可以预测将来的 RPM 市场将有一定比例为大型成形制造所占据。与此形成鲜明对比的将是 RPM 向微型领域的进军，SL 的一个重要发展方向是微米印刷(microlithography)、制造微米零件(microscale part)。日本 Nagoya University 在这方面领先，激光光斑可达 $5\mu m$，成形时原型不动，激光束通过透明板精密聚焦在被成形的原型上。$x-y$ 扫描全停位精度为 0.00025mm，z 向停位精度为 0.001mm，可制造 $5\mu m \times 5\mu m \times 3\mu m$ 零件，如静脉阀、集成电路零件等。

(9) RPM 行业标准化，并且与整个产品制造体系相融合。RP 技术经过十几年的发展，在设备与材料两方面都有了长足的进步，但目前由于该技术的成本高，加以制件的精度、强度和耐久性能还不能满足用户的要求，暂时阻碍了 RP 技术的推广普及。此外，近年来，CNC 切削机床也在大步向前发展，一方面，价格大幅度下降；另一方面，高速、高精的 CNC 机床问世，制件时间缩短，精度及表面质量提高。因此，不少企业使用 CNC 切削机床快速制造金属或非金属模具及零件，向 RP 技术提出了新的挑战，但是在成形复杂、中空的零件方面，CNC 切削机床是不能取代 RP 技术的。这种直接从概念设计迅速转为产品的设计生产模式，必然是 21 世纪的制造技术的主流。随着技术的进步，RP 技术还会大踏步地向前发展，并将成为许多设计公司、制造公司、研究机构和教育机构等的基本技术和装备。

12.5 虚拟制造技术

20世纪90年代以来,对市场的快速响应(交货期)成为企业竞争的焦点,于是敏捷制造、智能制造、虚拟制造(VM)等新概念、新的生产组织方式、新的生产模式相继出现。企业的柔性和快速响应市场的能力成为竞争能力的主要标志。一些学者预测,21世纪初是技术创新的年代,就是以高新技术、新颖的产品去开拓市场,创新将是主要标志。因此,知识的获取和创新、信息的交流和技术的合作都是本世纪市场竞争的热点问题。虚拟制造技术就是根据企业竞争的需求,在强调柔性和快速的前提下,于20世纪80年代提出来的,并随着计算机技术,特别是信息技术的迅速发展,在90年代得到了人们的极大重视,获得迅速发展。

12.5.1 虚拟制造概述

1. 虚拟制造技术与虚拟制造系统

虚拟制造技术(virtual manufacturing technology,VMT)是由多学科先进知识形成的综合系统技术,是以计算机仿真技术为前提,对设计、制造等生产过程进行统一建模,在产品设计阶段,实时地并行地模拟出产品未来制造全过程及其对产品设计的影响,预测产品性能、产品制造成本、产品的制造性,从而更有效、更经济地、灵活地组织制造生产,使工厂和车间的资源得到合理配置,以达到产品的开发周期和成本的最小化、产品设计质量的最优化、生产效率的最高化之目的。虚拟制造系统(virtual manufacturing system,VMS)是基于虚拟制造技术实现的制造系统,是实际制造系统(real manufacturing system,RMS)在虚拟环境下的映射。VMS生产的产品是可视的虚拟产品,是一个数字化产品,它具有真实产品所必须具有的特征,并具有动态结构及决策、控制、调度、管理等四个机制。VMT和VMS涉及整个产品开发和制造过程的方方面面,对于产品来说,涉及整个产品生命周期的各个方面,对于制造过程来说,涉及整个工厂的各个方面。

2. 虚拟制造的特点

(1) 虚拟制造是实际制造过程在计算机上的映射和本质表现,即采用计算机仿真与虚拟现实技术,在计算机上群组协同工作,实现产品的设计、工艺规划、加工制造、性能分析、质量检验,以及企业各级过程的管理与控制等产品制造的本质过程,以增强制造过程各个过程的决策与控制能力。

(2) 虚拟制造虽然不是实际的制造,但却实现实际制造的本质过程,是一种通过计算机虚拟模型来模拟和预估产品功能、性能及可加工性等各方面可能存在的问题,提高人们的预测和决策水平,使得制造技术走出主要依赖于经验的狭小天地,发展到了全方位预报的新阶段。

(3) 产品设计与制造是在虚拟环境下进行的,在计算机上进行产品设计、制造、测试,甚至设计人员或用户可"进入"虚拟的制造环境检验其设计、加工、装配和操作,而不依赖于传统的原型样机的反复修改;还可将已开发的产品(部件)存放在计算机里,不但大大节省仓储费用,更能根据用户需求或市场变化快速改变设计,快速投入批量生产,从而能大幅度压缩新产品的开发时间,提高质量,降低成本。

(4) 可使分布在不同地点、不同部门的不同专业人员在同一个产品模型上协同工作,相互交流,信息共享,减少大量的文档生成及传递的时间和误差,从而使产品开发以快捷、优质、低耗响应市场变化。

3. 虚拟制造的内涵

如果将实际制造系统(RMS)抽象成由实际物理系统(real physical system,RPS)、实际信息系统(real information system,RIS)、实际控制系统(real control system,RCS)组成的,可以简单表示为

$$RMS=\{RPS, RIS, RCS\}$$

RPS 包括所有的制造物理实体,如材料、机床、机器人、夹具、控制器等,RIS 包括信息处理和决策,如调度、计划、设计。RIS 通过 RCS 与 RPS 交换信息。

那么,可以将实际制造系统映射到基于虚拟制造技术的虚拟制造系统,虚拟制造系统可以表示为

$$VMS=\{VPS, VIS, VCS\}$$

其中,VPS 是虚拟物理系统,VIS 为虚拟信息系统,VCS 是虚拟控制系统。

按照与生产各阶段的关系,有些文献将虚拟制造分成三类,即以设计为核心的虚拟制造、以生产为核心的虚拟制造和以控制为中心的虚拟制造。

以设计为中心的虚拟制造,这类研究是将制造信息加入到产品设计和工艺设计过程中去,并在计算机中进行数字化"制造",仿真多种制造方案,检验其制造性或装配性,预测产品的性能和报价、成本。其主要目的是通过"制造仿真"来优化产品设计和工艺过程,尽早发现设计中的问题。

以生产为中心的虚拟制造,这类研究是将仿真能力加入到生产计划模型中,其目的是方便和快捷地评价多种生产计划,检验新工艺流程的可信度、产品的生产效率及资源的需求状况(包括购置新设备、征询盟友等),从而优化制造环境的配置和生产的供给计划。

以控制为中心的虚拟制造,这类研究是将仿真能力增加到控制模型中,提供对实际生产过程仿真的环境。其目的是在考虑车间控制的基础上,评估新的或改进的产品设计及与生产车间相关的活动,从而优化制造过程,改进制造系统。

虚拟制造从根本上讲就是要利用计算机生产出"虚拟产品"。我们不难看出,虚拟制造技术是一个跨学科的综合性技术,它涉及仿真、可视化、虚拟现实、数据继承、优化等领域。

4. 虚拟制造的效果

虚拟制造可以为企业带来以下六个方面的主要效果。

(1) 提供影响产品性能、制造成本、生产周期的相关信息,以便使决策者能够正确地处理产品的性能、制造成本、生产进度和风险之间的平衡关系,做出正确的设计和管理决策。

(2) 提高产品的设计质量,减少设计缺陷,优化产品性能。

(3) 提高工艺规划和加工过程的合理性,优化制造过程及提高制造质量。

(4) 通过生产计划的仿真,可以优化资源配置和物流管理,实现柔性制造和敏捷制造,缩短制造周期,降低生产成本。

（5）通过提高产品质量，降低生产成本，缩短开发周期以及提高企业的柔性，以适应用户的特殊要求和快速响应市场的变化，形成企业的市场竞争优势。

（6）通过虚拟企业的概念以及具体的实践组成的快速响应部队，能在竞争中为企业把握机遇和带来优势。

12.5.2 虚拟制造的研究内容

虚拟制造的主要研究内容可以分为三个方面：虚拟制造的理论体系、虚拟产品设计、虚拟产品制造。

1. 虚拟制造的理论体系

合理的体系能为虚拟制造的后续发展提供一个逻辑严密、开放性强、结构紧凑的基础，同时有助于理顺虚拟制造单元技术间的关联机制。

（1）开放机理。虚拟制造首先是一个支撑环境与平台，和基于其使能技术的开发工具集，对已有CIMS、并行工程的哲理、敏捷制造与虚拟制造技术综合考虑，建立基于"即插即用"技术和异种软件间标准数据接口的体系，以实现体系的开放性。具体表现为系统功能的易扩展性、系统硬件的开放性、系统软件的开放性。

（2）分布机理。通过Internet/Intranet连接的、位于不同的网址上的工程人员共享产品设计、制造和管理所需的数据、知识、资源信息，使用分布性的应用工具，进行虚拟产品开发。

（3）动态机理。基于虚拟制造技术构建的虚拟制造系统可以动态地运行操作，以支持产品开发过程中的所有活动。企业的不同资源可以分别属于开发不同产品的不同虚拟制造系统，VMS应能灵活地根据产品实施方案，进行企业对象和生产活动的映射和构建。

（4）并行机理。在虚拟制造环境的分布式特性的控制下，由于制造资源共享和开发过程的并行，故可以"虚拟并行运作"描述这个过程，其核心要素是基于工作流程思想的活动。

（5）集成机理。虚拟制造环境下的数据管理是一项综合性的技术，模型和数据管理就是要以有效手段管理产品开发过程中的相关模型、数据和知识，并提供宏观信息管理和控制的机制。也包括模型的标准化和可重用性技术、模型间的信息交互和共享。

（6）人机和谐机理。虚拟现实技术的应用极大地增强人与计算机的交互方式，使人可以融入制造系统的虚拟环境中，强调人在虚拟制造系统运行中的作用。

2. 虚拟产品设计

建立产品的功能和结构信息模型，同时对产品的结构、功能、性能进行仿真，作为对设计的指导和对用户需求的预评估。

（1）虚拟产品建模理论。建立支持设计、工艺、制造、装配等多层次开发活动的信息交互与共享的统一虚拟产品模型，该模型应反映用户需求，支持设计者思维和决策活动，融合现代设计方法学和人工智能，是一种全数字化的特征信息共享的虚拟产品模型。

（2）并行设计过程及管理。研究设计过程建模，解决设计任务和活动的形式化，研究设计过程知识的表达和组织，建立设计活动运作模型，研究设计活动串并行实施的预规划策略，并根据虚拟产品设计仿真评价结果提出重设计策略。

（3）面向设计过程的智能仿真。研究虚拟产品在设计过程中的演变历程及其相关信息的触发机制,进行虚拟产品过程演化仿真。研究虚拟产品的工程分析模型和面向设计过程的仿真评价体系,探讨评价结果应对策略及对设计过程的反馈设计机制。

3. 虚拟产品制造

虚拟产品制造在真实产品投产之前,就是在虚拟制造系统中模拟出产品未来的制造过程。

(1) 建立统一的虚拟制造分布式仿真模型以支持产品制造全过程,研究在虚拟产品制造过程中,制造系统与各个加工制造过程之间、产品制造与产品设计之间的关系,建立既支持制造系统建模仿真,又支持制造过程建模仿真,同时还支持统一的虚拟制造分布式仿真模型。

(2) 制造系统离散事件建模与仿真。在制造系统模型的支持下,调度方案通过面向对象的离散事件仿真器进行调度全过程的仿真运行,提供工艺和调度的集成以及并行决策的反馈支持,同时预测调度成本和调度时间,建立虚拟生产调度的方法、规则、模糊判断等知识库。

(3) 多级分布式仿真集成基础结构。根据统一的虚拟制造分布式仿真模型,建立分布式仿真集成基础结构,为制造系统仿真工具和各个加工制造过程仿真工具的有机集成提供支持,研究面向设计方案评价的集成方法,建立面向生产的虚拟产品制造集成体系。

12.5.3 虚拟制造的技术体系

虚拟制造涉及整个产品生命周期中的各个方面,即产品设计、制造的所有活动,不仅要用到制造企业的所有传统技术,而且还需要开发虚拟制造系统特有的新技术与新方法,尤其是需要虚拟制造环境下新的建模与仿真技术。

1994年7月12～13日在美国俄亥俄州(Ohio)的代顿(Dayton)召开的 Virtual Manufac- turing User Workshop 会议上提出了9个技术领域,16项技术。1994年10月25～26日在同一地点召开的 Virtual Manufacturing Technical Workshop 会议上又将技术领域扩展为13个,技术项目扩展为44项。

如何有效地组织、开发这许许多多的虚拟制造技术是实施虚拟制造系统的关键之一。为了有效地管理、组织、开发、使用虚拟制造技术,确保虚拟制造系统的实施,构建了虚拟制造的体系,如图12.10所示。

虚拟制造技术的体系结构由三大主体技术群(建模技术群、仿真技术群、控制技术群)和一个支撑技术群(为三大主体技术群的实施提供支持)组成。由于虚拟制造技术是一个有机的整体,所以,三大主体技术群不是相互孤立的,它们之间有大量的信息交换。为了使各种技术具有可操作性,保证各项技术的实施,还需要一定的计算机软、硬件环境,如各种计算机及外围设备、网络设备、各种计算机软件、企业文化氛围、企业的管理制度等。此外,要在全球范围内实现敏捷制造,创建虚拟公司,建立全球虚拟制造系统,还需要信息高速公路的支持,目前的做法可以在 Internet 上实现。

1. 建模技术群

建模技术群是指用来开发虚拟制造系统中各种模型的所有技术与方法。

建模技术是虚拟制造的关键技术之一。建模问题包括表达、表述语言、抽象、联合、标准、重用性、多用性和配置控制。重要的建模技术有基于约束的参数化特征3D建模技

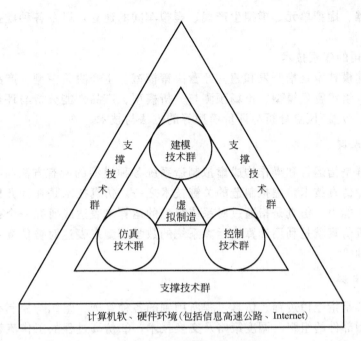

图 12.10 虚拟制造的技术体系

术、具有变量推理的产品定义模型技术、面向 CE 适用于虚拟制造技术的产生式工艺设计技术、基于物理学的过程建模系统、面向对象的动态功能语言和基于事件的建模技术、制造过程的计算机特征化技术(包括制造过程中影响材料转化变量的捕捉、测量和分析,以及创建基于实际车间数据的这些过程的通用模型的技术和方法)。

根据建模对象的不同,建模技术可以分为产品和过程模型的建模技术、虚拟车间的建模技术、虚拟公司的建模技术。

1)产品和过程模型的建模技术

产品和过程建模是虚拟制造技术与系统的核心技术之一。在虚拟制造系统中,产品和过程模型以虚拟产品主模型的方式构造与组织。

产品模型是动态的,它是制造过程中各类实体对象模型的集合,包括物料、中期产品(半成品)、目标产品(成品)等。这些制造对象有许多方面(即产品模型的不同视图),在某一阶段只有其中一部分与某一特定的实际应用有关,如在总体设计阶段只有概念化的形状信息是重要的,而在详细设计阶段必须具备有工程分析的结构模型。这些方面相互关联并以适当的方式表示,一般采用对象层次和谱义网络模型表示这些方面。产品模型用各个一方面的层次/网络表示;各层次或网络节点中的信息应为过程模型所理解。因此,产品模型是各类符号化方面的结构表示,各方面的语义由对应的过程模型给定。

过程模型表示所有用于代表产品行为和制造过程的物理过程。在虚拟制造系统中,过程模型的主要目的是预测未来的产品行为和评估生产过程中产品的制造性。

2)虚拟车间模型的建模技术

虚拟车间模型主要由设备模型、车间布局模型、生产调度模型、制造过程模型、过程监控模型以及这些模型之间的关联模型(元模型)等组成。

虚拟车间模型的建模技术主要包括现实制造系统与虚拟制造系统之间的映射,虚拟设备、虚拟传感器、虚拟单元、虚拟生产线、虚拟车间的建立，以及各种虚拟设备的重用性和重组性技术。

3）虚拟公司的建模技术

虚拟公司建模技术是指开发和建立经营决策模型、生产决策模型、产品决策模型以及决策评价模型、组织管理模型、市场预测与分析模型、产品性能分析与评价模型、成本分析与评价模型、效益/风险分析与评价模型等的方法与技术。

2. 仿真技术群

仿真技术群是指运行和操作构成虚拟制造系统各种模型的所有方法与技术。VM是基于模型的制造，仿真技术是虚拟制造的关键技术之一。仿真技术是在计算机中表达一个物理系统或环境的能力。仿真是指通过对系统模型的运算来表达或研究一个存在或正在设计的系统。计算机仿真就是利用计算机运算系统的数学模型来表达对被仿真系统的分析、研究、设计、培训等。

3. 控制技术群

控制技术群是指建模过程、仿真过程所用到的各种管理、组织与控制技术与方法。主要包括：①模型部件的组织、调度策略及交换技术；②仿真过程的工作流程与信息流程控制；③虚拟制造系统方法论；④概念设计与制造方法、加工过程、成本估计集成技术；⑤集成动态的、分布式的、协作模型的集成技术；⑥实现最佳设计的冲突求解技术；⑦基于仿真的推理技术；⑧模型及仿真结果的验证、确认技术。

4. 支撑技术群

支撑技术群是指支持虚拟制造系统开发、控制与运行取得进步的基础性技术，主要包括：数据库技术、人工智能技术、系统集成技术、分布式并行智能协同求解技术、综合可视化技术等。

12.5.4 虚拟制造系统的体系结构

虚拟制造系统的体系结构由三层构成，分别是经营决策层、产品决策层和生产决策层，如图12.11所示。

（1）经营决策层。根据用户需求和市场信息、本企业的资源及技术条件等情况，做出生产产品的种类、规模、性能、规格等决策。

（2）产品决策层。根据上层所做出的生产产品的性能、规格做出产品总体方案决策，并对其性能做出初步评价，对其成本做出初步预估。

（3）生产决策层。根据下层决策和企业人力、物力及技术资源与水平等情况，做出产品开发计划、生产任务规划、生产调度计划等决策，并在计算机上实现其制造过程，生产出数字产品，通过对数字产品的工作过程仿真，对产品性能做出合理的评价。通过对数字产品的构成和形成过程进行分析，做出产品成本的分析报告。同时，数字产品可以展示给用户，让用户对该产品进行评价。综合各方面的因素，对产品投产的风险和效益做出评价。

上述三个层次的决策是在统一的软、硬件支持环境下，协同工作，求得全局最优的决策。

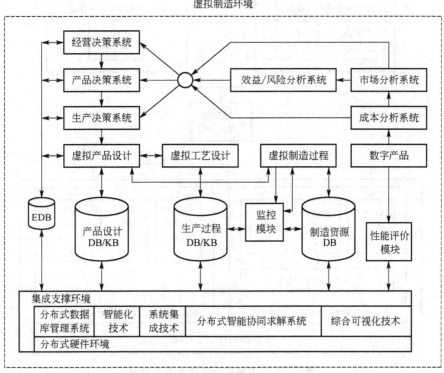

图 12.11 虚拟制造系统的体系结构

12.5.5 虚拟制造环境与平台

从产品生产的全过程来看,虚拟制造应包括产品的制造性、生产性和合作性的支持。所谓制造性是指所设计的产品(包括零件、部件和整机)的加工性(铸造、冲压、焊接、切削等)和装配性;而生产性是指在企业已有资源(广义资源,如设备、人力、原材料等)的约束条件下,如何优化生产计划和调度,以满足市场或顾客的要求;虚拟制造还应对敏捷制造提供支持,即为企业动态联盟(virtual enterprise,VE)的合作性提供支持。而且,上述三个方面对一个企业来说是相互关联的,应该形成一个集成的环境。因此,应从三个层次,即虚拟制造、虚拟生产、虚拟企业开展产品全过程的虚拟制造技术及其集成的虚拟制造环境的研究,包括产品全信息模型、支持各层次虚拟制造的技术并开发相应的支撑平台,以及支持三个平台及其集成的产品数据管理(PDM)技术。

虚拟制造环境与平台体系如图 12.12 所示。

1. 虚拟制造平台

该平台支持产品的并行设计、工艺规划、加工、装配及维修等过程,进行制造性分析。它是以全信息模型为基础的众多仿真分析软件的集成,虚拟制造平台应具有统一的框架、统一的数据模型,并具有开放的体系结构。它具有以下特征:

(1) 支持虚拟制造的产品数据模型,提供虚拟制造环境下产品全局数据模型定义的规范,多种产品信息(设计信息、几何信息、加工信息、装配信息等)的一致组织方式的

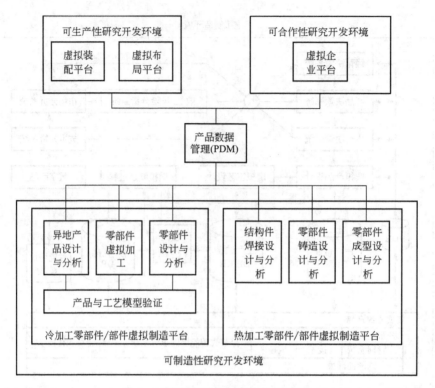

图 12.12　虚拟制造环境与平台体系

环境。

(2) PDM 的虚拟制造集成技术提供在 PDM 环境下，零件/部件虚拟制造平台、虚拟生产平台、虚拟企业平台的集成技术环境。

(3) 基于 PDM 的产品开发过程集成提供研究 PDM 应用接口技术及过程管理技术，实现虚拟制造环境下产品开发全寿命周期的过程集成。

2. 虚拟生产平台

该平台将支持生产环境的布局设计及设备集成、产品远程虚拟测试、企业生产计划及调度的优化，进行生产性分析。

(1) 虚拟生产环境布局根据产品的工艺特征、生产场地、加上设备等信息，三维真实地模拟生产环境，并允许用户交互地修改有关布局，对生产动态过程进行模拟，统计相应评价参数，对生产环境的布局进行优化。

(2) 虚拟设备集成为不同厂家制造的生产设备实现集成提供支撑环境，对不同集成方案进行比较。

(3) 虚拟计划与调度根据产品的工艺特征和生产环境布局，模拟产品的生产过程，并允许用户以交互方式修改生产过程和进行动态调度，统计有关评价参数，以找出最满意的生产作业计划与调度方案。

3. 虚拟企业平台

被预言为 21 世纪制造模式的敏捷制造，利用虚拟企业的形式，以实现劳动力、资源、资本、技术、管理和信息等的最优配置，这给企业的运行带来了一系列新的技术要求。虚拟企业平台为敏捷制造的合作性分析提供支持。

（1）虚拟企业协同工作环境支持异地设计、异地装配、异地测试的环境，特别是基于广域网的三维图形的异地快速传送、过程控制、人机交互等环境。

（2）虚拟企业动态组合及运行支持环境，特别是 Internet 与 Intranet 下的系统集成与任务协调环境。

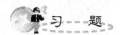

1. 精益生产方式的特征、主要内容各是什么？
2. 敏捷制造的特点及一般实施方法各是什么？
3. 并行工程的特点及关键要素各是什么？
4. 最为成熟的快速成形工艺方法有哪些？
5. 虚拟制造的主要研究内容是什么？

参 考 文 献

[1] 王怀琳. 汽车典型零部件的铸造工艺 [M]. 北京：北京理工大学出版社，2003.
[2] 李梦群，庞学慧，王凡. 先进制造技术导论 [M]. 北京：国防工业出版社，2005.
[3] 周达飞，吴张永，王婷兰. 汽车用塑料 [M]. 北京：化学工业出版社，2003.
[4] 何涛，杨竞，范云. 先进制造技术 [M]. 北京：北京大学出版社，2006.
[5] 周长庚，胡书琴. 汽车涂漆装饰 [M]. 太原：山西科学技术出版社，1996.
[6] 韩英淳. 汽车制造工艺学 [M]. 北京：人民交通出版社，2005.
[7] 王英杰. 金属材料及热处理 [M]. 北京：机械工业出版社，2006.
[8] 徐关庆，郑允熙. 汽车电镀实用技术 [M]. 北京：北京理工大学出版社，1999.
[9] 曲卫涛. 铸造工艺学 [M]. 西安：西北工业大学出版，1996.
[10] 吕炎. 锻造工艺学 [M]. 北京：机械工艺出版社，1995.
[11] 小林明. 汽车工程手册 [M]. 北京：机械工业出版社，1985.
[12] 吴伯杰. 冲压工艺与模具 [M]. 北京：电子工业出版社，2004.
[13] 肖景容. 冲压工艺学 [M]. 北京：机械工业出版社，1994.
[14] 肖智清. 机械制造基础 [M]. 北京：机械工业出版社，2003.
[15] 姚贵升. 汽车工程手册：制造篇 [M]. 北京：人民交通出版社，2001.
[16] 郑修本. 机械制造工艺学 [M]. 北京：机械工业出版社，1999.
[17] 王宝玺. 汽车拖拉机制造工艺学 [M]. 北京：机械工业出版社，2004.
[18] 曾东建. 汽车制造工艺学 [M]. 北京：机械工业出版社，2006.
[19] 王新华. 汽车冲压技术 [M]. 北京：北京理工大学出版社，1999.
[20] 邓仕珍，范淼海. 汽车车身制造工艺学 [M]. 北京：北京理工大学出版社，1997.
[21] 崔令江. 汽车覆盖件冲压成型技术 [M]. 北京：机械工业出版社，2003.
[22] 华健. 现代汽车制造工艺学 [M]. 上海：上海交通大学出版社，2005.
[23] 王启平. 机械制造工艺学 [M]. 哈尔滨：哈尔滨工业大学出版社，1990.
[24] 李海国. 现代发动机及关键零部件最新制造技术和应用 [J]. 汽车制造技术，2006(10)：109-113.
[25] 顾永生. 现代轿车先进制造工艺 [M]. 上海：上海交通大学出版社，1999.
[26] 郭春生，汤宝骏，孙继名. 汽车大型覆盖件模具 [M]. 北京：国防工业出版社，1993.
[27] 陈家起，罗虹，张伟. 汽车车身制造工艺学 [M]. 重庆：重庆大学出版社，1993.
[28] 王贵成. 机械制造学 [M]. 北京：机械工业出版社，2001.
[29] 王先逵. 机械制造工艺学 [M]. 北京：机械工业出版社，2003.
[30] 杨智勇. 汽车涂装技术 [M]. 北京：北京理工大学出版社，2005.
[31] 李克强，齐业平，张华丽. 陶瓷砂应用于芯砂的问题与对策 [J]. 中国铸造装备与技术，2011(1)：29-31.
[32] 燕来荣. 工程塑料开创汽车塑化新时代 [J]. 汽车工程师，2009(02)：26-33.
[33] 任辉. 塑料在汽车轻量化中的应用 [J]. 技术与市场，2012(06)：58-59.
[34] 张友根. 汽车塑料件成型加工技术的分析研究 [J]. 塑料制造，2011(08)：49-54.
[35] 杨忠敏. 热处理工艺在汽车金属部件加工中的应用 [J]. 汽车工程师，2010(01)：48-51.

[36] 陈晖,周细应.汽车齿轮热处理工艺的研究进展 [J].材料导报,2010(13):93-96.
[37] 路泽永,等.汽车装配线中的信息化和网络化建设 [J].可编程控制器与工厂自动化(PLC FA),2011(11):97-99.
[38] 黄洁明.汽车零部件焊接工艺研究 [J].装备制造技术,2012(2):203-205.
[39] 许瑞麟,等.汽车车身焊接技术现状及发展趋势 [J].电焊机,2010(05):1-18.